Chaise à la reine, en bois doré et sculpté, provenant de Bellevue. Réalisée pour Madame de Pompadour.
(Musée de l'Ile-de-France, Sceaux)

De Versailles à Paris

Le Destin des Collections Royales

Exposition organisée par
la mairie du Ve arrondissement de Paris

avec la participation de
la Délégation à l'Action Artistique de la Ville de Paris
l'Association Louis XVI

et avec le concours de
la Bibliothèque Nationale.

Commissaire Général de l'Exposition :
Jacques CHARLES

Commissaires Adjoints :
Arnaud LEFEBVRE de MAUREPAS
Olivier NAUDE
Antoine TARANTINO

© CENTRE CULTUREL DU PANTHÉON
21, place du Panthéon, 75005 Paris

N° ISBN 2.9504070.05

De Versailles à Paris
Le Destin des Collections Royales

Ouvrage collectif sous la direction de
Jacques CHARLES

avec le concours de
Daniel ALCOUFFE, Jean-Dominique AUGARDE, Marc BATTESTINI, Christian BAULEZ,
Michel BEURDELEY, Odile CARCY, Jacques FRANCK, Jean-Jacques GAUTIER,
Ludovic GINGUAY de BEAUGENDRE, Daniel MEYER, Bernard MOREL, Georges POISSON,
Laurent PREVOST-MARCILHACY, Olivier KRAEMER, Olivier de ROHAN-CHABOT,
Jean NÉRÉE RONFORT, Jacques VILLARD.

CENTRE CULTUREL DU PANTHÉON
MAIRIE DU Ve ARRONDISSEMENT DE PARIS

L'évanouissement d'Armide. Tapisserie provenant du Château de Bellevue, d'après un carton de Charles Coypel.
(Musée de l'Ile-de-France, Sceaux. Dépôt de la Ville de Paris).

L'exposition « De Versailles à Paris, le destin des collections royales », présentée à la mairie du Ve arrondissement, revêt un caractère tout à fait exceptionnel.

Elle réunit, en effet, de nombreuses pièces prestigieuses parmi lesquelles je ne citerai, à titre d'exemple, que le Grand Camée de France. Offert par Saint-Louis au Trésor de la Sainte-Chapelle, et conservé depuis 1791 au Cabinet des Médailles, il a pu en être extrait grâce à une autorisation spéciale généreusement accordée par monsieur Emmanuel Le Roy Ladurie, administrateur général de la Bibliothèque nationale.

Cette exposition célèbre avant tout l'Art français et son apogée qui se situe dans la seconde moitié du XVIIIe siècle, alors que la France éclairait le monde de ses « Lumières ». Véritable langage universel, l'Art témoignait déjà de la grandeur et de la richesse culturelle de la civilisation française.

Contrairement aux idées reçues, les chefs-d'œuvre dont nous découvrons, ou redécouvrons, l'histoire aujourd'hui ne furent jamais réservés à la seule jouissance de quelques privilégiés. De tout temps – depuis les trésors conservés à l'Abbaye royale de Saint-Denis ou à la Sainte-Chapelle du palais de Saint-Louis, jusqu'aux collections de pierres précieuses offertes aux regards du public dans les salles d'apparat du garde meuble de la Couronne, place de la Concorde – ils ont eu pour mission de célébrer aux yeux de l'humanité la puissance de la France.

Je me réjouis que l'initiative de cette exposition revienne à la mairie de Paris qui trouve ainsi, une nouvelle fois, l'occasion de mettre en valeur la diversité coruscante du patrimoine artistique de Paris et de la France.

Jacques CHIRAC

Louis XIV, profil en bronze de patine noire dans un médaillon de marbre vert Campan et de marbre blanc veiné.
École française du XVIIe siècle. (Coll. part.).

De tout temps et dans tous pays, à la possession du pouvoir régalien était attachée la jouissance ou l'usage d'objets précieux destinés à souligner la majesté et la gloire du trône.

L'origine des collections de la Couronne de France se situe dans cette antique tradition. Formées à partir de François 1er, elles ne servaient pas uniquement à la décoration des palais. La plupart des demeures royales étaient ouvertes au public et une partie de ces collections avait été déposée dans les établissements comme le Jardin ou la Bibliothèque du roi (futurs Muséum d'histoire naturelle et Bibliothèque nationale) formant ainsi le fonds initial du patrimoine des institutions culturelles de la République.

Conséquence de l'impulsion déterminante de Colbert et de Lebrun et de la volonté de Louis XIV, la somptuosité de l'ameublement des palais royaux à partir de son règne fut aussi le résultat de l'exceptionnelle fécondité des artisans parisiens des XVIIe et XVIIIe siècles qui portèrent l'art décoratif à un point jamais égalé et qui imposèrent le goût français à l'Europe entière.

Les années 1793-1794 virent la dispersion presque totale des collections royales, à l'exception d'œuvres jugées dignes de figurer au Muséum, par la Commission temporaire des Arts.

Pendant une année, le patrimoine accumulé dans les palais royaux fut l'objet de ventes dont le produit devait alimenter les caisses de la république naissante. La somme versée au Trésor à l'issue des adjudications fut dérisoire.

Deux siècles plus tard, quelques unes de ces pièces se trouvent rassemblées dans la salle des fêtes de la mairie du Ve arrondissement. Chefs-d'œuvre de l'Art français, certaines d'entre elles retrouvent pour un temps le sol de notre pays. Elles voisinent à nouveau avec celles qui se trouvaient dans les appartements royaux ou princiers.

Enfin, la présence, dans cette exposition, du Grand Camée de France, prestigieux vestige de l'Antiquité, déposé dans le Trésor de la Sainte-Chapelle, témoigne, à lui seul, de la fascination permanente exercée par ces richesses sur l'homme de tous les temps l'invitant sans cesse à se dépasser et à poursuivre, sans trêve, la quête du Beau et du Vrai.

Jean TIBERI
Premier adjoint au Maire de Paris
Maire du Ve arrondissement.

Le catalogue de cette exposition particulièrement réussie incite à se poser des questions : entre autres, l'objet royal en plus de sa beauté ou de sa richesse est-il porteur d'un mythe ? D'où ce fétichisme qui entraîne le curieux, avant d'admirer la maîtrise de l'ébéniste, la ciselure des « bronzes dorés or moulu », l'harmonie générale du meuble, à se mettre à quatre pattes pour découvrir une marque de château.

Là où le commissaire-priseur constate cet état de fait,... l'auteur, lui, essaie de tirer une morale, d'autant que sont si fragiles, si discutables, certains « indices » au vu desquels s'envolent les enchères.

Semblable fétichisme n'est pas une exclusivité française. On le décèle aux États-Unis, où un bureau-bibliothèque, œuvre d'un nommé John Godard, un ébéniste américain (c'est là ce qui justifia son prix), vient d'être vendu pour une somme équivalant à 81 millions de francs ! Enchère d'autant plus extravagante que le pedigree faisait seulement état d'une lettre où l'ébéniste Godard offrait ses services aux ancêtres du vendeur dudit bureau.

En France, le plus haut prix enregistré à ce jour pour un meuble, est celui d'un médaillier exécuté par Benneman pour Versailles, une commande de Louis XVI – adjugé 16 millions et demi de francs à Monaco en novembre 1984, qui depuis a repris sa place au Palais de Versailles.

La commémoration du Bicentenaire n'aura pas manqué d'avoir des répercussions heureuses sur l'histoire des collections royales depuis Louis XIV.

Vaste sujet et copieux catalogue où l'on découvrira, au fil des articles, l'inédit, ou du moins le « peu connu », tels des aspects oubliés de l'action de Marigny qui fut un grand directeur des Bâtiments Royaux, ou les actions plus méconnues encore de Thierry de Ville d'Avray au Garde-Meuble ; où le lecteur vibrera au récit surprenant des fameuses ventes du mobilier royal ; dépeçage qui durera un an, d'août 1793 à fin août 1794, où seront vendus, disons plutôt, « soldés », 17 182 lots.

Depuis lors, que d'émotions à soudain croiser tant d'éléments dispersés à travers le monde !... Que de rencontres nostalgiques n'ai-je pas faites : ainsi les « bras de lumière » dus à Gouthière, conçus pour le Petit Trianon, ou un certain « fauteuil en bois doré sculpté » par Georges Jacob avec des accotoirs surmontés de sphinx, « meuble » de Marie-Antoinette, que j'expertisai il y a quelques quarante ans chez Calouste Gulbenkian (Monsieur 5 %), et dont le prodigieux ensemble est depuis lors conservé à Lisbonne. Quelle émotion de retrouver à l'Ermitage la fameuse Diane en marbre de Houdon, « Voltaire assis », dont un exemplaire en plâtre avait été vendu sous mes yeux à la vente Coty en 1936...

Mais la révolution n'a pas été la seule à brader des objets royaux. Le « destin des collections Royales après la révolution », troisième volet de l'exposition, montre bien d'autres dilapidations, plus feutrées, telle la vente des bijoux de la Couronne en 1887.

Le catalogue se terminant avec les propos d'un conservateur de Versailles, Christian Baulez, sur le remeublement du château, je lui dirai de ne pas désespérer. Il reste tant de choses en France : les collections privées recèlent encore bien des trésors, telles deux tables-tambour en placage sur piètement en bronze doré qui portent le monogramme couronné de Marie-Antoinette. Enfin, pastichant le titre de la remarquable exposition de la Bibliothèque nationale, je dirai à nos messieurs proches du pouvoir : « Libérez le patrimoine royal ! Il en demeure encore un grand nombre dans les salons ministériels, dans la réserve du Garde-Meuble national, et même, comme disaient les Goncourt, « dans la tombe froide des musées ». Ainsi, le plus beau palais du monde, Versailles, retrouvera charme et faste.

Maurice RHEIMS
de l'Académie française.

SOMMAIRE

COMITÉ D'HONNEUR

COMITÉ SCIENTIFIQUE

Monsieur Jacques Charles
Commissaire Général de l'Exposition

Monsieur Michel Beurdeley
Expert près la Cour de Cassation

Monsieur Daniel Meyer
Conservateur en Chef au Musée National des Châteaux de Versailles et de Trianon

Monsieur Jean-Nérée Ronfort
Centre de Recherches Historiques sur les Maîtres Ébénistes

Monsieur Jean-Dominique Augarde
Centre de Recherches Historiques sur les Maîtres Ébénistes

Monsieur Laurent Prevost-Marcilhacy

Monsieur Jean-Jacques Gautier
Conservateur du Domaine de Bagatelle

Monsieur Jacques Franck
Artiste-peintre, spécialiste des techniques anciennes d'art

HISTOIRE
DES COLLECTIONS DE LA COURONNE
JUSQU'À LA RÉVOLUTION

Fig. 1. – Paris. Cabinet au chiffre de Louis, dauphin de France (c. 1637-1643). Ebène sculptée. Château de Sturefors (Suède).
Le plus ancien meuble rattachable aux collections royales. Les diverses allégories à la gloire du futur Louis XIV permettent de le dater.
Il aurait été donné au comte Nils Bielke (1644-1716), qui fit un premier séjour à Paris en 1661-1663 et fut ambassadeur de Suède en France de 1679 à 1682.

Le mobilier royal à l'époque de Louis XIV et le Garde-Meuble de la Couronne

par Jean-Nérée Ronfort

Centre de Recherches Historiques sur les Maîtres Ébénistes

> « *Il n'y a rien qui marque davantage la magnificence des grands Princes que leurs superbes Palais et les meubles précieux dont ils sont ornés. La plupart des Roys nos prédécesseurs ont pris grand soin de la construction des uns et de la fabricaton et conservation des autres. Les beaux morceaux d'architecture qui se voient dans nos Maisons Royalles et ce qui nous reste de riches tapisseries et de beaux meubles sont des effets de leurs belles inclinations et servent aujourd'hui de monument à leur gloire* ».

Louis XIV [1]

INTRODUCTION

L'art du mobilier est très certainement la forme d'art la plus purement française. Au moment où Louis XIV, inspiré par Colbert, écrit les lignes ci-dessus, la société et l'art européens amorcent sous son impulsion une mutation profonde. La considération du mobilier royal, mieux que tout autre, parce qu'il est le plus somptueux mais aussi parce qu'il est, malgré les lacunes des archives, le mieux documentable, est donc une occasion d'étudier en profondeur un phénomène qui n'a eu d'équivalent en aucun autre pays et aucun autre temps.

L'étude du mobilier royal en général permet un progrès considérable dans la connaissance de l'univers esthétique d'époques dont presque tous les autres éléments du décor intérieur ont trop souvent disparu. Néanmoins, les travaux de fond ont été surtout effectués jusqu'ici à propos de la deuxième partie du XVIIIe siècle. Les périodes antérieures sont encore relativement mal connues par leurs productions identifiées.

Les objets d'art furent longtemps des objets surtout décorés en surface, parfois magnifiquement. Lorsqu'ils atteignaient une qualité suffisante, les meubles, au sens large de ce terme [2], tiraient alors leur attrait de la préciosité des matériaux ou de la virtuosité de l'emploi de ceux-ci ; mais en tout cela, point de cohésion, point de conception d'ensemble qui les incluent. Ce n'est que lentement qu'une telle vision se formera. A partir de la fin de la Renaissance, l'histoire du mobilier ne peut être analysée de façon correcte que si l'on prend en considération ses liens intimes avec le décor qui l'a vu naître.

Le règne du Roi-Soleil a vu s'affirmer deux tendances quasiment nouvelles :
- *une croissance vers l'unité du décor* à travers les divers moyens d'expression qui y concourent,
- *une occupation progressive de l'espace intérieur* des pièces par les différents éléments du mobilier.

FIG. 2. – Détail du cabinet reproduit à la figure 1 : un ange apporte la Couronne royale (fermée) promise au jeune Dauphin (évoqué par les armes de France et de Navarre surmontées d'une couronne ouverte et un pendentif en forme de « L » brochant sur les ordres royaux).

LE RÔLE RÉDUIT DE LA COURONNE JUSQU'EN 1661

Un seul meuble d'origine royale antérieur à l'avènement de Louis XIV est connu. Il s'agit d'un étonnant cabinet conservé au château de Sturefors, en Suède *(fig. 1)*. Il illustre parfaitement la transformation que la sculpture en bas-relief de l'ébène massif apporte alors à l'art du mobilier. Chaque partie de sa surface est au service d'un thème : il faut d'abord signifier. La présence de trois dauphins couronnés sur ses pilastres frontaux et, dans la frise supérieure droite, d'une allusion directe à la personne du jeune Dauphin, fils de Louis XIII *(fig. 2)*, permet de le dater des années 1637-1643.

Ce cabinet constitue pour le moment un cas isolé. L'apport marquant de la première moitié du XVIIe siècle français avait été surtout l'intégration de la peinture et des lambris dans une conception globale du décor mural, et un début d'organisation spatiale de celui-ci [3]. Les exemples établis par la décoration de l'hôtel de Rambouillet vers 1619 et les aménagements intérieurs du palais du Luxembourg [4] de 1620 à 1630 exercèrent très certainement une influence importante, qui véhicula les théories italiennes de la régularité architecturale, adaptées ici aux appartements.

En l'absence de presque tout mécénat royal durant la minorité de Louis XIV, ces influences, déjà très francisées, se déployèrent dans le luxe de l'aménagement des demeures privées. Au premier rang de celles-ci, figurent vers 1650 les hôtels de la place Royale [5], dans lesquels le développement du rôle des meubles fut particulièrement sensible : « *On peut dire seulement qu'en tout le reste du monde, il n'y a point tant de maisons ensemble de mesme symétrie, aussi riches en dehors et par le dedans, que celles qui composent (cette place), n'y ayant que des financiers ou de grands seigneurs qui l'habitent ; dont les belles tapisseries, les ameublements de velours, brocatels et autres précieuses étoffes de soie, d'or et de broderie, les grands miroirs, meubles précieux, peintures et dorures des chambres, alcôves et cabinets surpassent toute la magnificence des anciennes maisons royales* [6] ».

Affirmant cette tendance, la France d'après la Fronde développe une forme d'art et un raffinement social qui, d'abord perçus comme une simple exacerbation du goût, deviennent bientôt, à Paris, un phénomène de fond [7]. Cette période est marquée par les commandes d'Anne d'Autriche pour la redécoration de ses appartements du Louvre (1654-1655) [8], puis pour l'augmentation de ceux-ci par des appartements d'été (1655-1658), travail qui réunit les talents de Romanelli et des sculpteurs français pour la réalisation d'une harmonie nouvelle. L'ameublement qu'y place alors la Reine-Mère, où dominent l'ébène, l'or, l'argent, le vernis bleu et les laques de chine, participe de façon essentielle à leur atmosphère finale [9]. Les commandes de Mazarin pour le palais qui gardera son nom [10] et pour l'État vont prendre le relais : le cardinal prépare le jeune roi au premier rôle. Précédant de peu le moment où ce dernier va prendre en main le destin politique et artistique de la France, l'aménagement du château de Vaux-le-Vicomte par le surintendant des Finances, Nicolas Fouquet, fournit une synthèse exemplaire dont il méditera les leçons et remploiera les artistes [11].

A la mort de Mazarin, en 1661, la réforme de l'État par Louis XIV, qui marque le début de son règne personnel, est accompagnée d'une véritable organisation de la création artistique. Tous les moyens sont mis au service d'une unité de conception soigneusement méditée : autour de la personnalité de Charles Le Brun, les autres peintres, les sculpteurs, les orfèvres, les ébénistes et les tapissiers coordonnent leurs efforts, sous la responsabilité de Colbert et la plupart du temps par le choix direct du Roi.

Une sorte de logique interne s'étend aux couleurs, aux matières, au dessin et à la composition du mobilier. Les sculptures, qu'elles soient antiques ou nouvelles, vont contribuer au même discours. Les objets d'art ponctuent, par l'emploi savant de l'argent, de l'or et des cristaux, l'espace visuel ainsi organisé, achèvent de le rythmer et commencent à en faire vivre la profondeur. Le développement sans précédent de l'usage du bronze doré, qui lui aussi quitte une simple utilisation de surface,

FIG. A. – Domenico Cucci (c. 1635-1705). Cabinet. Alnwick Castle, collections du duc de Northumberland. Cliché C.R.H.M.E.
Ce cabinet fait partie d'une paire qui fut livrée pour Versailles en septembre 1683, et vendue par le Garde-Meuble en février 1751.

et devient, à travers les flambeaux, les chenets, les montures des porcelaines les plus précieuses, une sculpture en soi, montre à quel point cette logique arrive à transformer la matière, à en animer les formes, à l'asservir au profit d'une tridimensionnalité triomphante qui en commande pour la première fois la technique.

La rapidité de l'évolution qui conduira à former l'ensemble des solutions qui seront reprises par tout le XVIIIe siècle européen est surveillée de très bonne heure par les autres pays, du moins tant que les guerres ne vont pas ralentir les échanges culturels [12].

Entre les années 1661-1715, cette évolution connut au moins trois phases qui sont tellement différenciées que, si le règne de Louis XIV avait été moins long, on trouverait normal qu'elles portent des noms de souverains différents.

Ces phases s'étendent successivement de 1661 à la mort de Colbert en 1683, de 1683 à la mort de Louvois en 1691, et de cette date à la fin du règne.

Contrairement à l'opinion commune des français, il n'y a pas de *style Louis XIV*.

◁ FIG. B. – Pierre Gole. Plateau de la table reproduite à la figure 5. L. 0,603 m. Pr. 0,42 m. Cliché du musée.

LE MOBILIER ROYAL DE 1661 A 1683

La première de ces périodes est dominée par la personnalité de Charles Lebrun (1619-1690). Encore très soumise au courant italianisant qu'incarnent les cabinets de Domenico Cucci ornés de pierres dures, elle est marquée dans le domaine de l'ébénisterie pure par la prépondérance des commandes faites à Pierre Gole (c. 1621-1684), ébéniste du roi depuis 1651. Introduit par Mazarin dans le cercle des artisans de la Cour, Gole en restera jusqu'à sa mort le fournisseur principal.

Cette phase connut la réalisation du *mobilier d'argent* qui, en réalité, à l'exclusion de deux tables *(fig. 3)* et de plusieusrs guéridons, comportait essentiellement des vases de proportions monumentales, des bassins, des luminaires, bras et lustres, et des chenets. Le célèbre trône de Louis XIV, que tous les contemporains ont décrit comme étant en métal fin, était en fait un chef-d'œuvre de sculpture de Philippe Caffiéri (1634-1716), dont le bois fut argenté par l'atelier de Paul (I) et Paul (II) Goujon dits La Baronnière. Payé sur les comptes de 1669, il était recouvert de velours vert brodé à profusion d'or et d'argent par Pierre L'Allemant et coûta la somme, énorme pour l'époque, de 2 875 livres [13].

FIG. 3. – D'après Claude Ballin (1615-1678). Dessin d'une des deux tables en argent formant les nos 926 et 1003 de l'inventaire de Louis XIV. Plume avec encre noire et bistre. H. 0,400 m. L. 0,560 m. Stockholm, Nationalmuseum, THC 1098.
Ce dessin reproduit une des plus grandes pièces du mobilier d'argent qui ornait la Galerie des Glaces à Versailles (voir *figure 15*).
Évocation du mythe d'Arion porté par un dauphin. Les deux tables correspondantes furent fondues en 1690. Elles pesaient chacune 370 kg.

De ce premier style ne subsistent que de rares meubles dont l'exceptionnel cabinet d'ivoire du duc d'Orléans (Londres, Victoria & Albert Museum) [14] *(fig. 4)*, livré vers 1662 par Pierre Gole. La table, en laque burgautée, écaille et peintures en miniature sur fond d'ivoire qui est exposée ici *(fig. 5 et fig. B)*, est identique au n° 23 de l'inventaire général de 1673, elle se rattache aux tous premiers achats de la Couronne et constitue un exemple particulièrement frappant de la gamme colorée dont nous avons souligné l'apparition et l'importance dans l'ameublement de la reine-mère. Elle fut livrée en 1663, également par Gole, pour le château de Vincennes, alors en réaménagement. De 1669 doit être daté le piétement à quatre termes d'enfants de bois doré, réalisé par le sculpteur Philippe Caffiéri [15] pour supporter le plateau circulaire de porphyre acquis par Louis XIV lors de la vente aux enchères des biens saisis chez Nicolas Fouquet *(fig. 6)*. Ce même sculpteur, ancêtre de la lignée d'artistes qui se rendra célèbre tout au long du XVIIIᵉ siècle, est probablement l'auteur de la table à jarrets de lion à plateau fleurdelisé exposée *(fig. 7)*, dont l'identification, effectuée par l'auteur, est publiée pour la première fois ici.

FIG. 6. – Philippe Caffiéri (1634-1716). Table à termes d'enfant. H. 0,92 m. Diam. 1,45 m. Paris, Musée du Louvre. Le piétement en fut livré en 1669 pour supporter le plateau de porphyre qu'avait acquis Louis XIV à la vente des meubles de Nicolas Fouquet, surintendant des Finances.

FIG. 4. – Pierre Gole (c. 1620-1684). Cabinet en ivoire de Philippe d'Orléans, c. 1662. H. 1,26 m. L. 0,84 m. Pr. 0,39 m. Londres, Victoria & Albert Museum. Décrit dans l'inventaire après décès d'Henriette d'Angleterre, première épouse de Philippe d'Orléans, dressé en 1671. Il était alors placé dans le *Cabinet Blanc* du Palais Royal, dont les murs étaient tendus de moire blanche brodée, rehaussée d'or et d'argent.

Une somptueuse table en pierres de rapport longue de plus de deux mètres soixante, portée sur un pied formé de quatre dauphins de bronze, conservée au Muséum d'Histoire naturelle *(fig. 8)*, provient très probablement des appartements du roi aux Tuileries. Elle correspond au numéro 54 du premier inventaire général et au n° 730 de l'inventaire après décès de Mazarin, à la succession duquel elle fut achetée en 1665 [16]. Une table à dessus de marqueterie de métal, dont le piétement en bois doré est orné de fleurs de lys sur l'entretoise, et deux guéridons de même travail sont conservés, en Angleterre, au château de Knole *(fig. 9)*. Non présents dans l'inventaire général, ils paraissent devoir être identifiés avec la commande payée en 1671 à Pierre Gole ainsi qu'à David Dupré, doreur, et Mathieu Lespagnandelle, sculpteur [17], et offerte à Lord Charles Sackville, ambassadeur à Paris. Un bureau brisé (c. 1672), dont le piétement est également orné de fleurs de lys, (Boughton House, collection du duc de Buccleuch), et son serre-papiers en gradin, sont identifiables aux numéros 307 et 308 de l'inventaire de 1673, dont les descriptions sont complétées par les mêmes numéros de l'inventaire posthume de Louis XIV *(fig. 10 et 11)*[18].

Le caractère précieux des meubles de cette décennie et l'harmonie des matériaux employés sont particulièrement illustrés par une petite table, principalement en ivoire et corne bleue (Malibu, J.-Paul Getty Museum) *(fig. 12)*. Identifiable au numéro 651 de l'inventaire posthume de Louis XIV, elle fut vraisemblablement livrée aux environs de 1674 pour l'ameublement du Trianon de Porcelaine à Versailles [19]. Une table à jeu à volets reposant sur un trépied en marqueterie de contre-partie de cuivre, d'étain, d'écaille et d'ébène (J.-Paul Getty Museum) *(fig. 13)*, et sa première partie (Londres, prêt de la reine d'Angleterre au Victoria & Albert Museum), à décor de fleurs de lys et de dauphins, furent certainement incluses dans les commandes, la plupart non inventoriées, faites à Pierre Gole par le fils aîné de Louis XIV entre 1675 et 1682 [20]. Le cabinet livré par le même artiste en 1681 pour la duchesse de Fontanges et entré après sa mort dans les collections de la Couronne [21] est exposé ici sous sa véritable identité *(fig. 14)*. Créé pour le château de Saint-Germain-en-Laye, par son évocation de l'épisode des amours d'Hercule et d'Omphale, ce meuble fait écho à l'univers mythologique qui imprégnait les plaisirs de la Cour. Il illustre le talent extrême d'un maître dont les travaux récents ont restitué l'importance primordiale.

On ne peut que se lamenter du fait qu'aucun des grands cabinets qui faisaient l'orgueil du mobilier de Louis XIV et furent livrés tant par Gole que par Cucci pendant près de vingt ans, n'ait survécu. Un aspect essentiel de l'image que devaient revêtir les appartements d'État des demeures royales à cette époque nous échappe ainsi complètement.

La seule exception à cette remarque est fournie par l'admirable paire de cabinets en ébène et panneaux de pierres de la manufacture des Gobelins, ornés de grands termes de bronze doré et reposant sur un socle en bois sculpté à jarrets de bœufs *(fig. A)*, conservés par le duc de Northumberland à Alnwick Castle [22]. Ils correspondent aux numéros 372 et 373 des augmentations du premier inventaire général et furent destinés à Versailles. Livrés en 1683, leur réalisation avait réclamé trois ans de travail. Leurs proportions équilibrées, leur majesté contenue et leur dosage savant des couleurs marquent un aboutissement. Ils tranchent déjà sur l'image que les descriptions nous donnent des réalisations qui les ont précédés. Ils n'en marquent pas moins la fin d'une époque : ce type de meuble n'était plus à la pointe de la mode. Plus aucun grand cabinet ne figure dans les livraisons enregistrées après eux par le journal du Garde-Meuble de la Couronne.

FIG. 5. – Pierre Gole (c. 1620-1684). Table en laque burgautée, ivoire et écaille, 1663.
H. 0,737 m. L. 0,603 m. Pr. 0,42 m. Anvers, Musée Smidt van Gelder. Cliché du musée.
Correspond au n° 23 du premier Inventaire général du Mobilier de la Couronne.

FIG. 8. – Table à plateau de pierres de rapport avec piétement formé de dauphins de bronze.
Détail. Florence, début du XVIIᵉ siècle.
L. 2,64 m. Pr. 1,37 m. Paris, Muséum d'Histoire Naturelle.
Provenant des collections de Mazarin, elle fut acquise en 1665 par la Couronne et placée aux Tuileries
deux ans plus tard. Elle fut envoyée à Buffon en 1748, sur ordre de Louis XV, pour enrichir les
collections du muséum.

FIG. 7. – Table à jarrets de lion, c. 1675. H. 0,758 m. L. 1,081 m. Pr. 0,662 m. Paris, Banque de France.
Attribuée ici à Philippe Caffiéri (1634-1716). A rapprocher d'une des tables meublant la Galerie des Glaces en 1684
et visible sur la gravure de Sébastien Leclerc reproduite plus loin *(figure 15)*.

FIG. 9. – Pierre Gole (c. 1620-1684), David Dupré et Mathieu Lespagnandelle. Table et deux guéridons, Paris, 1671. Sevenoaks, château de Knole.
Cet ensemble de meubles aurait été offert par Louis XIV, en 1672, à Lord Charles Sackville, ambassadeur d'Angleterre à Paris.

FIG. 10. – Pierre Gole (c. 1620-1684). Bureau brisé et son gradin, av. 1673. Boughton House, collections du duc de Buccleuch.

FIG. 11. – Pierre Gole. Détail du piètement du bureau reproduit à la figure 10.

▷

FIG. 14. – Pierre Gole (c. 1620-1684).
Cabinet d'Hercule et d'Omphale, 1681 (État ancien).
Paris, Musée Jacquemard-André. Cliché Bulloz.
Livré pour le pavillon de la duchesse de Fontanges
au château de Saint-Germain-en-Laye
et entré après sa mort dans les collections
de la Couronne. Vendu en 1751.

FIG. 12. – Pierre Gole (c. 1620-1684). Table en ivoire et corne teintée bleue, c. 1674.
H. 0,635 m. L. à,485 m. Pr. 0,385 m. Malibu, The J.-Paul Getty Museum. Cliché du
musée. Peut être livrée pour le Trianon de Porcelaine.

FIG. 13. – Pierre Gole. (c. 1620-1684). Table tripode. H. 0,766 m. L. 0,42 m. Pr. 0,361 m.
Malibu, The J.-Paul Getty Museum. Cliché du musée. Cette petite table à volets fit
certainement partie des commandes faites à Pierre Gole pour le Grand Dauphin entre
1675 et 1682.

LE STYLE INTERMÉDIAIRE

L'installation officielle de la cour à Versailles le 6 mai 1682, la mort de la reine Marie-Thérèse et surtout celle de Colbert, l'année suivante, marquent le début d'une véritable période de transition.

Un nouveau style est né : ce sera pour encore longtemps le style officiel de Versailles.

Le roi a quarante-six ans ; il est dans l'éclat de sa gloire ; l'Europe, encore en paix, le craint et supporte avec angoisse les manifestations de son impérialisme ; les autres souverains envient et copient les réalisations dont une armée de graveurs commencent à répandre l'image.

C'est très précisément à cette époque, qu'est achevée par Lebrun la Grande Galerie de Versailles, dont la première moitié est ouverte dès 1684. Une gravure de Sébastien Le Clerc, d'une précision extrême, nous en restitue l'image meublée (fig. 15).

Louvois, Secrétaire d'État ayant le Département de la Guerre, s'empare de la surintendance des Bâtiments. La rivalité des clans ministériels entraîne la semi-disgrâce de Lebrun, qui conservera ses charges mais ne recevra que très peu de commandes : le nouveau surintendant favorise Mignard en peinture et Jean Bérain (1640-1711) en ce qui concerne les arts décoratifs.

Dessinateur de la Chambre et du Cabinet du Roy depuis le 24 décembre 1674, Bérain était et demeura le génial dessinateur des costumes, des décors et des fêtes de la Cour[23]. Le rôle nouveau que lui confère Louvois, et dans son sillage la haute société parisienne, en fait le décorateur à la mode. Pendant que l'ancienne équipe achève Versailles, les nobles et les financiers, à l'imitation du Grand Dauphin, établissent par leurs choix un style en partie parallèle.

Encore moins nombreux que pour la période précédente sont les meubles conservés pouvant être rattachés à cette phase. Le style officiel, éblouissant de technique, est représenté par une très grande table en bois doré (fig. 17 et 18), exécutée sur un dessin de Pierre Lepautre (fig. 16). Identifiée et publiée ici pour la première fois, elle appartient à un groupe livré à partir de 1683, à propos duquel la comptabilité royale enregistre de très nombreux paiements[24], essentiellement à Fressenet et Mathelin, menuisiers, Barbe et Charmeton, sculpteurs, Dupré, doreur, et Cucci, bronzier (pour les bordures de bronze doré de leurs dessus de marbre). Une partie de ces tables, destinée à la Galerie des Glaces, demeura dans le mobilier de la Couronne ; les autres serviront probablement à la famille royale et ne seront qu'incomplètement reprises dans l'inventaire général.

▷

FIG. 15. – Sébastien Leclerc (1637-1714). Vue de la Galerie des Glaces lors de son ouverture. 1684. Gravure formant frontispice des *Conversations Nouvelles* de Madeleine de Scudéry. Une conception nouvelle du décor. On reconnaît au premier plan à droite, en première et troisième positions, les deux grandes tables dont le modèle est illustré *figure 3* et, en deuxième position, une table peut-être identique à la table à jarrets de lion de la *figure 7*.

CONVERSATIONS.

◁

FIG. 16. – Pierre Lepautre. Gravure tirée du *Livre de Tables qui sont dans les appartements du Roy, sur lesquels sont posés les bijoux du Cabinet des Médailles.* Paris, Bibliothèque Nationale.

▷

FIG. 17. – Paris. Table en bois doré, c. 1683. H. 0,85 m. L. 2,10 m. Pr. 0,96 m. Collection privée. Cette table qui correspond à la partie gauche de la gravure de Pierre Lepautre (figure 16), fait certainement partie d'un groupe de tables payées sur les comptes de l'Argenterie à partir de 1683. Elle porte la marque du château de Sceaux, où elle figura à la fin du XVIIIe siècle.

FIG. 18. – Détail de la table reproduite à la *figure 17*.

▷

FIG. 19. – André-Charles Boulle (1642-1732) et Pierre Duchesne (c. 1640-ap. 1701). Pendule à secondes de Louis XIV, c. 1685. H. 2,06 m. L. 0,43 m. Pr. 0,17 m. Paris, École nationale supérieure des beaux-arts. Cliché Ulysse Négropontès.

FIG. 20 *(page ci-contre, en haut).* – Plateau du bureau illustré à la figure 21. Sont ici représentés tous les attributs évocateurs du roi : soleil, deux L entrelacés, couronne royale et fleur de lys au milieu. Des fleurs de lys incorporant le monogramme royal figurent aux angles.

FIG. 21 *(page ci-contre, en bas).* – Alexandre-Jean Oppenordt (1639-1715) et Jean Bérain (1640-1711). Bureau de Louis XIV, 1685. H. 0,77 m. L. 1,06 m. Pr. 0,594 m. New York, The Metropolitan Museum, Don de Madame Charles Wrightsman. Cliché du musée.
Livré, avec un bureau en contrepartie, pour le « Petit Cabinet où le roi écrit » du château de Versailles, ce meuble quitta les collections royales lors de la vente du Garde-Meuble de la Couronne de février 1751.

27

La mort de Gole, survenue en 1684, avait laissé le génie encore neuf d'André-Charles Boulle (1642-1732) sans concurrence véritable [25]. Ses travaux pour la Couronne proprement dite furent peu nombreux. Le régulateur de l'École des Beaux-Arts, c. 1685, exposé *(fig. 19 et fig. D)*, est le plus ancien meuble de ce maître provenant des collections royales qui nous soit parvenu [26]. Le Grand Dauphin fut alors le destinataire de ses plus prestigieuses livraisons [27] qui témoignent elles aussi de l'influence prépondérante de Bérain.

La découverte récente d'un des deux bureaux exécutés en 1685 par Alexandre-Jean Oppenordt (1639-1715) pour le « Petit Cabinet où le Roi écrit » du château de Versailles [28] *(fig. 21)*, fierté légitime des nouvelles salles Wrightsman du Metropolitan Musuem de New York, représente pour l'historien une nouvelle possibilité d'individualisation de l'œuvre d'un artiste qui travailla pour la Cour. Après André-Charles Boulle, après Pierre Gole, c'est la personnalité d'Oppenordt qui est ainsi mieux saisie. Protégé de Louvois, il collabore avec Bérain qui dessine et grave peut être le plateau de ce bureau *(fig. 20)*.

Cette période voit l'apparition de types de meubles entièrement nouveaux. C'est le cas des *canapés,* inconnus jusque-là des demeures royales. Les lits de repos à deux chevets inclinés en avaient préparé la venue : le Rijksmuseum d'Amsterdam conserve la seule pièce de cette nature d'origine royale que nous connaissions *(fig. 22)*.

Un guéridon du musée des Arts décoratifs [29], qui n'a jamais été étudié, et un tabouret récemment passé en vente aux enchères [30], que l'auteur n'a pas examiné, se rattachent peut-être à cette période.

FIG. 22. – Paris. Lit de repos, c. 1690-1700. H. 1,22 m. L. 2,41 m. Pr. 0,83 m. Amsterdam, Rijksmuseum. Cliché du musée. Les dossiers de ce lit, sculptés de campanes, sont couronnés aux angles et au sommet de fleurs de lys.

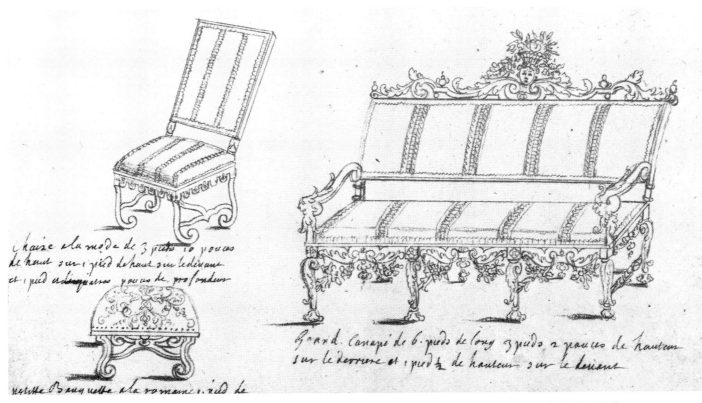

FIG. 23. – Dessin. Fait partie d'un recueil de sièges et lits de repos ayant pour la plupart figurés dans le mobilier de la Couronne ou celui du duc d'Orléans.
Musée national du château de Versailles, manuscrit n° 71. Cliché R.M.N.

FIG. 24. – Paris. Canapé, c. 1695. H. 1,18 m. L. 3,16 m. Pr. 0,88 m. Collection privée. Cliché Vincent Godeau.
Témoignage unique des grands canapés à la mode dans les maisons royales aux environs de 1690-1700.

FIG. 25. – Détail de la *figure 24*. Cliché Vincent Godeau.

LE STYLE DE L'AGENCE DES BATIMENTS DU ROI

Le fin du style intermédiaire, marquée par la mort de Louvois en 1691, l'est aussi par celle de Lebrun un an auparavant. La politique artistique de la France glisse des mains d'un peintre et d'un grand commis à celle d'un administrateur, Colbert de Villarcerf, et d'un architecte, Jules Hardouin-Mansart. Le style officiel et le style parallèle se fondent alors tout naturellement en une synthèse cohérente. Ce nouveau style, qui contient les prémices de l'esthétique rocaille, voit paradoxalement le déclin de l'influence de Bérain, remplacée par celle de l'équipe de l'agence des Bâtiments du Roi [31], désormais pour longtemps triomphante. André-Charles Boulle en sera l'ébéniste favori. Dans les premières années du siècle, cet artiste renouvelle l'architecture interne de ses meubles. Il en réagence radicalement les formes. Et surtout il magnifie leur puissance évocatrice par l'utilisation du bronze doré en ronde-bosse [32].

De tous les meubles royaux de l'époque de Louis XIV, les plus rares sont très certainement les sièges ; seuls deux d'entre eux nous sont parvenus. Un album de dessins anonymes conservé au château de Versailles *(fig. 23)* illustre les principaux usages qui en furent faits dans les années 1690-1700. L'étonnant canapé exposé ici pour la première fois *(fig. 24 et 25)* prend dans ce contexte une importance particulière. Sa sculpture abondante *(fig. C)* marque une évolution décisive dans l'art du siège d'apparat. La phase suivante de cette évolution est illustrée par un fauteuil à fleurs de lys et chiffres de Louis XIV, actuellement au Metropolitan Museum de New York *(fig. 26)*. Nous pensons devoir l'identifier avec le numéro 400 du dernier chapitre de l'inventaire posthume de Louis XIV :

« *Un beau fauteuil de canne, le dossier aiant une bordure de bois sculpté et doré, chantournée par le haut, ornés de chiffres du Roy couronnés, les bras à manchettes, garnies de velours rouge cramoisy, le tour du siège orné d'une campanne de chiffres du Roy et de fleurs de lis, sculptée dorée, le pied aussi sculpté doré ayant sur le marchepied une grosse fleur de lis* [33]. »

Les meubles d'ébénisterie ou de bois sculpté et doré n'achèveront que petit à petit de concrétiser la tendance *à l'occupation de l'espace intérieur* que nous avons énoncé au début de ce texte. D'abord tous adossés aux murs, les grands cabinets de Cucci et ceux de Gole, les tables en bois sculpté de Mathelin, Barbe et Dupré, étaient toujours à trois côtés et leurs arrières non décorés. Les sièges restent en général alignés contre les murs. Ils ne s'en dégageront partiellement que sous Louis XV et Louis XVI et surtout dans les appartements intérieurs.

En 1706, l'horloger Antoine Morand livre pour Versailles une pendule astronomique, qui sera intégrée dans une gaine en ébène marquetée et en bronze doré. Cette pendule, altérée sous Louis XV qui la fit replaquer en bois d'amarante, est conservée au Musée national du château de Versailles *(fig. 27)*.

Ce n'est que peu de temps auparavant qu'étaient apparus les premiers exemples des meubles, alors nouveaux, d'abord appelés par les contemporains *tables en bureau* (intitulé d'une livraison de 1695 pour le château de Marly), puis *bureaux en commodes*, et enfin *commodes*, mot qui n'est utilisé dans le journal du Garde-Meuble de la Couronne qu'à partir de 1707.

L'art d'André-Charles Boulle culmine dans la réalisation des plus étonnants meubles de ce type qui aient peut-être jamais été créés : les deux commodes de la Chambre du Roi à Trianon. Livrés en 1708-1709, ces objets marquent, par leur exubérance fascinante, un aboutissement absolu *(fig. 28)* [34]. Ils sont aussi, pour le moment, les derniers meubles royaux identifiés que l'on puisse rattacher au règne de Louis XIV.

▷

FIG. 26. – Paris. Fauteuil, c. 1705-1710. H. 1,448 m. L. 0,701 m. Pr. 0,712 m. New York, The Metropolitan Museum, don J. Pierpont Morgan. Cliché du musée. Identifié ici avec le n° 400 du chapitre des « Diverses Sortes de Meubles » de l'inventaire posthume de Louis XIV. Il constitue avec le canapé de la *figure 24*, l'un des deux seuls sièges de cette époque d'origine royale conservés.

Fig. 27. – Antoine Morand. Pendule à automates, 1706.
Musée national du château de Versailles.

Fig. 28. – André-Charles Boulle (1642-1732). Commode de la chambre du roi à Trianon, 1708-1709. Musée national du château de Versailles.

L'ensemble des logements d'artistes aménagés par Henri IV en dessous de la grande galerie du bord de l'eau au Louvre aurait dû être la réserve de talents à partir de laquelle le nouveau pouvoir allait, en 1661, mener à bien ses ambitieux projets. Il ne le fut que partiellement. Dès son origine, les arts décoratifs y avaient eu une part prépondérante, grâce à des artistes appelés de divers pays, mais les surfaces disponibles y étaient insuffisantes pour le développement des ateliers de fabrication de tapis et de tapisseries. Enfin, les ébénistes n'y étaient plus représentés que par le seul atelier de Jean Macé dont le style appartenait plutôt à l'époque précédente (Boulle ne s'y installera qu'à partir de 1672).

Il semble que le projet de la création d'une *Manufacture Royale des Meubles de la Couronne (fig. 29)* ait été conçu par Colbert dès 1662, date du contrat d'achat des terrains et d'une partie des bâtiments des Gobelins [35]. Dès 1663, Charles Lebrun en fut de fait le directeur. Il fournit dès lors les dessins de presque tous les meubles importants qui s'y élaborèrent *(fig. 30)*. Outre les ateliers de tapisserie bien connus, fut établi un seul atelier d'ébénisterie, celui de Domenico Cucci, qui comportait aussi une fonderie pour les bronzes. La manufacture comptait de plus un atelier de travail des pierres dures à la façon de Florence, dont l'étude est en pleine évolution [36], et un atelier d'orfèvrerie, qui, avec celui de Balin au Louvre, fabriqua la plupart des éléments du mobilier d'argent.

Les Gobelins furent cependant, en dehors de la tapisserie, plus une force d'appoint au service de quelques commandes exceptionnellement longues à réaliser qu'un centre de production abondant. Ainsi que nous venons de le voir, la Couronne eut recours, en dehors de Cucci, aux meilleurs autres ébénistes, menuisiers, sculpteurs de meubles, ciseleurs, doreurs et fondeurs parisiens, qu'elle récompensa bien souvent du titre d'artisan du roi.

Fig. 30. – Charles Lebrun (1619-1690). Projet de tables. Vers 1671. Détail. Paris, Musée du Louvre, cabinet des dessins.
A rapprocher du dessin des tables en argent exécutées par Ballin (figure 3), dont la première fut livrée le 16 avril 1672. Cette esquisse est typique des recherches initiales de Lebrun, destinées aux artistes qui en assuraient ensuite le dessin fini puis, après approbation du roi, la réalisation.

FIG. C. – Paris. Détail du canapé reproduit à la figure 24. Cliché Vincent Godeau.

FIG. D. – André-Charles Boulle (1642-1732). Détail de la marqueterie de la *pendule à secondes* (régulateur de parquet) reproduite *figure 19*.
Cliché Ulysse Négropontès.

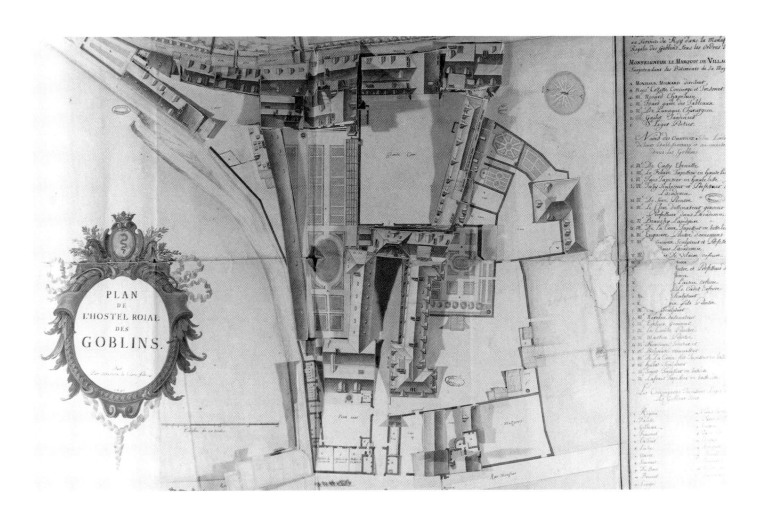

Fig. 29. – Sébastien (II) Leclerc (1676-1763). Plan de la Manufacture royale des Meubles de la Couronne aux Gobelins. 1691.
Paris, Archives nationales, Cartes et Plans.

En tant qu'institution, le Garde-Meuble de la Couronne préexistait de longue date à l'époque qui nous intéresse. Dès le quatorzième siècle, de rares documents font preuve de l'existence d'une charge de « *Valet de chambre et Garde des chambres et tapis du roy* »[37]. L'inventaire des collections de Charles V (1338-1380), commencé sur son ordre quelques mois avant sa mort, fut rédigé en triple exemplaires. Le premier destiné à lui-même, le second confié à la chambre des comptes, le troisième divisé en autant de volumes qu'il y avait de maisons royales « afin que chacun de ceux qui avaient la garde de l'une des fractions eut un état de ce qu'il était chargé de conserver »[38]. Ainsi y eut-il déjà des inventaires séparés des châteaux du Louvre, de Vincennes et de Saint-Germain-en-Laye. L'ensemble des cahiers couvrait 3 906 lots.

On connaît le destin très inégal des collections royales sous les successeurs de ce souverain, l'enrichissement considérable que leur donna François Ier, les nouvelles dispersions qu'occasionnèrent les guerres de religions et le rétablissement sous une forme déjà moderne du faste royal par Henri IV. Des actes privés nous conservent alors le nom de Robert Marquelet, *Garde Meubles du Roy au Palais des Tuileries*[39] et de Mathieu Jacques de Grenoble, *Garde des Antiquités du Roy*[40].

Louis XIII, dès la régence de sa mère, confirma ou développa l'administration de ses meubles et collections diverses, administration dont quelques responsables particuliers nous sont également connus : Jean Mocquet, *Garde du Cabinet des Singularités du Roy en son Palais des Tuileries*, mentionné en 1639[41] ; Jehan Moyen, *Commis par le Roy à la Garde et Magasin des Armes de Sa Majesté*, dans l'abbaye Saint-Martin-des-Champs, cité en 1643[42].

On ne sait pas à quel moment exact a été introduite la distinction entre les charges de garde des meubles de la Couronne et celles d'intendant et de contrôleur de ces meubles, distinction fort ancienne, et en tout cas clairement établie lors de la réorganisation de ces fonctions par Louis XIV. Étienne de La Fond, est cité comme *Intendant des Meubles du Roy* dès 1611[43], puis Jacob de La Fond[44] et Jean Dujon avec le même titre. En 1658, c'est sous le titre de *Contrôlleur des Meubles de la Couronne* qu'exerce Roger Bonnars[45], auquel succède alors Paul Dujardin, à son tour remplacé en 1662 par Prosper Bauyn. Le 31 décembre 1663, Bauyn cède sa place à Gédéon Berbier du Metz, alors qualifié d' *Intendant et Contrôlleur*, qui prête serment le 10 janvier 1664. Ces deux titres resteront désormais réunis, et constamment distincts de celui de *Garde-Meubles de Sa Majesté*, détenue avant 1616 par Jacques Valetz[46], puis lors de la régence d'Anne d'Autriche par Charles Moymier, *Garde de nos Meubles qui sont et qui seront dans nos Maisons, château du Louvre, hôtel de Bourbon et Cabinet de nos Armes de Fontainebleau*[47], titre qui restera à ses immédiats successeurs. Moymier démissionne en mars 1653 et est remplacé par Henry Guillain. Celui-ci démissionne à son tour et est remplacé, le 26 juillet 1665, par Louis Le Cosquino, qui prête serment le 21 avril 1666[48].

Les nominations de Du Metz et de Le Cosquino s'insèrent dans le cadre de la remise en ordre de l'État dont Jean Baptiste Colbert fut le principal ouvrier. *Intendant des Finances* depuis mars 1661, ayant la haute main sur le Conseil des Finances dès ce moment, il comprit très vite qu'il ne pouvait travailler à la grandeur du royaume sans avoir également une complète autorité sur la création artistique. Aussi décide-t-il de remplir lui-même la place qu'occupait jusque-là Antoine de Ratabon comme *Surintendant de Bâtiments, Arts et Manufactures*, poste qu'il occupe dès le 1er janvier 1664. Cette administration recouvrait alors tout ce qui concernait la construction et l'entretien des palais royaux, les commandes d'œuvres d'art aux sculpteurs et peintres, la direction de la bibliothèque du roi, l'entretien des gens de lettres et des savants, la tutelle des Académies, dont Colbert lui-même allait augmenter le nombre. Ses attributions plaçaient sous sa dépendance la Manufacture des meubles de la Couronne installée aux Gobelins et les achats d'objets d'art à l'étranger. Mais le Garde-Meuble en était indépendant et relevait directement du Secrétariat d'État ayant le département de la Maison du roi, alors détenu par Henri de Guénégaud[49]. La nomination de Du Metz, tout dévoué à Colbert qui venait de le faire nommer également membre de l'Académie royale de Peinture et Sculpture[50] et manifestement plus compétent que son prédécesseur, apparaît donc comme une conséquence normale de la politique rationnelle et claire de Louis XIV et de son ministre : « *Il ne suffit pas de ne rien espargner pour faire un amas de belles choses et l'expérience du dernier siècle, dans lequel il s'est fait une dissipation prodigieuse de tout ce qu'il y avait de plus beau et de plus rare dans nos gardemeubles, nous apprend qu'il nous faut aussi pourvoir à leur sûreté et à leur conservation. Pour parvenir à notre dessin il n'y a rien de plus important que la charge d'Intendant et Contrôlleur général des meubles de notre Couronne* »[51].

Du Metz a du trouver à son arrivée à la tête du Garde-Meuble un désordre considérable dans sa gestion. Il est probable que les inventaires fussent alors inexistants ou tellement incomplets qu'ils étaient inutilisables. La longue régence d'Anne d'Autriche puis l'autorité absolue de Mazarin avaient certainement accru une situation déjà passablement altérée sous Louis XIII, en favorisant le rôle du Garde-Meuble personnel de la reine[52] ou de celui du cardinal[53] et des princes[54].

La première année de l'exercice du nouvel intendant lui permit de prendre conscience de l'ampleur des réformes à apporter. Il devint vite évident qu'il convenait de changer aussi le titulaire de la charge du Garde Général à qui allait être confiée la rédaction des inventaires nouveaux. Les lettres de provision d'office que reçoit Louis Le Cosquino sont une accusation virtuelle portée contre son prédécesseur : « *La dissipation qu'on a fait par le passé des meubles de Notre Couronne, et le peu de soin qu'on a pris de les conserver, Nous ayant fait résoudre d'y apporter le bon ordre que Nous nous sommes proposés d'y établir désormais, pour les entretenir au bon état qu'ils doivent être, Nous avons crû qu'un des moyens les plus nécessaires pour cet effet était d'en donner la garde à quelque personne expérimentée, vigilante et fidèle, qui pût s'en acquitter suivant notre désir. »* [55].

Dès l'arrivée de Le Cosquino sont établis les premiers inventaires par château, avec numération par chapitre et nature de meubles [56]. Simultanément est commencé le *Journal du garde-meuble de la Couronne et des Maisons royales* qui fut continué sans interruption presque jusqu'à la fin de l'ancien Régime [57]. Sur ses registres sont alors consignées quotidiennement les livraisons de toutes sortes effectuées par les artisans, leur destination et leur prise en charge. Lorsque les différentes Maisons royales furent inventoriées, les inventaires séparés correspondants furent réunis, toujours par chapitre et nature de meubles, pour former le premier *Inventaire Général du Mobilier de la Couronne*. Celui-ci fut terminé dès avant le 20 février 1673, date de son visa par Du Metz et de la prise en charge générale de son contenu par Le Cosquino [58]. Plus de 5 927 lots principaux y sont décrits avec leurs dimensions [59]. Cet événement marque une étape essentielle. Des additions régulières seront faites à cet inventaire, qui servira jusqu'à la fin du règne.

Le Garde-Meuble de la Couronne est alors une institution aux attributions assez nettement établies : il prend en charge les meubles des collections royales et en assure la gestion et l'entretien. Leur fabrication ou leur achat n'entre pas nécessairement dans ses obligations, même si ce rôle ira en s'amplifiant jusqu'à la fin de l'Ancien Régime. Sous Louis XIV, cette institution n'a pas de comptabilité indépendante. Les meubles qu'elle gère sont souvent payés sur le budget de l'Argenterie, service particulier de la Maison du Roi qui, lui, dépendait du premier gentilhomme de la Chambre en exercice et disposait de ses propres trésoriers. Beaucoup des meubles les plus importants, en particulier les grandes pièces d'argent massif et les plus beaux des cabinets, tables et guéridons sont néanmoins réglés sur le budget de la Surintendance des Bâtiments du roi, dont d'ailleurs, par un processus de responsabilités croisées très caractéristique de l'administration de cette époque, Du Metz est aussi trésorier. Il en est de même des cristaux de roche, des agates et pierres fines montées, des tableaux, des bustes et figures de bronze, des bustes de marbre. Les plateaux en marbre, porphyre ou pierres de rapport des tables en bois sculpté et doré sont fournis par les Bâtiments, tandis que leurs piétements sont commandés par le Garde-Meuble lui-même et se retrouvent sur les comptes du trésorier de l'Argenterie. Cette dualité de l'origine des paiements, qui semblait naturelle à l'époque et d'autant moins gênante que l'autorité implicite de Colbert servait de lien à chaque chose, perdurera d'une façon de moins en moins justifiable sous les ministères suivants.

FIG. 31. – École française du XVIIe siècle. Vue du Louvre depuis le Pont Neuf, vers 1666. Musée national du château de Versailles, inv. 782. L'hôtel qui abrita le Garde-Meuble de la Couronne à Paris jusqu'en 1758 jouxtait l'aile orientale du Louvre. Les bâtiments qui le constituaient à l'époque de ce tableau (cercle), étaient les vestiges du très ancien hôtel dit « du Petit-Bourbon », en majeure partie démoli à partir de 1660.

L'HÔTEL DU GARDE-MEUBLE

Chaque Maison royale possédait son Garde-Meuble particulier [60] mais c'est à Paris qu'était situé l'Hôtel du Garde-Meuble de la Couronne proprement dit.

Celui-ci utilisait alors les bâtiments dits *du Petit-Bourbon*, situés aux bords de la Seine, à l'angle approximatif actuel du Quai et de la rue du Louvre *(fig. 32)*.

Ces bâtiments tiraient leur nom de celui de l'hôtel construit, vers 1390, pour le duc de Bourbon et qui était devenu très vite un des plus beaux palais de Paris [61]. Propriété du Roi par arrêt confirmatif de confiscation du 27 juillet 1527, l'hôtel de Bourbon fut progressivement démoli lors des nouvelles percées des rues qui entouraient le Louvre et des agrandissements successifs de celui-ci. Les États-Généraux de 1614 y avaient tenu leur séance inaugurale et leur clôture [62]. Il est probable qu'une partie des bâtiments restants ait été utilisée comme Garde-Meuble dès avant 1653, moment de la nomination d'Henri Guillain cité ci-dessus comme Garde des Meubles du Roi. Vers 1664, il ne restait plus de cet hôtel que deux parties, l'une au nord où étaient logées les écuries de la reine, l'autre au sud désormais au seul usage du Garde-Meuble [63] *(fig. 31 et 33)*.

On sait que le Garde-Meuble demeura à cet emplacement jusqu'à la démolition définitive des derniers vestiges de l'hôtel, démolition qui commença le 20 septembre 1758 [64].

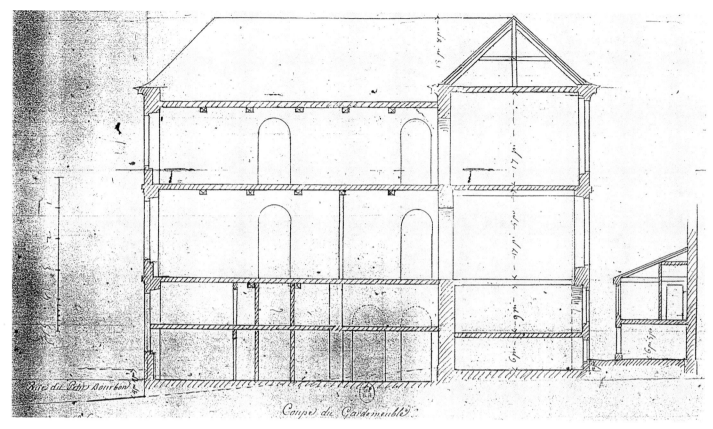

Fig. 33. – Coupe du bâtiment du Petit-Bourbon servant au Garde-Meuble de la Couronne. Début du XVIIIe siècle. Paris, Bibliothèque Nationale.

Fig. 32. – Plan-terrier de la censive du roi, 1705.
Paris, Archives nationales, Q1* 1099-3. La situation du bâtiment du Garde-Meuble est ici clairement établie.

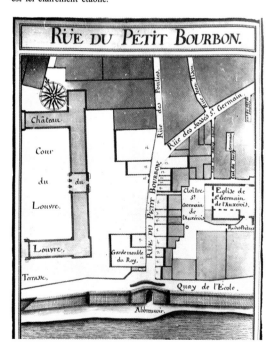

LA NOUVELLE ÉQUIPE

La mort de Colbert en 1683 n'interrompt en rien le fonctionnement des institutions qu'il a mises en place ou rénovées. Louvois, nous l'avons vu, lui succède comme Surintendant des Bâtiments, cumulant cette charge avec celle de Secrétaire d'État ayant le département de la Guerre qu'il occupait depuis 1662. Les Finances sont confiées à Le Pelletier de Morfontaine. Le Garde-Meuble continue de dépendre directement du Secrétariat d'État à la Maison du Roi, alors détenu par Colbert de Seignelay, et du souverain lui-même. On ne peut s'empêcher néanmoins de penser que le fractionnement des responsabilités précédemment contrôlées par un seul homme n'ait d'une façon ou d'une autre nui à l'unité de conception qui prévalait jusque-là. Seule la personne du roi créait désormais les liens essentiels entre les différentes administrations : les entités qui participaient à la création artistique et à la gestion des œuvres ne trouvaient plus qu'en lui les ordres qui les coordonnaient. Ainsi les années qui suivirent de peu l'installation de la Cour à Versailles, en 1682, peuvent-elles être, à plus d'un titre, considérées comme le triomphe du goût du roi et de lui seul.

Auprès du roi lui-même, l'influence que Louvois chercha à exercer sur l'ameublement des demeures royales est parfaitement discernable. La mort subite de Louis Le Cosquino entraîne la nomination de Charles Lavinio Turola comme Garde le 1er octobre 1685 [65]. On peut penser que Turola, bien qu'il eût l'agrément de Seignelay, fut aussi un protégé du Surintendant des Bâtiments. Un changement perceptible des habitudes du Garde-Meuble concernant la tenue des inventaires se traduit en tout cas par la mise à jour de ceux-ci à l'aide du seul *Journal* des livraisons et du report systématique des numéros du chapitre de l'inventaire approprié en marge des entrées du Journal lui-même. Or, celui-ci n'enregistre plus en pratique que les meubles payés sur les comptes de l'Argenterie. Cette façon de les établir éloigne donc de plus en plus de la réalité les augmentations faites à l'inventaire de 1673.

A la mort de Turola, son fils Dominique Léonard lui succède. A ce moment semble vouloir être développé un essai de distinction entre les meubles de la Couronne et ceux personnels au Roi. Aspect jusqu'ici peu connu de l'histoire du mobilier royal, cette distinction d'origine ancienne était apparue pour la première fois à l'époque qui nous intéresse dans le titre de *Garde des Meubles du Roi et de ceux de la Couronne* accordé à Turola père. Les ordres donnés à son successeur tentent d'expliciter cette notion : « *Afin d'éviter la confusion et de distinguer les Meubles de la Couronne d'avec ceux qui servent à notre usage ordinaire et qui sont distribués dans toutes nos maisons et châteaux, nous voulons et entendons qu'il soit fait deux différents inventaires, et que celui seulement qui contiendra les meubles de la couronne soit porté en notre Chambre des Comptes, nous réservant l'usage et la disposition des autres meubles ainsi que nous aviserons bon être* [66]. » Cette tentative, encore difficile à analyser par manque de documents, semble avoir été peu suivie d'effets. Elle alimenta en tout cas une longue controverse entre les responsables du Garde-Meuble et la Chambre des Comptes [67] et créa surtout une cause supplémentaire probable de l'incomplétion des inventaires eux-mêmes.

A la mort de Dominique Léonard Turola, sa charge est attribuée à Macé Courcelles, jusque-là Garde-Meubles du château de Versailles. Courcelles rentre en fonction le 11 mars 1701 [68], ce qui est l'occasion d'une nouvelle mise à jour de l'inventaire de 1673.

Macé Courcelles, démissionnaire, est remplacé le 16 décembre 1704 par Claude Nérot qui prête serment le 12 janvier suivant et restera en place jusqu'à la fin du règne [69].

Gédéon Berbier du Metz, qui, très âgé (il était né en 1626 et mourut en 1709), était toujours Intendant et Contrôleur général, démissionne en faveur de son fils, Jean-Baptiste du Metz de Rosnay, qui se fait recevoir par arrêt de la Chambre des comptes du 11 février 1707, après avoir probablement exercé depuis 1703 [70].

Le besoin se faisait de plus en plus sentir d'inventaires neufs, distincts de celui de 1673 et de ses additions successives. Une première tentative fut effectuée en ce sens en juillet et août 1708, moment d'un nouvel inventaire du château de Versailles, cette fois-ci topographique [71], mais c'est l'arrivée à la tête du Garde-Meuble de Moyse Augustin de Fontanieu (1662-1705), nommé *Intendant et Contrôleur général des Meubles de la Couronne* le 11 octobre 1711 [72], et reçu par arrêt de la Chambre des comptes du 4 décembre de la même année, qui va permettre la mise en œuvre des réformes devenues nécessaires.

L'INVENTAIRE POSTHUME DU MOBILIER DE LOUIS XIV

Les recherches en cours montrent combien à la fin du règne de Louis XIV l'Inventaire général était devenu insuffisant. Les mises à jour et les prises en charge qui s'y succèdent jusqu'à l'établissement de la version dite de 1705 [73], puis les augmentations ensuite apportées, en font un ensemble qui n'a plus qu'un lointain rapport avec la réalité.

Le retour de la Cour à Paris durant la minorité de Louis XV va être l'occasion pour Fontanieu d'une réforme en profondeur. Les récolements auxquels il se livre alors lui ont fait prendre conscience de l'ampleur du phénomène. Ainsi écrit-il à propos du chapitre des *Meubles divers* qui clôt l'inventaire de 1705 : « *Par la vériffication générale des différents meubles quy ont rapport au présent chapitre, Nous avons Reconnu que quelques uns desdits meubles quy estoient à Versailles dès l'année 1666 n'existent plus, les gardemeubles particulliers de Versailles n'en ayant point esté déchargez depuis 1676 ; qu'une partie desdits meubles avoient esté joués à différentes lotteries ou donnés par le feu Roy sans avoir esté déchargés ; et enfin que plusieurs petits meubles convenables à ce chapitre n'ont point encore esté inventoriés* [74]. » Les conclusions de ce type s'étaient multipliées à l'occasion de l'examen des différents autres chapitres. A propos des *Cabinets, Tables & Guéridons,* il affirme : « *Le présent Chapitre... n'a pas esté vériffié ny signé depuis le 22 avril 1697* » [75]. Puis, à propos de celui des *Bronzes* : « *Nous avons reconnu que la pluspart des descriptions et des mesures n'estoient pas justes et que beaucoup desdits bronzes donnés au Roy en différens temps n'avoient pas encore esté inventoriés.* »

Il a déjà été fait allusion à une des principales causes de ce désordre : le caractère mixte des administrations impliquées dans l'ameublement et la décoration des demeures royales. Beaucoup, sinon la plupart des meubles d'ébénisterie payés sur le budget de Bâtiments avaient fini par ne plus être inventoriés du tout par le Garde-Meuble [76]. Une partie des meubles payés sur les comptes de l'Argenterie, qui auraient dû figurer au complet, avaient été remis aux différents membres de la famille royale sans être enregistrés [77]. Certains avaient peut-être été donnés directement en cadeaux à des ambassadeurs [78]. D'autres, envoyés par le Garde-Meuble de Paris à celui de Versailles ne se retrouvent plus dans la partie de l'Inventaire qui en fut presque immédiatement dressée [79]. Enfin, un nombre non négligeable de lots anciens, usés ou cassés, avaient dû être détruits, ainsi que le laissent supposer de nombreuses annotations marginales de l'Inventaire général [80].

Dans une série d'opérations qui semblent avoir été relativement complexes, la famille Fontanieu va dès lors faire procéder à une nouvelle rédaction générale de l'inventaire du Mobilier de la Couronne. Cette rédaction sera commencée par Moyse-Augustin de Fontanieu lui-même, à partir de 1712, puis continuée par son fils Gaspard-Moyse, en faveur de qui son père démissionne le 1er juin 1718, et finalement terminée le 7 février 1721 [81].

Établi à l'origine sur quarante trois cahiers séparés correspondant à chacun des quarante trois chapitres nouveaux de meubles, dressés au fur et à mesure des récolements et datés individuellement, cet inventaire sera retranscrit et complété en 1729 [82].

L'augmentation du nombre des entrées est considérable : 841 lots de meubles d'ébénisterie y succèdent à 538 items antérieurs, 307 bronzes y apparaissent au lieu des 168 de l'Inventaire de 1705, 412 entrées du chapitre des Meubles Divers remplacent les 163 de l'ancienne rédaction ; sur les milliers de meubles décrits, repasrtis en 11 087 entrées, beaucoup le sont en fait pour la première fois. La nouvelle numération établie par Gaspard-Moyse de Fontanieu et les catégories des meubles qu'il distingue forment la base de la numération définitive que

recevront les meubles de la Couronne jusqu'en 1784. Même si l'on a pu y découvrir certaines lacunes ultérieures, le système qu'il définit et la qualité des descriptions qu'il implique sont d'une rigueur précieuse.

Étant donné le peu de commandes nouvelles effectuées pour le roi sous la Régence, le nouvel Inventaire général du mobilier de la Couronne de 1712-1721 doit être considéré comme un véritable inventaire posthume du mobilier de Louis XIV. Encore totalement inédit, il clôt une époque magnifique, à la connaissance de laquelle il apporte un témoignage souvent essentiel.

J.-N. R.
août 1989

Notes

1. Lettres patentes du 31 décembre 1663, portant provisions de la charge d'Intendant et Contrôleur général de meubles de la Couronne, publiées par Jules Guiffrey, *Inventaire Général des Meubles de la Couronne sous Louis XIV*, Paris, 1885-1886, t. I, pp. 2-4.

2. C'est-à-dire l'ensemble des objets d'art et d'ameublement *mobiles*. La notion de mobilier royal mérite d'être expliquée. Nous conviendrons d'appeler ainsi l'ensemble des meubles ayant appartenu au roi, à la Couronne et à l'immédiate famille royale. Le mot meuble lui-même sera de ce point de vue restreint aux meubles d'ébénisterie ou de menuiserie et aux sièges. Il s'agit-là d'une définition satisfaisante pour l'amateur du vingtième siècle. Elle n'en est pas moins réductrice, tant sur la forme que sur le fond.

   Employé au singulier le mot *meuble* désignait simplement l'ensemble des meubles de tissu qui garnissent une pièce ou un appartement. Ainsi madame de Maintenon reçoit pour une des pièces de son appartement de Versailles, en 1684, « *Un meuble de cabinet, consistant en un lit de repos en canapé, de 6 pieds 1/2, sur 2 pieds 2 pouces, un grand fauteuil et six sièges ployants, deux tapis de table à pans, deux carreaux, quatre feuilles de paravent, deux portières de quatre lez, sur 2 aunes 1/4, et une tapisserie de 12 aunes de cours, sur 2 aunes 1/2, en cinq pièces, compris la cheminée ; le tout de velours rouge cramoisy, garny de frange, mollet, gallon et houppes d'or* ». (J. Guiffrey, op. cit., note 1, t. II, p. 347).

   Au pluriel, *Les Meubles de la Couronne* étaient l'ensemble des meubles, tentures, peintures, sculptures et joyaux qui tous, précieux ou communs, concouraient à l'ameublement des *Maisons royales*. Sous cette acception, furent donc souvent repris dans les inventaires généraux, comme nous le verrons plus loin, les tableaux, les sculptures de bronze et autres objets d'art proprement dits.

3. Jacques Thuillier, « Peinture et politique : une théorie de la galerie royale sous Henri IV », *Études d'art offertes à Charles Sterling*, Paris, 1975, pp. 175-205.

4. J.-P Babelon, « L'Hôtel de Rambouillet », *Paris et Ile de France, Mémoires*, t. XI, 1960, pp. 313-361. Peter Thornton, *Seventeenth Century Interior Decoration in England, France and Holland*, Londres et New Haven, 1978, rééd. 1983, pp. 7 à 10.

5. Michel Le Moël, *La place Royale, place des Vosges*, Paris, 1986, Jacques Wilhem, « La place Royale », in : *La vie quotidienne au Marais au XVIIᵉ siècle*, Paris, 1966, pp. 65-76.

6. 1652, notice du plan de Gomboust, cité par J. Wihlem, op. cit., p. 66.

7. Peter Thornton, op. cit., voir particulièrement le chapitre I.
   F. Kimball, « Premières années de Louis XIV, 1643-1678 », in : *Le style Louis XV. Origine et Évolution du Rococo*, Paris, 1949.

8. Louis Hautecœur, *Le Louvre et les Tuileries de Louis XIV*, Paris, 1927. Christiane Aulanier, *Histoire du Palais et du Musée du Louvre, La petite galerie, appartements d'Anne d'Autriche, salles romaines*, Paris, 1955. Pierre Quoniam et Laurent Guinamard, *Le palais du Louvre*, Paris, 1988.

9. A.N., Maison du Roi, 01 3004, fº 11 et suiv. « Meubles et argenteries de feu la Reyne Mère », entrés dans le Garde-Meuble à la date du 17 janvier 1666. Jean Cordey, « L'Inventaire après décès d'Anne d'Autriche et le Mobilier du Louvre », *B.S.H.A.F.*, 1930, pp. 209-275.

10. Commandes qui, sauf en ce qui concerne Gole, n'ont jamais été véritablement analysées. Elles sont cependant accessibles avec une certaine précision, puisque l'on peut reconstituer les dernières acquisitions du cardinal grâce à une comparaison des inventaires de 1653 et de 1661 de ses collections, cf. infra note nº 53.

11. Edmond Bonnaffé, *Le surintendant Foucquet*, Paris et Londres, 1882. Anatole France, *Le château de Vaux-le-Vicomte*, Paris, 1933. F. Kimball, loc. cit.

12. L'Angleterre conserve ainsi de nombreux échos des expériences françaises des années 1640-1660 (cf. par exemple l'album de l'Office of Works, signalé par Thornton, op. cit., p. 36 et p. 405). Jusqu'en 1688 les contacts artistiques entre les deux pays furent abondants. En ce qui concerne les influences françaises sur la vie de cour et l'ameublement des autres pays d'Europe, voir plus généralement Thornton, op. cit., pp. 27 à 43.

13. Th. H. Lunsingh-Scheurleer, « A la recherche du mobilier de Louis XIV », *Antologia di Belle Arti*, Nuova Serie, nº 27-28 (1985), pp. 38-49.

14. Th.H. Lunsingh-Scheurleer, « The Philippe d'Orléans ivory cabinet by Pierre Gole », *The Burlington Magazine*, vol. CXXVI, nº 975 (juin 1984), pp. 333-339. Ce meuble ne figurant pas sur les comptes royaux a vraisemblablement été réglé sur la cassette personnelle du frère de Louis XIV.

15. cf note nº 13.

16. B. Saule, « Précisions sur la grande table en marqueterie de pierres dures du muséum d'histoire naturelle de Paris », *Revue de Gemmologie*, nº 73 (décembre 1982), pp. 2-4.

17. Th. H. Lunsingh-Scheurleer, « Pierre Gole, Ebéniste du roi Louis XIV », *The Burlington Magazine*, vol. CXXII, nº 927 (juin 1980), pp. 380 à 394.

18. ibid.

19. Gillian Wilson, « Two newly discovered pieces of royal French furniture », *Antologia di Belle Arti*, Nuova Serie, nᵒˢ 27-28 (1985), pp. 61-68.

20. Gillian Wilson, « Acquisitions Made by the Department of Decorative Arts in 1982 », *The J.Paul Getty Museum Journal*, volume 11 (1982), pp. 18 à 23.

21. Jean Nérée Ronfort « Le mobilier royal à l'époque de Louis XIV. Rapprochements et documents nouveaux, 1651, 1681 et 1715 », *L'Estampille*, nº 180 (avril 1985), pp. 36 à 43.

22. Pierre Verlet, *French Royal Furniture*, New York, 1963, p. 101.

23. Jérôme de la Gorce, *Bérain, Dessinateur du roi Soleil*, Paris, 1986.

24. A.N., Maison du Roi, 01 2984. Sous cette cote sont en effet conservées les quittances correspondant au paiement, au cours de la seule année 1683, de plus de trente-trois tables. Encore cette comptabilité est-elle incomplète.

25. Jean-Nérée Ronfort, « André-Charles Boulle : New Reasearch towards a Catalogue Raissoné », Communication au symposium *Aspects of French Decorative Arts During the Reign of Louis XIV*, New York, 1988, inédit.

26. Cf. note 21.

27. La somme des paiements faits à Boulle pour les travaux exécutés pour ce prince de 1682 à 1686 se monte à l'énorme montant de 94 424 livres. (Jules Guiffrey, *Les comptes des Bâtiments du roi*, Paris, t. III, 1981. Parfait paiement du 25 décembre 1692).

28. J.N. Ronfort, « Le mobilier royal à l'époque de Louis XIV, 1685. Versailles et le bureau du roi », *L'Estampille*, no 191 (avril 1986), pp. 44-51.

29. H.D. Mollesworth, *Meubles d'Art*, 1969, fig. 71.

30. Londres, Sotheby's, 24 novembre 1988, no 1.

31. F. Kimball, op. cit., pp. 41-66.

32. Jean Nérée Ronfort, « André-Charles Boulle : die Bronzearbeiten und seine Werkstatt im Louvre », in : *Vergoldete Bronzen*, Munich, 1986, t. II, pp. 459-520.

33. A.N., Maison du Roi, 01 3341, fo300 vo.

34. Pierre Verlet, *Le Mobilier Royal Français*, 1945, pp. 3-4.

35. A.N., Maison du Roi, 01 2054.

36. Alvar Gonzales-Palacios, « Florence in Paris, The Pietre Dure Manufactory of the Gobelins », Communication au symposium *Aspects of French Decorative Arts During the Reign of Louis XIV*, New York, 1988, inédit.

37. Pierre Verlet, *Le Mobilier Royal Français*, 1955, p. 9.

38. Jules Labarte, *Inventaire du mobilier de Charles V*, Paris, 1878, pp. III-IV.

39. A.N., Min., XXIII, R.158, 30 mai 1602.

40. A.N., Min., XIV, 6, 19 mars 1610.

41. A.N., Min., XLII, 95, 23 juin 1639.

42. A.N., Min., XIX, 180, 21 juillet 1643. Cet acte nous apprend qu'un bâtiment spécial avait été alors édifié, dans l'enclos de l'abbaye, pour la conservation d'une partie des collections d'armes de Louis XIII.

43. A.N., Maison du Roi, 01 3280.

44. A.N., Maison du Roi, 01 3282, lettre à M. de Pontchartrain contenant un récapitulatif historique en date de 24 décembre 1711.

45. A.N., Maison du Roi, 01 3282.

46. A.N., Min., VIII, 592, 2 juillet 1616.

47. A.N., Maison du Roi, 01 3279.

48. A.N., Maison du Roi, 01 3279 et 01 * 10, Fo 324.

49. Depuis 1643. Colbert finit par obtenir ce ministère en 1668. Le marquis de Seignelay, son fils, lui y succéda de 1683 à sa mort le 3 novembre 1690.

50. Le 30 décembre 1663.

51. Cf. note no 1.

52. Celui-ci était d'origine aussi ancienne que celui du Roi. Au début du XVIIe siècle, Marie de Médicis semble en particulier avoir déjà administré ses collections personnelles avec beaucoup de soin. On conserve le nom de Nicolas Berruyer « Garde des meubles et Garde-Robe de la reine » cité en 1617 (A.N., Min., XXIII, R.255, 25 juillet 1617) et de Vincent Roger « Garde des Cabinets de la Reyne Mère » cité en 1630 (A.N., Min., II, 131, 31 juillet 1630). Sous Louis XIV, Marie-Thérèse d'Autriche eut aussi son Garde-Meubles personnel, charge qui, au moment de sa mort, était exercée par Simon Delobel « Valet de Chambre et Tapissier du roi, garde des meubles de la Reyne ».

53. Deux inventaires des collections du cardinal de Mazarin subsistent. Le premier, de 1653, effectué lors de son retour à Paris après la Fronde, a été publié à Londres par le duc d'Aumale en 1861, le second, dressé après sa mort, le 31 mars 1661, est conservé à la Bibliothèque nationale (Mélanges Colbert, no 75).

54. Tous les princes de la famille royale eurent un Garde-Meubles personnel, ou du moins un intendant chargé de cette fonction.

55. Cf. note no 48.

56. Celui de Versailles, qui est le seul conservé, fut rédigé en 1666 (cf A.N., Maison du Roi, 01 * 3450).

57. La oremière entrée du *Journal* est datée du 2 janvier 1666.

58. On est tenté de penser que chaque chapitre de l'inventaire de 1673 fut rédigé par juxtaposition des chapitres correspondants à la même nature de meubles que ceux établis pour chaque maison royale. Malgré les lacunes des documents, on peut effectuer un début de vérification de cette hypothèse en comparant l'inventaire de Versailles de 1666 (cf note 56) avec l'Inventaire général. Les cabinets, tables et guéridons de ce château s'y reconnaissent ainsi dans les numéros 77 à 216.

59. Ce chiffre résulte du nombre des entrées éditées par Guiffrey. Il convient d'y ajouter les centaines de lots des chapitres des Étoffes de soie, des Ornements et linge de chapelle, du linge en général et des Chenets, non édités par cet auteur.

60. A la tête duquel était placé un *Concierge Garde-Meubles*. Sous Louis XIV, cette fonction exista au moins dans les châteaux de Vincennes, Versailles, Chaville, Fontainebleau, Marly, Saint-Germain-en-Laye, Choisy, Meudon, ainsi que pour le palais de Trianon et le Garde-Meuble situé aux Écuries de Versailles.

61. Adolphe Berty, *Topographie historique du vieux Paris, région du Louvre et des Tuileries*, t. I, Paris, 1866, pp. 30-39. Armand Brette, *Histoire des Édifices où ont siégé les Assemblées Parlementaires de la Révolution française et de la Première République*, t. I, Paris, 1902, pp. LIV-LIX.

62. On avait alors utilisé la Grande Salle, dont une gravure est conservée (Brette, op. cit., p. XLV). Cette salle servit ensuite de théâtre à la Cour, alternativement avec celle du théâtre du Marais (cf. Nicolas Sainte Fare Garnot, *Le décor des Tuileries sous le règne de Louis XIV*, Paris, 1988, p. 22).

63. Les dernières destructions, commencées en octobre 1660, avaient été terminées avant 1663, moment où l'on commença à élever les fondations de l'aile orientale du Louvre qui, en 1667, sera continuée sur les plans de Perrault (A. Brette, op. cit., p. LXII. Louis Hautecœur, op. cit., pp. 85, 101, 102. Antoine Picon, *Claude Perrault (1613-1688) ou la curiosité d'un classique*, Paris, 1988, p. 162).

64. Le Garde-Meuble fut alors logé dans l'ancien hôtel de Conti, sur la rive-gauche. En 1768, à la démolition de celui-ci pour construire le nouvel hôtel de la Monnaie, il fut transféré dans l'ancien hôtel dit « des Ambassadeurs Extraordinaires », actuel Palais de l'Élysée. Ce n'est qu'à la fin de 1774, qu'il prit possession du bâtiment spécialement construit à son usage, place de la Concorde, actuel Ministère de la Marine.

65. A.N., Maison du Roi, 01 3279.

66. A.N., Maison du Roi, 01 3279, 7 juin 1693.

67. P. Verlet, op. cit., note 31.

68. A.N., Maison du Roi, 01 * 3283, p. 5.

69. A.N., Maison du Roi, 01 3279.

70. A.N., Maison du Roi, 01 3282.

71. A.N., Maison du Roi, 01 3445.

72. A.N., Maison du Roi, 01 * 55, fo 14 vo.

73. Qui est celle éditée par Guiffrey.

74. A.N., Maison du Roi, 01 * 3333, fo 197.

75. ibid. fo 37.

76. Ce qui est le cas des commodes de Boulle de 1708-1709.

77. Ce qui est le cas d'une partie des tables en bois doré de 1683.

78. Comme la table et les guéridons de Lord Sackville étudiés plus haut.

79. Il en est ainsi de quatre des huit guéridons livrés par Campe le 3 janvier 1672, et des quatre tables et des guéridons achetés à Gole et Campe le 15 février 1673.

80. Annotations dont beaucoup ne sont pas reprises dans l'édition de Guiffrey.

81. A.N., Maison du Roi, 01 * 3341, fo 303.

82. A.N., Maison du Roi, 01 * 3334-3341. En huit volumes.

Portrait du marquis de Marigny par Louis Tocqué. (Coll. part.).

Le Marquis de Marigny 1727-1781

par Ludovic Gingay de Beaugendre

Documentaliste à la Réunion des Musées Nationaux

Un voyage en Italie

A la fin de l'année 1748 Madame la Marquise de Pompadour « avoit convaincu » le roi des avantages de céder la survivance de la charge de Monsieur de Tournehem, parent de son mari d'Étiolles, alors Directeur Général des Bâtiments, et ce en faveur de son jeune frère Abel-François Poisson, présenté à la Cour sous le nom de Monsieur de Vandières.

Celui-ci paroissait doué de toutes les qualités nécessaires pour bien s'en acquitter et Madame exigea que Monsieur son frère s'aguerrit le goust par un Grand Tour d'Italie. Elle jugea utile de le scavoir accompagné de personnes d'importance, faisant partie de sa compagnie, qui puissent perfectionner ses dispositions aux arts qu'il étoit amené à diriger.

Trois mentors, trois amis judicieux, trois compagnons de voyage sages et capables dont les noms semblaient une garantie, comptant sur eux – femme de goût – pour qu'ils dirigeassent son « frérot » sur les voies du bel antique, à essayer la nouveauté, à sortir du goût dévorant rococo, et baroque à outrance, qu'elle même avoit contribué à placer sur le trône...

Ils étoient six ou sept à partir de Paris dont en premier lieu, l'architecte Jacques Soufflot « plein de sens, avisé dans sa conduite, habile et savant architecte quoique sa pensée fût inscrite dans le cercle de son compas » *, le graveur-dessinateur des fêtes royales Charles Nicolas Cochin, l'abbé Le Blanc, littérateur émérite, auteur d'une « lettre sur les tableaux exposés au Louvre en 1743 ». L'abbé ne manquait ni de finesse, ni de connaissances et rêvait de l'Académie Française...

Et c'est ainsi qu'au petit matin du 20 décembre 1749, par un froid vif, à quelques lieues de Paris sur le chemin de l'Italie, trois berlines de voyage roulaient leur caisse d'apparat, serrées de près d'une roulotte de malles et d'effects, d'une nuée de domestiques à livrée, enrubannés aux couleurs de la Marquise. Ce charroi tumultueux à vocation artistique agaçait plus d'un. La faveur royale étendait son aura sur la tête d'un jeune homme prometteur. Et Monsieur d'Argenson jactait déjà « qu'on donne au Sieur de Vandières des historiographes, des bâtiments, des conseils, des gouverneurs, des dessinateurs, enfin ne verrait-on que folie sur folie et rien de salutaire au peuple ? »

L'heure n'étoit pas aux remontrances mais plus aux conseils avisés. S'échappant d'une portière de la berline voici le discours que répandait l'abbé Le Blanc à l'intention du jeune Abel : « Partout où nous nous rendrons, Monsieur de Vandières, gardez l'œil clair sur les ouvrages et les beautés que vous aurez à cœur et à raison de sauvegarder en votre mémoire, pour le choix et l'édification de vos charges futures. N'oubliez pas un instant que vous détiendrez entre vos mains la mesure du bon goust, l'ornement sage à appliquer aux œuvres demandées par votre Auguste Maître. Il vous serait profitable, si vous ne l'avez point lu déjà, d'avoir sous vos yeux les Nouvelles Littéraires de l'Abbé Raynal. Il parle de la ville souterraine découverte au pied du Vésuve. Nous sommes conviés par Sa Majesté le Roi Charles de Naples ** à la visite de ces ruines. On nous attend partout avec beaucoup de bonheur. A Turin, à Rome où vous serez présenté à Sa Sainteté. Nous y aurons l'avantage de vous ouvrir toutes les portes des collections d'art possibles à contempler, à vous pousser dans chaque lieu, dans toutes les ruines où l'antique est maitre et roi. Nous ne négligerons pas à vous accompagner au théâtre, beaucoup plus à l'Opéra si vous le désirez... »

Quelques jours après son départ le jeune Vandières recevait une ultime recommandation de sa sœur : « Le 28 de ce mois... bien quatre jours après votre départ. Mon frère n'oubliez pas qu'il faut être aimable avec tout le monde, car si l'on se bornait aux gens que l'on estime on serait détesté de presque tout le genre humain... »

---

* Marmontel.
** Charles III, Roi des Deux-Siciles (1735-1759), Roi d'Espagne (1759-1788).

LE RETOUR D'ITALIE ET LA NOMINATION

Le jeune Abel n'eut pas à attendre un si long temps la mort de Monsieur de Tournehem. Sa sœur le prévint que Monsieur son Oncle venait de trépasser ce 19 novembre 1751, et que l'on attendait Monsieur de Vandières au plus tôt à Paris.

Le « Beau Poisson » revint d'Italie la tête emplie de beaucoup d'idées et d'audaces, mais son attitude ne fut pas tranchante. Le roi lui confiait la charge de Directeur des Bâtiments, Arts et Manufactures. Monsieur Poisson de Vandières venait d'avoir vingt-quatre ans et disposait d'un budget de trois millions et demi pour ses travaux et projets. Sous son autorité l'on pouvait ajouter les Académies de Peinture et de Sculpture, la Savonnerie, les Gobelins, l'Observatoire, les Jardins, les Promenades, les Palais et les Châteaux royaux comme les Tuileries, le Luxembourg, le Palais Bourbon, la Chancellerie, l'Hôtel du Contrôleur Général, Versailles, Trianon, la Ménagerie, Meudon et Choisy, Saint-Hubert et Marly, le Louvre, sans compter Blois (qui est à démolir), Chambord (qui est à conserver), Monceaux (qui est à démolir), Fontainebleau et Saint-Germain (à conserver), Le Val (à donner à vie pour l'entretien !), Bellevue (à vendre ou à donner à l'entretien), Vincennes, qui est à conserver, mais le château de Madrid est à démolir. Tous ces châteaux et palais royaux font partie de son domaine. Les adjudications, la Police, la Voirie relèvent de son service, le Domaine, les Eaux et Forêts, les Menus Plaisirs, les Ponts et Chaussées sont en rapport avec lui.

Il dispose d'un premier peintre, d'un premier architecte, de deux trésoriers généraux, de trois intendants, de trois contrôleurs généraux et dix-huit contrôleurs particuliers.

Et tous, de façon quotidienne, lui adressent lettres, mémoires, projets. Et il leur répond. A tous. Son premier soin fut d'envoyer aux contrôleurs une circulaire demandant de transcrire le passif, de dresser les inventaires, préparer le budget, accorder bons et permissions, certificats de maîtrise, pensions. Méticuleux, exigeant mais fidèle avec ses amis, il se voue à l'élévation de l'artiste. C'est ainsi qu'il n'oublie pas ses amis de voyage, « mes yeux » comme il les surnommait.

L'abbé Le Blanc devient historiographe du roi. De Lyon il fait venir Soufflot pour le nommer contrôleur des Bâtiments, Cochin est anobli, reprend, en 1752, la charge de garde des Dessins du roi, devient secrétaire et historiographe de l'Académie en 1755.

LE GOUST GREC ET ROMAIN

Grâce à l'appui et au crédit de sa sœur, Abel envisageait de donner un nouvel essor aux arts. L'époque de son retour d'Italie est celui du renouvellement de l'architecture, du mobilier. Cette évolution semble due aux conseils de Soufflot et des pensionnaires romains épris de l'antique, de l'architecture classique. Il maintient cette émulation en continuant d'envoyer les élèves se former en Italie. Les fouilles d'Herculanum, comme de Pompéi,

furent publiées : « Le Antichita d'Ercolano » de Francesco Valetta en présentèrent en 1757, gravées sur cuivre, les peintures. Le marquis d'Ossun, ambassadeur de France à Rome, envoya en mars 1759 la première partie de l'ouvrage à Natoire, directeur de l'Académie de Rome, avec mission de l'expédier à Marigny. Les pensionnaires furent autorisés à faire le voyage de Naples pour s'inspirer de l'antique, et ainsi l'acclimater à Paris.

Cochin : « La véritable époque décisive ç'a été le retour de Monsieur de Marigny d'Italie et de sa compagnie. Nous avions vu et vu avec réflexion. Le ridicule nous parut à tous bien sensible et nous ne nous en tûmes point. »

Un des premiers portraits du marquis de Marigny par Jean-François de Troy atteste encore du « baroque » dans le décor, le mobilier, la corniche et la table. Le jeune Poisson de Vandières est encore un adolescent assez fin, posant la main droite sur un livre d'architecture, le visage féminin. Il est habillé de gueules et d'or de manière lourde, exubérante.

Quelques années plus tard, en 1761, le suédois Alexandre Roslin campe un Directeur des Bâtiments tout autre. Le décor est volontairement moderne, austère : une table rectangulaire aux pieds cannelés, aux incrustations de bronze doré, un vase antique de porphyre, un pilastre. Le cadre est massif, orné d'une lourde guirlande. Destiné à l'Académie d'architecture, Marigny pose dans l'exercice de ses fonctions : devant lui un plan et une vue de la colonnade du Louvre par Demachy, sur le dos d'un livre l'on peut reconnaître le « Poème sur l'Art de Peindre » de Watelet.

Peinture, sculpture, architecture glissent à l'Antique, aux grecqueries. Cet engouement s'épanouit partout, à commencer dans la conception du mobilier, de la décoration intérieure des maisons, hôtels, châteaux, appartements parisiens, tel une manifestation évidente de « bon goût ».

Ce retour antiquisant est perçu comme une réaction envers le débordement mièvre du rococo. Il préfigure ainsi les styles Louis XVI, Directoire, Empire et Charles X !

ABEL POISSON, MARQUIS DE MARIGNY, MÉCÈNE ET PROTECTEUR

Marigny entreprit de revivifier toutes les parties des arts dont il avait à s'occuper. Peintures, sculptures, tous les métiers de la décoration lui furent utiles pour ses grands projets.

En octobre 1756 il confirme à Joseph Vernet une commande des principaux ports de France : « Vue du Port de Bordeaux, de Bayonne, de la Rochelle, de Dieppe, de Cette... » dont il voudrait une vue réaliste et claire à soumettre au roi. Se préoccupant de fournir des modèles pour la Manufacture des Gobelins il achète à cet effet le morceau de réception à l'Académie de Fragonard : « Corésus et Callirrhoé », au peintre La Tour il commande un pastel de Madame de Pompadour sa sœur, à Boucher deux répliques du portrait original qu'il avait fait de sa sœur. Marigny achète à Greuze le 19 octobre 1761, pour la somme de 1 000 écus « l'Accordée de village » considérée comme la plus belle toile de sa carrière. Diderot tombera en religion pour cette composition. Les peintres Pierre et Cochin inciteront le successeur de Marigny, le comte d'Angiviller à l'acquérir pour Louis XVI. C'est « le plus beau tableau de Monsieur Greuze, très bon et même beau » conseillera Pierre. Impressionné par son talent, Marigny avait commandé à Greuze durant son séjour en Italie en 1756, deux tableaux destinés à sa sœur. Il s'agissait d'un « Jeune Berger » et son pendant « La Simplicité ». « Un jeune berger qui tente le sort pour scavoir s'il est aimé de sa bergère ». Greuze le composa en 1759, pour « La Simplicité », et 1761 pour le « Jeune Berger ». Les thèmes sont encore rustiques, mièvres et alanguis. Le choix du *Néo-classique* n'est pas encore fait. Il veut de la mesure et de la création avant toute chose. Il suit son tempérament de collectionneur et de protecteur. Il aide l'artiste matériellement, en le logeant le plus confortablement possible. C'est ce qu'il fit à Rome, par l'entremise de Natoire pour le peintre Joseph-Marie Vien, peintre d'histoire antique dont la fameuse toile « La Marchande d'Amours », composée en 1763, illustre clairement le parti pris néo-classique. Exécutée d'après une peinture antique découverte à Stabies en 1759, gravée et publiée en 1762, le mécène Marigny l'observa et la trouva probablement propre à figurer dans ses collections. Non point, semble-t-il. L'œuvre lui fut soufflée par le duc de Brissac en 1778.

La politique de notre protecteur est de passer commande à l'artiste en lui laissant le loisir de la composition sur thème suggéré. Au même Natoire, alors directeur de l'Académie de France à Rome, il écrit en 1756 : « Je vous saurai gré de tout ce que vous ferez pour Monsieur Greuze, au talent de qui je m'intéresse ». Loin de trancher et de prendre parti, Marigny balance son jugement et le choix des artistes, pour la Couronne, entre les impératifs d'État, les conditions de création artistique, la demande officielle, émanant de la direction des Bâtiments du Roi et son goût tempéré, éclectique de l'amateur, du collectionneur. Un trait psychologique marquant de celui-ci se révèle être la tempérance, un certain bon sens « bourgeois ».

« Il a le premier eu le courage d'introduire dans sa maison des meubles de bon goût et les décorer d'ornements sages. Depuis ce temps la feuille d'acanthe a été substituée dans un grand nombre de maisons à celle de la chicorée. » Dixit Cochin.

Dans une lettre à Soufflot du 18 mars 1760 Marigny écrit : « Je joins ici la mesure d'un cadre pour lequel vous ordonnerez au sieur Gibert de m'apporter deux à trois dessins à choisir. Ma sœur fait faire plusieurs copies de son portrait, en petit, d'après Boucher.

Elle m'a demandé de lui faire faire des bordures. Je ne veux point la chicorée moderne, je ne veux point de l'austère ancien. MEZO L'UNO, MEZO L'ALTRO. BASTA CHE SIA CORNICHE DI BUON GUSTO.

En tirant parti de la continuité artistique royale et de l'innovation placée sous le retour du « goût grec » « néo-classique » Marigny renvoie dos à dos l'ancien et le nouveau pour, fidèle à sa politique, faire l'un ou l'autre, traduisant ainsi ses armes parlantes : « De gueules à deux barbeaux d'or dos à dos ».

La vente de Marigny en 1782 nous confirme ce cosmopolitisme de genres : le choix de ses collections ne repose pas sur des critères absolus. L'on compte ainsi, entre autres peintures, la « Toilette de Vénus » de Boucher, « La Serinette », de Chardin, deux tableaux de Drouais : « Un jeune élève dessinateur » et « Une jeune fille jouant avec un chat ». Et si Diderot parle en termes peu aimables du « Poisson Mécène » n'est-ce pas qu'au Salon de 1763 il constatait que la peinture de Van Loo, « Les Amours qui font l'exercice militaire » voisinait avec un tableau de Greuze dans la collection Marigny ?

A PARIS

A l'initiative de Marigny et de sa sœur, Madame de Pompadour, l'on doit en 1758 l'érection d'une statue équestre de Louis XV à la demande priée des échevins de Paris. Le roi fit don d'un vaste terrain situé entre le Pont Tournant du Jardin des Tuileries et l'avenue des Champs-Élysées. Pour 260 000 livres, Edme Bouchardon sculpteur, fut chargé d'exécuter la statue, GABRIEL dut en combiner les plans proposés, la statue fut fondue par Varin le 6 mai 1758 pour 203 000 livres. L'élan était ainsi donné pour faire de la place Louis XV une place lumineuse, équilibrée, toute en harmonie de fontaines, sculptures et hôtels particuliers. L'agencement en était dû aux architectes Soufflot et Gabriel. De même, c'est à Soufflot, nommé en 1755, contrôleur des travaux de Marly puis des monuments de Paris, que Marigny confie la charge de la construction de l'église Sainte-Geneviève. Une peinture de Pierre Antoine de Machy. « Cérémonie de la pose de la première pierre de la nouvelle église Sainte-Geneviève, le 6 septembre 1764 », nous permet de voir le « marquis de Marigny montrant les plans au Roy ». Sur ordre du directeur des Bâtiments, Coutant d'Ivry construit l'église de la Madeleine, le Louvre est restauré, nettoyé, à son initiative, un guichet, portant son nom, est percé de la place du Carrousel sur le quai du Louvre, la Galerie des Rubens est rendue libre, le musée du Luxembourg est réorganisé. Gabriel entreprend l'édification de l'École Militaire. Les quais de la Seine sont déblayés, les jardins publics tracés, la salle de l'Opéra édifiée. La nivellation des terrains des Champs-Élysées est engagée, les vieux arbres sont arrachés, on replante de nouveaux quinconces et, Seigneur oblige, on ouvre l'avenue de Marigny. Gabriel, Soufflot et Perronet imaginèrent même de transformer l'Étoile en « une promenade publique » et d'y dresser « une grande obélisque en marbre de bourbonnais blanc... »

A Sèvres, Marigny crée la manufacture de porcelaine qui nous lève de l'obligation de nous approvisionner en Saxe. Grâce à la découverte du kaolin de Saint-Yrieix, la production décuple : ouvriers, peintres de fleurs et de paysages, sculpteurs, travaillent sous la direction de Bachelier, jusqu'à créer le fameux « Rose Pompadour ».

A VERSAILLES, LA MUETTE, BELLEVUE

GABRIEL rebâtit une aile entière du château, construit le Petit Trianon tandis que l'on aménage et agrandit le château de la Muette. L'architecte conçoit Bellevue pour Madame de Pompadour dont la salle à manger est peinte par Oudry, la salle de musique par le peintre Pierre, Van Loo se préoccupe de la décoration du Salon, Boucher de la chambre de la marquise.

De la date de sa prise de fonction de directeur des Bâtiments du Roy en 1751 jusqu'en l'année 1762, le marquis de Marigny travaille, s'épuise à satisfaire ses goûts et plus encore d'être à la hauteur de la tâche que le roi lui a confiée. Mais à l'âge de trente-cinq ans, Abel Poisson paraît blasé, découragé. La cour le dégoûte et l'ennuit : « ...Soyez assuré qu'il y faut beaucoup d'heures de bât pour quelques minutes de joie ou plutôt de vanité satisfaite ». Monsieur de Marigny préfère la fréquentation des écrivains, des encyclopédistes ou de nouveaux artistes dans les salons de Madame Geoffrin (voir le tableau de Le Monnier représentant un salon de Madame Geoffrin), plus encore peut-être, il recherche en délassement les soupers dans les petites maisons, plutôt que suivre les chasses royales, plus encore les spectacles des petits cabinets que les fêtes continuelles de Versailles.

Le 6 avril 1763, la salle d'Opéra de Paris brûle et disparaît. Marigny soumet à Soufflot quelques projets pour la refaire « jasant papier sur table », mais le cœur n'y est plus, et surtout ses moyens manquent de plus en plus à cause des guerres royales et des munificences des cours, le tout affectant une grande partie des crédits prévus. Le budget des bâtiments était réduit à plus de la moitié, et si son sort personnel restait enviable, couvert de dons, de charges honorifiques bien rétribuées, l'avenir de sa carrière, l'entretien des palais royaux, les projets d'aménagements nouveaux se trouvaient gravement menacés. D'un amour propre inquiet, ombrageux, susceptible, il se morfondait à l'idée qu'on ne l'estimât pas assez pour lui-même. La peur de la raillerie rendait son humeur brusque et sauvage. La mort de sa sœur le 15 avril 1764, protectrice, complice et aimante fut le coup le plus rude qu'il reçut. A qui pouvait-il se confier ? Sur qui pouvoir compter ? Marigny hérita de sa sœur des biens meubles et immeubles. Toutes les collections d'œuvres d'art lui revinrent ainsi que le château de Ménars.

Le marquis possédait deux châteaux : le château de Ménars (1764), le château du Pasté acheté en 1779. Il eut à Paris trois demeures :

– L'hôtel de la Place du Louvre. Résidence de fonction correspondant à la charge du Directeur général des Bâtiments. Il conserva la jouissance de l'hôtel longtemps après avoir perdu son poste. Le roi lui avait laissé lors de sa démission la jouissance à vie de toutes les maisons dépendant de la Direction des Bâtiments.

– La maison du Roule. Semble avoir été habitée uniquement l'été. En 1768, il fit reconstruire l'hôtel par Soufflot dans le style néoclassique. La façade sur cour avec une « serlienne » centrale, flanquée de deux baies.

– L'hôtel de la Place des Victoires. Dernière résidence de Marigny. En janvier 1778, il obtient le bail à vie d'un hôtel situé à l'angle de la rue des Fossés-Montmartre et de la rue du Petit Reposoir. L'hôtel était vanté par Thiéry dans son « guide des amateurs de 1784 » pour son « vaste plain-pied des appartements qui sont entre cour et jardin ». Marigny entreprit de redécorer l'hôtel avec l'aide de son tapissier Godefroy et de Garnier pour les meubles d'ébénisterie.

LE CHATEAU DE MENARS

Refuge artistique du Marquis, consolation de l'œil et du goût, le château fut conçu comme lieu de halte obligatoire pour toute personne dont l'âme fut élevée aux arts, au beau et au prodige de l'embellissement permanent auquel s'astreignait le propriétaire. Les travaux commencèrent en 1768 sur l'initiative de Mme de Pompadour. Sous la direction de Gabriel, on construisit les ailes du château, couvertes à l'italienne. Placés de chaque côté de la cour d'honneur, deux bâtiments furent érigés comme dépendances réservées aux services. Quelques appartements nouveaux furent créés.

La Salle des Rois : suspendus, l'on pouvait voir les portraits de Louis XV, de Christian du Danemark, de Gustave de Suède offerts par les Souverains eux-mêmes.

La Salle des Bourbon : avec les portraits de Louis XIII, de Louis XIV, du Dauphin. Pour le Château, Marigny fit construire une chapelle. Il réserva tous ses soins aux jardins. Il fit conserver le classique jardin à la française en y accommodant un jardin à l'anglaise. Une rotonde de Soufflot abritait une statue de « l'Abondance », d'Adam l'Aîné, dans le bois, dit Bois-Bas, figurait la « Crainte des Traits de l'Amour ou Statue de Diane » en marbre donnée par le roi à Marigny, au Belvédère de Jean-Baptiste Lemoyne, le groupe de Bousseau, « Zéphyre et Flore », dans le Bois-Haut « L'Aurore » de Vinache, « Auguste » d'Adam de Dieppe, « César » de Théodon. Huit cent mille livres furent dépensées de 1764 à 1769, pour l'embellissement du Château de Ménars.

Soufflot surveillait les travaux : dans la partie basse du jardin, s'élevait un pavillon construit jadis par le roi de Pologne. Marigny le fit repeindre entièrement et « comme ce pavillon porte des frises fort longues, je veux faire écrire sur chacune des quatre frises intérieures et sur celles extérieures faisant face aux boulingrins des mots latins. » Et puis restaient à élever une grotte : « Piccola ma garbata » (Petite mais gracieuse)!, un pavillon d'Apollon et les Muses, un bassin de l'Orangerie, à tracer.

Certaines personnalités ont ceci souvent de particulier : la passion du changement, le caprice de défaire pour mieux faire, le « Tout ou Rien », de grands moyens pour la grandeur des projets ou l'abdication pure et simple si elles ne peuvent les accomplir. C'est ainsi que le marquis de Marigny, en butte à de constantes oppositions financières dans ses projets professionnels d'aménagement, de non paiement des travaux exécutés, précipita sa chute, en le disant net au roi. Qu'il n'avait pas d'argent et que seul l'abbé Terray s'y opposait. Depuis le 23 décembre 1769, l'abbé réduisait les dépenses, surveillant les moindres sorties d'argent à faire en tant que contrôleur général des finances. L'antagonisme ne fit que croître entre les deux hommes. Marigny plaça sa démission le 27 juillet 1773. Louis la refusa, puis l'accepta avec beaucoup de peine. N'est-ce pas une nouvelle maîtresse, Mlle du Barry, qui insista pour que l'abbé Terray devînt directeur des Bâtiments ?

Marigny se sentit libéré d'un grand poids et put se plonger avec passion dans ses habitudes de collectionneur. Ménars ne le satisfaisait plus, il songeait à le vendre. Il fit l'acquisition d'un autre château. Un « pavillon » nommé le *« Paté »*.

Saisi d'une véritable fièvre de déménagement entre Ménars, Bercy et la place des Victoires, Marigny s'occupait à de nouvelles commandes de meubles, faits à Londres par les soins de Monsieur de Reinach, à choisir de nouvelles tapisseries à tendre chez son fournisseur Poussin, de locations et de calculs de rentes. Une forte goutte l'affaiblissait de jour en jour jusqu'à l'asseoir définitivement, puis à le coucher, puisque les sinapismes, le vinaigre rouge, les emplâtres, tous les procédés vésicatoires, même les mouches cantharidées n'y faisaient rien. Le mal empira et Abel Poisson, marquis de Marigny s'éteignit le jeudi 10 mai 1781 à onze heures du soir après avoir reçu l'extrême onction. Il mourut seul.

Dans le journal de Paris du 1er juin 1781, voici un extrait de l'hommage posthume rendu au directeur des Bâtiments par son ami Cochin.

« Il acquit une véritable connaissance de ce qui constitue l'excellence des arts ; cependant loin de se livrer à cette confiance dont tant d'autres, moins éclairés, abusent pour prendre un ton tranchant, il ne porta jamais de décision sans avoir consulté plusieurs artistes à qui il avait accordé sa confiance et particulièrement ses compagnons de voyage qu'il appelait ses yeux... On ne peut ignorer combien l'encouragement que donnent les supérieurs en n'applaudissant qu'aux ouvrages de leur goût influe sur les progrès de l'art ».

**« Les Arts ont en pleurant honoré sa mémoire,
et son amour pour eux vivra dans leur histoire »
D'après une gravure de Cochin de 1781
à la mémoire du marquis de Marigny.**

FIG. 2. – *Vase-camée* provenant des collections de Mazarin et Louis XIV,
Ier siècle avant ou après Jésus-Christ, vendu par Louis XV en 1752. Leningrad, Musée de l'Ermitage.

Les ventes de Louis XV

Par Daniel Alcouffe

*Inspecteur général des Musées de France,
chargé du département des Objets d'art du Musée du Louvre*

L'histoire des collections royales françaises, plusieurs fois dispersées et renouvelées, est étonnante et comporte encore beaucoup d'obscurités. Comment la prodigieuse collection d'objets d'art rassemblée par Charles V, que l'on imagine grâce à l'inventaire de 1380 et que Charles VI possédait encore, a-t-elle été ventilée ? De quelle façon a disparu la collection de François Ier et Henri II, inventoriée à Fontainebleau en 1561, dont on identifie seulement de nos jours quelques objets – au Louvre, à Reims, à Vienne – , épargnés parce que les souverains en ont fait présent ? Qu'est devenue la collection de Jeanne d'Albret et de Henri IV qui fut inventoriée à Pau en 1561-1562, expédiée à Paris sur l'ordre de Henri IV, et qu'on ne retrouve pas chez Louis XIV ?

Bien connue grâce à l'inventaire systématiquement divisé et minutieusement tenu à jour qu'en faisait le service du Garde-Meuble de la Couronne et qui a été publié par J. Guiffrey[1], la collection d'objets d'art de Louis XIV existe encore sous Louis XVI, mais bien amoindrie elle aussi. Sur ces amputations, Pierre Verlet a déjà attiré l'attention en signalant qu'au cours du XVIIIe siècle, non seulement le Garde-Meuble élimina, à plusieurs reprises, de riches étoffes anciennes afin d'en récupérer l'or et l'argent, mais aussi qu'il procéda à des ventes[2].

Ces ventes considérables, qui eurent lieu sous Louis XV, sont au moins au nombre de quatre : une en 1748, deux en 1751, une en 1752. Elles furent inspirées par Gaspard-Moïse de Fontanieu, intendant et contrôleur général des meubles de la Couronne, désireux, en se débarrassant d'effets considérés comme « hors de service ou d'usage », de faire de la place et surtout de trouver des moyens supplémentaires pour payer les dépenses du Garde-Meuble auquel le produit de ces ventes fut affecté.

Les quatre ventes, dont trois eurent lieu aux Tuileries et une au Louvre, furent conduites par Pierre Boissé, huissier priseur commissaire aux ventes au Châtelet.

La première intervint en 1741, à une époque où, le roi étant devenu attentif au décor de ses demeures, les besoins grandissaient. Le choix des objets à vendre s'effectua dans les maisons royales du 21 février au 17 mars. Fontanieu et ses collaborateurs sélectionnèrent essentiellement des objets mobiliers : meubles d'étoffe (tentures, lits, sièges), meubles d'ébénisterie et de menuiserie, objets en laque. Les documents concernant l'opération – « État des meubles du Roy à vendre »[3], procès-verbal de la vente[4] – renseignent peu sur l'état des objets. En fait, les mentions précisant que tel objet est en mauvaise condition y sont rares. Il semble qu'on ait voulu se défaire de meubles anciens et démodés plutôt que de meubles détériorés.

L'estimation fut faite le 17 mars par Boissé, assisté de Sallior, tapissier ordinaire du roi, pour les meubles d'étoffe, de l'ébéniste Antoine-Robert Gaudreaus, fournisseur habituel du roi, pour les autres types de meubles, et du marchand joaillier bijoutier Julliot pour les objets en laque. Le 30 mars, le roi ordonna à Fontanieu de procéder à la vente.

Celle-ci dura un mois, puisqu'elle se tint aux Tuileries du mardi 18 avril au mercredi 17 mai, quotidiennement sauf le dimanche. Chaque matin, Boissé veillait à l'« arrangement » des effets à disperser en les préparant par lots qu'il numérotait, mais sans grouper les objets par catégories. Il y eut 681 lots. La vente avait lieu l'après-midi, essentiellement devant un public de marchands : merciers, tapissiers, fripiers. Elle déplaça cependant plusieurs curieux, acheteurs de certains objets : la princesse de Conti, le duc de La Trémoille, la duchesse d'Uzès, l'évêque du Puy, le comte de Lautrec. Le sieur Cressent (l'ébéniste ?) se fit adjuger quatre portières de damas vert et un lé de damas cramoisi[5].

On peut commencer ici à déplorer l'aliénation du mobilier de Louis XIV. La vente fut particulièrement cruelle pour les meubles d'étoffe. Citons celui qui avait été estimé le plus cher (5000 l.), le meuble en brocard de Florence cramoisi et or, « ouvragé de fontaines et fueüillages et animaux », qui comprenait un lit, deux fauteuils, deux carreaux, huit pliants, un tapis de table, deux portières et une tenture, et fut adjugé 9700 l.[6].

En ce qui concerne les autres types de mobilier, la perte la plus regrettable est celle de la grande table octogonale en mosaïque de pierres dures provenant de Mazarin[7], estimée 1000 l. et acquise pour 3540 l. par Julliot[8]. On vendit aussi plusieurs des fastueux cabinets que Louis XIV avait réunis. Le plus riche était un cabinet en ébène orné de mosaïques de pierres dures florentines, qui ne fut vendu que 357 l.[9]. Parmi les autres : un cabinet « peint en miniature », un cabinet en marqueterie Boulle faisant partie d'une série de trois dont les deux autres figureront dans la première vente de 1751, un grand cabinet orné de marqueterie de fleurs sur fond d'ivoire, aliéné avec deux paires de guéridons assortis, et deux cabinets en bois doré exécutés pour exposer des vases en cristal de roche[10]. Quelques meubles moins spectaculaires, fournis à Louis XIV par Golle et Gaudron, furent également adjugés. Mais les meubles en marqueterie Boulle eurent peu de succès. Ainsi deux bureaux en marqueterie de cuivre et d'étain livrés par Golle en 1677[11], estimés seulement 24 et 3 l., atteignirent-ils respectivement 61 l. 5 s. et 6 l.[12]. Personne même n'enchérit sur un grand cabinet à deux corps en marqueterie Boulle estimé 8 l., de telle sorte qu'il fut remis en vente avec le lot suivant, un bureau de même technique, et que l'ensemble fut vendu 37 l. 1 s.[13].

Alors que l'estimation était montée à 65 894 l., la vente rapporta le double : 139 235 l. 16 s., somme qui fut remise au Garde-Meuble.

Quelques années plus tard, en 1748, une autre décision témoigne de nouveau du manque d'intérêt et d'admiration de Louis XV pour le mobilier de son prédécesseur : il céda en effet à Buffon, intendant du Jardin royal, pour les collections d'histoire naturelle du Jardin, douze cabinets ornés de pierres dures, parmi les plus beaux de Louis XIV, et une table en mosaïque de pierres dures qui, seule, subsiste aujourd'hui au Muséum d'histoire naturelle[14].

En 1751, Louis XV ordonna deux ventes. La première ne comportait que des meubles : vingt-quatre cabinets, dix tables en marbre ou albâtre dont une en mosaïque, deux pieds de table en bois doré, une armoire « de bois d'Allemagne » (peut-être allemande), une table, un bureau et une cassette, tous trois en marqueterie Boulle, un scabellon en ébène, deux cabinets d'orgues en ébène et un vieux clavecin. L'ensemble fut concentré dans la salle des Gardes du Louvre où on en fit un récolement le 1er décembre 1750. Trois estimations furent ensuite demandées : le 3 décembre à l'ébéniste Gilles Joubert que le Garde-Meuble employait depuis 1748, conjointement avec François-Antoine Gaudreaus, fils d'Antoine-Robert (4 419 l.), le 11 à François-Antoine Gaudreaus (4 288 l.), le 20 à Boissé assisté de Julliot (6 746 l.). Puis, le 24 janvier 1751, le roi donna à Fontanieu l'ordre de procéder à la vente qui eut lieu au Louvre les 3 et 4 février et rapporta 14 628 l.10 s.[15].

Cette fois, semble-t-il, les acquéreurs furent presque uniquement des marchands et des professionnels, entre lesquels, par le nombre et l'importance de leurs achats, se distinguèrent La

Hoguette, Lemaignan et Joubert (l'ébéniste vraisemblablement). Celui-ci se vit adjuger deux cabinets, deux tables en albâtre, la table en mosaïque et la cassette. Il est intéressant de noter qu'un cabinet en laque fut acheté par un certain Dubois (l'ébéniste Jacques Dubois, notamment spécialiste de meubles en laque ?).

Dans cette vente, Louis XV perdit les deux meubles d'ébénisterie de la Couronne les plus anciens, les deux seuls peut-être que Louis XIV avait retenus du mobilier de ses prédécesseurs : deux cabinets probablement exécutés en France – le cabinet en cèdre orné dans sa niche centrale de la figure de Henri IV en bronze doré, qui fut la seule acquisition du marchand Lazare Duvaux à la vente[16], et le cabinet en bois de Brésil au chiffre de Louis XIII[17]. Ils ne seront vendus que 51 et 30 l. Furent éliminés aussi : un cabinet en ébène à paysages de pierres dures attribué pour 1100 l. à La Hoguette, les deux cabinets ornés de figures de bronze doré et de colonnes de marbre et d'albâtre exécutés par Golle pour Mazarin[18], le « cabinet des Rois », chargé de bustes en bronze doré des rois de France et de miniatures relatant les exploits de Louis XIV, adjugé 382 l. à La Hoguette, deux paires de « grandissimes cabinets », l'une acquise par Joubert pour 2 600 l. (les cabinets du Soleil et des 12 signes), l'autre par La Hoguette pour 1 270 l.[19]. Mais les meubles les plus chers furent les deux célèbres cabinets ornés de mosaïques en pierres dures des Gobelins livrés à Louis XIV par Cucci en 1683. Ils furent adjugés 3 201 l. à Lemaignan. Exportés ensuite en Angleterre, ces deux chefs-d'œuvre furent acquis en 1824 par le troisième duc de Northumberland et subsistent heureusement aujourd'hui dans les collections du duc actuel, à Alnwick Castle *(Illustration couleur face page 48)*[20].

A cette vente également, les meubles en marqueterie Boulle n'atteignirent que de modestes prix.

La seconde vente organisée en 1751 rappelle celle de 1741 parce qu'elle eut lieu aussi aux Tuileries et que le choix des objets, opéré en mai, fut analogue. Les meubles d'étoffe y figuraient en très grand nombre, avec des meubles en laque et toutes sortes d'autres meubles, y compris un bas d'armoire en bois de violette récent, vraisemblablement livré par Antoine-Robert Gaudreaus en 1745[21]. On peut là encore supposer que l'état des meubles était en général passable. Si le récolement fait avant la vente signale des pieds cassés pour deux fauteuils ou une garniture déchirée sur un pliant, recense « une fort mauvaise table », souligne qu'il manque des tiroirs sur plusieurs des cabinets en laque[22], ce type de remarques y est cependant fort rare. « Magnifique », rajoute-t-on sur le récolement à propos d'un cabinet en laque[23]. On vendit même « vingt quatre bois de fauteüils sculptés et dorés qui parroissent n'avoir été jamais employés »[24].

L'estimation, faite le 8 juin par Boissé, Sallior, Julliot et Joubert (Gaudreaus fils se retirant à cette époque), monte à 52 452 l. Le 10 juin, le roi donna l'ordre de faire la vente, qui dut intervenir en juillet. Le procès-verbal n'en semble pas conservé.

Des appauvrissements provoqués par cette vente, retenons en particulier l'aliénation de deux ameublements historiques,

FIG. 1. – Domenico Cucci : *Cabinet* exécuté pour Louis XIV en 1683 (d'une paire), vendu par Louis XV en 1751. Alnwick Castle (Northumberland), collection du duc de Northumberland.

Le roi Louis XV assistant à l'hallali du cerf, par Jean-Baptiste Oudry (provenant du cabinet du roi au château de Marly).
(Musée des Augustins de Toulouse).

l'« ameublement de Pau », brodé d'or, d'argent et de soie, aux armes de Bourbon et de Navarre (lit, tapis de table, dais et tenture murale), estimé 2 000 l., et un autre ameublement ancien, de satin rouge cramoisi brodé d'or, décoré de scènes de l'Ancien Testament, estimé 2 020 l.[25]. Disparaissaient en outre les cabinets (dont un estimé 2 000 l.[26]) et coffres en laque qui figurent au début de l'inventaire de Louis XIV. Les marchands merciers surent sans doute tirer parti de cette abondance de meubles en laque soudain mis sur le marché.

La vente de l'année suivante, pour laquelle le choix se fit également en mai, présente un caractère différent. Y figurent, comme dans celle de 1741 et la seconde vente de 1751, des meubles d'étoffe en grande quantité, des meubles d'ébénisterie et de menuiserie, mais aussi des objets de curiosité pris parmi ceux qu'avait obstinément collectionnés Louis XIV – vases en pierres dures et porcelaines orientales. En ce qui concerne les premiers, il s'agit très souvent d'objets cassés ou devenus incomplets, qu'on aurait sans doute pu restaurer, comme on le fit sous Louis XVI pour des pièces analogues. Il fut dispersé 44 numéros de l'inventaire des « agates » ou pierres de couleur de la Couronne, 51 numéros de celui des cristaux de roche. Quant aux porcelaines à vendre, elles furent inventoriées sous 57 numéros, beaucoup comprenant plusieurs pièces.

Après que les objets eurent été estimés par Boissé, Sallior, Joubert et, pour les laques, pierres dures et porcelaines, par Julliot et son collègue Hébert, le roi, le 12 juillet, donna l'ordre de faire la vente qui se tint aux Tuileries pendant plus d'un mois, du 21 juillet au 26 août[27]. Au cours des vacations, le roi, le 14 août, ordonna de vendre en plus douze vases en cristal de roche endommagés et de nombreuses porcelaines, qui avaient été prisés par Boissé, aidé de Julliot et du marchand orfèvre joaillier Boisset[28].

La vente se fit sous 1063 numéros, estimés, pour le noyau initial, 34 996 l., et, pour la liste supplémentaire, 3 183 l., et rapporta 103 633 l. 18 s.

Les acquéreurs furent encore les grands marchands : Julliot, La Hoguette, Lemaignan, Boisset, Lebrun, Bert, Drouard, Payant, Pion. Le fabricant de tabatières Jean-Charles Ducrollay se fit adjuger un plateau en cristal de roche[29], Madame de Fontanieu un vase et un bassin en albâtre[30] ainsi qu'une gantière en cristal de roche[31].

Le Garde-Meuble se défit de nouveau dans cette vente d'une tenture très ancienne, une tenture aux armes de Bourbon, qui, brodée d'or et de soie, était ornée de grands personnages figurant des scènes de l'Ancien Testament[32]. Les meubles comprenaient par ailleurs le seul meuble fourni par Boulle à l'administration du Garde-Meuble – la « très belle table » livrée en 1681[33] –, des œuvres de Gaudron et l'un des derniers cabinets de Louis XIV existant encore dans les collections royales, un cabinet en argent orné de pierres dures[34], estimé 2 000 l., ce qui en faisait le meuble le plus cher de la vente. Il fut adjugé, avec son pied façon de porphyre, 3 790 l.[35]. C'est aussi au cours de cette vente que le Garde-Meuble se sépara, pour 18 l. 1 s., de la curieuse table en verre polychrome, entrée dans la collection de Louis XIV

en 1670 ou 1671[36], qui a réapparu dans une vente publique anglaise en 1988[37].

Parmi les vases en pierres dures, on peut en regretter plusieurs : ainsi, pour les pierres de couleur, le grand vase en améthyste monté en argent doré, estimé 200 l. et vendu 542 l. à Bert, les vases de cette matière étant très rares[38], le service en serpentine de quatre-vingt-onze pièces, vendu 56 l. 5 s.[39], le vase en grenat dont la monture en argent doré était enrichie d'émeraudes, acquis par Boisset pour 393 l.[40], la grande coupe en jade montée en or émaillé, estimée 700 l., obtenue par Bert pour 1 299 l.[41], qui fut le plus cher des vases en pierres dures ; ou, pour les cristaux de roche, quelques objets de forme spectaculaire (cinq vases en forme d'animal – deux dragons, deux oiseaux et un poisson –, un cadenas en forme de « plan de fortification », un chariot), une grande aiguière gravée de l'*Histoire de Suzanne* et du *Jugement de Pâris*[42], un grand bassin gravé de monstres marins, vendu 830 l. à Bert[43]. Mais la pièce la plus regrettable est sans doute le vase-camée antique représentant *Apollon et Diane* et *Psyché tourmentée par l'Amour* qui, avant d'entrer dans la collection de Louis XIV, avait appartenu à la maréchale de Roquelaure puis à Mazarin. Il est étonnant qu'on ait pu vendre un objet d'un type aussi rare et d'une telle importance archéologique. Le vase était pourvu d'une monture en or émaillé, enrichie de diamants et de rubis, vraisemblablement exécutée en France au XVIe siècle, sur laquelle un diamant de l'anse avait disparu, ce qui constituait, semble-t-il, le seul reproche qu'on pouvait faire à l'objet. Estimé 72 l., il fut vendu 434 l. à Lebrun. Il devint ensuite la propriété du graveur Jacques Guay, qui le signala à Caylus. Celui-ci le publia en 1756 dans son *Recueil d'antiquités,* où le vase apparaît très mutilé, ayant entre temps perdu son anse en sardoine et l'ensemble de sa monture. Pourvu d'un col et d'une base modernes, il fait maintenant partie des collection de l'Ermitage *(fig. 2)*[44].

Cet exemple ou ceux mentionnés précédemment prouvent que les objets de Louis XIV vendus par Louis XV peuvent exister encore, soit dans leur intégrité, soit à l'état fragmentaire, notamment dans le cas des meubles en laque et en pierres dures que les marchands achetèrent souvent pour les dépecer et en remployer les éléments.

Il n'en reste pas moins que les ventes de Louis XV, éliminant des collections royales, entre autres, les meubles les plus spectaculaires de Louis XIV, nuisent à la connaissance du mobilier de luxe du XVIIe siècle. Louis XVI aurait-il agi de même vis-à-vis des œuvres créées sous son prédécesseur ? Il ne semblait pas y être très attaché non plus, comme le prouve l'envoi à la Bibliothèque royale, en 1780, des médailliers exécutés par Gaudreaus et Joubert pour Louis XV à Versailles[45]. La Révolution qui, le goût ayant évolué, aurait sans doute préservé de la vente certains des grands meubles de Louis XIV, a certes porté un très grave préjudice aux collections royales. Mais, parallèlement, en attribuant une partie de celles-ci aux nouvelles institutions, culturelles et gouvernementales, qu'elle a créées, et en les figeant ainsi, elle a aussi, peut-être, prévenu d'autres risques de dispersion.

1. J. GUIFFREY, *Inventaire général du Mobilier de la Couronne sous Louis XIV (1663-1715),* Paris, 2 vol., 1885-1886
2. P. VERLET, *French Royal Fourniture,* Londres, 1963, p. 46-51
3. Paris, Arch. nat., 0^1 3664^6
4. *Ibid.,* 0^1 3659
5. *Ibid.,* 0^1 3659, fol. 61 v°-62 r°
6. J. GUIFFREY, *op. cit.,* t. II, Lits et emmeublemens, n° 60 ; 0^1 3659, fol. 35 r°-36 v°
7. Duc d'AUMALE, *Inventaire de tous les meubles du cardinal Mazarin dressé en 1653,* Londres, s.d. [1861], p. 264 ; J. Guiffrey, *op. cit.,* t. II, Cabinets, n° 55
8. 0^1 3659, fol. 133 v°-134 r°
9. J. GUIFFREY, *op. cit.,* t. II, Cabinets, n° 16
10. *Ibid.,* n°s 77, 86, 143, 144, 146, 154, 155 ; cf. 0^1 3664^6 et 0^1 3659
11. J. GUIFFREY, *op. cit.,* t. II, Cabinets, n°s 317-318
12. 0^1 3659, fol. 305 v°-306 v°
13. *Ibid.,* fol. 290 r°-291 r°
14. P. VERLET, *op. cit.,* p. 47
15. *Ibid.,* p. 48-49 ; 0^1 3315 (Journal du Garde-Meuble), fol. 50 r°-51 v° ; 0^1 3664^5, « État des cabinets et tables apartenans au Roy déposez dans la salle des Gardes du chateau du Louvre, a vendre comme hors de service et d'usage »... ; 0^1 3664^5, procès-verbal de la vente
16. Cf. P. VERLET, *op. cit.,* p. 49
17. J. GUIFFREY, *op. cit.,* t. II, Cabinets, n°s 1 et 2
18. Ils furent adjugés soit à La Hoguette pour 500 l., soit à Lemaignan pour 455 l.
19. *Ibid.,* n°s 3, 8-9, 57, 221-222, 223-224
20. P. VERLET, *op. cit.,* p. 101
21. 0^1 3664^9, état des meubles du roi à vendre, daté du 1er juillet 1751, fol. 15 v°, n° 1376
22. *Ibid.,* fol. 25 r° v°, 28 r°, 12 v°-13 r°
23. *Ibid.,* fol. 13 r° v°
24. *Ibid.,* fol. 25 v°
25. J. GUIFFREY, *op. cit.,* t. II, Lits et emmeublemens, n°s 1 et 8 ; 0^1 3664^9, fol. 1 r° v°
26. *Ibid.,* fol. 13 v°
27. 0^1 3664^{10}, état des meubles du roi à vendre, daté du 12 juillet 1752 ; 0^1 3660, procès-verbal de la vente
28. 0^1 3664^{10}, fol. 47 r°-49 r° ; 0^1 3664^1
29. 0^1 3660, fol. 509 r° v°
30. J. GUIFFREY, *op. cit.,* t. I, Agates, n°s 130-131 ; 0^1 3660, fol. 578 v°-579 r°
31. *Ibid.,* fol. 584 v°-585 r°
32. J. GUIFFREY, *op. cit.,* t. II, Lits et emmeublemens, n° 6
33. *Ibid.,* t. II, Cabinets, n° 338
34. *Ibid.,* t. II, Cabinets, n°s 14-15
35. 0^1 3660, fol. 560 v°-561 v°
36. J. GUIFFREY, *op. cit.,* t. II, Cabinets, n° 276
37. Vente, Londres, Sotheby's, 24-25 novembre 1988, n° 4, repr. ; T. CLARKE et J. BOURNE, *Louis XIV's Glass Table,* dans *Apollo,* novembre 1988, p. 334-339
38. J. GUIFFREY, *op. cit.,* t. I, Agates, n° 70 ; 0^1 3660, fol. 543 r° v°
39. J. GUIFFREY, *op. cit.,* t. I, Agates, n°s 155-173 ; 0^1 3660, fol. 505 r°-506 r°
40. J. GUIFFREY, *op. cit.,* t. I, Agates, n° 225 ; 0^1 3660, fol. 512 r° v°
41. *Ibid.,* fol. 524 r° v°
42. J. GUIFFREY, *op. cit.,* t. I, Cristaux de roche, n° 207 ; 0^1 3660, fol. 523 r° v°
43. J. GUIFFREY, *op. cit.,* t. I, Cristaux de roche, n° 279 ; 0^1 3660, fol. 455 r° v°
44. J. GUIFFREY, *op. cit.,* t. I, Agates, n° 87 ; 0^1 3660, fol. 523 v°-524 r° ; D. ALCOUFFE, *The Collection of Cardinal Mazarin's Gems,* dans *The Burlington Magazine,* t. CXVI (1974), p. 518, 522
45. P. VERLET, *op. cit.,* p. 50.

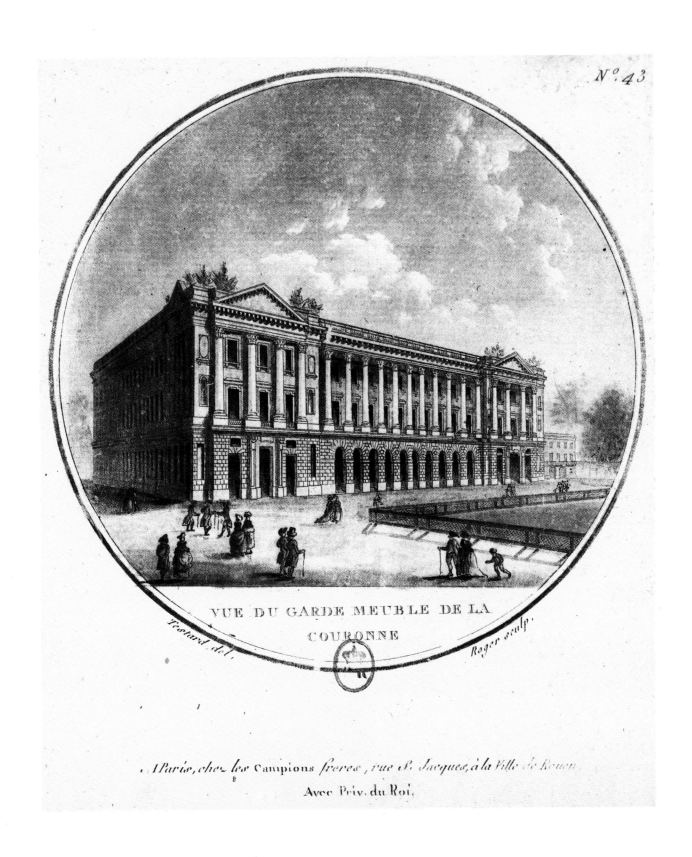

VUE DU GARDE MEUBLE DE LA
COURONNE

Testard del.

Roger sculp.

A Paris, chez les Campions frères, rue S.t Jacques, à la Ville de Rouen.
Avec Priv. du Roi.

1. – Vue du Garde-Meuble de la Couronne. Gravure du XVIIIe siècle. Bibliothèque Nationale.

2. – Commode livrée par Benneman faisant partie d'une paire,
pour la chambre à coucher de Madame Thierry de Ville d'Avray à l'hôtel du Garde-Meuble. (Coll. part.).

Le Garde-Meuble de la Couronne sous Thierry de Ville d'Avray

par Jean-Jacques Gautier

Conservateur du domaine de Bagatelle

A la fin de l'Ancien régime, le Garde-Meuble de la Couronne n'avait jamais eu un emplacement aussi prestigieux. De plus, c'était la première fois que l'on construisait un bâtiment spécialement adapté à sa fonction. Il était disposé depuis 1774, dans un des deux seuls éléments d'architecture fermant un côté de la place Louis XV. Il se présentait comme un point visuel essentiel en s'articulant dans cet espace de l'urbanisme parisien destiné à se développer. Aussi, il était un lieu où s'exposait une partie des collections royales dans des salles ouvertes au public et aménagées à cet effet.

De ce double point de vue, c'est dire l'importance accordée à une administration qui travaillait étroitement avec celle des Bâtiments du roi ou encore les Menus Plaisirs et qui toutes trois devaient contribuer à la grandeur de la monarchie française, encore considérée comme la plus brillante, si ce n'est la première d'Europe.

Doit-on y voir l'affirmation ultime d'une autorité royale sur fond de crise politique ? Il ne semble pas que les contemporains l'aient perçue ainsi. Ou au contraire, le maintien d'une tradition de mécénat au plus haut niveau administratif ? Les répercussions sur le Garde-Meuble sont importantes, qui fit appel à des ornemanistes, dessinateurs ou artisans parmi les plus doués et novateurs de leur temps.

Thierry de Ville d'Avray est à la tête du Garde-Meuble de 1784 à 1792. Ce qui est peu par rapport à certains de ses prédécesseurs. C'est pourtant lui qui remania profondément cette administration et qui fut chargé de veiller à sa destinée pendant la période révolutionnaire.

Également, Thierry fut le contemporain des grands travaux de réaménagements des différentes résidences royales, ordonnés par le directeur des Bâtiments du roi au moment où se trouvait à la tête du Contrôle général des Finances, Charles-Alexandre Calonne (1783-1787). Ce dernier voulait rétablir la confiance par une politique de grands travaux. Ainsi, se trouva lancée une dynamique du faste que les éphémères successeurs de l'ingénieux ministre cautionnèrent à leur tour.

Il y aura plus d'une conséquence pour le Garde-Meuble de la Couronne. Exactement à l'époque où les appartements royaux des grandes résidences étaient recomposés en 1786-1787, Thierry faisait refaire comme par mimétisme, ses appartements de représentation place Louis XV. Ce sont les mêmes artistes que l'on voit employer sur les chantiers royaux et œuvrer chez le commissaire général et son épouse. Cette dernière reprenait l'appartement du prédécesseur de son mari à l'angle de la place et de la rue Saint-Florentin *(Ill. 1)*. Le grand cabinet et la chambre de Thierry étaient refaits, le grand cabinet d'angle, les trumeaux de la chambre, le boudoir qui se voyait doter d'un décor de glaces peintes témoignent encore de raffinements dignes du souverain et de son épouse. C'est que dans l'esprit de Thierry et de ses contemporains, le Garde-Meuble était considéré comme un établissement royal [1].

Au même moment, Thierry demandait au plus prolixe des ornemanistes du temps, J.-D Dugourc de lui dessiner les réaménagements des galeries d'exposition [2]. Rappelons qu'elles étaient ouvertes de Quasimodo à la Saint-Martin, le premier mardi de chaque mois. Les dessins subsistent qui nous montrent l'escalier d'honneur. On trouvait une galerie des bronzes qui doublait trois grandes salles d'exposition. La salle des Bijoux à l'ouest, celle des Grands Meubles et la salle des Armures.

La première présentait trois faces d'armoires en chêne peint en gris, sur les trois murs qui ne comportaient pas de fenêtres. Huit vantaux à l'ouest, cinq face aux croisées et sept du côté de la salle des Grands Meubles. Tous sculptés de chiffres et couronnes sur fond de semis de fleurs de lys. Les deux extrémités des deux plus grandes séries d'armoires s'ouvraient également et face aux fenêtres, pouvaient recevoir la lumière. Presque toutes les armoires s'ouvraient à deux vantaux. Ces derniers pouvaient se démonter pour les visites et laisser voir les portes de glace maintenues dans des armatures de fer vernis noir. Des tablettes à tasseaux et crémaillères supportaient les objets précieux identifiés par des étiquettes en argent [3]. Au milieu de la pièce se trouvait un grand vase en porphyre sur une table ronde aussi de porphyre, soutenue par un pied de bois doré qui provenait des collections de Louis XIV [4].

La salle des Grands Meubles comportait une autre série d'armoires sculptées, qui rythmait essentiellement le long mur face aux fenêtres. Les panneaux ornés que Pierre Verlet donne à Toussaint Foliot, comportaient des emblèmes royaux [5]. Aux deux extrémités de la galerie étaient situées deux grandes tables de marbre vert campan à piètement de bois doré d'un goût égyptisant, bien dans la façon de Dugourc *(Ill. 3)* [6]. C'est là que se trouvait le grand meuble des Diamants de la Couronne.

A la fin de l'Ancien régime, en janvier 1792, ces salles reçurent un grand nombre d'objets d'art provenant des achats effectués par d'Angiviller à la vente du duc d'Aumont en décembre 1782 [7]. Le Museum Central des Arts voulu par la Révolution, hantait l'esprit des différents directeurs des Bâtiments du roi depuis le milieu du siècle. Était-il dans l'intention de supprimer les galeries du Garde-Meuble ? De transférer les collections au Muséum ? Ou a-t-on voulu dissocier les objets d'art des peintures et sculptures et ramener place Louis XV, les premiers ? En tous cas, ce fut une solution provisoire qui vit dans la salle des Grands Meubles, les cassolettes de serpentine à sirènes et têtes de béliers [8], le vase de marbre jaune antique [9], ceux de porcelaine vert céladon à sirènes [10], deux vases du Japon avec anses à dragons ailés etc... Thierry s'était réservé pour lui les deux cabinets de Joseph en pierres dures à tablettes de marbre brocatelle qu'il disposa dans son cabinet *(Ill. 4)* [11].

Les conventionnels considérèrent que ces objets devaient être réunis au Muséum suivant l'idée première. L'ensemble avec de nombreux bronzes de la galerie, la table en porphyre, les consoles de la salle des grands Meubles y furent envoyés, le 3 août 1793 [12].

La question était posée de la survivance des salles d'expositions du Garde-Meuble rognées progressivement par l'installation du ministre de la Marine. Les armoires de la salle des Bijoux furent réunies elles aussi au Muséum, le 23 Floréal an V [13].

Au même niveau que les galeries d'exposition se trouvaient les plus beaux appartements. Côté de la rue Royale, un ensemble de cinq pièces avec cabinet de toilette, était réservé à Lemoine de Crécy, beau-frère de Thierry et garde général. Tapisserie des Gobelins des mois Lucas [14], commode de Riesener [15] dans la chambre montrent l'importance de son rang. Côté rue Saint-Florentin, les appartements de Thierry et de son épouse. Il commanda surtout pour lui-même des bas d'armoire en acajou ou bois jaune dont il faisait un grand usage [16]. Il conservait les meubles que Fontanieu avait demandé à Riesener en 1771, d'une grande qualité et encore modernes lorsqu'éclate la Révolution. A vrai dire, le luxe des ensembles mobiliers se comprend. On doit considérer ces ameublements comme des pièces de réserve et lors de circonstances précipitées comme en connaît tout garde-meuble, Thierry n'hésitait pas à prélever sur « son »

mobilier pour le mettre à la disposition d'un membre de la famille royale. Ainsi, le secrétaire du comte de Provence à Fontainebleau en 1786 n'est autre que celui de Thierry [17]. Le phénomène joue aussi en sens inverse. Fontanieu a montré la voie avec des tapisseries de l'Histoire du roi ou des Enfants jardiniers et qui recupère la bibliothèque de Louis XV à Versailles devenue buffet de salle à manger [18]. Thierry reprend en le transformant l'ancien bureau de Louis XV à Choisy [19].

Les circonstances exceptionnelles d'octobre 1789 avec l'aménagement des Tuileries pour le retour de Louis XVI à Paris montrent bien que Thierry considérait son ameublement comme en réserve, à la disposition de la famille royale. Rappelons la commode du cabinet du Conseil qui vient de la chambre de madame Thierry *(Ill. 2)* [20]. Les sièges de Jacob du meuble Vaudreuil destinés au grand cabinet de Marie-Antoinette lors des travaux de 1791 [21] viennent de la même pièce chez madame Thierry *(Ill. 5)*.

*
* *

Thierry de Ville d'Avray se trouve à la tête du Garde-Meuble de la Couronne depuis 1784. Son cheminement appartient tout entier à la tradition. Il offre selon l'expression de Pierre Verlet la démonstration « d'une de ces stupéfiantes carrières, dont Versailles peut montrer des exemples à toutes les époques. » [22].

De par ses liens familiaux, son alliance avec Marie Lemoine, c'est une figure type de l'Ancien régime. Il est une illustration parfaite de cette clientèle proche de la famille royale, qui évolue à la Cour et épouse les clivages des partis en présence.

Son père est premier valet de chambre du duc de Berry ; son épouse, femme de chambre de Marie Leczinska, puis de Marie-Antoinette. Les parrains et marraines de ses enfants sont la reine, le dauphin, le duc de Berry et madame Adélaïde. Surtout, il devient premier valet de chambre de Louis XVI en 1774 et dispose ainsi d'un appartement de quartier proche de celui du roi dans chacune des résidences royales. Il eut des qualités de dévouement et de fidélité vis-à-vis de la famille royale qui le conduisirent au supplice en septembre 1792. Il eut aussi le sens des opportunités à saisir ou à susciter de par le jeu relationnel qu'il avait établi à Versailles et qui lui permit de s'enrichir considérablement.

En cela, il était aussi un homme de l'ancienne Cour. Les révolutionnaires ne s'y trompèrent pas, qui au delà de son supplice, lui vouèrent une vindicte tenace. Il est vrai que juste après sa mort, il s'était trouvé dans le cabinet de Thierry, place de la Révolution, le 20 octobre 1792, «...caché dans le fond d'un canapé... une somme de 120 milles livres en rouleaux de cinquante louis cousus dans la toile »[23]. « On se demande comment par quels moyens, cet homme et sa femme, nés avec la plus modique fortune sont possesseurs d'une fortune immense et on n'y voit que l'abus indicible qu'un valet faisoit journellement de la confiance de son maître qui chargé de l'intérêt de la nation, lui sacrifiait à la cupidité et à la séduction de son valet »[24]

3. – Console de la salle des Grands Meubles. Musée de Fontainebleau.

Prenant la responsabilité du commissariat du Garde-Meuble royal, Marc-Antoine Thierry se voit amener à disposer les aménagements mobiliers de résidences royales nouvellement construites, acquises ou modifiées. Si on les aborde chronologiquement, on se rend compte que de 1784 à 1792, il n'a cessé de veiller à disposer des ensembles pour les souverains et la famille royale. Rambouillet est acquis en 1784 sans toutefois requérir une grande mise en œuvre des moyens du Garde-Meuble. 1785 voit l'acquisition de Saint-Cloud et un premier ameublement[25]. Les appartements royaux de Compiègne sont enfin terminés à la même époque et on prévoit un voyage de la Cour à l'été de 1786 qui n'aura pas lieu mais des envois de meubles sont faits. 1787 se passe à terminer les appartements de Marie-Antoinette et ceux de Louis XVI dans l'aile neuve construite à Fontainebleau que l'on veut prête pour l'automne. Saint-Cloud est au même moment l'objet de nouvelles livraisons intensives. Tous ces aménagements se font pratiquement sans heurt, parfois avec quelques hésitations. Le Garde-Meuble ne manque pas à la famille royale. Ceci est tout à l'honneur de Thierry de Ville d'Avray qui en augmentant le personnel administratif peut maîtriser d'autant la complexité de ces aménagements.

Deux conséquences découlent de cette intense activité dans un laps de temps réduit. La première est que Thierry fut amené à proposer une sorte de formule type d'aménagement d'un appartement royal qui permettait au roi ou à la reine d'être peu dépaysés quand ils se rendaient d'un château à l'autre. C'est vrai pour Marie-Antoinette avec son goût moderne, aussi pour Louis XVI, avec son souci d'économie. Tout cela sur fond d'étiquette et de traditionnelle convenance.

Ainsi tous les appartements royaux dans les cinq ans précédant la Révolution sont remis à neuf. C'est une volonté délibérée de Thierry, aidé par les aménagements contemporains d'architecture. Enfin n'oublions pas que nous sommes là dans les années Calonne et que ce ministre trouva spontanément une illustration de sa politique financière dans l'attitude de Marie-Antoinette et de sa coterie.

La reine est sensible, même dans ses grands appartements qu'elle se contente souvent de traverser, aux décors qu'elle veut au goût du jour. L'ameublement doit être en accord. Tout est conforme dans le répertoire décoratif à ce qu'elle aime et à ce qu'elle a habitué comme étant de son goût. Ainsi à Saint-Cloud, où son appartement du premier étage est entièrement meublé par le Garde-Meuble de la Couronne, le menuisier Sené exécute pour elle des sièges que l'on a attribué à G. Jacob qui en avait mis au point le type et la richesse.

C'est elle, à n'en pas douter qui impose Riesener pour les grands meubles de son salon des nobles à Versailles en 1786 quand on sait l'intérêt qu'elle portait à tout ce qui se faisait pour sa personne.

Du côté du roi, Thierry dispose de plus de latitude et se trouve moins soumis aux hésitations que l'on trouve chez la reine

toujours désireuse de parfaire. Louis XVI ne se soucie que du velours ras sur les tables où il écrit, des tirettes que l'on multiplie sur ses bureaux pour pouvoir étaler ses papiers ou des angles arrondis de ses chaises pour ne pas se blesser. Surtout, Louis XVI est économe.

Le roi récupère des commodes de 1772 que la reine abandonne et les dispose dans ses nouveaux appartements de Compiègne et de Fontainebleau, tout en commandant des meubles qui leur sont assortis dans un style déjà démodé.

La seconde incidence résultant de ces ameublements consécutifs intéresse le fonctionnement du Garde-Meuble royal. On sait que depuis Berbier du Mets, intendant sous Louis XIV, les meubles regroupés sous plusieurs rubriques étaient consignés dans un journal avec un numéro d'ordre correspondant à leur entrée. On doublait cette numérotation reportée sur le meuble par un marquage qui était loin d'être systématique, et qui correspondait à la résidence royale où le meuble semblait affecté. W(Versailles), F(ontainebleau), M(arly), C(ontrole) G(énéral)... soit au fer, soit au pinceau.

Thierry bouleversa cette pratique en adoptant une numérotation par château. Il estimait certainement être en mesure de le faire en considérant que les résidences royales venaient d'être remeublées intégralement et ne devaient donc pas subir de bouleversements avant longtemps.

A l'intérieur de cette numérotation par château, toutefois, on maintenait une distinction par matières. Les meubles d'ébénisterie, les meubles d'étoffe et les bronzes d'ameublement faisaient l'objet de numérotations indépendantes. Ainsi à Fontainebleau et à Compiègne, certains bras de lumière étaient numérotés, ce qui était nouveau puisqu'on sait qu'auparavant, les bras de lumière étaient fournis par l'agence d'architecture.

On remarque que pour Versailles, il n'y a pas de numérotation dans les inventaires de l'époque. La raison en est que le château était en sursis et que l'on considérait qu'il fallait attendre que la façade sur cour fut reconstruite entièrement et les appartements remaniés avant d'entreprendre ce que l'on avait appliqué à Compiègne ou Fontainebleau.

Octobre 1789 allait entraîner un profond bouleversement de cette vision statique. Il fallait meubler les Tuileries et le Petit Luxembourg où s'installait Monsieur, frère du roi. Des velléités de séjour du gouvernement à Compiègne en 1790 faisaient aménager une ultime fois cette résidence par Thierry, témoignage de la confiance que lui manifestait Louis XVI.

A court terme, les ventes révolutionnaires en dispersant ce qui aurait du être l'ameublement d'un demi siècle, apportèrent un cruel démenti à la politique de Thierry. Ses économies nous semblent factices et illusoires, son personnage trop proche de son intérêt pour être sympathique. Pourtant, douze années après sa mort, l'administration impériale reprenait son système d'inventaires par château ; certains de ses collaborateurs perpétuèrent les pratiques de sérieux de sa gestion, et l'abondante paperasserie qu'elle nous laisse ravit les chercheurs.

4. – Cabinet en pierres dures. Musée de Versailles.

Le Garde-Meuble de la Couronne a été longuement étudié par Pierre Verlet dans les introductions des volumes II et III consacrés au mobilier royal français.

Il faut y ajouter le cours de monsieur Jean Coural, administrateur général du Mobilier national, à l'école du Louvre. Cf. polycopiés des cours 8 et 9 de janvier1985.

Enfin, il se tient actuellement au ministère de la Marine, une exposition où l'on trouvera des informations sur ce sujet dans le cadre voulu par Thierry.

1. La distribution se faisait comme suit :

    233 antichambre.
    232 salle à manger.
    231 passage.
    230 grand cabinet.
    229 chambre de Mme Thierry.
    226 cabinet boisé.
    228 antichambre (ancienne chambre à coucher de Fontanieu).
    227 boudoir.
    225 cabinet.
    234 passage.
    235 antichambre.
    236 chambre de Thierry.
    239 grand cabinet de Thierry.
    238 bains.

    Les glaces peintes du boudoir après avoir été remontées à Fontainebleau sous Louis Philippe sont maintenant au musée de Versailles.

2. Dessins conservés en partie aux Archives nationales. D'autres sont passés en vente à Paris, à Drouot, le 3 juin 1988.

3. Les armoires de la salle des Grands Meubles sont restées la possession du Mobilier national (GME 1714), en dépôt au Service Historique de l'Armée de Terre (Vincennes). Les emblèmes royaux ont été buchés.

Les dauphins en particulier ont complètement disparu, remplacés par un motif avec couronne de lauriers.

4. C. Dreyfus. *Catalogue sommaire du mobilier et des objets d'art.* Paris. 1922. OA 21.

5. P. Verlet. *Le Mobilier royal français.* T. II, Paris 1955. p. 35.

6. Ch. Baulez. *Il mobile francese dal Medioevo al 1925.* Milano. 1981. p. 102. J.-P. Samoyault. *Musée national du château de Fontainebleau. Appartement des reines mères.*. p. 17.

7. Cf. P. Verlet. B.S.H.A.F. *Bronzes d'ameublement français du* XVIIIᵉ *siècle. Notes et documents.* Séance du 10 mai 1980. Paris 1981.

8. C. Dreyfus. OA 419 et OA 420.

9. Musée du Louvre.

10. C. Dreyfus. OA 438.

11. C. Dreyfus. OA 406.

12. Arch. nat. 02 412. Fo 321-324.

13. Ibidem. 02 407.

14. Ibidem. 01 3425.

15. Commode passée en vente à Paris. Drouot ; 13 novembre 1987.

16. Arch. nat 01 3425 et 01 3376⁴.

17. P. Verlet. T. 11. N° 18.

18. P. Verlet. T. I. N° 5.

19. Ibidem. N° 4.

20. Ibidem. N° 17. La seconde dut vendue à Londres chez Christie's le 1987.

21. Arch. nat 01 3425. Cf P. Verlet. N° 39. Cf Mémoire de maîtrise d'histoire de l'art. *Le palais des Tuileries sous Louis XVI.* Paul Ravel. Octobre 1987. Paris IV.

22. P. Verlet. T. II. p. 36. N° 47.

23. Arch. nat. 02 371. Fo 18.

24. Ibidem. Fo 20.

25. P. Verlet. T. II. N° 30.

5. – Siège du meuble Vaudreuil. Musée de Versailles.

Louis XVI, d'après J.-S. Duplessis. (Chambre de Commerce et d'Industrie de Bordeaux).

Le mécénat royal

par Marc Battestini

Historien

Passées les grandes commandes du règne de Louis XIV, et la création artistique à caractère politique, le mécénat de nos rois se fit plus personnel. Le roi Louis XIV, par sa personnalité multiforme encouragea et vivifia les arts pour la gloire de son règne. Architecture, jardins, statuaire, mobilier, tapisseries, peintures, furent dirigées par Le Brun, Mansart. Le Nôtre... sous la houlette attentive et méticuleuse de Louis XIV. Ses successeurs ne conserveront que la partie la plus officielle de ce rôle dévoluant à leurs compagnes les arts décoratifs. Madame de Pompadour, puis Marie-Antoinette auront à cœur de développer jusqu'à son apogée la production décorative française du XVIIIᵉ siècle. Combien Boucher, Oeben, La Tour, Riesener, Mique, pour ne citer qu'eux, leur sont redevables de commandes définissant avec elles et pour elles cet art français dont il nous reste toute l'exquise grâce.

Louis XV attacha son nom à de grandes constructions réalisées par Gabriel (Place de la « Concorde », École militaire, Opéra de Versailles), et manifesta son goût personnel dans ses appartements privés, où s'accumulèrent les collections d'objets et les curiosités. Ainsi s'accentua la différenciation entre le personnage public, le roi, et la personne privée, l'homme. Le roi laisse son empreinte à des réalisations publiques, l'homme, à des manifestations « bourgeoises ». Cette dichotomie trouve son aboutissement dans la création du Museum (futur Musée du Louvre), par Louis XVI et d'Angiviller. Les tableaux de la Couronne, collectionnés par Louis XIV, ne sont plus considérés comme ornements de résidences royales (publiquement ouvertes), mais comme fond de collection nationale. S'y ajoute un goût du « moderne », qui relègue les « antiques » en objets de conservation.

L'art mobilier est marqué par les commandes officielles du Garde-Meuble (bureau à cylindre d'Oeben et Riesener pour Louis XV, commode par Riesener pour la Chambre de Louis XVI), qui constituent autant de « vitrines » de la suprématie artisanale française, et par des commandes personnelles qui représentent un véritable mécénat princier, où l'on retrouve le goût de son commanditaire. Louis XVI, par ses achats personnels, respectera l'équilibre fragile entre rôle public et plaisir personnel. Le meilleur exemple n'en est-il pas fourni par les porcelaines de Sèvres ? Objets fragiles et de grand prix, leurs acheteurs étaient en petit nombre et leur débouché limité. Pour venir en aide à la Manufacture, le roi passera deux types de commandes. La première consistera à offrir aux souverains étrangers en visite en France (Gustave III, le futur Tsar Paul 1ᵉʳ) des cadeaux diplomatiques sous forme de chefs d'œuvre de porcelaine. La seconde représentera la décoration des appartements privés du souverain, où pour des sommes très élevées (24 000 livres en 1781), le roi entasse porcelaines et biscuits, stimulant par là-même l'activité de la fabrique. Typique en est la commande des « Hommes célèbres » en biscuit. Le surintendant des bâtiments, monsieur d'Angiviller, avait commandé la représentation monumentale des hommes illustres pour la Grande Galerie du Louvre à partir de 1777. On fabrique à la Manufacture de Sèvres des réductions en biscuit, dont Louis XVI orne le Cabinet de la Pendule et sa Bibliothèque à Versailles. Se côtoyaient ainsi Vauban, Turenne, Sully, l'Hospital, Catinat, Descartes, Bossuet, Fénelon, Pascal, Tourville, La Fontaine... Les vases ne sont pas oubliés et les commandes sont importantes. Parmi tous, se trouvait dans le Cabinet de musique une paire à décor d'arabesques dont les anses en bronze doré, ciselées par Thomire, représentaient deux béliers dressés sur des têtes de faunes. Exécutés en 1782, ils furent vendus au marchand anglais Robert Frogg en 1798, et achetés par le Prince Régent, futur George IV, ornant depuis 1812 le Château de Windsor.

Rappelons également les neuf plaques exécutées de 1779 à 1782, montrant les Chasses du roi, faites d'après les cartons d'Oudry pour les Gobelins ; les costumes furent modernisés, et Louis XVI remplaça son grand-père sur les peintures de porcelaine. Ces plaques sont toujours accrochées dans la salle à manger des porcelaines à Versailles.

Tout le monde connaît aujourd'hui, grâce aux travaux remarquables de Monsieur et Madame Girault de Coursac, le goût qu'avait Louis XVI pour la mécanique, la physique, la géographie, et en règle générale, pour tout ce qui touchait aux sciences. Cet intérêt se retrouvait dans l'ancienne salle à manger des retours de chasses, par l'extraordinaire secrétaire en trois parties, fabriqué par Roentgen et payé 96 000 livres en 1779. Ses mécanismes permettant de jouer différents airs de musique étaient dûs à Merklein, et faisaient le bonheur et l'admiration mécanique du roi. Il conviendrait d'ajouter ici les instruments scientifiques et mécaniques façonnés par les meilleurs artisans, et qu'entretenait, dans les petits Cabinets du roi, Gamin et Duret. Chacun de ces objets était une merveille de préciosité mécanique, favorisant le développement de la technologie française.

Que l'on veuille bien se rappeler l'intérêt que portait Louis XVI à la création du port de Cherbourg, à l'ascension des mongolfières, au voyage de La Pérouse, et l'on comprendra mieux cette autre forme de mécénat.

Les montres et pendules, achèvement paroxystique de cet art mécanique, étaient frénétiquement collectionnées par le roi, comme le montre ses paiements transcrits dans son livre de comptes : « 21 décembre 1776 : à Julien Le Roy, pour une montre de marine, le 26 janvier 1777 : à Le Roy, pour deux pendules, etc. » [1].

Enfin, le roi collectionnait les livres. Les uns, précieux, lui étaient signalés par l'abbé des Aulnays à la vente, et étaient par lui acquis pour la blibliothèque royale : les autres étaient principalement achetés chez Blaizot, pour les rayons de ses bibliothèques (« le 23 février 1777, à Blaizot, pour 46 ouvrages que j'ai achetés chez monsieur de Boissel, dont l'Encyclopédie ») [2].

Ainsi se manifesta le mécénat intellectuel du roi, laissant à son épouse le soin coûteux des commandes décoratives, et des collections aussi précieuses que curieuses.

Ne subsistent aujourd'hui, dans l'esprit collectif, que les belles réalisations de mobilier « Marie-Antoinette », pour leur grâce et leur exquise harmonie, empreintes de la féminité de leur commanditaire et il semble bien injuste d'oublier le rôle déterminant du roi pour le mécénat à caractère technique et technologique dont profiteront Révolution et Empire.

Mécène : protecteur généreux des arts, lettres, sciences, etc.

Notes

1. 2. Comptes de Louis XVI, Paris 1909.

Assiette unie du grand service de Louis XVI – Manufacture de Sèvres 1787. (Coll. part.).

2e Partie

LES COLLECTIONS
DE LA COURONNE
FACE À LA RÉVOLUTION

La « dernière » Messe de Louis XVI aux Tuileries par Hubert Robert. (Coll. part.).

Assiette unie du grand service de Louis XVI à Versailles
(porcelaine tendre de Sèvres). (Coll. part.).

Canapé en ottomane réalisé par Jean-Baptiste Claude Sené
pour la chambre de Marie-Antoinette aux Tuileries en 1791. (Coll. part.).

La famille royale aux Tuileries et l'installation du mobilier

par Marc Battestini

Conférencier des Musées nationaux

Depuis la dernière visite du roi Louis XV en 1744. Le vieux palais de Catherine de Médicis se trouvait en piteux état.

« Les appartements royaux n'existent pour ainsi dire plus ; on les a partagés par des cloisons ; si l'on n'y porte remède, ils ne pourraient offrir à la famille de sa majesté un abri même momentané – chacun de ceux qui les habitent veut s'y procurer toutes ses aises [1]. »

Le surintendant des bâtiments, M. d'Angevilliers, est averti par le grand aumônier que la chapelle est « dans un état dangereux, le prêtre qui y célébrait la messe, il y a quelques jours a été près de quitter l'autel, dans la crainte d'un éboulement » [2].

Une foule hétéroclite de pensionnés ou de protégés s'y côtoit en se disputant fenêtres et passages. On entresole les pièces, on creuse les murailles pour y faire passer les conduits de cheminée, on obstrue les passages et on y fait sécher le linge aux fenêtres.

L'état d'ensemble fait penser à une termitière :

« Je suis sorti des Tuileries, j'y mourrais de froid ; les croisées ne tiennent à rien... le bois est pourri » écrivit le comte de Polignac au surintendant des bâtiments [3].

C'est en ce « palais » que le roi Louis XVI et sa famille, otages de la foule victorieuse, arrivèrent au soir du 6 octobre 1789.

Dès le matin, à 8 h, un courrier avait apporté l'ordre « d'apprêter en hâte les Tuileries pour y recevoir sa majesté ».

En quelques heures, les ouvriers des bâtiments expulseront et déménageront des caves aux greniers des occupants désormais indésirables. Au fur et à mesure des départs, les logements sont affectés à la suite des souverains à laquelle une note indique, pour faciliter la recherche de leur gîte, que « les lettres alphabétiques et les numéros sont marqués sur les portes d'entrée » [4].

Quelle dut être la stupéfaction de ces nouveaux occupants ! « au milieu de cette immense confusion..., nous trouvâmes les appartements sens dessus dessous, pleins d'ouvriers, et des échelles dressées de tous les côtés..., les meubles les plus nécessaires y manquaient, ceux qui s'y trouvaient étaient délabrés ; les tapisseries étaient vieilles et fanées, les appartements étaient mal éclairés au moment où nous y entrâmes. Tout y suggérait un sentiment de tristesse en harmonie avec les sentiments que nous y apportions après cette douloureuse journée ». Le petit dauphin lui-même marque son étonnement en y pénétrant « tout est ici bien laid maman » [6].

Le seul appartement prêt était le pied-à-terre que la reine avait fait aménager en 1784 à l'entresol du premier étage et qu'elle occupait lors de ses visites à l'Opéra. Il comprenait une antichambre, une salle à manger, un cabinet, une chambre et un boudoir.

C'est là que s'installeront provisoirement le dauphin et madame royale. Le roi partagea l'appartement de la reine au rez-de-chaussée et madame Élisabeth s'en alla au pavillon de Flore.

Dès le lendemain, le roi « visita lui-même le château avec son épouse ; tous deux marquèrent les logements de chacun et ordonnèrent les changements et réparations à faire » [7].

En partant du pavillon central, longeant la galerie de Le Vau, le roi se réserva au rez-de-chaussée, côté jardin, un petit cabinet tellement exigu qu'une seule personne pouvait y pénétrer. « Dans un enfoncement pratiqué au fond, était une petite bergère et dans celui fait dans le mur de la fenêtre, se trouvaient deux chaises que l'on ne pouvait déplacer faute d'espace. Deux petites croisées, toujours couvertes de jalousies éclairaient ce petit local orné avec goût... sur le carreau de la fenêtre en face de la porte, était attaché un baromètre circulaire [8]. » Puis venait le cabinet du roi à la suite duquel était un couloir s'éclairant par une croisée en face de laquelle une porte vitrée recouverte en dedans de rideaux de mousseline, s'ouvrait sur l'atelier de serrurerie de Louis XVI : Un « Un établi garni d'un étau, des limes, marteaux, tenailles et autres outils formaient tout l'ameublement [9]. », enfin, la pièce dite des archives contiguë au cabinet de toilette de la reine. Se présentaient ensuite en enfilade, la chambre de la reine, un salon de compagnie, une salle à manger et les deux antichambres. A l'entresol, le roi mit son cabinet de géographie et la reine sa bibliothèque.

Au 1er étage, côté jardin, se succédaient la chambre du roi, celle du dauphin, un cabinet, la chambre de madame, un salon de compagnie, une antichambre et une salle des gardes constituant l'appartement du dauphin.

Côté cour, débouchant du grand escalier, l'on traversait la salle des suisses, la salle des gardes, une antichambre, la chambre du lit, le cabinet du conseil, la salle du billard et la galerie. Les appartements des deux étages étaient reliés entre eux par de nombreux petits escaliers obscurs.

Au pavillon de Flore, Mme de Lamballe occupait le rez-de-chaussée et Mme Élisabeth le premier. Les tantes du roi, mesdames Adélaïde et Victoire étaient logées au pavillon de Marsan. « Dans le château et son enceinte on comptait 677 habitants [10]. »

Deux inventaires, écrits pour le premier lors du voyage d'été de la cour à Saint-Cloud en 1790 et pour le second en 1792, nous renseignent incomplètement sur l'ameublement et le décor de ces pièces. Viennent s'y joindre une multitude de factures en témoignage des commandes ordonnées par les souverains.

Le premier souci de l'administration des Bâtiments et du Garde-Meuble fut de décorer le plus rapidement possible les appartements. Pour les décors Arthur et Vafflard furent sollicités pour poser des papiers peints, les murs n'étant pas boisés. Dans la seconde antichambre de la reine « une tenture de papier en 5 pièces collée sur toile dessin petit octogone fond blanc », alors que dans la pièce des nobles se voyait une tenture de papier, fond vert avec grande mosaïque. Pour la chambre du roi, Arthur fournira en décembre 1789 « 2 pilastres au parquet de la cheminée de la chambre du roy à orner d'un entrelaz de dessins rehaussé d'or sur fond blanc ».

L'on eut également recours au procédé « antique » de recouvrir les murs par des tapisseries. Dans la grande galerie se trouvaient 13 pièces de tenture des Gobelins de l'histoire de Louis XIV alors que dans la salle du conseil étaient accrochées 4 pièces de tenture à sujet de Médée et Jason et que dans la chambre du roi était illustrée l'histoire de Don Quichotte : « le 10 octobre 1789, envoyées du Garde-Meuble à Versailles pour le service du roi à Paris – de chez la reine – no 264 – 9 pièces de tapisseries... représentant divers sujets de Don Quichotte ».

Pour l'ameublement immédiat, l'administration utilisa les « réserves » du garde-meuble provenant du démeublement du château de Choisy et compléta rapidement par des ponctions effectuées à Versailles. Chaun essaya dans un premier temps de reconstituer, à défaut d'un environnement agréable, un décor familier. Dans la salle des buffets de la reine étaient « 5 chaises en moquette rayée vert, rouge et blanc, les bois vernis provenant du Petit-Trianon ».

Dans la pièce des nobles servant de salle à manger où se réunissait la famille royale se voyaient « 2 encoignures à 1 vantail

en bois de rose plaqué avec filet de palissandre, le dessus en marbre Sainte-Anne », « un pied de console sculpté et peint en blanc avec un vase dans l'entrejambe, le marbre blanc veiné, 2 consoles ovales, le marbre blanc veiné, le bois peint imitant la sculpture », et selon le goût de la reine « une très belle lanterne à 4 pans en bronze doré avec porte-lumière à douze bobêches de Chaumont et Feuchères auxquels vinrent s'ajouter en 1791 « douze chaises en bois d'acajou... dossier à jour à lyre, provenant de la vente de M. de Vaudreuil » – s'y voyaient encore un corps de bibliothèque en bois d'acajou à quatre vantaux grillés et deux commodes de bois de rapport et bois d'acajou et violet, filets de bois blanc, trois tiroirs dans la frise et deux grands en dessous, ladite ornée de rosace, anneaux, sabots de bronze doré... le dessus en marbre blanc » no 3162 en provenance du Petit Trianon – du 8 may 1790 – envoyé de Trianon au Garde-Meuble de Versailles no 3162. deux commodes...

Dans le salon de compagnie était un mobilier exécuté par Sené et Laurent, à savoir : « une banquette à la turque faisant le pourtour de la pièce... avec draperie sur la devanture, deux têtes-à-têtes, deux bergères, une grande chaise pour le roi, douze fauteuils cabriolets à dossiers cintrés, huit fauteuils cabriolets à dossiers carrés, une banquette dans l'entrefenêtre ainsi qu'un jeu de cavagnol dans une boîte de noyer composé de 108 tableaux, envoyé de Versailles le 21 mai 1791.

Une table à écrire de Riesener en bois gris filet en losange à deux tiroirs sur les côtés, orné dans les quatre parties du milieu de bas-reliefs représentant des jeux d'enfant avec une galerie au pourtour, complétait l'ameublement;

La grande chambre à coucher s'éclairait par deux croisées. Le lit se trouvait dans une alcôve « formé par quatre grosses colonnes creuses et propres à cacher chacune une personne. D'un côté de l'alcôve, une porte communiquait à une entrée particulière donnant dans le corridor noir ; de l'autre, une porte de garde-robe » où se voyait « une chaise percée ». Après en avoir enlevé une enveloppe de coton garni de mousseline, nous découvrîmes différentes manivelles. L'une faisait mouvoir une seringue dont la canule venait pour ainsi dire d'elle-même se placer au centre de la lunette ; une autre amenait, précisément dans la même place, un tuyau percé de mille trous, par lesquels mille petits jets d'eau venaient laver et rafraîchir : de sorte que cette chaise avait le double avantage de vous offrir des bains, des lavements et des injections sans changer de posture et sans se mouiller les mains [11].

A l'entresol était la bibliothèque de la reine servant de chambre à coucher « pour l'été ». La pièce était meublée d'un lit à quatre colonnes, garni d'étoffes en pékin fond blanc dessin bleu et argent.

Sené et Laurent avaient fourni les sièges de bois sculpté doré recouverts du même pékin. Un corps de bibliothèque en bois d'acajou à quatre vantaux grillés de Benneman côtoyait une commode « forme moderne richement orné de bronze doré... trois tiroirs dans la frise, laquelle est à tigette, deux grands tiroirs fond bois gris satiné à mosaïques renversées, les panneaux à baguettes, le tout en bronze en fleurs d'eau – les angles en bois satiné ornés de fleurs – le dessus en marbre blanc veiné « ainsi qu'un secrétaire en armoire... du genre de la commode et du même bois gris satiné » et « une toilette de pareil bois et orné du même ».

Étaient posés « deux candélabres à sept bobêches... figurant par 1/3 le pied forme ronde avant-corps sur trois faces, lesquelles portant trois boucs portant un raiseau en corde..., soutenus de trois griffes de lion, au milieu une frisette, au haut trois têtes de satyre, lesquelles soutiennent trois branches en enroulement arabesque se terminant par une tête d'aigle portant bobêche – du milieu partent trois autres branches en consoles – l'intérieur formant vase – lesdits en bronze doré... ».

« Voyons un peu le choix des lectures de la reine. Elle paraît aimer les romans anglais – elle en a la collection complète mais ils sont traduits en français – Et dans un format bien petit – C'est elle qui a introduit la mode des in 18. Voyez ces outils de femme de ménage : des aiguilles, du fil, un bas commencé ; c'est avec ces objets qu'elle se délassait [12]. »

La bibliothèque du roi lui faisait suite. Ses murs étaient recouverts « d'un corps de bibliothèque en face de la croisée et retour à droite formant six parties ; un autre corps à côté de la croisée en deux parties et d'un très beau bois d'acajou avec filets de bois de la Guadeloupe, le bas formant avant-corps avec vantaux de glace ; le dessus en marbre blanc veiné. Sous l'entrecroisée est une tablette de bois d'acajou qui se repousse dans l'épaisseur du mur ». Les sièges en acajou étaient couverts « en pékin vert pomme ». La pièce se fermait par deux vantaux « formant corps de bibliothèque avec figures de livres et sous-glaces ». Un écran en bois d'acajou et une table mécanique du même bois provenant de Versailles complétaient l'ameublement de la pièce.

Un cabinet de géographie lui succédait : « le cabinet du roi nous offrit en y entrant un véritable atelier de savant – d'un côté la collection de toutes les cartes géographiques renfermées dans des boîtes rangées sur des rayons en forme de bibliothèque... Au milieu de la chambre une grande table était couverte de cartes dessinées, d'objets et d'instruments propres au lavis. Quelques livres de géographie, laissés sans ordre sur des chaises, annonçaient l'éloignement momentané plutôt que l'absence du maître [13]. »

Un mobilier important composé de canapés, fauteuils et chaises recouverts de 15/16 bleu uni garnissaient cette pièce. Le roi y avait fait disposer « une table à écrire en bois d'acajou moucheté » et « une grande table ployante en bois de sapin... avec charnière servant à dessiner », provenant de Versailles, ainsi « qu'un très riche nécessaire en bois de laque richement orné de bronze dans toutes ses extrémités en or mat, la frise du haut représentant des enfants, des fruits, des animaux, des rinceaux et autres ornements ciselés et dorés... les coins en cariatide de bronze portant une corbeille, le dessus en marbre d'Italie. Le pied à gaine et entrejambe en entrelacs orné de bronze... une galerie sur trois faces ».

Il s'agissait d'un meuble exécuté par Weissweller en 1785 pour le cabinet d'angle du roi à Versailles – sur les murs était une tenture de papier collé sur toile dessin arabesque.

Se succédaient ensuite une garde-robe, un premier passage dont les murs s'ornaient d'un papier « pierre de taille », un second passage sur lequel s'éclairait une chambre à alcôve servant d'atelier de mécanique au roi tel que l'atteste « un corps de tablette forme de buffet à deux vantaux plaqué en dehors de bois de palissandre, le dedans en bois d'acajou servant à mettre les outils du roy », commandé à Benneman.

Le grand appartement de la reine au 1er étage était occupé par le dauphin et comprenait une salle des gardes, une antichambre, une pièce des nobles, une chambre à coucher, une garde-robe, une seconde garde-robe, un cabinet et autres cabinets de service en suite. Nous ne détaillerons pas l'ameublement de cet appartement afin de ne pas alourdir notre propos et nous contentons de citer un témoignage contemporain : la chambre du dauphin « n'était éclairée que par une croisée... le lit de l'enfant n'était séparé de celui du roi que par un mur ; et sa petite fenêtre donnait au-dessus de son oreiller. Dans un tiroir de la commode, différents coquillages étaient rangés avec symétrie... »

Le grand appartement du roi débutait au débouché du grand escalier par la salle des cent suisses, puis par la salle des gardes suivie de la salle des valets de pied et l'antichambre des nobles décorée de tapisseries. Venait ensuite la chambre du lit richement meublée par un lit à l'impériale couvert en satin blanc broché accompagné de sièges d'étiquette (fauteuils, ployants aux bois sculptés et dorés recouverts de la même étoffe).

Les rejoignirent, le 4 janvier 1790, les trois commodes de Riesener du salon des nobles de la reine à Versailles « trois commodes de bois d'acajou à deux grands tiroirs et trois petits dans la frise portée sur quatre pieds tournés... dessus de marbre turquin », ainsi que « deux encoignures en bois de rose et palissandre à dessus de marbre brèche d'Alep » et, en mai 1792, deux torchères provenant de la galerie des Glaces.

Sur quatre guéridons de bois sculpté et doré étaient posées des girandoles en cristal de bohème à six lumières chacune. Sur les encoignures « deux candélabres en porphyre et bronze doré à cinq lumières portées sur un piédestal rond au-dessus duquel est un globe soutenu par trois consoles de bronze doré... avec guirlandes et fruits surmontées de deux cupidons » – deux belles pendules vinrent compléter l'ensemble du décor dont l'une de Robin, de bronze doré.. sur un piédestal en marbre blanc veiné orné de guirlandes et feuilles d'ornement, les côtés en consoles cannelées et surmontées d'une cassolette en pied de biche ornée de quatre têtes de bélier « et l'autre, de même forme, à l'exception qu'elle marque les phases de la lune, les signes du zodiaque, les jours de la semaine, les équinoxes ». Cette pièce était tendue de cinq pièces de tapisserie « loges de Raphaël ».

La chambre à coucher comprenait un lit à quatre colonnes et deux chevets recouverts de taffetas chiné, des sièges dont « un grand fauteuil recouvert en maroquin cramoisi avec un coussin pour surmonter le siège de bois doré », « un grand secrétaire de bois d'acajou à cylindre et mécanique très richement orné de bronzes doré », « un bureau, genre rocaille, très richement orné de bronzes » – « il ne présente nulle entrée de serrure, ce clou pressé par le doigt faisait tourner et ouvrir le cylindre... » [14].

En face du lit était la cheminée à côté de laquelle se trouvait un prie-Dieu : « au-dessus on voyait un porte-montre fermé d'un verre » [15]. Dans le salon du conseil en dehors de pliants « en brocard d'or... dessin à mosaïque » étaient « quatre guéridons de bois sculpté doré genre moderne, deux commodes et une pendule de Charles le Roy représentant un vase soutenu par deux femmes, l'une tenant une sphère, l'autre une carte géographique ».

Sur la table du conseil recouverte en velours vert « l'écritoire d'argent pesant 30 marcs ledit à tiroir formant poudrier, les coins soutenus par quatre sphinx », ainsi qu'une sonnette d'argent.

La salle du Billard était tendue de 6 pièces de tenture « Triomphe des Dieux ».

Autour du billard en « bois de chêne couvert de drap vert, clous dorés sur galon d'or fin », se trouvaient deux voyeuses et une banquette couvertes en velours d'Utrecht cramoisi provenant de Choisy ainsi que « six chaises à carreaux et une grande banquette à marchepied, joues et dossiers couverts en perse, bouquets détachés fond vermeil », « une petite armoire à deux vantaux en bois de noyer » renfermait les queues de billard.

« Un fauteuil roulant servant à Monseigneur le dauphin pour voir jouer au billard », une table de trictrac, une table de quadrille complétaient l'ameublement. Sur les murs étaient accrochées « les règles du jeu dans deux cadres de bois d'acajou ».

La grande galerie terminait le grand appartement du roi où 10 guéridons de bois dorés, sculptés, et 10 lustres en cristal de bohème représentaient le seul ornement d'importance.

Pour compléter son décor familier le roi se fit livrer, le 27 décembre 1791, des pièces de ses petits appartements à Versailles, une série de quatorze vases en porcelaine de Sèvres qu'il fit placer dans sa chambre.

Après 1790, Louis XVI se considère à regret comme occupant définitif des Tuileries. L'ambassadeur d'Espagne demanda à la reine comment se trouvait le roi aux Tuileries – « comme un captif répondit-elle » [16].

Aussi les souverains vont-ils commander un mobilier plus en rapport avec une installation monarchique permanente. Nous n'en citerons ici qu'un seul exemple :

Le 5 octobre 1791 pour le service du roi aux Tuileries par Laurent, « Avoir fait et sculpté deux bois de fauteuils, ovales dans le dossier avec repos orné de feuilles d'acanthe et de rubans... sur l'accotoire une feuille de refend, balustres et volutes sur chaque côté sur la console des piastres et feuilles de refend – la ceinture est ornée de feuilles d'acanthe, les bas des pieds sont taillés en épis de blé, dans dix cannelures, gaudron et feuille de soleil avec rosette en soleil dans les cases... »

La reine également avait fait apporter et placer des objets familiers : « Deux petits tableaux ornaient le cabinet de toilette de la reine ; l'un était un vase de fleurs par madame Lebrun et l'autre le portrait d'un petit bichon que la reine aimait beaucoup » [17].

Ainsi les assaillants du 10 août 1792 trouvèrent-ils le château...

Notes

1. Archives nationales, 01 1672.
2. Archives nationales, 01 1681.
3. Archives nationales, 01 1681.
4. Archives nationales, K 528.
5. Comtesse du Béarn, *Souvenirs de 40 ans,* Paris 1868.
6. WEBER, *Mémoires,* Paris 1822.
7. P. J. A. ROUSSEL D'ÉPINAL, *Le Château des Tuileries,* Paris 1802.
8. *Id.*
9. *Id.*
10. *Id.*
11. *Id.*
12. *Id.*
13. *Id.*
14. *Id.*
15. *Id.*
16. SAINT-PRIEST, *Mémoires,* Paris 1929.
17. *Id.*

Sauf indications contraires, toutes les citations entre guillemets proviennent des Archives nationales série 01.

Tous mes remerciements vont à Patrick Leperlier pour son amicale collaboration ainsi qu'à Christian Baulez pour son efficace soutien.

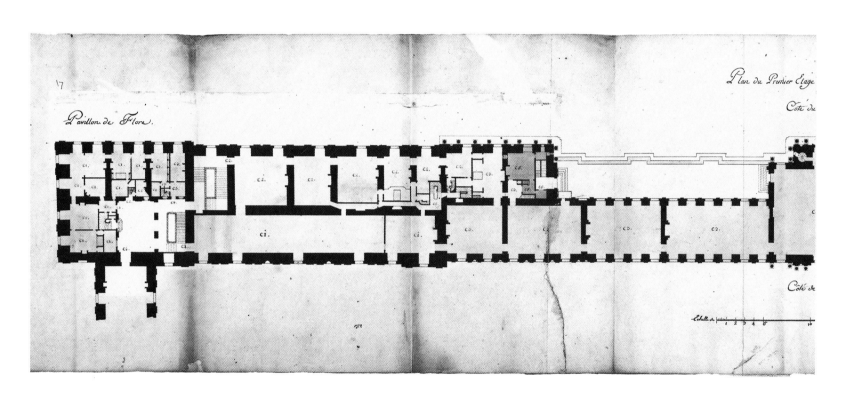

Plan du premier étage des Tuileries.

Escalier du Garde-Meuble de la Couronne. Dessin. (Archives nationales).

Le vol des joyaux de la couronne et leur destin sous la Révolution

par Bernard Morel

Membre d'honneur de l'Association française de gemmologie

Avant toute chose, il faut préciser ce que l'on entendait, sous la monarchie, par « joyaux de la couronne ». Au Moyen Age, les souverains disposaient comme bon leur semblait des joyaux hérités de leurs prédécesseurs ou acquis par eux-mêmes : cadeaux personnels ou diplomatiques, constitution des dots de leurs filles, legs testamentaires, etc. De même, lors de graves difficultés, cela constituait une dernière réserve monnayable. C'est ainsi que lors de l'occupation de la France par les Anglais sous Charles VI, fut pratiquement dispersé le fabuleux trésor que lui avait légué son père Charles V, impressionnant ensemble de joyaux et de pièces d'orfèvrerie réunissant plusieurs tonnes d'or, de vermeil et d'argent, près de cent mille pierres précieuses et perles, sans omettre une magnifique collection de camées et de vases précieux en pierres dures, la plupart antiques.

Plus tard, après le désastre de Pavie (24 février 1525), où François Ier fut fait prisonnier, la rançon énorme exigée par Charles Quint obligea sa mère et régente Louise de Savoie à vendre une grande partie des joyaux du roi. De retour en France, François Ier, en prévision de son mariage avec Éléonore d'Autriche, sœur de Charles Quint, sélectionna parmi les bijoux particuliers qui lui restaient quelques joyaux rarissimes qu'il réunit en une collection inaliénable, en préservant la propriété à l'État, lui-même et ses successeurs n'en ayant plus que l'usufruit : les joyaux de la couronne de France. Le premier inventaire de ce trésor fut dressé à Bordeaux, le 15 juin 1530, trois semaines avant le mariage, et précisait les conditions de la fondation de la collection :

« Ce sont les bagues que le roy François Ier de ce nom a donné et donne à ses successeurs à la couronne de France et veult que à chascune mutacion, l'inventaire d'icelles ensemble leur apréciation, poix, paincture, plomp soient vériffiez en leur présence, affin qu'ils baillent leurs lettres patentes obligatoires de les garder à leurs successeurs à la couronne ».

BREF SURVOL DE L'HISTOIRE DES JOYAUX DE LA COURONNE SOUS L'ANCIEN RÉGIME.

La collection fondée par François Ier fut estimée à 304 240 écus d'or, soit l'équivalent d'une encaisse d'or pur de 1 035 kg. Elle se composait d'un grand collier de onze gros diamants et de 140 perles provenant de Claude de France, première épouse de François Ier, fille de Louis XII et d'Anne de Bretagne, d'un grand diamant appelé Pranct-Poincte (Belle Pointe) monté avec un magnifique rubis d'Orient, du diamant Pointe de Bretagne monté avec une grande perle, d'un autre diamant qui sera appelé Table de Gênes également avec perle poire, d'un énorme « rubis balai » (spinelle) de 212 carats appelé Côte de Bretagne, d'un autre spinelle de 121 carats qui sera appelé A Romain, d'un autre rubis et d'une grande émeraude.

Sous François II, et après le décès de Henri II, la collection fut enrichie de nombreux joyaux parmi lesquels le plus grand diamant alors connu en Europe, la Grande Table de François Ier, qui avait fait partie de son trésor personnel, une grande croix de neuf gros diamants et d'une perle, et un autre énorme spinelle de 248 carats : l'Œuf de Naples. Sous Charles IX et Henri III, le trésor s'enrichit encore pour atteindre la valeur de 696 000 écus d'or, soit l'équivalent d'une encaisse de 2 368 kg d'or fin !

Malheureusement, si les conditions de la fondation de la collection interdisait de vendre les joyaux, cela n'empêchait pas leur mise en gage en cas de difficultés. L'état désastreux des finances royales durant les guerres de religion obligèrent donc la reine mère Catherine de Médicis et ses deux fils Charles IX et Henri III à engager à plusieurs reprises la majorité des joyaux de la couronne à Venise, à Florence et auprès de gros banquiers. A la fin du règne de Henri III, tout était pratiquement engagé et son assassinat, suivi de la lente reconquête du royaume par son successeur Henri IV, empêcha les remboursements : les créanciers vendirent ! Par la suite, Henri IV ne put récupérer que quelques diamants et ce ne sera que sous Louis XIV que la monarchie rentra en possession des trois plus gros spinelles de l'ancienne collection : l'Œuf de Naples, la Côte de Bretagne et l'A Romain. Tout le reste fut perdu.

Henri IV, puis Louis XIII constituèrent une nouvelle collection qui subit cependant de fortes pertes durant la Fronde et à la suite de mises en gage. A sa mort, le cardinal de Richelieu offrit le gros diamant de 19 carats qu'il portait au doigt. Au tout début du règne de Louis XIV, les joyaux de la couronne représentaient une valeur d'environ un million de livres, mais sous son règne, ils devinrent dignes de Versailles : en 1691, leur valeur atteignait près de douze millions. On voit ici toute l'importance des acquisitions du grand roi. Cela débuta par le don à la couronne, par le cardinal Mazarin à sa mort, de dix-huit grands diamants appelés les Dix-Huit Mazarins, parmi lesquels le fameux Sancy de 55,232 carats, qui était à l'époque le plus grand diamant blanc d'Europe, le Miroir de Portugal et le Grand Mazarin. Les achats du roi furent ensuite considérables, et particulièrement celui fait auprès du célèbre voyageur Tavernier qui revenait des Indes en 1669 avec près de 1 200 diamants dont quarante-sept grands, que Louis XIV acheta en bloc. Parmi eux figurait le plus grand et le plus beau diamant bleu du monde, qui fut retaillé à 69 carats et baptisé « Diamant Bleu de la Couronne de France ». Trois ans auparavant, en 1666, il avait fait entrer au trésor de splendides joyaux hérités de sa mère Anne d'Autriche, dont un célèbre collier d'énormes perles rondes. Jusqu'en 1691, les achats du roi furent continuels (les revers de fin de règne empêchèrent les acquisitions à partir de cette date), parmi lesquels figuraient, parmi des centaines de grosses pierres, le diamant de la Maison de Guise (une table de 34 carats qui sera retaillée en brillant sous Louis XV), la Reine des Perles (une perle ronde et parfaite de 112,25 grains), le Grand Saphir de 135,80 carats, le diamant rose à cinq pans de 21,32 carats qui sera plus tard appelé Hortensia, le diamant Fleur de Pêcher de 25,53 carats, etc.

La minorité de Louis XV vit le couronnement de la collection par l'achat, en 1717, par Philippe d'Orléans, régent de France, du plus beau diamant du monde, le Régent de 140,640 carats, qui fut monté au front de la couronne royale à l'occasion du sacre du roi en 1722. Le règne du Bien-Aimé vit la transformation de la plupart des parures qui remontaient à Louis XIV, et en particulier, la création de deux merveilleux ensembles de décorations (Toisons d'or, plaques et croix de l'ordre du Saint-Esprit, épaulettes) : la « parure blanche » formée de magnifiques diamants blancs, dont le Second Mazarin et le Richelieu, et la « parure de couleur ». Pour cette dernière, on utilisa pour la Toison d'or le Diamant Bleu, un diamant

hexagonal de 32,62 carats et le spinelle Côte de Bretagne, retaillé pour l'occasion en forme de dragon de 107,80 carats. De même avait-on retaillé les spinelles Œuf de Naples et A Romain en colombes pour la plaque et la croix du Saint-Esprit.

Vers la fin du règne de Louis XVI, tous les bijoux remontant à Louis XV furent démontés, sauf les décorations de la parure blanche et de la parure de couleur. En effet, en 1784, le roi avait décidé de faire retailler en brillant la plupart des diamants de taille ancienne du trésor, afin de leur donner plus d'éclat. On réserva cependant la plupart des gros diamants taillés en rose (impropres à une retaille en brillant car trop peu épais) pour en orner une nouvelle épée à la poignée entièrement sertie de diamants. La retaille des autres pierres, décidée définitivement en octobre 1786, fut réalisée à Anvers et terminée en 1788. Au retour des pierres, on commença à monter de nouveaux bijoux pour le roi, en prévision des états généraux : 28 boutons d'habit, 18 boutons de veste, 10 boutons de culotte, une paire de boucles de souliers, une paire de boucles de jarretières, une ganse et un bouton de chapeau, une montre et une série de chatons pour parsemer les broderies de l'habit, le tout en diamants. Survint la Révolution...

L'INVENTAIRE DE 1791

La dernière grande occasion où Louis XVI et Marie-Antoinette eurent à se parer des joyaux de la couronne fut l'ouverture des états généraux le 5 mai 1789 dans la salle des menus-plaisirs à Versailles. Le roi, en habit de drap d'or, portait la parure blanche de Louis XV et les joyaux d'habit réalisés en 1788, avec, en outre, le Régent au chapeau. Les éclairs qu'il lançait ce jour-là étaient les premiers de l'immense orage révolutionnaire qui se préparait. La reine, en habit de drap d'argent, étincelait de gros diamants montés pour elle en chatons, dont le De Guise et le Miroir de Portugal. Aux oreilles pendaient les cinquième et sixième Mazarins et dans sa chevelure était épinglé le Sancy.

Deux ans plus tard, par décrets des 26, 27 mai et 22 juin 1791, l'Assemblée nationale décidait de dresser l'inventaire des diamants et pierreries de la couronne de France. A cette époque, le roi n'avait plus la libre disposition des biens de l'État et une dotation fixe lui était fournie, dite « dotation de la couronne » ou liste civile. Le statut des joyaux de la couronne resta cependant pratiquement inchangé, puisque depuis la fondation de la collection par François Ier, ils appartenaient déjà à l'État, les souverains n'en ayant que l'usufruit. Depuis Louis XIV, la collection était gardée à Versailles, mais à la fin du règne de Louis XVI, elle fut envoyée au garde-meuble de la couronne, alors installé dans un des deux bâtiments construits sous Louis XV par Gabriel place de la Concorde, celui de droite, qui devait devenir le ministère de la Marine. Au moment de la décision de l'Assemblée nationale d'en dresser un nouvel inventaire (les deux derniers dataient de 1691 et de 1774), Louis XVI et Marie-Antoinette avaient déjà renvoyé au garde-meuble les derniers bijoux d'État dont ils avaient eu l'usage depuis 1789 : les circonstances ne leur permettaient plus guère de s'en parer. Ils avaient cependant conservé leurs joyaux personnels, que la reine fit d'ailleurs ensuite parvenir discrètement à l'étranger, afin de les monnayer.

Trois députés avaient été désignés pour dresser l'inventaire : Jean-Marie Bion, Charles-Gabriel-Frédéric Christin et François-Pascal Delattre. Bien entendu, leur rôle ne fut que de surveillance et l'inventaire fut en fait rédigé par Marc-Antoine Thierry de Ville-d'Avray, commissaire général de la maison du roi au département des meubles de la couronne, et par Alexandre Lemoine-Crécy, garde général des meubles de la couronne, aidés par Paul-Nicolas Ménière, joaillier de la couronne, Jean-Charles Louri et Jean-Corneille Laddgraff, joailliers, le premier, rue Saint-Louis du Palais des Marchands, le second, quai des Orfèvres, choisis pour procéder à l'examen des pièces et aux estimations. L'opération débuta le 25 juin 1791 à 9 h du matin pour ne se terminer que le 3 août, avant que les mêmes personnes ne procèdent à l'estimation des gemmes et bijoux de la couronne, également déposés au garde-meuble (il s'agissait là d'une autre collection, essentiellement composée de vases et objets précieux en gemmes antiques ou modernes, richement montées).

Dans leur ensemble, en 1791, les joyaux de la couronne de France réunissaient, pour ce qui a pu être compté, 9 547 diamants, 506 perles, 230 rubis et spinelles, 71 topazes, 150 émeraudes, 135 saphirs et 19 pierres diverses, pour une estimation totale de 23 922 197 livres, ce qui représentait la valeur de près de sept tonnes d'or pur à 24 carats. Dans cette estimation, le Régent comptait à lui seul pour douze millions, le Diamant Bleu pour trois millions et le Sancy pour un million.

LE VOL DES JOYAUX DE LA COURONNE

En fin 1791, début 1792, on permit au public de visiter les collections du garde-meuble une fois par semaine, chaque lundi. Les pierres non montées, dont le Régent et le Sancy, étaient disposées sur cire dans huit boîtes à dessus de glace, qui se fermaient par simples crochets. Le tout, dans une salle du premier étage, était enfermé dans une commode munie d'un tiroir très épais fermé par une forte serrure à secret, en cuivre. Dans la même salle, des vitrines contenaient les joyaux montés, c'est-à-dire les décorations et les joyaux d'habit de Louis XVI. Les jours de visite, on y ajoutait les plus beaux diamants non montés ôtés pour la circonstance de la commode-coffre.

La surveillance du garde-meuble était fort mal assurée. La porte d'entrée était gardée par un poste dont le nombre d'hommes variait journellement et dont les relèves n'étaient pas toujours assurées. C'était à un point tel que le matin du 20 juin 1792, Thierry de Ville-d'Avray, responsable des collections, inquiet et craignant un vol ou une émeute, avait transporté les boîtes contenant les pierres non montées, représentant les trois-quarts de la valeur du trésor, dans son appartement personnel et dans une cachette connue de lui seul et de son proche collaborateur,

Lemoine-Crécy. Malheureusement, en août, à la suite d'observations faites par les commissaires du conseil général de la Commune, Thierry de Ville-d'Avray dut réintégrer les pierres dans la commode où elles furent, peu après, trouvées et volées.

Après les événements du 10 août 1792, qui entraînèrent la chute de la monarchie, les visites du public furent supprimées mais la garde fut encore plus mal assurée, particulièrement après les massacres du 2 septembre : personne ne surveillait les fenêtres du premier étage, par lesquelles les voleurs pénétrèrent, et les lourdes barres de fer qui bloquaient les volets ne furent même pas posées, ce qui eût empêché toute intrusion ! La porte du palier du premier étage et les portes des salles avaient été fermées par des scellés, de sorte qu'il n'y avait pas de ronde intérieure. En septembre 1792, le garde général Restout, remplaçant Thierry de Ville-d'Avray qui avait été tué le 2 septembre, ne cessa de se plaindre au ministre de l'intérieur Roland et réclamait vingt hommes à chaque porte, les postes de garde étant très souvent abandonnés ! Le 9 septembre, l'avant-veille de la première expédition des voleurs, Restout constata une fois de plus que la relève de la garde n'avait pas été assurée. Ne nous étonnons pas, après tout cela, de la facilité avec laquelle les collections furent pillées !

Les véritables coupables du vol des joyaux de la couronne, qui se déroula du 11 au 17 septembre 1792, n'étaient pratiquement pas connus des historiens du XIXe siècle. En effet, les diverses factions politiques de 1792 s'en rejetèrent la responsabilité et s'accusèrent mutuellement d'être à l'origine ou complices du vol à un point tel que les historiens, qui ne connaissaient pas les documents impartiaux relatifs au vol, ne se référèrent qu'aux accusations de madame Roland contre Danton et Fabre d'Églantine à celles de Fabre d'Églantine contre les Girondins, à celles de Marat contre les aristocrates et la reine Marie-Antoinette et enfin aux *Mémoires* de d'Allonville, écrivain royaliste qui prétendit que le vol était un acte secret de gouvernement : Danton aurait fait enlever les joyaux de la couronne, maquillant le fait par un vol de truands, qui n'auraient pris que des miettes. Ensuite, le conventionnel Billaud-Varennes en aurait emporté la plus grande partie dans le camp des armées coalisées ayant envahi la France, achetant ainsi la retraite ordonnée par leur chef, le Prussien Brunswick. Cette dernière version, quoique totalement fausse, fut la plus répandue car elle rejoignait l'opinion de Napoléon, signifiée par Las Cases dans le *Mémorial de Sainte-Hélène,* qui n'avait pu comprendre la retraite des coalisés sans l'intervention de faits secrets.

C'est Germain Bapst, dans son *Histoire des joyaux de la couronne,* qui a définitivement prouvé en 1889 que le vol était absolument étranger à la politique et était le fait exclusif de bandes de truands, encouragés par les troubles et l'indiscipline des gardes nationaux, effet de l'incurie du ministre de l'intérieur Roland et du commandant de la garde Santerre. En effet, Bapst ne se fia qu'aux procès-verbaux des recherches, arrestations et interrogatoires et aux dépositions des voleurs et témoins lors des nombreux procès qui suivirent le vol, documents qui furent très ignorés avant ses recherches.

Armoires à panneaux sculptés dans lesquelles étaient conservés les objets précieux de la Couronne. Dessin. (Archives nationales).

Les événements de la capitale faisaient évidemment l'affaire des malfrats. Au lendemain des massacres de septembre, nombre d'entre eux avaient été libérés. D'autres bandes, venues de province, avaient rejoint Paris, attirées par l'espoir d'affaires fructueuses. On devait beaucoup parler dans le « milieu » des vols perpétrés lors de l'invasion des Tuileries par le peuple le 10 août et des différentes expéditions organisées dans les jours qui suivirent dans l'ancienne résidence royale. L'idée du vol des trésors du garde-meuble revient à un certain Paul Miette. Né à Paris, âgé de 35 ans, il avait déjà été condamné pour vol plusieurs fois. Arrêté à nouveau en 1790, il fut relâché peu après. Dès le début de 1792, il venait chaque lundi, jour d'ouverture du garde-meuble au public, admirer « en visiteur » les richesses qu'il convoitait et put à loisir repérer les lieux et observer le manque de surveillance efficace. Arrêté une fois de plus en mars 1792, il fut condamné à plusieurs mois de prison et interné à la Force, où il exposa ses projets à d'autres détenus. Toute cette équipe fut délivrée lors des événements des 2 et 3 septembre et décida le coup en enrôlant d'autres voleurs, dont certains furent appelés de province. Dans la semaine du 11 au 17, ils opérèrent quatre nuits sur six, le nombre des participants augmentant sans cesse.

Nous ne pouvons ici entrer dans le détail des circonstances du vol et de ses suites policières et judiciaires, un véritable roman qui fait l'objet d'un chapitre complet de mon livre *Les joyaux de la couronne de France* (Fonds Mercator, Albin Michel, 1988). Il suffira ici de savoir qu'à la découverte du vol, il ne restait de la collection que quelques pierres, dont le Grand Saphir de Louis XIV, oubliées au fond d'une vitrine.

Durant les deux années qui suivirent, les aveux de certains voleurs arrêtés, des dénonciations et d'importantes découvertes chez des receleurs permirent à l'État de récupérer environ les deux tiers du trésor, dont le Régent, le Sancy et la plupart des Mazarins. En revanche, étaient perdus pour nos collections nationales la parure blanche et la parure de couleur de Louis XV (dont la fameuse Toison d'or ornée du Diamant Bleu), l'épée de Louis XVI et tous ses joyaux d'habit. On ne retrouva jamais non plus la plupart des grosses perles, dont le collier d'Anne d'Autriche et la Reine des Perles. En définitive, les pierres retrouvées, désormais déposées à la trésorerie nationale, représentaient tout de même encore une valeur d'inventaire de dix-sept millions de livres (dont douze pour le seul Régent), contre vingt-quatre millions en 1791, avant le vol.

LE DESTIN DES JOYAUX DE LA COURONNE SOUS LA CONVENTION, LE DIRECTOIRE ET LE CONSULAT

La Convention nationale avait confisqué les biens des émigrés, des abbayes et des églises, et fait déposer certains des objets d'art dans les dépôts du garde-meuble. Elle fonda ce qui devait devenir le musée du Louvre et constitua une commission de savants chargés de choisir les pièces qui lui seraient réservées ainsi qu'au Cabinet des médailles et antiques, le reste devant être aliéné, l'État ayant de pressants besoins d'argent pour financer la guerre. Le mobilier national fut également mis à l'encan et les ventes commencèrent dans tous les districts où étaient les palais. Nous nous demandons d'ailleurs si le vol des joyaux de la couronne ne les a pas en somme sauvés d'une aliénation légale à cette époque où l'on était occupé à les rechercher. En tout cas, vers le milieu de l'année 1794, les dix-sept millions de livres de joyaux récupérés étaient disponibles à la trésorerie nationale. On y avait ajouté d'ailleurs des joyaux saisis chez les émigrés, et particulièrement trois beaux diamants : deux de 17 carats chacun et un troisième, de couleur jaune-verte, de 28,51 carats. Au commencement de 1795, ce trésor fut encore augmenté des joyaux du roi de Sardaigne, que ce dernier avait déposés en gage à Amsterdam, où ils furent saisis par les représentants du gouvernement français, la ville étant alors occupée par notre armée. Ces joyaux avaient été estimés à la somme de 1 014 776 florins-or et parmi eux figurait un gros diamant de 17,53 carats, au milieu d'une foule de bijoux divers. Après ces apports, on peut estimer que la trésorerie nationale conservait alors pour vingt et un millions de francs-or de joyaux.

Cependant, la Convention était toujours pressée d'argent et pensa évidemment au capital que cela représentait. Sur l'avis de la commission d'approvisionnement et du commerce, elle confia une quantité considérable de diamants à la compagnie Perrin et Cablat qui devait les emporter dans le Levant pour les vendre à un prix déterminé entre ses représentants et les membres de la commission d'approvisionnement à la somme de 3 724 000 francs-or. A l'avènement du Directoire, le 27 octobre 1795, Perrin et Cablat étaient toujours à Constantinople et n'avaient pas encore vendu le dépôt fait par l'État. En thermidor de l'an V, soit un an plus tard, le ministre des finances s'occupa de l'affaire qui durait toujours et proposa au Directoire d'autoriser Perrin et Cablat à vendre les pierres qui leur restaient au prix le plus avantageux possible sans tenir compte des prix et estimations fixés antérieurement, mais à condition qu'ils concluent le marché avec la chancellerie et de le faire approuver par l'ambassadeur de France en Turquie. Le Directoire approuva et les pierres confiées, toutes vendues, ne rentrèrent jamais en France. Parmi ce lot très important figuraient le Miroir de Portugal, la plupart des autres Mazarins, de nombreux autres gros diamants et probablement quelques-uns des joyaux confisqués aux émigrés et de ceux du roi de Sardaigne.

D'autre part, en 1796, le 4 ventôse de l'an IV, le Directoire décida de faire mettre à part dans une caisse à trois clés un certain nombre de joyaux destinés au Muséum d'histoire naturelle. Cependant, le 4 prairial, l'assemblée des professeurs du Muséum décida que « *Daubenton, professeur de minéralogie choisira parmi les pierreries et les pierres fines de la caisse à trois clefs de la Monnaye déjà mise à part pour le Muséum d'Histoire Naturelle, celles qui seraient nécessaires pour l'instruction publique et en séparerait celles qui ne sont que des objets de luxe... »*

Daubenton choisit en premier lieu le Grand Saphir de Louis XIV de 135,80 carats, qui avait été estimé 100 000 livres en 1791 et que les voleurs avaient oublié dans une des vitrines du garde-meuble. Il désigna également un saphir bicolore ovale allongé, bleu aux extrémités et jaune au centre, de 19,67 carats, quatrième de la liste des saphirs de la couronne en 1791 où il était estimé 6 000 livres et qui, en 1774, ornait une bague montée pour la reine Marie Leczinska ; un diamant jaune jonquille de 9,75 carats provenant des saisies révolutionnaires ; la première de la série des émeraudes de la couronne en 1791, de 17 carats et de la plus belle couleur, estimée 12 000 livres ; la première de la série des topazes de la couronne, une topaze du Brésil de 28,10 carats, estimée 6 000 livres, et enfin un magnifique saphir jaune de 51,40 carats qui provenait probablement des joyaux confisqués aux émigrés, n'étant pas inventorié en 1791. Ces pierres remarquables sont toujours exposées au Muséum d'histoire naturelle, dans la salle du trésor.

En l'an IV il fallait entretenir quatorze armées et le budget de la guerre se solda par plus d'un milliard de dépenses. Les diamants encore conservés à la trésorerie nationale eurent bien entendu leur rôle à jouer et ils furent employés dans un certain nombre d'opérations financières dont certaines, au tout début du Directoire, nous sont inconnues et ont probablement causé la perte d'une valeur supplémentaire de plus d'un million de francs-or de pierreries, probablement celles qui ne furent pas choisies par Daubenton dans la caisse à trois clés de la monnaie.

Quant aux opérations connues, elles furent les suivantes : en 1796, l'adjudant général Parceval, chargé des remontes au ministère de la guerre, traita avec le marquis d'Iranda de Madrid et le banquier et marchand de liqueurs Treskow à Berlin. Ces deux personnages fournissaient depuis un certain temps des chevaux aux armées de la France mais refusaient d'en livrer davantage sans garanties. Quoi de plus pratique, dès lors, et de moins encombrant, que d'utiliser les joyaux de l'État ? Iranda et Treskow exigèrent pour les sommes avancées des joyaux d'une valeur d'inventaire bien supérieure : en cas de carence du gouvernement français à rembourser, il est bien certain qu'en cette période de guerre générale ils eussent eu de grandes difficultés à vendre les pierres. Iranda, pour une avance d'un million, reçut un lot de diamants parmi lesquels figurait le Sancy, estimé dans le gage pour 300 000 francs-or seulement (au lieu d'un million en 1791). Quant à Treskow, il s'agissait de quatre millions. Les diamants engagés ne devaient pas lui être remis directement mais déposés à la Banque de Bâle à son nom. Le Directoire remit le Régent à Parceval qui partit pour Bâle où il se fit remettre par l'ambassadeur de la République Barthélémy des diamants dont il était dépositaire, probablement en vue de négocier leur vente ou leur mise en gage en Suisse, et présenta le tout aux représentants de Treskow, qui trouvèrent le gage

encore insuffisant ! Parceval revint à Paris où le Directoire lui remit alors tout ce qui restait de joyaux dans les caisses de l'État. C'est peu après cette opération que Perrin et Cablat furent autorisés à vendre au prix le plus avantageux à Constantinople ce qui leur restait des pierres confiées par la Convention.

En fructidor de l'an VI le Directoire avait remboursé en partie Treskow, suffisamment pour couvrir la somme pour laquelle le Régent était engagé. Avant même le retour en France de l'illustre pierre, des négociations commencèrent avec les banquiers Carrier, Bézart et Cie afin de l'engager pour une somme de trois millions. Parceval fut envoyé chercher le Régent mais, avant même son retour, ces négociations furent rompues. Entre temps, un banquier d'Amsterdam, Valenberghem, avait octroyé une suite d'emprunts au Directoire et promettait de faire encore plus. Le 27 prairial de l'an VII le Directoire accepta les offres et s'engagea à rembourser les avances faites pour les fournitures de l'armée et l'achat de chevaux en remettant en garantie le Régent qui était revenu à Paris. Vanlenberghem recevait les personnalités d'Amsterdam dans des fêtes somptueuses. Dans une vitrine installée dans ses salons, il avait exposé une copie de cristal du Régent qu'il faisait passer pour l'authentique et que chacun venait admirer. En réalité, la pierre ne quittait jamais sa femme qui la cachait sous son corsage. Valenberghem devait garder le diamant jusqu'au 3 ventôse de l'an IX, au début du Consulat. Germain Bapst devait écrire en 1889 : « *Ainsi, en 1797 comme 1900, la cavalerie française était montée sur des chevaux que les Diamants de la Couronne avaient procurés. C'est donc un peu à ces joyaux que l'on doit, à Rivoli, cette brillante charge des Hussards de Lassale, et, à Marengo, celle des cavaliers de Kellerman, qui décida de la victoire en écrasant la colonne du général Ott* ». Le général en chef Bonaparte devait toujours s'en souvenir et considéra le Régent comme un porte-bonheur.

Le 18 brumaire de l'an VIII, Bonaparte réussissait son coup d'État : le Consulat était fondé. A cette époque, l'ensemble des joyaux de l'État était engagé. Les finances publiques furent assainies et, de plus, renflouées grâce aux conquêtes et aux indemnités de guerre. Dans le courant de l'année 1800, le premier consul décida de les récupérer. Le compte définitif de Treskow fut réglé et les pierres qu'il avait eues en dehors du Régent rentrèrent au trésor public. Valenberghem, intégralement remboursé, renvoya le Régent. Le marquis d'Iranda, quant à lui, était décédé mais ses héritiers furent également remboursés et le 6 messidor de l'an IX ils rendirent les pierres qui avaient été engagées pour un million. Malheureusement il y manquait le Sancy, que le marquis ou ses héritiers avaient déjà vendu à Godoy, ministre et favori du roi Charles IV d'Espagne et de la reine Marie-Louise. Les consuls réclamèrent alors aux héritiers la somme pour laquelle le Sancy avait été mis en gage, c'est-à-dire 300 000 francs-or seulement, ce qui fit l'objet d'un arrêté daté du 15 thermidor de l'an IX, signé de Bonaparte : « *Les Consuls de la République, sur le rapport du ministre des finances, arrêtent ce qui suit : le ministre des finances est autorisé à faire recevoir par le Trésor public des héritiers de feu M. D'Iranda la somme de trois cent mille francs pour valeur d'un diamant pesant*

Armoire-vitrine où étaient exposés les bijoux de la Couronne. Dessin. (Archives nationales).

cinquante-trois carats trois quarts (carats anciens), *et estimé à la même somme au minimum, suivant facture et procès-verbal du 30 pluviôse an IX ; lequel diamant n'a pu être représenté par les héritiers de M. d'Iranda, lors de la remise par eux faite, le 6 messidor dernier, de ceux dont il étoit dépositaire ».* Le célèbre Sancy était dès lors perdu pour la France pour une durée de 176 ans : en effet, après maintes aventures, il fut racheté par le musée du Louvre en 1976...

Le trésor d'État subit cependant encore deux diminutions sous le Consulat. Au moment de la signature de la paix de Lunéville et de la paix d'Amiens en 1802, Bonaparte utilisa pour les cadeaux à faire aux plénipotentiaires, ce qui était alors d'usage en diplomatie, pour 400 000 francs de diamants ôtés du trésor. D'un autre côté, son épouse Joséphine désirait pouvoir se parer de quelques-uns des joyaux. Bonaparte y consentit volontiers et pria le ministre du trésor public, Barbé-Marbois, de les faire estimer par les joailliers Foncier et Marguerite. Ainsi furent retirés du trésor, en août 1803, des colliers de perles d'une valeur de 226 500 francs, une parure de rubis de 13 500 francs et une parure d'émeraudes de 14 198 francs, soit un total de 254 198 francs, bijoux qui avaient fait partie de ceux saisis aux émigrés ou plus probablement de ceux qui restaient du roi de Sardaigne. Le premier consul ordonna cependant de rembourser cette somme au trésor public, ce qui fut fait en deux fois au tout début de l'Empire, soit 237 000 francs le 25 août 1804, et les 17 198 francs restants en vendémiaire de la même année. Ces bijoux ayant été remboursés à l'État avec les fonds de la liste civile de l'empereur, Joséphine en resta propriétaire.

A cette époque, les joyaux de l'État, redevenus joyaux de la couronne à l'avènement de l'Empire, et à l'issue des deux dernières ponctions, représentaient encore une valeur de 13 950 000 francs-or, dont, il est vrai, douze millions pour le Régent (il est à noter que sous l'Empire, le Régent se vit ensuite évaluer à six millions, mais il retrouvera sa valeur de douze millions dès la Restauration). Par rapport à la valeur des joyaux de la couronne dans l'inventaire de 1791, cela représentait une diminution de dix millions de francs-or : tel fut le bilan de l'époque révolutionnaire (sans compter les rares pierres déposées au Muséum d'histoire naturelle).

Outre le Régent, les diamants les plus importants rescapés de l'ancienne collection royale étaient le Diamant de la Maison de Guise, retaillé sous Louis XV à 29,38 carats, le Fleur de Pêcher acheté par Louis XIV en 1691 et pesant 25,53 carats, le Grand Mazarin ou septième Mazarin retaillé à 19,07 carats, le diamant rose Hortensia de 21,32 carats, et trois autres Mazarins : le huitième de 15,15 carats et les dix-septième et dix-huitième, deux grosses pierres taillées en rose et de couleur feuille morte de 22 carats chacune. A ce fonds issu de l'ancien trésor s'ajoutaient quatre pierres importantes provenant des saisies révolutionnaires : un diamant couleur chrysolithe orientale de 28,51 carats, le diamant du roi de Sardaigne de 17,53 carats et deux brillants de 17 carats chacun.

Il est à noter que Louis XVIII, alors en exil, avait pu récupérer, à la suite du vol et par diverses filières, le fameux spinelle Côte de Bretagne qui avait été taillé en dragon de 107,88 carats pour la Toison d'or de la parure de couleur de Louis XV, le diamant Second Mazarin de 25,37 carats qui avait orné la Toison de la parure blanche, et deux gros diamants taille rose de 13,49 et 12,07 carats qui avaient orné l'épaulette de la même parure. Il rendra ces quatre pierres au trésor de la couronne à sa mort en 1824, mais les trois diamants, montés en bouton de chapeau et pendeloques pour Charles X, furent malheureusement volés lors de la Révolution de 1848.

Quant au célèbre Diamant Bleu, il avait été emporté à Londres par son voleur, un certain Cadet Guillot. La pierre réapparut dans l'histoire vingt ans plus tard, en 1812, où elle était entre les mains de Daniel Eliason, un marchand de diamants londonien. Malheureusement, dans le but probable d'éviter toute réclamation éventuelle de la France, on avait retaillé la pierre, qui tomba de 69 carats à 45,52 carats. Eliason vendit le Diamant Bleu en 1830 à Henry Philip Hope, richissime banquier, qui lui laissa son nouveau nom : le Hope. En 1839, la gemme fut héritée par le plus âgé de ses trois neveux, Henry Thomas Hope, pour passer ensuite à sa veuve en 1862, qui la légua au second fils de sa fille unique, lord Henry Francis Hope Pelham Clinton Hope. Ce dernier vendit le diamant en 1901 à Simon Frankel, joaillier de New York qui, en 1908, le céda pour deux millions de francs-or à un riche particulier résidant à Paris, collectionneur de pierres rares, de nationalité turque et d'origine arménienne, monsieur Habib. Ce dernier, face à des difficultés financières, dut mettre en vente sa collection aux enchères à Paris, le 24 juin 1909. Le Hope fut acheté par un négociant, Rosenau, qui le céda très vite au joaillier Pierre Cartier. En 1912, Cartier le vendit à Ned McLean, fils du magnat de la presse américaine John R. McLean, propriétaire du *Cincinati Enquirer* et du *Washington Post,* et à sa femme Evalyn Walsh McLean. Cette dernière mourut en 1947, et le Hope fut acheté par le célèbre joaillier de New York Harry Winston, qui l'offrit en 1956 à la Smithsonian Institution de Washington, où il se trouve toujours.

Il est curieux de dire que THÉORIQUEMENT, le Hope appartient toujours à la France ! En effet, il est désormais définitivement prouvé qu'il est bien issu de l'ancien Diamant Bleu donné par Louis XIV à la couronne, c'est-à-dire à l'État, sous réserve d'INALIÉNABILITÉ. Certes, un état, et la France l'a fait avec une grande partie des joyaux de la couronne, peut toujours rompre cette réserve, mais cela n'a pas été le cas avec le Diamant Bleu, volé en 1792 dans une collection nationale. C'est donc bien une pierre VOLÉE A LA NATION FRANÇAISE, et retaillée dans l'espoir qu'on ne la reconnaisse pas, qui appartient DE FAIT aux États-Unis...

Bibliographie

BAPST (Germain), *Histoire des joyaux de la couronne de France,* Paris, 1889.
MOREL (Bernard), *Les joyaux de la couronne de France,* Fonds Mercator, Albin Michel, Anvers, Paris, 1988.

Les chercheurs désirant approfondir le sujet trouveront une bibliographie très détaillée sur les joyaux de la couronne dans l'un et l'autre des deux ouvrages ci-dessus.

Fermail dit « de saint Louis » ; en réalité mors de chape de l'abbé de Saint-Denis. Paris, Musée du Louvre.

Inscription en parchemin du XVe siècle cousue sur la tunique de saint Louis :
« C'est la chemise de mons. saint Loys jadis Roi de Fran. et nya que une manche ». (Trésor de Notre-Dame de Paris).

Grand Camée de France, provenant du Trésor de la Sainte-Chapelle,
déposé depuis 1791 au cabinet des médailles de la Bibliothèque Nationale.

Tunique et discipline de saint Louis, provenant de la Sainte-Chapelle.
Trésor de la Cathédrale Notre-Dame de Paris.

La fin du Trésor de la Sainte-Chapelle

par Bernard Morel

Membre d'honneur de l'Association française de gemmologie

Construite pour abriter la couronne d'épines du Christ et d'autres reliques de la Passion, la Sainte-Chapelle du palais royal de Paris fut conçue comme une châsse monumentale, digne des souvenirs les plus précieux de la Chrétienté. Composée d'une chapelle basse destinée au personnel du palais et d'une chapelle haute communiquant avec les appartements royaux, elle démontre l'influence réciproque des châsses d'orfèvrerie sur l'architecture au milieu du XIIIe siècle. Les travaux commencèrent au début de l'année 1246 pour s'achever seulement deux ans plus tard. Cette merveilleuse châsse de pierre et de vitraux contenait un fabuleux trésor fondé par saint Louis et sans cesse enrichi au cours des temps par les rois de France, et composé essentiellement de pièces de la moitié du XIIIe siècle au XVe siècle. Il s'agissait principalement de reliquaires, qui étaient répartis en deux trésors : le « Grand Trésor » des reliques insignes, conservé dans la grande châsse surmontant l'autel de la chapelle haute, et le « Trésor d'En Haut », conservé dans les armoires du revestiaire, et qui contenait toutes les autres reliques.

LES RELIQUES DE LA GRANDE CHÂSSE

Les empereurs byzantins, depuis la découverte de la Vraie Croix par sainte Hélène, mère de l'empereur Constantin, à Jérusalem en 326, possédaient dans leur trésor les plus insignes reliques de la Chrétienté : celles de la Passion. Le sac de Constantinople par les croisés en 1204 dispersa ce trésor, dont une grande partie rejoignit le trésor de Saint-Marc à Venise. Toutefois les reliques de la Passion restèrent à Constantinople, capitale du nouvel empire latin d'Orient, qui dura jusqu'en 1261. Ce sont de graves difficultés financières qui incitèrent, en 1238, l'empereur Baudouin II à céder à saint Louis la couronne d'épines, au moyen d'une vente déguisée (mise en gage de la relique à Venise et rachat par le roi de France). En septembre 1238, les barons de l'empire latin de Constantinople engagèrent donc la couronne d'épines à Venise pour 30 000 pièces d'or. En décembre, ils écrivirent au doge en lui demandant de remettre la relique aux frères prêcheurs André et Jacques et à Nicolas de Sorello qui l'amenèrent en France. Le 8 août 1239, saint Louis en prit possession. Il alla la chercher à Villeneuve-l'Archevêque et la ramena jusqu'à Sens, pieds nus, accompagné de son frère le comte d'Artois, et à la tête d'une procession de prélats et de seigneurs. Il rejoignit ensuite Paris en bateau, traversa depuis la porte Saint-Antoine une ville pavoisée, suivi par les moines de tous les couvents. La couronne d'épines fut alors provisoirement déposée dans la chapelle Saint-Nicolas du palais de la Cité, en attendant la construction d'une nouvelle chapelle digne de la recevoir, ainsi que d'autres reliques de la Passion dont le roi attendait l'acquisition définitive.

En 1241 vinrent de Syrie, où elles avaient été déposées, les reliques du sang du Christ, des vêtements de son enfance, un gros fragment de la Vraie Croix, du sang miraculeux qui, « *par un miracle merveilleux fut distillé d'une image de Nostre Seigneur qui avoit été frappée par un infidelle* », la chaîne ou lien de fer en manière de carcan avec lequel le Christ fut attaché, la Sainte Face (icône représentant le visage du Christ appelée « *la Véronique* »), un morceau de la pierre du Saint Sépulcre, du lait de la Vierge, le haut du crâne de saint Jean-Baptiste, ainsi que les crânes de saint Blaise, de saint Clément et de saint Simon qui, par la suite, ne firent pas partie du trésor de la grande châsse mais du trésor d'En Haut.

Six ans plus tard, deux frères mineurs ramenèrent de Constantinople la Sainte Lance, la croix triomphale ou de Victoire portée par les empereurs byzantins lorsqu'ils livraient bataille, un fragment du manteau de pourpre, la ronce ou bâton remise en guise de sceptre au Christ après la flagellation, l'éponge « *qu'ils luy baillèrent à la Croix plein de vinaigre quand il dit "sitio"* », une partie du Saint Suaire « *auquel fut enveloppé son corps au Sépulcre* », « *le linceul que N.S. avoit ceint quand il lava les pieds de ses disciples et duquel il essuya leurs pieds* », un fragment du voile de la Vierge et le bâton de Moïse !

En mai 1246, les travaux de construction de la Sainte-Chapelle étaient en cours. En juin 1247, l'empereur Baudouin II céda définitivement au roi de France, par un acte, les reliques qu'il avait achetées et transférées à Paris. Ce texte confirme l'origine Constantinople des reliques apportées en France en trois fois et les cite toutes, tout en faisant allusion aux sommes énormes versées par le roi : *« magne pecuniae quantitati »*. Enfin, le 26 avril 1248, eut lieu la dédicace de la Sainte-Chapelle, célébrée par Eudes, évêque de Tusculum et légat du Saint-Siège, en présence de tout le haut clergé de France et de la plus haute noblesse du royaume.

LA GRANDE CHÂSSE

Sous un baldaquin dominant l'autel, la grande châsse de 1248 était exposée à la vénération des fidèles. Dans l'abside, le vitrail de la Passion servait de fond au reliquaire qui en conservait les instruments, causes et gloires de la Sainte-Chapelle. Saint Louis prit soin de réserver pour lui et pour ses successeurs le droit de propriété absolu sur tous les joyaux et reliquaires dont il avait doté le sanctuaire. Il avait fondé en même temps le service divin devant être célébré par huit chapelains ayant le titre de chanoines. Un de ces chapelains avait prééminence sur les autres et avait la fonction de trésorier. Il avait la garde des saintes reliques et devait prêter serment d'en avoir un soin particulier.

On accédait à la grande châsse par deux escaliers latéraux, de bois doré, un de chaque côté et fermés par des portes. Le tabernacle où reposait la grande châsse était également de bois doré. La châsse elle-même, surchargée de scènes et de statuettes d'argent doré (flagellation, crucifixion, résurrection), était construite de telle manière qu'elle tournait sur un pivot. Les jours de fêtes solennelles, on ouvrait les deux premiers volets d'argent doré qui la fermaient, laissant apparaître une grille de fer doré à travers laquelle on pouvait voir les reliquaires. Le dimanche de la quinquagésime, on ouvrait deux grandes fenêtres proches de la châsse que l'on tournait dans leur direction : le peuple massé dans la cour du palais royal pouvait ainsi apercevoir et adorer les reliques. Le trésorier avait en garde les clés des volets tandis que les rois, depuis saint Louis, se réservaient les clés de la grille de fer doré. Ils venaient eux-mêmes, durant tout le Moyen Age et jusqu'à la Renaissance, exposer à l'adoration des fidèles les saintes reliques les vendredis saints et les jours de Pâques (à la mort de Henri III, on trouva les clés de la grille dans ses poches), ou envoyaient les clés au trésorier lorsqu'ils permettaient aux ambassadeurs ou hauts personnages de voir les reliques de plus près.

Chacune des dix-neuf reliques contenues dans la grande châsse avait un reliquaire particulier, la plupart d'entre eux exécutés par les orfèvres de saint Louis. Seuls la croix de Victoire, le bâton de Moïse et les reliquaires de la pierre du sépulcre et de la Sainte Face étaient restés tels qu'ils furent rapportés de Constantinople. Les quinze reliquaires commandés par saint Louis étaient d'une somptuosité inégalée, digne des reliques insignes qu'ils renfermaient. On employa l'or, le cristal de roche et les pierres précieuses les plus rares de l'époque : des spinelles (appelés rubis balais), qui étaient alors les gemmes les plus coûteuses, des émeraudes et des saphirs. Certaines de ces pierres étaient énormes et étaient probablement les plus belles que possédait à cette époque le roi de France.

Bien entendu, le reliquaire de la couronne d'épines était le plus fabuleux de tous : sur un pied rond de cuivre doré à plateau de vermeil, reposait le vase d'un diamètre de 40,6 cm, dont le corps était de cristal de roche enchâssé en or, et surmonté d'une couronne d'or fleurdelisée à quatre grands fleurons et quatre petits, surchargée de pierreries, dont quatre énormes « rubis balais ». Huit statuettes ponctuaient le tour de la couronne et semblaient soutenir le couvercle d'or du reliquaire, lui aussi orné de pierres précieuses.

Deux grandes croix d'or, de rubis, d'émeraudes et de saphirs renfermaient le morceau de la Vraie Croix et le fer de la Sainte Lance. Les reliquaires du sang du Christ, du sang miraculeux, de l'éponge, du lait de la Vierge et du carcan étaient semblables : vases de morceaux de cristal de roche enchâssés en or et garnis de joyaux. Le haut de ces cinq vases était en forme de dôme dominé par une énorme pierre précieuse en chaton auquel pendait une lame d'or portant l'inscription de la nature de la relique. Les autres reliquaires commandés par saint Louis étaient de grandes boîtes rectangulaires ou carrées, à fenêtres de cristaux de roche enchâssées en or et pierreries. Quant au haut du crâne de saint Jean-Baptiste, il était conservé dans un grand buste d'or pur.

LES RELIQUES DE LA GRANDE CHÂSSE JUSQU'À LA RÉVOLUTION

Les saintes reliques ne sont pas restées telles qu'elles avaient été acquises par saint Louis au cours des temps. Certains fragments en avaient été détachés (particulièrement sur la Vraie Croix et la couronne d'épines) et placés dans d'autres reliquaires conservés dans le trésor d'En Haut, permettant ainsi des ostensions plus fréquentes en faveur des fidèles ordinaires. Ensuite les souverains en prélevaient des fragments qu'ils octroyaient ou envoyaient en cadeaux. C'est ainsi que dès l'époque de la dédicace de la Sainte-Chapelle, saint Louis donna à l'archevêque de Tolède, venu à Paris pour la circonstance, quelques morceaux des principales reliques, dont du bois de la Vraie Croix et une épine de la Sainte Couronne. Jusqu'à la fin du règne, on ne relève pas moins de 12 épines offertes par le roi. De nombreux textes nous montrent que jusqu'au règne de Louis XV les souverains continuèrent, assez rarement il est vrai, cette pratique. Le dernier cadeau enregistré concernait un petit morceau de la Vraie Croix enlevé pour l'église de Choisy en 1760, construite par le roi.

Au Moyen Age, les rois tinrent, en cas d'absence de Paris, à avoir près d'eux les reliques lors des quatre fêtes annuelles : Charles IV le Bel confia aux frères de l'Hôtel-Dieu le soin de les apporter auprès de lui, dès lors qu'il ne s'était pas éloigné de plus de 34 lieues de Paris, leur accordant à cet effet cent charretées de bois à prendre dans la forêt de Guise, acte confirmé par Philippe VI en janvier 1329 et par Charles V en mai 1364. A la Sainte-Chapelle même, la plus célèbre ostension des reliques fut faite par ce dernier roi en faveur de l'empereur Charles IV venu à Paris, le 6 janvier 1378. L'empereur souffrant horriblement de la goutte, on dut le hisser par bras et jambes dans l'escalier du tabernacle afin qu'il puisse voir de près les reliques, que Charles V lui présenta lui-même, une par une. Par la suite, de nombreuses ostensions privées eurent encore lieu, particulièrement en faveur d'ambassadeurs. Parfois, et très rarement, les saintes reliques furent portées en procession, une première fois sous Charles VI, en 1412. Il nous reste la relation de la procession de 1534, la première depuis lors, présidée par François Ier :

« Grand nombre et multitude d'archevesques, evesques, portoyent en leurs mains les dictes sainctes reliques ; la dicte Vraye Croix et la couronne d'espine et le fer de la lance à cause de la pesanteur des reliquaires estoyent portés par religieux revestus, sur instruments de boys propres à ce, parez de drap d'or et richement accoustré ». A la suite de cette procession, François Ier fit payer 200 livres tournois pour faire réparer les châsses qui avaient légèrement souffert. Une telle procession ne se renouvela que deux fois, en 1575 et en 1582.

Les clés de la grille de la grande châsse furent gardées par les rois jusqu'à l'incendie qui ravagea les toits de la Sainte-Chapelle en 1630. Ensuite elles furent remises à la garde du premier président de la Chambre des comptes qui, depuis les troubles de la Ligue, conservait déjà les clés des volets, autrefois à la garde des trésoriers. Ceci provoqua de nombreuses protestations des chanoines, résumées dans un mémoire du trésorier daté de 1688. En effet, il était évident que l'impossibilité pour les chanoines d'ouvrir les volets de la châsse portait préjudice à la fréquentation de la Sainte-Chapelle par les fidèles. Ils n'obtinrent pas gain de cause et il en fut ainsi jusqu'à la Révolution, date à laquelle les reliquaires étaient encore intacts, hormis l'aliénation de cinq énormes « rubis balais » sous Henri III. En effet, les énormes difficultés financières de la monarchie durant les guerres de religion obligèrent à ce sacrifice. Le 23 février 1576, en présence de la reine mère Catherine de Médicis, du cardinal de Guise, de Nicolay, premier président de la Chambre des comptes et de l'intendant des finances Marcel, *« a esté pris par l'exprès commandement du Roy les rubis estans ès reliques de la Saincte Chapelle qui s'ensuivent : les quatre gros rubis balais estans au tour de la Saincte Couronne, dont le plus gros est en forme de rocher, percé en trois endroits, aprétié à 70 000 écus. Le second rubis aprochant de la couleur d'espinelt, percé au travers, aprétié à 30 000 écus, le tiers rubis cabochon rond, percé, aprétié à 50 000 écus, le quatrième gros rubis cabochon en forme d'œuf, percé au travers, aprétié à 40 000 écus ».* L'on prit aussi l'énorme spinelle surmontant le reliquaire du sang du Christ : *« un aultre gros rubis cabochon pris au dessus du vase de cristal auquel il a du sang de Nostre Seigneur, apprétié à 70 000 écus ».* L'estimation des cinq pierres totalisait donc 260 000 écus d'or, soit l'équivalent de plus d'une tonne d'or ! Les cinq pierres, dites « Rubis de la Sainte-Chapelle », furent mises en gage à Venise pour cette somme qui ne fut jamais remboursée. Les créanciers durent probablement négocier les pierres qui disparurent de l'Histoire, ayant sans nul doute repris le chemin de l'Orient...

LE TRÉSOR D'EN HAUT

Cet autre ensemble de reliquaires, complété d'objets et vêtements liturgiques et de manuscrits, était conservé dans les armoires du revestiaire. En 1341, ce trésor comptait déjà 233 numéros. Il était contrôlé par la Chambre des comptes, ce qui le rendait inaliénable sauf décision royale. En 1480, à la fin du règne de Louis XI, un inventaire en latin fut rédigé. Il comportait 567 numéros dont environ 200 pièces d'orfèvrerie. Mais l'inventaire le plus détaillé, celui qui permet vraiment l'étude des objets précieux, qui donne le poids des métaux et l'évaluation des pierres, est celui en français de 1536, comprenant sensiblement toutes les pièces d'orfèvrerie de l'inventaire de 1480. Le texte de 1536 est connu car il a été repris intégralement en 1575, sous Henri III, afin d'y noter avec précision les aliénations dues aux guerres de religion.

Il serait fastidieux ici d'énumérer et de décrire l'ensemble des merveilles de ce trésor. Citons toutefois quelques-unes des pièces les plus importantes, et en premier lieu le chef-reliquaire de saint Louis. Philippe le Bel voulut pour la Sainte-Chapelle de son palais un reliquaire digne du saint, son grand-père, et destiné à recevoir son crâne (sauf le menton, qui fut envoyé dans un autre reliquaire offert à l'abbaye de Saint-Denis). Cette splendeur, œuvre de Guillaume Julien, orfèvre du roi, qui la termina en mai 1306, était posée sur l'entablement du grand autel, dans un grand tabernacle d'argent pesant près de vingt kilos. Sur un grand entablement de vermeil, pesant également près de vingt kilos, et portant l'inscription de la dédicace, reposait le chef-reliquaire proprement dit, en or massif, pouvant peser à lui seul plus de dix kilos, et soutenu par quatre anges de vermeil pesant quatorze kilos. Il s'agissait d'un buste du saint grandeur réelle, portant une couronne d'or à quatre grandes fleurs de lis, ornée de quatre saphirs, de vingt-huit « rubis-balais », de seize émeraudes et de seize perles. Les quatre saphirs, placés au bandeau sous les quatre lis, étaient particulièrement remarquables et pesaient 172, 140, 112 et 79 carats ! En outre, le col du roi était richement orné d'une large bordure de fleurs d'or et d'émaux « de plique » parsemé de cinquante « rubis balais » et de cinquante émeraudes d'une grande valeur (l'équivalent de 42 kilos d'or à eux seuls !).

Le trésor d'En Haut contenait de nombreuses croix dont quatre en or couvertes de pierres précieuses : la Sainte Croix, remontant à saint Louis, contenant un gros morceau de la Vraie Croix extrait de la grande châsse, la croix de Bourgogne inventoriée pour la première fois en 1341, la croix de Bavière, cadeau de Henri III mais beaucoup plus ancienne et la croix de Venise, offerte par Charles V. Trois autres croix étaient en vermeil.

D'autres reliquaires étaient en or et ornés de pierreries : une statuette de la Vierge, le chef-reliquaire de saint Louis de Marseille, le chef-reliquaire de saint Thomas de Canterbury, une statuette de saint Louis assis sur son trône et une nef-ostensoir. Deux autres Vierges étaient l'une en ivoire, l'autre en vermeil et toutes deux couronnées d'or et de gemmes. Nous n'énumérerons pas ici les très nombreux autres reliquaires, dont certains très imposants, et statuettes de vermeil ou d'argent, la plupart ornés de pierres précieuses ou fines, sans oublier les évangéliaires et objets du culte d'or et de pierreries, en vermeil ou argent, ni les mitres et vêtements sacerdotaux... Notons également que le trésor de la Sainte-Chapelle s'enorgueillissait de posséder le plus grand camée antique du monde, dont nous reparlerons plus loin, ayant été préservé à l'époque révolutionnaire. Citons également la châsse de Louis XIII, une merveilleuse réduction en argent de la Sainte-Chapelle qui pesait plus de 70 kilos et contenait différentes reliques, dont les réceptacles avaient été sacrifiés lors d'une fonte ordonnée par Charles IX.

LES PERTES DES GUERRES DE RELIGION

En effet, en 1562, la reine-mère Catherine de Médicis, au nom de son fils Charles IX, fut contrainte, face aux dépenses dues aux guerres de religion, d'aliéner certaines pièces du trésor d'En Haut, qui furent fondues. Il s'agissait principalement du reliquaire d'or de saint Louis de Marseille, du chef-reliquaire de saint Thomas de Canterbury, de la statuette d'or de saint Louis sur son trône, d'un buste d'or représentant François Ier de près de cinq kilos sur un socle de vermeil de 5,7 kilos, qui avait été offert par ce roi, la nef-ostensoir d'or, offerte par Charles VI, et un encensoir d'or. Plus tard, lors du siège de Paris par Henri IV, les chapelains durent vendre, le 12 décembre 1592, le chef reliquaire de saint Simon, qui était en vermeil et pesait 8,5 kilos. Entre temps, nous avons vu qu'en 1576, sous Henri III, la monarchie dut sacrifier les « Cinq rubis de la Sainte-Chapelle », qui ornaient le reliquaire de la couronne d'épines et le reliquaire du sang du Christ, conservés dans la grande châsse.

LA FIN DU TRÉSOR À L'ÉPOQUE RÉVOLUTIONNAIRE

A la veille de la Révolution, un arrêt du 11 mars 1787 ordonnait déjà la suppression des saintes chapelles et le 17 mars des scellés étaient déjà apposés sur le trésor. Le 19 novembre 1789, Louis XVI ordonnait au premier président Nicolay de dresser un état des objets précieux de la Sainte-Chapelle « à la suite du désir de l'Assemblée nationale que les églises de mon royaume fassent porter leur argenterie à la Monnoye ». Ce fut fait le 27 novembre. La Chambre des comptes eut toutefois le souci de préserver les reliquaires de la grande châsse et les pièces du trésor d'En Haut, n'en dressant que des procès-verbaux sommaires, tandis que beaucoup de détails étaient donnés sur l'argenterie qui totalisait 571 marcs (140 kilos).

Le 7 décembre 1789, les chanoines de la Sainte-Chapelle adressèrent un mémoire au ministre de la Maison du roi protestant de l'inconvenance avec laquelle l'inventaire avait été dressé. Ce mémoire est significatif de l'esprit de l'époque et mérite d'être cité : « Le Collège... ne peut vous dissimuler le nouveau genre de scandale qu'a opéré le recollement provisoire qui vient d'être fait des reliques de cette église, et ce, faute par M. le Trésorier d'avoir notifié à la compagnie, comme il le devoit, les ordres qu'il a recu à ce sujet. Au milieu du tumulte occasionné par l'affluence d'étrangers qui y ont été admis, il ne s'est trouvé

que deux chanoines et deux chapelains, encore est-ce par l'effet du hasard, mais qui n'ont pu suffire à établir le bon ordre et à remplir eux-mêmes les fonctions de cette cérémonie ecclésiastique avec le recueillement et la piété requise. Toutes les reliques ont été tirées des armoires et séquestrées sans égard, le chef de saint Louis, les croix, les calices, etc. ont été confondus avec l'argenterie superflue, une châsse faite sur le modèle du vaisseau de la Sainte-Chapelle (châsse de Louis XIII) pour conserver à jamais la mémoire de cet auguste monument de la piété du fondateur et qui avoit toujours été exposée sur l'autel a été vuidée, après avoir été démontée à grand peine et a été laissée sur le carreau en cet état ; enfin, le bois sacré de la Vraie Croix et la Couronne d'Epines de Notre Seigneur, que tous les historiens remarquent, que saint Louis alla chercher et porta à Paris nuds pieds et sur ses épaules, ont été passés de main en main comme à une enchère publique... Dans l'attente des ordres ultérieurs de Sa Majesté, le collège de la Sainte-Chapelle ose espérer que vous ne confondrés point les objets nécessaires et inséparables de la pompe et de la majesté du culte qui ont toujours distingué la première et la plus respectable de toutes les saintes chapelles, et vous reconnaîtrés bientôt ceux dont Sa Majesté peut faire des sacrifices... vous y verrés encore et vous saurés lui conserver d'autres effets, moins utiles il est vrai que les premiers, mais irréparables et signalés dans toute l'Europe, à raison du prix de la main d'œuvre et qui, s'il plaisoit au Roi de supprimer sa Sainte Chapelle, devroient être recueillis dans le garde-meuble de sa Couronne avec ce qui compose la chapelle du cardinal de Richelieu, ou réunis avec ses joyaux dans son cabinet d'antiques avec tout ce qu'il a de plus rare, afin que tous les étrangers seroient jaloux d'enlever à la France à prix d'argent s'ils pouvoient soupçonner qu'ils dussent un jour être convertis en espèces ». Le 27 novembre 1790, le collège de la Sainte-Chapelle devait protester une dernière fois auprès de la municipalité de Paris : c'était contre la suppression du culte dans leur église...

Le 25 février 1791, Louis XVI, désirant préserver les reliques de la grande châsse et du trésor d'En Haut, dont il était légalement le propriétaire, les réclama par une commission adressée à de la Chapelle, commissaire général de la maison du roi : Etant informé que le comité d'aliénation de l'Assemblée nationale désire qu'il soit incessamment procédé à la levée des scellés et à l'inventaire du trésor de la Sainte-Chapelle, nous vous avons commis pour assister de notre part à la levée desdits scellés et remettre à ceux des officiers municipaux de la ville de Paris qui y procéderont la clef dudit trésor dont vous êtes chargés, et pour réclamer en notre nom les reliques, une agathe [le célèbre Grand Camée de France] et autres pierres précieuses et quelques beaux livres de prière manuscrits, comme venant des dons particuliers de nos pères, et qu'il ne seroit pas convenable de comprendre dans l'inventaire auquel on va procéder et dans la vente qui en sera la suite... comme aussi vous mandons de faire transporter et placer à titre de dépôt seulement et jusqu'à ce que nous ayons statué ultérieurement à cet égard, les reliques avec leurs reliquaires dans l'église de la ci-devant abbaye de Saint-Denis en France, près Paris, les pierres précieuses à notre Cabinet des médailles et les manuscrits à notre bibliothèque... ».

C'est ainsi que les représentants de la municipalité de Paris se virent réclamer par le commissaire général de la maison du roi l'ensemble des reliquaires de la grande châsse et cinquante-quatre pièces du trésor d'En Haut. De ces cinquante-quatre articles fut quand même soustrait pratiquement tout ce qui n'était pas reliquaires et destiné à la vente ou à la fonte : deux calices d'or, une paire de burettes en cristal de roche, un grand soleil-ostensoir d'argent réalisé en début 1789, une garniture d'autel datée de 1740, composée d'une croix de 14 kilos, de six chandeliers pour 52 kilos et d'une lampe d'argent de 31,5 kilos, ainsi qu'une paire de burettes et un ciboire, pièces qui avaient été incluses dans l'argenterie inventoriée le 27 novembre 1789. En définitive, les reliquaires de la grande châsse et trente-six pièces du trésor d'En Haut rejoignirent le trésor de Saint-Denis. Le Grand Camée, le bâton cantoral et le sceau d'argent de la Sainte-Chapelle furent déposés au Cabinet des médailles, cinq manuscrits à la bibliothèque du roi (future Bibliothèque nationale) et une Paix en or ornée d'un camée et de pierres précieuses, qui avait été offerte par Charles V, fut envoyée dans la collection des bijoux et gemmes de la couronne au garde-meuble.

Peu après, du 16 avril au 6 mai 1791, eut lieu la fonte de l'argenterie de la Sainte-Chapelle, comprenant les pièces inventoriées le 27 novembre 1789 plus la lourde châsse de Louis XIII et les ornements d'argent doré qui restaient sur la grande châsse qui avait été entièrement démontée, faisant un total de 809 marcs six onces, y compris le fer, le cuivre, le bois et autres matières étrangères (198 kg). En même temps fut fondue l'argenterie des trésors d'une dizaine d'églises de Paris et de vingt églises de province. L'ensemble produisit quatre-vingt-dix lingots d'argent pour 7 600 marcs (1 860 kg) plus 48 marcs de pièces non fondues et des paquets de pierres fines et pierres gravées. Quelles merveilles ne durent-elles pas disparaître en cette occasion !

On aurait pu croire que les reliquaires déposés à Saint-Denis étaient sauvés, mais deux ans plus tard, en novembre 1793 et en pleine Terreur, le trésor de Saint-Denis, augmenté des objets provenant de la Sainte-Chapelle fut transféré à Paris. Hormis certaines pièces prélevées par la commission des monuments et dont la grande majorité provenait de Saint-Denis, tout fut dépecé et fondu en 1794. Des reliquaires de la Sainte-Chapelle ne furent sauvés que deux plaques de vermeil du coffret de la pierre du Sépulcre qui était un des reliquaires byzantins de la grande châsse (actuellement au Louvre), un reliquaire des saints Lucien, Maxien et Julien (probablement volé et vendu en sous-main avant d'entrer au musée de Cluny en 1881) et quelques émaux translucides, actuellement à la Bibliothèque nationale, provenant d'un parement d'autel remontant à Philippe le Bel.

Après cette fonte désastreuse, certaines des reliques furent envoyées au Cabinet des médailles. En septembre-octobre 1804, au début de l'Empire, le ministre de l'intérieur ordonna que ces reliques fussent déposées à Notre-Dame de Paris. C'est ainsi que la cathédrale conserve encore aujourd'hui dans son trésor la Sainte Couronne d'Épines, pour laquelle un reliquaire d'argent doré d'or moulu de style néo-classique fut exécuté en 1806 par l'orfèvre Jean-Charles Cahier. Un second reliquaire plus riche

fut exécuté sous Napoléon III d'après les dessins de Viollet-le-Duc, en style néo-gothique. Un socle porte les statuettes de sainte Hélène, de Baudouin II et de saint Louis assis sur des cathèdres s'appuyant contre une base ronde surmontée par un réceptacle circulaire à douze arcades enserrant des fenêtres de cristal séparées par les statuettes des douze apôtres, le tout surmonté d'une grande couronne à huit lis ornée de nombreuses pierreries. La couronne d'épines elle-même est conservée dans un tube circulaire de cristal monté en vermeil, émaux et pierres précieuses, dont les deux tiers de la surface sont entrelacés de branchages épineux de vermeil, et datant de 1806. Ce tube peut se placer dans l'un ou l'autre des reliquaires, visibles dans le trésor. La relique, en revanche, n'est visible que certains jours de carême, entre autres le vendredi saint, où on peut la baiser. Parmi les autres reliques déposées à Notre-Dame, signalons également celles de saint Louis, le fondateur de la Sainte-Chapelle : sa mâchoire (provenant de Saint-Denis), sa discipline et sa tunique.

Quant aux pièces remises en 1791 au cabinet et à la bibliothèque du roi, le Cabinet des médailles expose toujours le Grand Camée et le bâton cantoral, tandis que les manuscrits, dont un relié en or et pierreries (déjà cité dans le premier inventaire) et un second, relié en argent doré et gemmes (offert par Charles V en 1379, mais plus ancien), sont toujours à la Bibliothèque nationale. En revanche, le magnifique baiser de paix en or et pierres précieuses envoyé au garde-meuble fut vendu par le Directoire et ne fut jamais retrouvé. Il avait été également offert par Charles V.

Le « Grand Camée de France » est la pièce la plus prestigieuse de l'ancien trésor de la Sainte-Chapelle qui soit parvenue jusqu'à nous. En effet, à l'époque révolutionnaire, la « mode » était à l'Antiquité et le Moyen Age regardé comme une période obscure et « gothique » dans le mauvais sens du terme. C'est pourquoi on n'eut guère scrupule à détruire les trésors de presque toutes les églises de France. En revanche, les principaux camées ou intailles antiques qui y étaient conservés furent la plupart du temps sauvés et déposés au Cabinet des médailles. On a vu que c'est Louis XVI lui-même qui voulut que « l'agathe » de la Sainte-Chapelle y fût envoyée. Elle avait conservé sa monture byzantine à laquelle Charles V avait ajouté un riche piédestal. Le Grand Camée fut malheureusement volé au Cabinet des médailles le 16 février 1804. On le retrouva à Amsterdam alors qu'il allait être vendu 300 000 francs-or à un orfèvre, et revint à Paris, mais privé de sa riche monture, fondue par les voleurs. Il fut remonté sous le premier Empire par Auguste Delafontaine, élève de David, dans un somptueux cadre de bronze ciselé et doré dont les ornements rappellent l'antiquité romaine.

La gemme a été maintes fois décrite. Il s'agit du plus grand camée du monde, trapèze aux coins arrondis de 30 sur 26 cm. Il représente la « Glorification de Germanicus », célèbre général romain, neveu de l'empereur Tibère, mort empoisonné en 19 ap. J.C., œuvre probable de Dioscoride, le plus célèbre graveur grec de pierres à l'époque, soit peu après 19, sous Tibère, ou en 37, au début du règne de Caligula, dont Germanicus était le père.

La gemme est un sardonyx à cinq couches et se divise en trois registres superposés : au centre Germanicus prend congé de Tibère et de Livie avant de partir en campagne ; en haut Germanicus divinisé est reçu dans l'Olympe ; en bas captifs Parthes et Germains.

Le Grand Camée passait au Moyen Age pour représenter le triomphe de Joseph à la cour de Pharaon. Peiresc, en 1619, proposa d'y reconnaître l'apothéose d'Auguste. Au XVIIIe siècle, on l'appela plus justement « Agate de Tibère », cet empereur étant représenté au centre de la composition. Enfin Ernest Babelon, dans son guide des pierres gravées du Cabinet des médailles (Paris, 1930), lui donna enfin un nom correspondant exactement au sujet : « Glorification de Germanicus ».

La pierre, faisant partie du trésor impérial de Rome, fut emportée à Byzance par l'empereur Constantin. Cité dans le premier inventaire de la Sainte-Chapelle, le Grand Camée est sans nul doute une acquisition de saint Louis auprès de l'empereur latin de Constantinople Baudouin II, qui lui avait également vendu les reliques de la Passion. Au début de la Guerre de Cent Ans, le roi Philippe VI, en nécessité d'argent, mit en gage le Grand Camée auprès du pape Clément VI à Avignon, ce qu'il signifia par un acte daté du 21 juin 1343. Plus tard, alors qu'avait commencé le grand schisme d'Occident, le pape Clément VII dut se séparer de la majeure partie de ses joyaux et rendit le Grand Camée au roi Charles V, dont l'appui lui était nécessaire. Le roi remit la gemme à la Sainte-Chapelle, en y ajoutant un piédestal gemmé, portant l'inscription : « CE CAMAYEU BAILLA A LA SAINTE CHAPELLE DU PALAIS CHARLES LE CINQUIÈME DE CE NOM, ROY DE FRANCE, QUI FUT FILS DU ROY JEAN, L'AN 1379 ». Plus tard, le Grand Camée fut signalé en 1536 comme étant « feelé tout au long en trois pièces » et fut estimé 20 000 livres (valeur de près de 41 kilos d'or) et « vaudroit beaucoup plus n'estoit ladite feeslure ».

Quant au bâton cantoral, son sommet ne fut préservé que parce qu'il s'ornait d'une gemme antique. Il s'agit en effet d'un magnifique buste de Constantin le Grand en sardonyx, du IVe siècle. L'empereur porte la cuirasse et le paludamentum. Au milieu de la cuirasse se reconnaît l'égide dont la tête de Méduse a été effacée et remplacée par une croix entourée d'un cercle. Une draperie de vermeil est adaptée au buste d'où deux mains d'argent s'élèvent. La main droite tient une couronne à double torsade d'argent. A l'origine, cette couronne était garnie de pointes à l'image de la couronne d'épines, principale relique de la Sainte-Chapelle, pointes qui furent arrachées à l'époque révolutionnaire, par mesquinerie antireligieuse. De même enleva-t-on la grande croix d'argent tenue en main gauche : elle était à double traverse, à l'image du reliquaire de la Vraie Croix de la grande châsse. Cet ensemble repose sur des bourrelets d'argent simulant des nuages et posés sur un socle de vermeil. Ce socle, évasé et décoré de feuilles d'acanthe ciselées supporte une bordure supérieure à huit pans, montrant des arcatures et des cercles entre deux corniches. Les fleurs de lis placées au centre des cercles ont été arrachées à la Révolution. En dessous, un pommeau sphérique de vermeil montre la trace de fleurs de lis effacées. Madame Danielle

Gaborit-Chopin, conservateur en chef au département des objets d'art au Louvre, a démontré que ce bâton cantoral était l'œuvre du célèbre Hennequin du Vivier, orfèvre du roi Charles V.

Un autre objet du trésor d'En Haut est parvenu jusqu'à nous : la célèbre Vierge d'ivoire dite de la Sainte-Chapelle. Les bijoux qu'elle portait, une couronne d'or, d'émeraudes, de rubis et de perles, et une splendide émeraude placée sur la poitrine, ont été sacrifiés à l'époque révolutionnaire, de même que son piédestal d'argent doré et émaillé aux armes de France. Cette statuette de la Vierge portant l'Enfant Jésus est une des plus belles Vierges d'ivoire du XIIIe siècle (on la date des années 1270), sinon la plus belle. Raymond Koecklin la qualifia de « Dame du monde » et écrivit : « *elle apparaît telle que l'on ne saurait ne pas s'incliner devant elle, grande dame fière, sûre du murmure flatteur qu'elle soulève au passage* ». Vendue à la Révolution, elle appartint aux collections Alexandre Lenoir et Debruge-Dumesnil, enfin à la collection Soltykoff avant d'entrer au Louvre en 1861. Les bijoux d'origine ont été remplacés par une couronne moins riche du Moyen Age et la belle émeraude par un tout petit grenat, bouchant l'ancien trou de fixation.

La Révolution, nous venons de le voir, fut particulièrement cruelle pour le trésor de la Sainte-Chapelle, le plus prestigieux ensemble de reliques chrétiennes au monde, et qui fut la fierté des rois de France depuis saint Louis. Par haine de la religion et de la monarchie, et sous couvert du besoin d'argent de l'État, furent ainsi réduits en lingots et pièces de monnaie ce qui fut un des plus beaux ensembles d'orfèvrerie religieuse parisienne du Moyen Age, et dont les quelques restes, certes prestigieux, font partie des gloires de nos collections nationales.

Bibliographie

VIDIER (A.), *Le trésor de la Sainte-Chapelle, inventaires et documents,* extrait des *Mémoires de la Société de l'Histoire de Paris et de l'Île-de-France,* t. XXXIV à XXXVII (1907-1910), Paris, 1911.

BABELON (Ernest), *Le Cabinet des médailles, guide des pierres gravées,* Paris, 1930.

BAPST (Germain), *Histoire des Joyaux de la Couronne de France,* Paris, 1889 : pour l'histoire des « Cinq rubis de la Sainte-Chapelle ».

ERLANDE-BRANDENBURG (Alain), *Bulletin Monumental,* tome 133, 1975, chronique p. 190 sur l'évangéliaire de Charles V conservé à la Bibliothèque nationale.

GABORIT-CHOPIN (Danielle), *Le bâton cantoral de la Sainte-Chapelle, Bulletin Monumental,* tome 132-1, 1974.

HAUTECŒUR (Louis), *Paris, des origines à 1715,* Fernand Nathan, Paris, 1972.

MONTESQUIOU-FEZENSAC (Blaise de) et GABORIT-CHOPIN (Danielle), *Le trésor de l'abbaye de Saint-Denis,* tome II, *Documents divers* (procès-verbaux des dépeçages révolutionnaires des reliquaires de la Sainte-Chapelle déposés à Saint-Denis en 1793). A. et J. Picard, Paris, 1977.

MOREL (Bernard), *Le trésor de la Sainte-Chapelle du palais royal de Paris* (étude et description de tous les objets du trésor). *Revue de gemmologie,* nos 68, 69, 70, 71, 73, 75, Paris, 1981-1983.

SOUCHAL (Geneviève), *Un reliquaire de la Sainte-Chapelle au musée de Cluny, Revue des Arts, Musées de France,* no 4-5, Paris, 1960.

TARALON (Jean), *Les trésors des églises de France,* Hachette, Paris, 1966.

Les Merveilles du Louvre, Hachette, Paris, 1958.

Catalogue de l'exposition *Dix siècles de joaillerie française,* Musée du Louvre, Paris, 1962.

La coupe dite « des Ptolémées » (première face). Paris, Bibliothèque Nationale.

La coupe dite « des Ptolémées » (seconde face).

La coupe « des Ptolémées » dans son ancienne monture carolingienne (gravure de Tristan de Saint-Amant). Paris, Bibliothèque Nationale.

Le Trésor de Saint-Denis et sa dispersion durant la Révolution

par Bernard Morel

Membre d'honneur de l'Association française de gemmologie

La dispersion du trésor de l'abbaye royale de Saint-Denis, et la destruction de la majorité des objets qui le composaient, ont été l'une des plus grandes catastrophes subies par nos collections nationales durant la Révolution.

Nécropole des rois de France depuis les Mérovingiens, gardienne des objets du sacre et de l'oriflamme, l'abbaye de Saint-Denis allait bénéficier sous les trois dynasties, mérovingienne, carolingienne et capétienne, d'enrichissements successifs. Au XVIe siècle, on pouvait dire que l'abbaye conservait le plus vénérable trésor d'Europe. Contrôlé par la Chambre des comptes sur l'ordre du roi, il pouvait déjà être considéré comme le trésor national par excellence, légalement inaliénable comme les joyaux de la couronne ou comme le trésor de la Sainte-Chapelle du palais de Paris, considéré lui comme propriété héréditaire personnelle du souverain. Les moines étaient responsables de sa garde, d'où des inventaires successifs extrêmement détaillés. Le plus important d'entre eux, celui manuscrit de 1634, recollement de ceux de 1505 et de 1534 dont il reprend intégralement les textes, fut heureusement publié en 1973 aux éditions A. et J. Picard, par le comte Blaise de Montesquiou-Fezensac et madame Danielle Gaborit-Chopin, conservateur en chef au département des objets d'art au Louvre. Un second volume, publié en 1977, contient une masse de documents divers relatifs aux différentes pièces du trésor, y compris les procès-verbaux des destructions révolutionnaires, tandis qu'un troisième volume, publié en 1977, réunit planches et notices. Ce travail colossal nous permet de connaître avec précision l'état du trésor depuis le début du XVIe siècle jusqu'à la Révolution.

Les grandes acquisitions, de l'origine jusqu'à 1534

DAGOBERT 1er (629-639) ET SAINT ÉLOI

C'est sainte Geneviève, selon la légende, qui serait à l'origine de la fondation de la basilique de Saint-Denis, à l'emplacement du tombeau du saint et de ses deux compagnons, saint Rustique et saint Eleuthère. Le premier grand bienfaiteur connu de l'abbaye fut le roi Dagobert 1er qui la choisit pour lieu de sépulture. Il reconstruisit l'église et l'orna somptueusement. Son ministre et orfèvre saint Éloi construisit les mausolées des saints martyrs de marbre, d'or et de pierreries, couvrit d'or la balustrade de bois placée autour du trône de l'autel et fabriqua une grande croix d'or et de gemmes. Dagobert fit recouvrir d'argent, à l'extérieur, l'abside sous laquelle étaient ensevelis les martyrs et fit faire un grand tronc d'argent pour les aumônes.

La grande croix de saint Éloi mesurait environ 1,80 mètre de haut et réunissait 6 kg d'or et 6,5 kg d'argent pour les bordures ornées de rosettes d'argent blanc avec feuilles de persil d'argent doré. Elle s'ornait de 129 saphirs, 58 primes d'émeraude, 2 grenats, 2 émeraudes, 4 perles, 1 améthyste orientale, 1 gros béryl, 1 saphir jaune, 4 calcédoines et un grand camée « en face d'homme » en agate au centre. Le champ était d'or cloisonné de verres, de nacres et de feuilles de grenat.

L'inventaire décrit encore quatre objets qui proviendraient de Dagobert, et qui étaient en tout cas forts anciens : un sceptre d'or surmonté d'une main tenant un globe de filigranes portant un aigle soutenant entre ses ailes une statuette d'enfant, et garni de grains d'émeraude, de grenats, de grains de corail, de turquoises, de perles et d'émaux, qui servit au sacre des reines de France ; un grand fermail d'or en forme d'aigle, orné d'un magnifique saphir au centre, de 4 autres saphirs, de 17 émeraudes, de 15 rubis d'Alexandrie, de 5 « rubis-balais » et de 28 perles ; une énorme cuve ou baignoire antique de porphyre, qui passait pour un des plus grands et plus beaux morceaux de porphyre connus. Préservée à la Révolution et conservée au Louvre, elle mesure 0,59 m de hauteur, 1,70 m de longueur et 0,70 m de largeur ; enfin le « trône de Dagobert », en bronze doré, justement célèbre, et conservé actuellement au Cabinet des médailles de la Bibliothèque nationale, et que madame Gaborit-Chopin date, pour le siège, au début du IXe siècle, et pour les accoudoirs et dossiers, de l'époque de Charles le Chauve.

CHARLES II LE CHAUVE, ROI DE FRANCE (840-877) et ABBÉ LAÏC DE SAINT-DENIS

Après Dagobert 1er, la décadence des Mérovingiens s'accéléra et il fallut attendre les Carolingiens pour revoir des dons importants. Le premier roi de la nouvelle dynastie, Pépin le Bref, offrit un grand vase d'argent et des bracelets d'or et de pierreries provenant d'un butin emporté sur le duc d'Aquitaine, mais c'est Charles le Chauve, qui fut abbé laïc de Saint-Denis en 870, qui apporta le plus d'enrichissements au trésor (Charlemagne, fils de Pépin et grand-père de Charles le Chauve, avait préféré enrichir le trésor d'Aix-la-Chapelle, sa résidence préférée). Il offrit la fameuse coupe des Ptolémées, montée alors en calice avec pied d'or et de pierreries, et sa patène, en serpentine cerclée d'or, de saphirs, de primes d'émeraude et d'hyacinthes. La coupe des Ptolémées, sans sa monture disparue en 1804, est encore conservée au Cabinet des médailles, tandis que la patène est au musée du Louvre. La coupe est un vase de sardonyx entièrement sculpté de sujets bachiques, avec les anses dans la masse. Elle est attribuée généralement aux ateliers d'Alexandrie à l'époque des Ptolémées. Le sujet se rapportant au culte de Bacchus, il est fort probable que cet extraordinaire objet ait été commandé par Ptolémée Aulète (le joueur de flûte) qui aimait à se promener dans Alexandrie sur un char, déguisé en Bacchus dont le culte était très populaire dans la ville, ivre et la coupe à la main. Elle aurait été amenée à Rome après la chute de Cléopâtre. Conservée probablement dans le trésor impérial, elle échoua dans le trésor des Carolingiens pour être enfin offerte à Saint-Denis par Charles le Chauve. Elle servit de calice au sacre des reines de France.

Le roi fit encore orner l'autel d'une table d'or et de pierreries et donna une grande croix d'or, le fameux « écran » qui fut attribué à Charlemagne et la célèbre coupe de Chosroès, autrefois appelée « Tasse de Salomon », d'or, de disques de grenat et de cristal de roche intaillés avec verres verts, avec grand camée de cristal de roche représentant le roi perse sassanide Chosroès au centre, encore conservée au Cabinet des médailles.

La table de devant d'autel, somptueuse, de toute la longueur de l'autel, montrait trois grands arcs subdivisés avec figures en demi-bosse. Au centre on voyait le Christ en Majesté. Elle totalisait 7,4 kg d'or et une foule de gemmes : 353 grenats, 268 primes d'émeraude, 277 saphirs, 134 perles, 1 090 perles de compte, 90 améthystes, 6 saphirs jaunes, 7 aigues-marines, 10 œils-de-chat, 33 calcédoines, 14 chrysolithes, 15 topazes, 2 cornalines, 5 agates, 1 péridot, 1 saphir intaillé et deux pierres gravées. Les pierres principales étaient une grande aigue-marine très belle de 582 carats, un saphir jaune de 361 carats, un grenat syrien de 360 carats et un autre grenat de 40 sur 29 mm. Ces poids ont pu être connus grâce aux procès-verbaux des destructions révolutionnaires.

La croix de Charles le Chauve mesurait 82 cm de hauteur svr 74 cm de largeur. 5 kg d'or avaient été nécessaires à sa fabrication. Au centre se trouvait une énorme améthyste de 220 carats. Tout le champ de la croix était semé de feuilles de grenat en façon d'écussons et de petits verres verts ronds avec une rangée médiane de pierres sur chaque branche : 46 saphirs, 35 primes d'émeraude, 5 émeraudes. En outre la croix était bordée de 213 perles. 44 des saphirs ont été pesés en 1794 : 1 294 carats, les émeraudes totalisant 343 carats.

L'écran dit « de Charlemagne » était un édifice en façade plate à trois étages tout en bandes, piliers et arcs d'or semés de pierreries, avec pendentifs dans les arcades, reposant sur un soubassement d'argent doré plus tardif (XIVe siècle), remplaçant le soubassement d'origine, et renfermant des reliques. L'ensemble était surmonté par le joyau principal de l'écran, la fameuse intaille de Julie, fille de l'empereur romain Titus (79-81), grande aigue-marine entourée de saphirs et de perles, qui passait pour représenter la Vierge, et qui en est le seul reste préservé à la Révolution (Cabinet des médailles). L'or pesait 5 kg et le soubassement d'argent doré 8,2 kg. En 1534, on dénombrait sur l'écran, d'une splendeur barbare et impressionnante, 229 saphirs, 102 émeraudes, 76 primes d'émeraude, 557 perles, 235 perles de compte, 61 grenats, 12 améthystes, 2 aigues-marines non comprise l'intaille, 1 béryl, 4 calcédoines, 1 topaze, 2 saphirs blancs, une autre intaille d'aigue-marine gravée d'un arbre, d'un homme et d'un oiseau, un saphir rond gravé et enfin un camée de « pierre d'irade », dit « Pierre de David », avec Vierge en relief dont la monture portait ces mots : « ISTE LAPIS FUIT DAVIDIS REGIS ET PROPHETAE ». Cette pierre, qui avait « l'apparence d'un jade et la transparence d'un grenat », est conservée actuellement au musée du Bargello à Florence. Il s'agit d'une pâte de verre très curieuse qui passe du vert jade au rouge violet par transparence. Parmi les gemmes de l'écran, quatre saphirs pesaient ensemble 387 carats, cinq autres saphirs 384 carats, quatre primes d'émeraude 399 carats et les deux autres aigues-marines 135 carats. A la Révolution, après avoir fait envoyer l'intaille de Julie et sa monture carolingienne au Cabinet des médailles, les commissaires de la commission temporaire des Arts, gênés sans doute de laisser détruire un joyau de cette importance, et conscients de sa valeur historique, demandèrent à un architecte, Étienne-Éloi Labarre, d'en faire une aquarelle en laissant un souvenir le plus exact possible, qui fut réalisée avec un très grand soin, et qui est toujours conservée au Cabinet des estampes de la Bibliothèque nationale, sous la cote Le 38 c.

SUGER, ABBÉ DE SAINT-DENIS, RÉGENT DU ROYAUME, PÈRE DE LA PATRIE, MINISTRE DE LOUIS VI ET DE LOUIS VII (1081-1151)

Après Charles le Chauve, il ne restait aux Carolingiens qu'un peu plus d'un siècle de survivance jusqu'à l'avènement de Hugues Capet en 987. Déjà, en 888, Eudes, comte de Paris, avait été élu roi et deux autres Robertiens, dont sont issus directement les Capétiens, régnèrent : Robert 1er en 992, et Raoul, en 923. Duc de France, Hugues Capet avait été abbé laïc de Saint-Denis avant de devenir roi de France, et l'attachement de la nouvelle dynastie à l'abbaye fut indéfectible. Avant son règne, c'est probablement Hugues qui, à la suite d'un raid en compagnie du roi Lothaire sur la résidence de l'empereur Othon II à Aix-la-Chapelle en 978, offrit à son abbaye ses deux plus importantes reliques : le Saint Clou et une épine de la couronne du Christ.

Les plus extraordinaires donations au trésor sous les premiers Capétiens eurent lieu sous Louis VI et Louis VII, alors que Suger, amateur d'art éclairé, était abbé de Saint-Denis et ministre des deux souverains. Le Louvre s'enorgueillit de la possession de trois vases qu'il fit monter spécialement pour le trésor et qui furent fort heureusement préservés à la Révolution : le fameux aigle de Suger en porphyre antique, de l'époque impériale romaine, à monture d'argent doré et niellé datée d'avant 1147 avec inscription : « INCLUDI GEMMIS LAPIS ISTE MERETUR ET AURO MARMOR ERAT IN HIS MARMORE CARIOR EST », l'aiguière de Suger, un vase byzantin en sardoine, monté par des orfèvres parisiens sur l'ordre de l'abbé avant 1147, en argent doré orné de filigranes, pierres fines et perles, avec un pied restauré au XVe siècle avec inscription : « DUM LIBARE DEO GEMMIS DEBEMUS ET AURO/HOC EGO SUGERIUS OFFERO VAS DOMINO », et le vase d'Aliénor d'Aquitaine, reine de France, première épouse de Louis VII, en cristal de roche d'origine arabe à décor en nids d'abeilles, du IXe-Xe siècle, à monture d'argent doré, niellé et filigrané, avec pierreries et perles de 1137-1147 et inscription : « HOC VAS SPONSA DEDIT ANOR REGI LUDOVICO, MITADOLUS AVO, MIHI REX, SANCTISQUE SUGERUS » (Aliénor, son épouse, a donné ce vase au roi Louis, Mitadol (prince arabe d'Espagne ?) à son grand-père, le roi à moi, et Suger aux saints).

En revanche, le merveilleux calice de Suger, en agate antique godronnée montée par l'abbé en vermeil et pierreries, qui avait été également préservé à la Révolution, fut volé au Cabinet des médailles en 1804 et appartient désormais à la National Gallery à Washington. C'est d'ailleurs après ce vol néfaste que l'on retrouva une navette en aventurine verte, ayant malheureusement perdu sa merveilleuse monture mérovingienne d'or cloisonné, de grenats, de verres bleus et de perles, sacrifiée par les voleurs, que Louis VII avait mise en gage et que Suger racheta pour Saint-Denis pour quinze kilos d'argent. Cette navette est actuellement au Cabinet des médailles.

Suger était un passionné de pierres précieuses. Pour lui, rien n'était trop beau pour le service divin. Il écrivit : « *La beauté des pierres aux multiples couleurs m'arrache des soucis extérieurs* », et encore « *Les vases d'or, les pierres précieuses et tout ce qui est rare parmi les choses créées doivent être disposés avec une révérence constante et une pleine dévotion pour recevoir le sang du Christ* ». Puissant, disposant d'importantes ressources, recherchant partout les rares pierreries disponibles à l'époque, il put enrichir considérablement, en accord avec ses principes, le trésor de son abbaye.

En 1144, il transforma et embellit le tombeau des corps saints, remontant à saint Éloi. Il était véritablement somptueux. Derrière un autel de porphyre gris, une assise de marbre noir de 2,60 m sur 2,30 m et épaisse d'un pied, supportait huit piliers de marbre noir de 0,81 m de haut, coiffés d'une autre dalle de même matière. Entre les piliers se trouvaient huit treillis de cuivre doré, dont l'un servait de guichet pour entrer dans le mausolée. A l'intérieur, sous une voûte de cuivre doré, et soutenus par des chaînes d'argent, pendaient les trois cercueils d'argent massif des trois saints, datant de Dagobert, pesant ensemble 50 kg.

Au-dessus du mausolée, un grand tabernacle charpenté de bois avec fenêtres à verrières, de plus de deux mètres de haut, renfermait trois cercueils accolés garnis d'or et de pierreries, et dont les faces servaient de contre-table à l'autel de porphyre gris. L'or employé pesait 23 kg, à une époque où son pouvoir d'achat était bien plus considérable qu'aujourd'hui, et le décor de pierreries réunissait 163 saphirs, 238 grenats, 104 primes d'émeraude, 425 perles, 105 améthystes, 6 améthystes orientales, 7 agates, 3 camées en face d'homme, 4 aigues-marines, 12 topazes, un jaspe, un diamant, 26 calcédoines, 4 cornalines, 2 onyx, un camée de calcédoine, 4 grands cristaux de roche, un moyen cristal et 4 plus petits, un grand cristal de roche intaillé d'un Christ, de Notre-Dame et de saint Jean, de 15,6 cm sur 10,5 cm (conservé actuellement au British Museum), une grande améthyste gravée d'un Apollon cytharède, admirable pierre de l'époque impériale romaine, haute de 55 mm (conservée au Cabinet des médailles) et enfin un très grand camée d'agate montrant deux oiseaux, une femme et un enfant, grand comme une assiette, malheureusement rompu en sept pièces et qui, sinon, aurait été évalué 2 000 écus d'or en 1534.

Suger, face à la somptuosité du devant d'autel de Charles le Chauve, désira garnir les trois autres côtés de l'autel par d'autres tables. Ainsi, l'abbaye de Saint-Denis allait posséder un maître-autel dont les quatre faces étaient recouvertes d'or et de pierres précieuses. Les deux tables latérales, plaques d'or mince, montrant chacune trois arcs surmontés de trois cercles, avec des figures en demi-bosse représentant la Vierge, la Nativité, saint Denis, d'autres saints, etc., réunissaient 3,7 kg d'or, 56 saphirs, 3 saphirs jaunes, 27 grenats, 54 améthystes, 64 primes d'émeraude et 2 émeraudes, 19 calcédoines, 9 cornalines, une aigue-marine, une chrysolithe, une agate intaillée d'un ange et 414 perles. Ces tables latérales avaient été fabriquées sur place en utilisant des chandeliers d'or offerts par Louis VI. Quant à la table postérieure, elle ne nous est pas connue car elle disparut avant la rédaction des premiers inventaires parvenus jusqu'à nous. On sait cependant, grâce aux écrits de Suger, qu'elle était extrêmement riche, qu'elle avait été l'œuvre d'orfèvres étrangers et avait demandé une bien plus grande quantité d'or et de pierreries que les tables latérales. Elle représentait, en ronde-bosse, six scènes de l'Ancien et du Nouveau Testament. Pour la réaliser, Suger dut sacrifier quelques objets du trésor, dont un calice d'or.

Mais le chef-d'œuvre réalisé sur l'ordre de Suger fut bien la grande croix consacrée par le pape Eugène III le 20 avril 1147, et à propos de laquelle un anathème fut prononcé contre quiconque y porterait une main sacrilège. Le pied de la croix était en cuivre doré, composé d'une base, d'un fût et d'un chapiteau. La base montrait les quatre évangélistes et leurs symboles. Le pilier portait 68 émaux et des pierres fines et le chapiteau, bordé également d'émaux et de pierres dures, montrait quatre personnages symboliques. Ce pied était un travail d'orfèvres lorrains (ils y travaillèrent tantôt à cinq, tantôt à sept pendant deux ans), les mêmes probablement qui réalisèrent la table postérieure du maître-autel. La croix était d'or et de pierres précieuses de face comme de revers, avec émaux, et était l'œuvre d'autres orfèvres d'origines diverses que Suger avait fait venir spécialement à Saint-Denis. L'ensemble pied et croix mesurait cinq mètres et demi. La croix seule mesurait 1,80 m et le Christ d'or creux qui y était attaché 1,20 m. Ce Christ était cloué par trois gros saphirs en pointe, la plaie du côté formée d'un gros « rubis-balai » et de grenats, et le linge recouvrant ses reins était couvert de pierreries, de perles et de quatre émaux. A ses pieds était représenté en demi-bosse d'or l'abbé Suger à genoux et portant la crosse. Sur l'ensemble on relevait 134 saphirs, un « rubis-balai », 3 aigues-marines, 20 topazes dont une énorme au centre de la face arrière, 269 perles, 28 primes d'émeraude, 45 grenats, 48 améthystes, 27 calcédoines, 23 cornalines, 4 agates, 7 onyx, 10 jaspes, deux camées d'agate, 432 ronds de nacre. L'or de la croix pesait 13 kg, l'or du Christ 5,2 kg et celui du *titulus* I.N.R.I. 245 grammes.

Le trésor contenait d'autres pièces datées de l'époque de Suger : le calice dit « de saint Denis », formé d'une coupe de cristal de roche fatimite sculptée de feuillages stylisés, montée en vermeil et pierreries et les deux burettes également de cristal de roche et vermeil. On voyait également dans le trésor une autre burette de cristal de roche fatimite à la panse gravée de feuillages, haute de 11 cm, montée en vermeil, et une autre encore, de béryl, un peu plus grande, pièce extraordinaire taillée en pointes de diamant sur toute sa surface, montée en or, grenats, saphirs et primes d'émeraudes.

C'est au temps des premiers Capétiens que durent entrer également au trésor deux pièces d'une grande importance et qui furent préservées à l'époque révolutionnaire : l'aiguière de cristal de roche de travail fatimite de la fin du Xe siècle, conservée au Louvre, haute de 24 cm, large de 13,5 cm, gravée de feuillages et de perroquets stylisés, avec son couvercle plat d'or couvert de filigranes arabes, et la navette d'agate qui fut déposée au Cabinet des médailles, à monture probablement rhénane en vermeil filigrané, pierres et émaux cloisonnés en or, longue de 21,1 cm, large de 12,6 cm et haute de 9,8 cm. La gemme est d'une grande beauté et taillée en dix larges godrons, œuvre

byzantine du Xe siècle. La monture daterait de la première moitié du XIe siècle, selon madame Danielle Gaborit-Chopin.

De l'époque de Suger devait dater un des objets les plus vénérables du trésor, la fameuse sainte couronne du royaume de France, qui servait de reliquaire à l'épine de la couronne du Christ, et pour laquelle il reçut, des propres mains de Louis VI en 1135, une énorme gemme qui avait appartenu à Anne de Kiev ou de Russie, épouse du roi Henri 1er. Cette pierre, décrite en 1534 comme en 1634 comme un « rubis-balai » (spinelle) pur et percé au long, cabochon, fut estimée peser 292 carats en 1534 et évaluée 20 000 écus d'or, ce qui en faisait la pierre la plus chère du trésor. C'est dans son chaton qu'était placée la Sainte Épine. Lors du déplorable dépeçage de la sainte couronne en 1794, la pierre fut pesée à 270 2/4 carats anciens, soit 278 carats métriques, et disparut ensuite complètement de l'Histoire... La sainte couronne était d'or doublé d'argent doré à l'intérieur pour la renforcer (un texte des comptes de Saint-Denis indique que ce renforcement eu lieu à la fin du XIIIe siècle). L'or pesait 1,7 kg, l'argent doré 368 grammes. Outre le grand spinelle, elle s'ornait de 11 grenats dont trois très gros, un grand saphir de plus de 200 carats, un autre saphir triangle de 76 carats, six autres pesant ensemble 404 carats, 20 primes d'émeraudes et émeraudes, quatre saphirs jaunes et 132 perles. Le champ d'or uni et poli, sans charnières, dessinait au-dessus d'un large cercle quatre grandes fleurs de lis aux courbes élégantes, le tout étant bordé d'une double moulure. Monsieur Henri-Jean Schubnel, conservateur de la galerie de minéralogie du Muséum d'histoire naturelle, a récemment reconnu parmi ses collections l'émeraude qui ornait le centre de la fleur de lis frontale de la sainte couronne, qui fut donc déposée au Muséum à l'époque révolutionnaire. Il s'agit d'une émeraude de l'Oural de 51 carats, de taille probablement byzantine, sinon de l'antiquité romaine.

Fort heureusement, il nous reste trois bonnes représentations de la sainte couronne : la plus ancienne sur la *Messe de saint Gilles*, diptyque de la National Gallery à Londres, où elle est portée par un roi agenouillé devant l'autel de Saint-Denis, sur lequel on reconnaît également la table de Charles le Chauve montée en contre-table et surmontée de la croix de saint Éloi, la suivante sur le tableau la *Vierge de la famille de Vic*, à l'église Saint-Nicolas-des-Champs à Paris, également ceinte par un roi portant également certains des objets du sacre (sceptre de Charles V, éperons, épée, fermail), et enfin montrée isolée par une aquarelle de Gaignières à la Bibliothèque nationale (Est. Oa 9, fol 54). Quant à sa représentation sur la planche III, lettre P, de Félibien, elle est bien imprécise.

PHILIPPE II AUGUSTE, ROI DE FRANCE DE 1179 À 1223

Philippe Auguste, successeur de Louis VII, reçut de l'empereur de Constantinople, Baudouin Ier, un morceau de la Vraie Croix et de nombreuses autres reliques, dont une autre Sainte Épine et des cheveux du Christ. Il fit réaliser pour le morceau de la Vraie Croix une croix d'or et de pierres précieuses et pour les autres reliques un reliquaire d'argent doré, dit « Oratoire de

Sceptre de Charles V,
après sa restauration par Biennais en 1804?
Paris, Musée du Louvre.

Détail de Charlemagne, sur la *Vierge de la famille de Vic,* par Frans Pourbus le Jeune.
Le souverain porte la Sainte-Couronne du royaume de France, le sceptre et le fermail
de Charles V, l'épée dite « de Charlemagne » et les éperons du sacre. Paris, église
Saint-Nicolas-des-Champs.

Philippe Auguste », qu'il remit aux Ides de juin 1205 à Henri, abbé de Saint-Denis. La croix était haute de 83 cm sur 50 cm de large. Elle était percée à jour de feuillages et claires-voies avec des petits émaux de plique ronds tout alentour. Le dessus était garni de feuillages emplis de petits lions, bêtes et oiseaux, avec quatre losanges et quatre fleurons aux quatre bouts. Derrière, elle était émaillée d'un crucifix, des quatre évangélistes, d'anges et de l'arbre de Jessé. On pouvait voir le morceau de la Vraie Croix (deux morceaux en fait, reliés en forme de croix) derrière un couvercle d'or gemmé, lui-même en forme de croix. L'or pesait 6 kg et le devant s'ornait de 36 « rubis-balais », de 37 saphirs, de 57 émeraudes, le tout bordé de 236 perles et parsemé de 495 perles de compte. L'oratoire était une table verticale d'argent doré soutenue par quatre lions, et montrant sur sa face dix-huit creux carrés en trois rangées, recouverts de cristal et renfermant les reliques dont les noms étaient inscrits. L'ensemble était décoré de 49 grenats, 8 saphirs et d'émaux d'applique en chatons d'or. Il y avait un kilo d'or pour les chatons et l'argent doré pesait 9,5 kg. Quant aux cheveaux du Christ, non inscrits parmi les reliques de l'oratoire, ils rejoignirent, dans le chaton du grand spinelle de la sainte couronne, la première Sainte Épine de Saint-Denis.

En septembre 1222, Philippe Auguste légua par testament à Saint-Denis ses croix d'or et ses couronnes d'or et de pierres précieuses, mais ces objets furent rachetés par son fils Louis VIII. Ce n'est que plus tard que son petit-fils saint Louis légua définitivement, en 1261, les deux magnifiques couronnes semblables qui servirent au sacre des rois et reines de France, et qui remontaient bien à Philippe Auguste, comme l'indique explicitement le texte de la donation. Chacune des deux couronnes d'or avait son bandeau formé de quatre larges plaques rectangulaires bordées d'une double moulure, et reliées entre elles par des charnières. Au-dessus de chacune des plaques s'élevait une grande fleur de lis aux pétales largement étalés. Leur décor de pierreries était également similaire : seize « rubis-balais » (spinelles), seize saphirs et seize émeraudes sur chaque couronne, et placés respectivement aux mêmes endroits. Toutes ces pierres étaient très belles et de grande valeur. Les quatre principaux spinelles de la couronne du roi (au centre de chacune des plaques) pesaient 200, 180, 160 et 160 carats, et leurs équivalents sur la couronne de la reine 103, 65, 60 et 50 carats. En 1534, la couronne du roi, y compris un énorme rubis d'Orient de 220 carats ajouté au sommet de la coiffe intérieure par le roi Jean II le Bon, était estimée à elle seule à près du quart de la valeur totale du trésor, tandis que la couronne de la reine, aux pierres moins grosses, en valait près du huitième. La couronne du sacre des rois disparut malheureusement durant les guerres de religion, comme nous le verrons plus loin, et fut remplacée, lors des sacres de Louis XIII, Louis XIV, Louis XV et Louis XVI, par la couronne des reines, si semblable. Le déplorable dépeçage de cette dernière en 1794 nous a permis cependant d'avoir d'autres poids : onze des autres spinelles de cette couronne pesaient ensemble 293 carats, trois saphirs 124 carats, les treize autres saphirs 415 carats et treize des seize

émeraudes 60 carats. On peut se demander quels devaient être les poids des pierres équivalentes sur la couronne des rois, compte tenu de leurs estimations beaucoup plus élevées en 1534.

LES DERNIERS CAPÉTIENS DIRECTS

Si saint Louis légua à Saint-Denis les couronnes de Philippe Auguste (ainsi qu'une plus petite couronne de pierres précieuses qui devait servir au festin du sacre), il s'occupa surtout d'enrichir le trésor de la Sainte-Chapelle du palais de Paris. Après sa mort, c'est entre 1274 et 1277, que fut réalisé à Saint-Denis son tombeau d'orfèvrerie. Le roi était mort à Tunis en 1270 et son corps avait été ramené à l'abbaye. Ce tombeau fut très remanié au moment de la canonisation sous Philippe le Bel. C'était essentiellement un gisant grandeur nature du roi en argent et en or. En 1306, le « chef » du roi fut envoyé à la Sainte-Chapelle dans un magnifique reliquaire d'or et de pierres précieuses, tandis que la mâchoire inférieure resta à Saint-Denis. C'est alors que l'abbé Gilles de Pontoise, à une époque où les affaires de l'abbaye étaient florissantes, commanda un riche reliquaire pour la contenir. On la plaça dans un réceptacle de cristal de roche, surmonté de deux clochetons, soutenu par les statuettes des rois Philippe III et Philippe IV le Bel couronnés. Sur le devant, l'abbé Gilles de Pontoise était représenté un genou en terre, mitré, et tenant en mains un reliquaire en forme de rose. Le socle, soutenu par sept lions, montrait vingt arcatures armoriées. On avait employé pour ce reliquaire 16 kg d'argent doré, 12 saphirs, 5 grenats, 6 améthystes, 60 perles, 31 émeraudes, 42 « rubis balais » et huit cristaux dont le réceptacle. Les pierreries décoraient le haut du soubassement, ainsi que les couronnes des rois et la mitre de l'abbé.

Peu de temps auparavant, à la fin du XIIIe siècle, l'abbé Mathieu de Vendôme avait commandé un des plus importants reliquaires du trésor, celui du chef de saint Denis. Sur un entablement d'argent doré soutenu par six lions, deux grands anges d'argent doré soutenaient la tête d'or du saint, qui contenait son crâne. La mitre, les fanons et le col étaient également d'or couvert de pierreries avec des émaux de plique. A la base du cou, une rangée de grenats rappelait la décollation du saint. Sous la tête, un plus petit ange de vermeil tenait un fermail d'or et de pierres précieuses renfermant une partie du menton. L'or employé totalisait 8,5 kg et l'argent doré de l'entablement et des anges 30 kg. On y dénombrait 45 saphirs, 29 « rubis-balais », 107 émeraudes, 6 topazes, 3 saphirs jaunes, un saphir blanc, 51 grenats, 2 améthystes, 239 perles et 1 546 perles de compte !

De la même époque, fin du XIIIe siècle d'après madame Danielle Gaborit-Chopin, datait la croix d'or processionnelle renfermant une broche du gril où fut rôti saint Laurent. Ses bords étaient garnis de perles et ses quatre extrémités s'évasaient en larges fleurons. Le devant s'ornait de 35 saphirs et de 29 grenats alternés avec des émaux d'applique. Le revers était garni d'émaux clairs damasquinés d'or. L'or pesait 2,4 kg et l'argent doré du bâton 1,2 kg.

Patène de serpentine. Paris, Musée du Louvre.

L'inventaire de 1534 attribue d'autres objets à saint Louis. Rien n'est certain, mais ces pièces remontaient de toute manière aux derniers Capétiens directs : une main de justice d'argent blanc sur bâton de vermeil et un grand sceptre de vermeil sommé de feuillages, un hanap de « madre », dit « tasse de tamari » (bois des Indes) et un anneau encore conservé au Louvre, préservé à la Révolution parce qu'il s'ornait d'une intaille. Il est d'or émaillé de fleurs de lis et porte à l'intérieur l'inscription « C'EST LE SINET DU ROY SAINCT LOUIS ». La pierre est un saphir intaillé d'une figure de roi nimbé, portant sceptre, globe et couronne avec les lettres S et L de part et d'autre (*Sigillum Ludovici* ou *Sanctus Ludovicus*). Le roi représenté serait en réalité, selon le baron Pinoteau, Louis X le Hutin, le nimbe symbolisant la sainteté ayant été gravé dans la pierre par la suite, probablement en même temps que l'inscription de l'anneau.

La main de justice qui servira aux sacres jusqu'à Louis XVI devait remonter à la même époque. La main était de « corne de licorne » (défense de narval) et sa hampe était recouverte de feuilles d'or avec trois cercles de feuillages avec pierreries.

JEANNE D'ÉVREUX, REINE DE FRANCE

Épouse de Charles IV le Bel, dernier Capétien direct, Jeanne d'Évreux vécut jusque sous Charles V. En 1339, elle fit à l'abbaye de Saint-Denis un don très important, qu'elle confirma en 1343, pour « *le grand et spécial dévocion et affection que nous avons à la dicte église de Saint-Denis* » : la châsse de la Sainte-Chapelle, une statuette-reliquaire d'or de saint Jean, une autre en vermeil de Notre-Dame et sa couronne. La châsse de la Sainte-Chapelle contenait, dans douze fioles de cristal de roche et trois petits reliquaires d'or, des fragments des reliques de l'Enfance et de la Passion du Christ qui étaient alors conservées dans la grande châsse de la Sainte-Chapelle du palais de Paris. La châsse offerte à Saint-Denis était d'ailleurs une réduction de celle de Paris. Elle était d'argent doré, pesait plus de 12 kg, avec émaux et figures en ronde-bosse, dont un crucifiement. La statuette d'or de saint Jean tenait un cristal de roche enchâssé d'or, d'émeraudes et de rubis contenant une dent de saint Jean d'évangéliste, et pesait près d'un kilo. Le soubassement à six pans de vermeil était semé des armes de la reine et porté par quatre lions. Quant à la couronne de la reine, qui avait dû être sa couronne personnelle lors de son sacre, elle était d'or et s'ornait de 24 saphirs, de 40 « rubis-balais » et de 96 perles. En 1794, lors des dépeçages révolutionnaires, dix des saphirs furent pesés à 441 1/2 carats, treize autres 452 carats et 38 rubis 203 1/2 carats. D'après les anciennes descriptions, il s'agissait d'une merveille de la joaillerie parisienne du début du XIVe siècle, dont il faut amèrement regretter la disparition.

Ces trois premières pièces ont disparu, certes, mais la statuette-reliquaire de Notre-Dame fut heureusement préservée à la Révolution, et elle est une des gloires du Louvre. La grâce, l'élégance, la beauté de cette statuette de vermeil de la Vierge portant son enfant, nous donnent une idée de la perfection des objets similaires que l'on retrouve si nombreux dans les anciens inventaires royaux (Charles V possédait vingt statues d'or et de pierres précieuses de Notre-Dame et des saints, sans compter celles en vermeil !). La couronne ornée de grenats, de saphirs et de perles que portait la Vierge de Jeanne d'Évreux, ainsi que le fermail de poitrine d'or émaillé de rouge avec un saphir entouré de perles, ont été arrachés à l'époque révolutionnaire. En revanche, la fleur de lis d'or, de cristal de roche et de quelques pierres et perles qu'elle tient en main droite a été préservée : elle est considérée comme un pur chef-d'œuvre de la joaillerie parisienne du début du XIVe siècle.

JEAN II LE BON ET MARGUERITE DE FRANCE, COMTESSE D'ARTOIS ET DE FLANDRE

Jean le Bon reste dans l'histoire du trésor pour avoir offert l'énorme rubis d'Orient de 220 carats qui fut placé sur son ordre au sommet de la coiffe intérieure conique de la couronne du sacre. C'est sous son règne, en 1363, que Marguerite de France, comtesse d'Artois et de Flandre, fille du roi Philippe V le Long, fit une fondation importante à l'abbaye. Elle donna un reliquaire du doigt de saint Louis de Toulouse, une image de saint Denis et les ornements complets de la chapelle consacrée à saint Michel : missel, calice et patène d'argent doré, paix, chandeliers, bassins, burettes et lampier d'argent, les vêtements de soie pour prêtre, diacre et sous-diacre, trois chapes et un parement d'autel.

Le doigt de saint Louis de Toulouse, évêque de Marseille, était placé dans un réceptacle carré d'or, soutenu aux côtés par deux anges d'or et au milieu par une statuette d'or à genoux de Marguerite de Flandre couronnée, le tout sur un socle à trois pans porté par six lions d'argent doré, armorié de France et de Flandre. L'or pesait plus d'un kilo et l'entablement de vermeil 1,8 kg. On y dénombrait 45 rubis d'Alexandrie, 30 émeraudes, 7 primes d'émeraude, 6 saphirs, 81 perles et un beau camée d'agate en face d'homme. L'image de saint Denis était en argent doré. Il tenait sa tête entre les mains et reposait sur un entablement carré. Un reliquaire couvert de cristal et orné de quelques pierres fines était placé aux pieds du saint. L'ensemble pesait 3,5 kg.

CHARLES V

Un prince aussi fastueux que Charles V ne pouvait manquer d'être un grand bienfaiteur pour l'abbaye. Pour commémorer la naissance du dauphin, il donne en décembre 1368 un reliquaire du menton de la Madeleine, relique qui lui avait été offerte par le seigneur de Montmorency. Un haut entablement à cinq pans, soutenu par dix lions, émaillé de fleurs de lis et des armes du dauphin, supportait six statuettes : sainte Madeleine entourée de deux anges, Charles V, son épouse Jeanne de Bourbon et le dauphin enfant, tous trois à genoux et mains jointes. Le tout était d'argent doré et pesait 9 kg. Il offrit également, pour la chapelle consacrée à saint Jean, et en l'honneur de son père Jean le Bon, un ciboire et une patène d'argent doré avec émaux de basse taille : crucifix, adoration des mages, apôtres, etc. La coupe

Couronne du Sacre de Louis XV, avec les copies d'époque des pierres d'origine. Paris, Musée du Louvre.

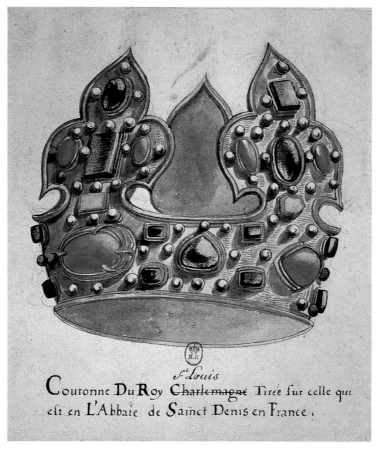

La Sainte-Couronne. Aquarelle de Gaignières. Paris, Bibliothèque Nationale.

« Prime d'émeraude » du lys frontal de la Sainte-Couronne de France.
(Galerie de Minéralogie du muséum d'Histoire Naturelle).

d'or de Charles V du British Museum nous donne une idée de ces merveilleux émaux de l'époque. Ciboire et patène pesaient deux kilos.

Peu avant sa mort, il avait fait préparer, en prévision du sacre de son fils, de nouveaux habits royaux, qui furent remis en garde à Saint-Denis le 7 mai 1380. Il s'agissait d'une cotte de satin vermeil, d'une tunique, d'une dalmatique et d'un manteau royal de satin bleu de France brodé de lis d'or, doublés de satin écarlate, et bordés d'orfrois de perles avec boutons de perles et rubis. S'y ajoutaient des chausses et souliers à lis d'or et perles. Pour fermer le manteau, Charles V avait donné un magnifique fermail d'or, en losange, bordé de 40 grosses perles parfaites. Une fleur de lis émaillée de lis d'or sur fond bleu était appliquée au losange. Le joyau était orné de neuf beaux « rubis balais » et de quatre diamants taillés en pointe. Enfin, étaient joints à ces vêtements un manuscrit contenant toute l'ordonnance du sacre et le fameux sceptre du roi, qui servira aux sacres jusqu'à Charles X, et dont le sommet est encore conservé au Louvre. A l'origine, le sceptre mesurait près de 1,80 mètre de haut et pesait 2,2 kilos d'or. La hampe était taillée *« à compaz de neuz et de fleurs de lys »*, comme on peut le voir sur la partie conservée. Au sommet, une pomme d'or divisée en trois grands cercles montre trois bas-reliefs de la légende de Charlemagne. Ces scènes étaient séparées par trois bouquets de quatre perles avec un diamant au milieu. Au-dessus de chacun des bouquets se voyait un rubis et en dessous un saphir. La pomme était encadrée par deux cercles de feuillages ornés chacun de huit perles. Du cercle de dessus s'élevait un grand lis au naturel émaillé de blanc sur lequel reposait une statuette de Charlemagne assis sur un trône. Ce sommet a été légèrement transformé à l'occasion du sacre de Napoléon, le changement le plus regrettable ayant été le désémaillage du lis blanc.

Pour Saint-Denis, Charles V fit entreprendre en 1368 une magnifique châsse d'or de saint Louis par son orfèvre Hennequin du Vivier. Elle n'était pas terminée à la mort du roi en 1380 et c'est seulement en 1392 qu'elle fut donnée solennellement à l'abbaye par son fils Charles VI. Le roi avait donné 16 040 francs, somme énorme à l'époque, à son orfèvre pour acheter l'or nécessaire et la façon. Le métal jaune valait alors 50 francs le marc (245 grammes) et cela confirme le texte de Juvénal des Ursins qui dit, dans son *Histoire de Charles VI*, que 252 marcs d'or furent utilisés pour la châsse, soit 62 kilos ! La richesse intrinsèque de l'objet conduisit à sa perte dès 1418. Pour subvenir aux besoins de la guerre, elle fut fondue à la demande du roi et l'abbaye, en dédommagement, reçut seize étals de bouchers à la halle de Beauvais à Paris. On ne sait malheureusement rien sur l'aspect de cette énorme châsse ni sur son décor probable de pierreries...

CHARLES VI ET ISABEAU DE BAVIÈRE

Après avoir donné la châsse de saint Louis commencée sous son père, Charles VI offrit en 1397 un magnifique reliquaire pour porter le Saint Clou lors des processions. Sur un entablement d'argent doré à huit pans, percé à jour et garni de lis et de dauphins, se tenaient cinq statuettes d'or : un Charlemagne et un saint Louis couronnés de pierreries. Ces deux premières statuettes encadraient une colonne d'or sur laquelle reposait un socle destiné à recevoir la relique qu'on attachait par deux chaînes d'or. Devant Charlemagne, Charles VI était représenté à genoux sur un coussin, mains jointes avec épée et dague aux côtés, sa cotte d'armes semée de lis, tandis que devant saint Louis était l'image de la reine Isabeau de Bavière, également à genoux et mains jointes, et devant la colonne l'image du dauphin. L'or employé pesait 5,2 kg à 22 carats et l'argent doré de l'entablement pesait le même poids. On a une idée de ce que devait être la splendeur et la beauté de ce travail d'orfèvrerie malheureusement disparu en admirant, aujourd'hui encore, le fameux « Rössel d'Altötting » en Bavière, cadeau royal également, où l'on voit un Charles VI également agenouillé et armé, face à un cheval émaillé, devant un buisson d'or et de pierres précieuses où se tient une Vierge.

La reine Isabeau offrit, quant à elle, des vêtements liturgiques d'une grande richesse : trois chapes, une chasuble, un vêtement de diacre et un vêtement de sous-diacre, en velours bleu à soleils, étoiles et nuées d'or de Chypre, les orfrois d'images et d'armoiries de la reine, aussi d'or, l'ensemble brodé de milliers de perles de semence estimées en 1534 à 1 580 écus d'or.

D'autres objets entrèrent sous Charles VI, grâce à la générosité de l'abbé Guy de Monceau, qui avait obtenu du pape une réduction des dîmes que devait payer l'abbaye. En 1386, il fit faire trois statuettes-reliquaires d'argent doré : une Vierge à l'Enfant contenant des langes de l'Enfant Jésus, un saint Nicolas et une sainte Catherine. La Vierge pesait plus de trois kilos, le saint Nicolas plus de deux kilos et la sainte Catherine 2,3 kilos.

JEAN DE FRANCE, DUC DE BERRI, FRÈRE DE CHARLES V (1340-1416)

Jean de France, duc de Berri, fut un des régents de son neveu Charles VI, encore mineur. Aussi fastueux que son frère Charles V et que ses deux autres frères, les ducs d'Anjou et de Bourgogne, il fut également un grand bienfaiteur pour Saint-Denis. Il offrit un « tableau d'or », petit reliquaire renfermant un crucifix taillé dans le bois de la Vraie Croix, le reliquaire de la main de saint Thomas et le chef-reliquaire de saint Benoît.

Le reliquaire de saint Thomas fut solennellement offert en 1401. La main était enfermée dans un cylindre de cristal de roche et le doigt qui avait touché le Christ ressuscité portait un bel anneau d'or et de gemmes. Les bouts du cylindre étaient d'or à feuillages ornés de « rubis balais », d'émeraudes et de bouquets de perles portant en leurs centres des diamants en pointe. Ce réceptacle était soutenu par deux anges de vermeil sur les côtés et au centre par un élément architecturé montrant sur sa face trois statuettes : saint Jean-Baptiste, saint Thomas et la Vierge. Le socle de vermeil était à huit pans, aux armes de Berri et soutenu par quatre lions. L'anneau du doigt s'ornait d'un saphir de 83 carats entouré de trois « rubis balais » (22 carats) et trois belles grosses perles (122 grains). En outre, la monture d'or du cristal réunissait 32 perles et 8 diamants en huit bouquets, quatre « rubis balais » pesant ensemble 204 carats et quatre émeraudes. L'or pesait 735 grammes et l'argent doré 12 kg.

Le chef-reliquaire de saint Benoît était l'un des objets les plus extraordinaires et les plus riches du trésor. Le duc l'avait offert le 21 mars 1401 en remerciement de reliques de saint Hilaire de Poitiers qu'il avait obtenues de l'abbaye en 1393. C'était un grand buste du saint en vermeil, de la ceinture à la tête, avec la mitre et ses fanons couverts de camées et de pierreries montés sur des fleurettes, ainsi que l'orfroi du col montrant en son centre le plus important camée. Le saint tenait dans ses mains, chargées d'une bague à chaque majeur, un bras-reliquaire horizontal de cristal de roche, or et vermeil garni de pierreries et dont la main portait au dos un fermillet de gemmes et un anneau d'un saphir au majeur. Ce buste était posé sur une grande « lanterne » de vermeil à huit pans, à claires-voies et piliers, supportée par un soubassement d'argent doré armorié. En outre, deux grands anges de vermeil reposaient sur le soubassement à droite et à gauche de la « lanterne » en tendant les bras vers le reliquaire tenu par le saint. L'argent doré employé pesait 61 kg et le décor de gemmes réunissait 38 camées d'agate, sardoine ou onyx, 10 camées de calcédoine, un camée de cornaline, trois intailles de saphir et deux intailles d'améthyste, ainsi que 114 émeraudes, 151 rubis d'Alexandrie, 76 saphirs, 379 perles, 3 « rubis balais », 15 améthystes, 13 primes d'émeraude, 26 grenats, 3 saphirs blancs et 45 péridots. Ce chef-d'œuvre fut détruit à la Révolution, mais les principaux camées ont cependant été préservés et conservés au Louvre. Les anciens inventaires de Saint-Denis sont assez succints quant à leur description, mais il a été néanmoins possible d'en reconnaître avec certitude dix-neuf. Trois sont actuellement isolés : le principal, qui était autrefois monté au milieu de l'orfroi du col, est une grande sardoine à trois couches, haute de 66 mm, représentant l'empereur Domitien, le second une sardoine à deux couches, haute de 55 mm, montrant une Victoire, le troisième une autre sardoine à deux couches, trapèze long de 27 mm avec deux chevaux au galop. Deux autres pierres se retrouvent remontées sur la main de justice créée pour le sacre de Napoléon : un camée de saphir haut de 24 mm et une Victoire lisant près d'une colonne d'améthyste haute de 23 mm. Les quatorze autres camées reconnus se trouvent parmi les quarante camées qui furent sertis sur la couronne dite « de Charle-magne », créée à l'occasion du sacre de Napoléon en 1804.

LES DERNIÈRES ACQUISITIONS JUSQU'EN 1534

Les désastres de la fin du règne de Charles VI et la lente reconquête du royaume sous Charles VII ne furent guère favorables à l'enrichissement du trésor. Nous verrons plus loin qu'au contraire il y eut des pertes importantes. Ce n'est donc qu'à partir de la fin du XVe siècle qu'on revit des dons. Jean III de Villiers, nommé abbé de Saint-Denis en 1474 offrit un grand reliquaire en forme d'église pour lequel il fallut 11 kg d'argent. Ce fut ensuite la reine Anne de Bretagne, épouse des rois Charles VIII et Louis XII, qui offrit la couronne d'or de son sacre, ainsi qu'une somptueuse chape, orfroisée de six histoires de la vie de Notre-Dame avec au dos une Annonciation. Des perles étaient semées partout : il y en avait pour plus de six kilos ! Le fermail de cette chape était d'or, de forme rectangle, bordé d'une cordelière, orné des armes de France et de Bretagne, avec au milieu une nuée d'azur portée par deux hermines avec la devise de la reine : « NON MUDERA » et qui s'ornait au centre d'une magnifique hyacinthe en cabochon mesurant 40,5 × 27 mm.

Les pertes, de l'origine jusqu'à 1534

La richesse d'un tel trésor ne pouvait qu'attirer les convoitises lors de moments difficiles. Déjà, en période de famine, Clovis II fit vendre les lames d'argent recouvrant l'abside et qui avaient été posées sous Dagobert. Ce fut ensuite le roi Eudes qui, dans le besoin, fit enlever de nombreux objets, couronne, diadèmes, calices, évangéliaire, etc., dont l'inventaire succint est encore conservé. Même Suger, plus tard, pour pouvoir réaliser ses tables des côtés et de l'arrière du grand autel, dut sacrifier deux chandeliers d'or offerts par Louis VI, qui pesaient 10 kg, et un calice d'or.

Philippe VI de Valois, à la suite des premiers revers de la guerre de Cent Ans, emprunte en 1340 sept couronnes d'or et de pierres précieuses et une croix d'or gemmée provenant de Philippe Auguste. La première de ces couronnes, dite « *Grant couronne impérial* », était probablement celle du roi Philippe Ier, qui avait été donnée en 1120 par Louis VI, et qui pesait près de 3,3 kg dont 2 000 carats pour les pierres. Ces couronnes, comme la croix, ne furent jamais rendues par le roi. Deux de ces couronnes, avec perles et pierres, pesaient ensemble près de trois kilos dont 2 000 carats pour les gemmes. Deux autres s'ornaient de pierreries sans perles, pour sensiblement les mêmes poids. Les deux dernières étaient les couronnes personnelles des sacres de Philippe V le Long et de Charles IV le Bel, plus légères, mais avec 1 500 carats de pierres précieuses... Quant à la croix provenant de Philippe Auguste (à ne pas confondre avec l'autre grande croix d'or et de pierreries contenant la relique de la Vraie Croix et qui subsista jusqu'à la Révolution), elle pesait 1,750 kg d'or et réunissait neuf rubis, huit saphirs et treize émeraudes.

A la même époque, les abbés, pour subvenir aux frais de leur prise de possession, durent vendre pour 18 000 livres de joyaux du trésor, ce qui était alors une somme énorme correspondant à la valeur de 90 kilos d'or. C'est probablement à ce moment-là que fut aliénée la table postérieure d'or et de pierreries du grand autel offerte par Suger. Après cette perte, la table du devant, celle de Charles le Chauve, fut montée en contre-table, alors que les tables des côtés, également offertes par Suger, furent jointes et placées devant, telles qu'elles furent encore décrites en 1534.

On a vu plus haut que Charles VI dut faire fondre la grande châsse d'or de Saint-Louis en 1418, mais déjà, en 1417, les religieux furent contraints de vendre des objets du trésor pour prêter 3 000 écus d'or au roi, dont des vases d'argent et deux couronnes d'or. A la fin de la guerre de Cent Ans, sous Charles VII, les Armagnacs et les Anglais, qui occupaient Saint-Denis, emportèrent une Trinité formée de trois statues de vermeil, le tombeau d'argent et d'or de saint Louis ainsi que deux statues d'or de saint Pierre et de saint Paul, de la hauteur d'un homme, qui surmontaient deux colonnes de porphyre encadrant le grand autel, et qui avaient été offertes par Pépin le Bref, père de Charlemagne, en reconnaissance de son sacre à cet autel par le pape saint Étienne.

Les pertes et les acquisitions de 1534 à 1634

Les guerres de religion furent catastrophiques pour le trésor qui plusieurs fois fut transporté à Paris, ce qui n'était guère favorable à la bonne conservation des pièces. Il fut surtout victime des huguenots et des ultra-catholiques ligueurs. L'inventaire de 1634, qui reprend intégralement le texte de celui de 1534 en indiquant les manques et les ajouts, permet de dresser un bilan précis de ce siècle troublé.

En 1544, lors de l'invasion du nord de la France, le cardinal Charles de Bourbon, abbé de Saint-Denis de 1528 à 1557, fit transporter le trésor au collège Saint-Denis à Paris. Des orfèvres scindèrent les plus grandes pièces et le tout fut mis dans des tonneaux gardés jour et nuit par quatre religieux et huit hallebardiers. Avant 1557, le cardinal fit faire une nouvelle grande châsse pour les reliques de saint Louis, privées de réceptacle depuis l'aliénation de la châsse d'or sous Charles VI. De style Renaissance, en forme d'église à deux étages ornée de statuettes et d'émaux, elle était d'argent doré sur un entablement de cuivre doré soutenu par quatre lions. Pour la garnir on avait employé diverses pierreries non montées du trésor et pour la dorer on utilisa l'or de la couronne d'Anne de Bretagne, qui fut ainsi sacrifiée. L'argent doré pesait 51 kg et on y dénombrait 55 grenats, 4 topazes, 39 saphirs, 17 émeraudes, 4 améthystes, 4 péridots, 2 cornalines, un jaspe, une jacinthe et un beau camée d'agate-onyx. En revanche, c'est à cette époque que fut perdue la châsse dite de la Sainte-Chapelle en vermeil qu'avait offerte Jeanne d'Évreux : elle fut portée sur l'ordre du cardinal chez l'orfèvre de la Haye, au Pont au Change, on ne sait trop pour quelle raison. En 1547, les vêtements du sacre de Henri II furent remis à l'abbaye : deux dalmatiques, chausses et souliers, manteau royal, brodés de lis d'or, bordés de toile d'or jaune de Milan et chargés de motifs de perles.

LE SAC DES HUGUENOTS

L'abbaye fut pillée par les huguenots en 1567. Heureusement, les pièces principales avaient été mises une fois de plus à l'abri à Paris, mais tout ce qui n'avait pu être emporté fut volé ou détruit. Les émaux du pied de la croix de Suger furent arrachés, mais ce sont surtout les richesses des chapelles du déambulatoire, qui étaient restées dans l'église, qui disparurent en totalité, ainsi que les objets conservés dans la chapelle Saint-Louis, qui servait de sacristie. Chacune des chapelles conservait en effet une châsse d'argent ou de vermeil avec pierres fines, ainsi que des calices, patènes, chandeliers, etc. De la chapelle Saint-André, disparut également la tombe de cuivre doré d'Alphonse d'Eu, chambellan de saint Louis, qui était considérée comme la plus belle sépulture de l'église. Les huguenots profanèrent également le tombeau des corps saints. Les moines avaient pu amener à Paris les trois cercueils d'argent datant de Dagobert, mais ne purent enlever du tabernacle que les guichets de la face des trois cercueils d'or et de pierreries qu'avait fait faire Suger, et qui pouvaient se détacher. Tous les autres ornements d'or et de pierreries furent emportés, dont le camée grand comme une assiette, et les ruines du mausolée de marbre et du tabernacle furent remplacées en 1627 par un nouvel autel tout de marbre avec des ornements de bronze où furent placés les trois cercueils d'argent. Ainsi, l'ornement le plus imposant de l'abbaye était détruit, et on retrouve seulement dans l'inventaire de 1634 quelques pierres importantes des guichets, soit isolées, comme le grand cristal de roche intaillé, soit remontées sur de nouveaux objets, comme on le verra plus loin. L'or des guichets qui avaient pu être sauvés fut précisément fondu pour subvenir aux frais engagés pour la construction du nouvel autel.

LES PRÉLÈVEMENTS DE LA LIGUE, MISÈRE DE L'ABBAYE

En 1579, les protestants allant reprendre les armes, le nouvel abbé, le cardinal de Guise, fit à nouveau transporter le trésor à Paris, à l'hôtel de Cluny, d'où il ne revint qu'en 1581, une épidémie de peste étant survenue entre temps. L'assassinat du duc de Guise, chef de la Ligue, et de son frère le cardinal, sur l'ordre de Henri III en 1588, provoqua le retranchement des ligueurs dans Paris et, fin décembre 1588, les religieux, privés de la protection d'un abbé, durent faire transporter une fois de plus le trésor à Paris, au collège Saint-Denis. Lorsque les troupes de Henri III vinrent assiéger la ville, le trésor fut transféré à l'abbaye Sainte-Croix de la Bretonnerie, dans l'espoir de mieux le protéger. L'abbaye connut alors de grosses difficultés financières et le grand prieur Jérôme de Chambellan décida, en désespoir de cause, de faire fondre certaines pièces du trésor qui n'avaient pu être transportées à Paris : un calice d'or et sa patène donnés par l'abbé de Boizy, l'agrafe dite « de Charlemagne », en or et pierres précieuses, le fanon du bras du reliquaire de saint Benoît, un sceptre d'or sommé d'une rose, le pied de la « tasse de tamari » attribuée à saint Louis et le pied d'un encensoir d'argent. Un an plus tard, les religieux durent sacrifier la statuette d'or de saint Jean l'Évangéliste offerte par Jeanne d'Évreux et deux bassins d'argent pesant plus d'un kilo.

Henri III fut assassiné en 1589 et le siège de Paris fut repris par Henri IV. La situation devint extrêmement difficile pour les ligueurs et, malgré les protestations du grand prieur auprès du duc de Mayenne, chef de la Ligue, ce dernier put s'emparer de deux pièces capitales du trésor : la couronne du sacre des rois avec l'énorme rubis de Jean le Bon au sommet et le Christ d'or et de pierreries de la croix de Suger. Peu après, les ligueurs s'enhardirent et prélevèrent encore de nombreux objets, dont une grosse lampe d'argent offerte à Saint-Denis en 1572 par le roi d'Espagne et le chapitre de Tolède.

Les religieux surent ensuite résister et furent enfin tranquilles lorsque Paris se rendit à Henri IV, mais le trésor ne revint à Saint-Denis qu'en 1598, sous l'abbatiat de Louis de Lorraine. L'inventaire de 1634 et un bilan non daté des objets disparus permet de connaître tout ce qui manquait au trésor après les guerres de religion. Outre les nombreuses pièces citées ci-dessus, il fallut encore déplorer la perte des deux tables latérales d'or et de pierreries du grand autel, offertes par Suger et qui avaient été montées en table de devant lorsque celle de Charles le Chauve fut montée en contre-table après la disparition de la table postérieure ; du soubassement, de la lanterne et des anges de vermeil du chef de saint Benoît jadis offert par le duc Jean de Berri ; du soubassement et des anges de vermeil du chef de saint Denis, jadis offert par l'abbé Mathieu de Vendôme ; du reliquaire d'or et de vermeil du Saint Clou jadis offert par Charles VI ; des statuettes d'anges de vermeil du reliquaire de la Madeleine jadis offert par Charles V ; d'un fermail à l'image de Notre-Dame, d'un sceptre dit « de saint Louis » en vermeil, d'une statuette de saint Michel en vermeil sur dragon de nacre, de dix lampes d'argent, de quatre anneaux d'or et de pierreries, d'une écuelle d'agate, de plusieurs étuis de pierreries non montées, d'un ciboire d'or et gemmes, de huit manuscrits et de plusieurs bassins, croix, chandeliers, encensoirs et burettes de vermeil, ainsi que les vêtements du sacre de Charles VI, offerts par Charles V.

LES ACQUISITIONS DEPUIS LA FIN DES TROUBLES JUSQU'EN 1634

Après tous ces malheurs, et la paix revenue grâce à Henri IV, le rétablissement de l'abbaye put être entrepris. Jérôme de Chambellan offrit, pour compenser les prélèvements des reli-

gieux, une petite croix de vermeil avec quatre émaux contenant du bois de la Vraie Croix pesant 1,3 kg et une paire de chandeliers d'argent doré pesant 1,7 kg. Henri IV donna la couronne d'or massif de son sacre, pesant 1,6 kg, sa couronne de vermeil pesant plus d'un kilo et son sceptre et sa main de justice de même métal. L'inventaire de 1634 signale également l'acquisition de la crosse de vermeil (5,2 kg) de Charles de Guise, cardinal de Lorraine, abbé de Saint-Denis de 1557 à 1574.

Avant 1606, on remplaça la statuette d'or de saint Jean l'Évangéliste offerte par Jeanne d'Évreux par un saint Jean de vermeil pesant 2,25 kg, dont le soubassement de cuivre doré fut réalisé à l'imitation de la Vierge offerte par la même reine. De même, on refit une nouvelle châsse de la Sainte-Chapelle où l'on plaça les douze fioles de cristal et les petits reliquaires préservés de l'ancienne offerte par Jeanne d'Évreux et qui avait été aliénée par le cardinal Charles de Bourbon avant 1557. La nouvelle châsse était de vermeil (plus de 7 kg) et reposait sur un entablement de cuivre doré.

D'autre part, on entreprit des travaux « à l'économie » en utilisant d'anciennes pièces du trésor. Avant 1606, on exécuta le chef-reliquaire de saint Hilaire, évêque de Poitiers, en prenant pour modèle le chef-reliquaire de saint Benoît, pour lequel on fit un nouveau soubassement de cuivre doré. Saint Hilaire, représenté à mi-corps, tenait un cylindre de verre contenant la relique. Le col était orné de douze fermillets garnis de 32 saphirs et de 32 grenats et séparés par douze fois trois perles. Pour le centre, on avait utilisé un magnifique camée représentant l'empereur Auguste, œuvre probable du célèbre Dioscoride au début de l'époque impériale romaine, qui fut préservé à la Révolution et qui est toujours conservé au Cabinet des médailles, avec sa monture ornée de trois saphirs, de trois doublets rouges et de perles. Auparavant, ce camée ornait le tombeau des corps saints. La mitre était ornée d'émaux d'applique, de 12 saphirs, de 17 grenats, de 6 améthystes et de 36 perles provenant de la moitié d'une mitre. On y voyait également des fermillets sertis de pierres fausses et 1 300 perles de semence ôtées des vêtements du sacre de Henri II. Le métal employé était du vermeil pesant 15 kilos, récupéré en fondant le grand drageoir d'argent doré de l'abbaye.

On refit également deux grands anges de vermeil pesant 15 kg pour remplacer ceux enlevés par la Ligue sur le reliquaire du chef de saint Denis, mais pour cela on sacrifia le reliquaire de saint Louis de Marseille qui avait été donné par Marguerite de France, comtesse de Flandre. Un grand calice d'argent doré, approchant d'un pied de hauteur, ciselé à douze apôtres, avec sa patène et deux burettes pesant ensemble plus de 2,5 kg remplacèrent le calice d'or disparu. De même, le ciboire d'or et de pierreries fut remplacé par un ciboire de vermeil d'un kilo. Entrèrent également le bâton d'argent doré de la Confrérie de Saint-Denis, du poids de 4,5 kg, un reliquaire d'argent véré de l'œil de saint Léger orné d'améthystes et grenats (1 kg) et plusieurs croix, calices et patènes, chandeliers, encensoirs, lampes, un grand bénitier de vermeil, remplaçant les anciens objets du culte disparus.

Les acquisitions de 1634 à la Révolution

Sous les Bourbons, l'ancienne couronne des reines servait, lors des sacres à Reims, de « couronne de Charlemagne », celle des rois ayant été dépecée par les ligueurs. Peu commode, elle était vite remplacée au cours de la cérémonie par une couronne d'or au goût du jour et par une couronne de vermeil ornée pour la circonstance des plus beaux diamants de la couronne. Après chaque sacre, ces couronnes étaient remises à l'abbaye de Saint-Denis, qui conservait déjà avant 1634 celles de Henri IV et de Louis XIII. Bien entendu, on avait préalablement ôté des couronnes de vermeil les diamants qui retournaient dans les coffres du roi... C'est ainsi qu'entrèrent successivement au trésor les couronnes de Louis XIV, de Louis XV et de Louis XVI. De même, les funérailles royales et des membres de la famille royale nécessitaient la fabrication de couronnes funéraires qui étaient également données à l'abbaye. C'est ainsi qu'on pouvait voir au trésor, à la veille de la Révolution, vingt-deux couronnes funéraires, toutes en vermeil ciselé.

Pour le sacre de Marie de Médicis en 1610, le grand autel fut démoli et remplacé par l'autel matutinal, plus grand. On a vu que ce grand autel avait eu auparavant ses quatre faces recouvertes de quatre tables d'or et de pierres précieuses : celle de devant, offerte par Charles le Chauve, les trois autres par Suger. A l'époque du sacre de Marie de Médicis, il ne restait que la table de Charles le Chauve, alors montée en contre-table, et qui fut réutilisée de la même manière sur l'autel matutinal, déplacé à l'ancien emplacement du grand autel. Plus tard, en 1683, elle fut restaurée (remplacement de pierres manquantes) et flanquée de chaque côté, pour compléter le manque de largeur par rapport à l'autel, par un panneau d'argent dont l'un représentait l'Adoration des Mages et l'autre la Présentation au Temple. A la même époque, Tarteron, religieux de Saint-Denis, offrit un grand devant d'autel en vermeil, pesant 44 kilos.

On a vu également que le reliquaire du Saint Clou donné par Charles VI avait disparu durant les guerres de religion. Depuis cette disparition, les religieux avaient fait monter le Saint Clou sur un reliquaire provisoire fait d'une lanterne du saint sacrement entre deux anges d'ivoire, mais, en 1642, ils commandèrent un nouvel ouvrage : la relique, dans son étui ancien, était tenue par un ange à genoux d'argent blanc, sur un piédestal sexagone de vermeil avec six petits corps avancés en forme de piédestaux carrés. Les deux corps avancés du devant étaient ornés de deux longs saphirs et quatre colonnes cannelées avec chapiteaux étaient appuyées sur les autres. Deux autres colonnes de même façon et hauteur étaient assises sur deux autres piédestaux, un de chaque côté du piédestal central. Ces colonnes supportaient un grand piédestal sur lequel s'élevait un second étage. De chaque côté se tenaient deux anges, l'un jouant de la trompette, l'autre portant les instruments de la Passion. Au centre, deux arcs-boutants s'appuyaient sur un édifice sexagone formé par six pilastres et six arcades, l'arcade frontale ornée d'une statuette du Christ ressuscité. Les chapiteaux des pilastres étaient ornés de têtes de chérubins et quatre petits anges jouant d'instruments

étaient sur les quatre angles antérieurs du toit, sur lequel s'élevait un obélisque garni d'un cep de vigne et terminé à la pointe d'un globe et d'une croix. Le tout était posé sur un socle d'ébène supporté par quatre lions de cuivre doré et orné sur le devant de deux gros grenats et au centre d'un très ancien fermail du trésor, en vermeil et en forme d'aigle serti de pierreries. L'ensemble mesurait 1,15 m de hauteur.

En 1655 sera cité pour la première fois un reliquaire d'ébène, d'argent et de semences de perles du sang de saint Gilles. En 1665, les religieux mirent les reliques de saint Pierre l'Exorciste (autrefois dans une châsse détruite par les huguenots) dans un nouveau chef-reliquaire monumental en vermeil, offert par M. de Sainctot qui y employa 2 500 livres. En 1686, ils achetèrent deux chandeliers d'argent de 6,7 kg, et en 1695 une croix et six chandeliers d'argent pour le grand autel pesant 41 kg, ainsi qu'un grand calice de vermeil pesant 4,2 kg. Le calice était ciselé des douze apôtres, de six saints et sa patène d'une Cène. En revanche, en 1706, toutes les églises de France furent invitées à aider l'État obéré dans ses finances : Saint-Denis y contribua en sacrifiant les six chandeliers précédents, ainsi que plusieurs lampes et autres chandeliers. En 1700 entrèrent un bassin et une aiguière de style baroque en vermeil pesant 4,2 kg pour servir à l'autel les jours solennels. Le bassin montrait l'histoire de Joseph et l'aiguière avait une forme rare : c'était un cavalier en armure romaine et l'eau coulait par la bouche du cheval.

Sous le règne de Louis XIV entra également l'épée de Talbot, commandant de l'armée anglaise, tué à la bataille de Castillon sur la Dordogne durant la guerre de Cent Ans, et qu'on avait retrouvée à Blaye, dans la Garonne, où se jette la Dordogne. A la mort du roi entrèrent ses gantelets, ses éperons et étriers funéraires et en 1716 deux pistolets d'ivoire damasquinés d'or, donnés à Louis XIV par la ville d'Aix-la-Chapelle durant sa campagne de Hollande. En 1717, le célèbre orfèvre Germain réalisa pour l'abbaye un grand « soleil » (ostensoir) d'argent et de vermeil, soutenu par deux anges à genoux. Cet ostensoir d'un grand poids était surmonté d'une croix garnie d'un cristal de roche, de saphirs, de grenats et d'une topaze au milieu ajoutée par les religieux.

En 1760 eut lieu l'achat de six grands chandeliers d'argent haché et de quatre lampes d'argent haché (métal argenté à trente couches) pour remplacer les chandeliers et lampes fondus en 1706. En 1770, les Dames de l'abbaye de Montmartre offrirent une grande croix processionnelle d'argent blanc qui fut dorée aux frais de l'abbaye. Enfin, Louise de France, fille de Louis XV, devenue carmélite au monastère de Saint-Denis, reçut du pape Clément XIV six grands chandeliers d'argent de près de cinq pieds de haut et une croix de près de six pieds, magnifiquement travaillés, qu'elle donna à l'abbaye. Ils servirent au grand autel, et particulièrement le jour des obsèques de Louis XV, où entrèrent également les gantelets, les éperons, l'écu de France et le heaume timbré à la royale des funérailles.

Au cours des siècles, l'abbaye avait toujours possédé un nombre considérable de vêtements et ornements liturgiques de tissus précieux, maintes fois renouvelés au cours des âges, car souvent utilisés et fragiles. Souvent, on réutilisait sur de nouveaux tissus des orfrois anciens. A l'époque révolutionnaire, et avant de les détruire, on ne recensa pas moins de 79 chasubles, 95 dalmatiques, 133 chapes, 22 devants d'autel, 178 pentes ou rideaux, 6 draps mortuaires, 63 voiles, 92 étoles, 110 manipules, 61 bourses, 5 coussins, 4 fourrures de dais, etc.

Il y eut cependant une perte importante au XVIIIᵉ siècle : la disparition définitive de la croix de Suger, dont le pied avait été entièrement dépouillé de ses émaux par les huguenots et le Christ d'or et de pierreries enlevé par les ligueurs. Lorsque l'autel matutinal remplaça le grand autel en 1610, la croix de saint Éloi qui surmontait la table de Charles le Chauve fut enlevée et posée sur une poutre azurée semée de lis qui traversait le chœur à hauteur du chapiteau des colonnes, avant d'être mise au XVIIIᵉ siècle au-dessus de l'entrée des nouvelles grilles du chœur.

La croix de Suger prit la place de la croix de saint Éloi sur la table de Charles le Chauve, remontée en contre-table sur le nouveau maître-autel. Sa face ayant été mutilée par l'enlèvement du Christ, c'est le revers semé de pierreries qui était visible, posé sur un nouveau pied de bronze doré. En 1759, un voleur parvint à en arracher des lames d'or et la plupart des pierreries... Le reste fut enlevé et remplacé par une croix de cuivre...

On vient donc de voir, au long de cette étude, qu'à la veille de la Révolution, le trésor de Saint-Denis, malgré les pertes importantes surtout dues à la guerre de Cent Ans et aux guerres de religion, était encore considérable et permettait un survol complet de l'histoire de l'orfèvrerie et de la joaillerie des Mérovingiens au XVIIIᵉ siècle, grâce à de nombreuses pièces exceptionnelles et par leur richesse, et par leur beauté, et de surcroît pour la plupart d'origine royale. Mais la Révolution n'épargna pas cet ensemble fabuleux.

Les destructions et aliénations révolutionnaires

Le premier trésor d'origine royale que les révolutionnaires voulurent aliéner fut celui de la Sainte-Chapelle du palais de Paris. Louis XVI, devenu roi constitutionnel, parvint à en faire préserver les principaux reliquaires qu'il fit envoyer le 12 mars 1791 à Saint-Denis dans son propre carrosse, pensant ainsi les sauver. Mais l'ensemble du trésor de Saint-Denis et les objets rescapés de la Sainte-Chapelle allaient vite être victimes des événements.

Le 30 septembre 1791, à la suite d'une loi du 12 septembre, quatorze pièces du trésor de Saint-Denis en furent prélevées comme « Monuments des Arts et des Sciences » et envoyées au Cabinet national des médailles et antiques, nouvelle dénomination de l'ancien « Cabinet du roi ». A cette époque, on admirait surtout l'Antiquité tout en ayant un certain mépris pour le Moyen Age, ce qui explique le choix qui fut fait : la cuve de porphyre antique dite « de Dagobert », le trône dit « de Dagobert » considéré comme une chaise curule antique, un camée d'agate-onyx, le camée d'Auguste qui ornait le col du chef de saint Hilaire, la coupe de Chosroès, la coupe des Ptolémées, le calice de Suger dont le corps était une gemme antique, l'intaille de Julie qui surmontait l'Écran dit « de Charlemagne », la navette d'agate antique godronnée, la navette d'aventurine, deux autres camées et deux manuscrits. Ce prélèvement pour les collections nationales fut bénéfique car, hormis le calice de Suger volé en 1804 et actuellement à la National Gallery de Washington et les montures de la navette d'aventurine et de la coupe des Ptolémées qui furent fondues lors du même vol, ces pièces appartiennent toujours à la France.

Le 12 novembre 1793, une députation de la commune de Franciade, nouveau nom « républicain » de Saint-Denis, vint apporter à la Convention nationale, en un cortège sacrilège où les hommes avaient revêtu les chapes et les chasubles, les objets mélangés des trésors de Saint-Denis et de la Sainte-Chapelle. L'adresse à la Convention est particulièrement explicite sur l'état d'esprit d'alors :

« Nouveau voyage de la tête de saint Denis qui ne sera pas noté dans le martyrologue mais dans les annales de la Raison... Nous vous apportons, citoyens législateurs, toutes les pourritures dorées qui existaient à Franciade. Mais, comme il se trouve des objets désignés par la Commission des Monuments comme précieux pour les Arts, nous en avons... rempli six chariots ; vous indiquerez un dépôt provisoire où la Commission des Monuments puisse en faire le triage. Il ne reste à Franciade qu'un autel d'or que nous n'avons pu transporter à cause du précieux du travail. Nous vous prions de donner ordre à la Commission des Monuments de nous en débarrasser sans délai pour que le faste catholique n'offusque plus nos yeux républicains... ». Cet « autel d'or » n'était autre que la table de Charles le Chauve qui ne tarda pas à rejoindre Paris pour être entièrement dépecée...

Le tout fut mis sous scellés et vérifié le 15 novembre. Le 17, un tri fut fait pour mettre à part les objets qui pourraient être réservés par la commission des monuments, et le 21 les commissaires firent mettre dans huit caisses les objets d'or et d'argent destinés à être portés à la Monnaie où l'on devait extraire les pierreries et les séparer des métaux précieux destinés à la fonte. Cela fut fait du 13 avril au 13 septembre 1794. Ainsi disparurent tous les grands reliquaires et nombre de pièces importantes dont toutes les couronnes, particulièrement victimes de l'acharnement révolutionnaire.

La commission des monuments avait cependant préservé, outre les camées qui ornaient le chef-reliquaire de saint Benoît, plus de soixante pièces qui furent envoyées au Muséum national, futur musée du Louvre. La plupart de ces objets provenaient de Saint-Denis et quelques-uns de la Sainte-Chapelle. Avec les quatorze pièces déjà envoyées au Cabinet des médailles en 1791 et auxquelles on avait ajouté en 1794 seize pièces d'un jeu d'échec en ivoire dit « de Charlemagne », cela nous aurait laissé un ensemble quand même conséquent si, malheureusement, en 1798, les ministres des finances et de l'intérieur n'avaient ordonné la vente de certains objets « *sans mérite du côté de l'art* » (!) dont le produit devait être affecté à l'établissement du Muséum sous la direction de Denon. En fait, les 34 000 francs-or produits par cette vente désolante ne furent jamais versés au Louvre et l'on vit ainsi la dispersion de pièces inestimables. Il s'agissait de :

– l'aiguière en forme de cavalier en armure romaine et son plateau, acquis en 1700,

– une croix d'or et son pied de vermeil provenant de la Sainte-Chapelle,

– le calice de cristal de roche dit « de saint Denis »,

– un larmoir d'agate antique,

– un fermail orné d'un camée antique dit « de la reine de Saba »,

– une croix d'or provenant probablement de la Sainte-Chapelle,

– un aigle de vermeil et de pierreries d'origine carolingienne qui fut placé au XVIIIe siècle sur le nouveau reliquaire du Saint Clou,

– un aigle d'or et de pierreries (fermail dit « de Dagobert »),

– le fermail de la chape d'Anne de Bretagne avec son énorme hyacinthe,

– un fermail représentant la descente du Saint-Esprit sur les apôtres,

– un fermail représentant l'Annonciation,

– un fermail à l'image de saint Denis,

– un chapelet de graines des Indes et argent,

– le fermail du sacre, en or et pierres précieuses, offert par Charles V,

– une agrafe de deux pierres montées en vermeil,

– quatre plaques d'or représentant les évangélistes et quatre médaillons d'argent ciselé,

– la couronne de la Vierge d'ivoire,

– deux burettes de cristal de roche,

– le grand cristal de roche intaillé d'une Crucifixion, qui avait autrefois orné le tombeau des corps saints avant d'être conservé isolé, et qui se trouve actuellement au British Museum.

Sous l'Empire, cette vente fut aggravée par le dépôt de la grande Vierge d'ivoire de Saint-Denis entre les mains de l'archevêque de Paris et qui fut cédée par la suite, puisqu'on la retrouve de nos jours au Taftmuséum de Cincinnati, et par la remise entre les mains de l'archevêque de Rouen d'un grand calice et deux burettes (calice des fêtes de l'ordre de Saint-Denis), du reliquaire de saint Placide en cristal avec deux anges d'ivoire qui, légèrement transformé, est encore conservé à la cathédrale de Rouen sous le nom de reliquaire de saint Romain, et du grand calice et sa patène en vermeil datés d'avant 1706. Les calices, burettes et patène ont disparu ensuite. Outre le vol au Cabinet des médailles cité ci-dessus, on eut encore à déplorer, en 1795, le vol du sceptre dit « de Dagobert » au Louvre (il avait servi au sacre des reines de France), et celui d'un autre fermail en 1830.

LES PIÈCES PRÉSERVÉES

Dans le texte ci-dessus, lors de la description des objets les plus importants du trésor dans leur contexte historique, j'ai indiqué ceux d'entre eux parvenus jusqu'à nous, ainsi que les musées où ils sont conservés.

Hormis quelques pièces ayant pris le chemin de l'étranger : le calice de Suger volé en 1804 et désormais à la National Gallery de Washington, le grand cristal de roche intaillé au British Museum, la Vierge d'ivoire au Taftmuseum de Cincinnati, et un camée de verre antique au Bargello de Florence, nous avons jusqu'ici vu que le Louvre conservait encore la Vierge de Jeanne d'Évreux, de nombreux camées du chef-reliquaire de saint Benoît, la plupart remontés sur la couronne et la main de justice du sacre de Napoléon, l'aiguière de Suger, l'aigle de Suger, le vase d'Aliénor d'Aquitaine, l'aiguière de cristal de roche, la patène de serpentine, l'anneau dit « de saint Louis », le haut du sceptre de Charles V, la cuve de porphyre dite « de Dagobert », et le Cabinet des médailles de la Bibliothèque nationale le trône de Dagobert, la coupe de Chosroès, la coupe des Ptolémées, l'intaille de Julie, le camée d'Auguste, la navette d'agate godronnée, la navette d'aventurine, une intaille d'améthyste à l'Apollon Cytharède, seize pièces du jeu d'échec en ivoire dit « de Charlemagne » et deux autres camées importants non encore décrits (les manuscrits étant à la bibliothèque elle-même).

Ces deux musées possèdent cependant d'autres pièces du trésor de Saint-Denis préservées à la Révolution, que nous n'avons pas encore citées et qui, pour la plupart, sont d'une extrême importance.

C'est ainsi qu'au Louvre se trouvent encore deux autres objets du sacre des rois de France : l'épée dite « de Charlemagne » ou « Joyeuse », et les éperons. L'épée est un des objets les plus vénérables de la monarchie française. Louis XIV l'a voulue à son côté sur son célèbre portrait par Rigaud, et elle servit aux sacres depuis Philippe Auguste jusqu'à Charles X. La poignée est en or et réunit des éléments carolingiens et des éléments du XIIe siècle, tandis que le haut du fourreau, probablement déjà réalisé pour le sacre de Philippe Auguste, est en vermeil et s'orne de pierres précieuses. Quant aux éperons, ils remontent au XIIe siècle, mais ont subi plusieurs remises en état, particulièrement lors du sacre de Henri II où l'on refit les boucles d'or en forme de têtes de lion, et pour le sacre de Napoléon, où des cylindres de cuivre doré remplacèrent les verges fleurdelisées d'or sur champ d'azur des extrémités. Les côtés sont garnis chacun de trois plaques d'or, la centrale filigranée portant trois grenats.

Toujours au Louvre, la main de justice faite pour le sacre de Napoléon, et qui servit à celui de Charles X, porte encore sous la main d'ivoire un très ancien bijou connu dans les anciens inventaires sous le nom d'anneau de saint Denis. Il s'agit d'un anneau pontifical au chaton très large, en or, portant au centre un saphir cabochon entouré de trois rangées de plus petites pierres. L'épaisseur est formée d'arcatures de fil d'or torsadé et le revers est filigrané. On a attribué cet anneau à un atelier royal du début du XIe siècle.

Le Louvre possède encore un fermail dit « de saint Louis » dans les anciens inventaires. Il s'agit d'un grand losange de vermeil au fond émaillé de bleu foncé et fleurdelisé d'or et à la bordure de deux moulures supportant une rangée de grenats et de saphirs montés à bâtes entourées d'un filigrane. L'objet mesure 18,8 cm sur 16,5 cm et doit remonter aux derniers Capétiens directs. En fait, il ne s'agit pas d'un fermail pour manteau royal, mais bien d'un mors de chape pour l'abbé de Saint-Denis. Sur le fond est attaché un grand lis de vermeil orné d'améthystes, de grenats et de primes d'émeraude. Toujours galerie d'Apollon, on peut voir une icône portative en lapis-lazuli de Perse montée en vermeil, œuvre byzantine du XIIe siècle qui offre un très rare exemple de technique de gemme incrustée d'or. La face représente un Christ bénissant et le revers une Vierge orante, gravés dans la pierre. Cette icône dut probablement parvenir en France, avant d'être donnée à Saint-Denis, à la suite du sac de constantinople par les Croisés en 1204.

Le Louvre expose également, parmi d'autres gemmes antiques, un magnifique buste d'Aennius Verus, fils de l'empereur Marc-Aurèle, n° 82 de l'inventaire de 1634 du trésor de Saint-Denis. En calcédoine grise, il est taillé en ronde-bosse et mesure 10 cm de hauteur. Il est de qualité exceptionnelle et percé de la base au sommet. Seulement trois bustes semblables existent encore de par le monde : l'un au musée de Dumbarton Oaks à Washington, le deuxième au trésor de Saint-Marc à Venise et le dernier au Cabinet des médailles, où il passa longtemps pour être celui de Saint-Denis alors qu'il n'en est rien (il n'est pas percé alors que les inventaires signalent cette particularité). Au Louvre encore, on peut voir une reliure en ivoire, argent blanc et doré, perles, saphirs et primes d'émeraude d'un manuscrit des œuvres de saint Denis l'Aéropagite, l'ivoire représentant les scènes de la Passion de saint Denis, et six plaques de reliure en ivoire provenant d'autres manuscrits de Saint-Denis.

Le premier des deux camées du Cabinet des médailles non encore décrits est une superbe pièce représentant l'empereur Claude, ovale de 82 mm sur 61 mm, en agate, et qui fut estimé en 1634 à 2 500 livres. Cette pièce exceptionnelle a toujours été très admirée à travers les siècles pour sa qualité. Le second est un buste en ronde bosse d'Auguste, haut de 15,6 cm sur 13,9 cm, réalisé du vivant de l'empereur, en agate blonde cendrée. Rubens, qui l'admira, le trouva de meilleure main que le grand camée de la Sainte-Chapelle (Grand Camée de France, également au Cabinet des médailles). L'empereur portant la couronne de lauriers est représenté de face, poitrine nue. Ce joyau provenait probablement du tombeau des corps saints, démoli en 1627.

Les autres pièces non encore citées du Cabinet des médailles et provenant de Saint-Denis sont un hanap dit « l'ongle de griffon », corne montée en cuivre doré et gravé, qui passait pour être le véritable ongle de l'oiseau fabuleux, et dont la monture est datée de la fin du XIIe ou du XIIIe siècle, un fragment de 10 cm sur 9,2 cm de la fameuse croix de saint Éloi, très précieux pour connaître la technique de l'époque (bâtes d'or en gouttière, effet de vitrail) et enfin une burette et une pyxide de cuivre et émaux limousins du milieu du XIIIe siècle.

La Bibliothèque nationale, de son côté, possède le missel de Saint-Denis, manuscrit du milieu du XIe siècle, dont la reliure d'or repoussé et filigrané (XIe siècle), d'argent doré et blanc (XIIIe-XIVe siècles) avec pierreries et perles est ornée d'ivoires de la seconde moitié du IXe siècle (le Christ d'ivoire central a été malheureusement arraché), le « Livre des Évangiles », n° 95 de l'inventaire de 1634, malheureusement dépouillé de sa riche reliure, et les « Évangiles de Saint-Denis », n° 152 de 1634, dont le plat inférieur est d'argent doré et gravé, avec pierreries, intaille et émaux champlevés du XIIIe siècle portant au centre un ivoire de 21 cm sur 9,2 cm de l'école du palais de Charlemagne (début IXe siècle) représentant un Christ bénissant, et le plat supérieur de cuivre gravé de la seconde moitié du XIIIe siècle.

Enfin, la fameuse « corne de licorne » du trésor de Saint-Denis (défense de narval), objet qui au Moyen Age avait une énorme valeur compte tenu de sa mystérieuse origine, est au musée de Cluny à Paris.

Bibliographie

Cette bibliographie n'est pas exhaustive, mais comporte l'essentiel de ce qui a été effectivement consulté par l'auteur. Les chercheurs trouveront une bibliographie plus détaillée dans les trois volumes sur le trésor de Saint-Denis (inventaire de 1634, documents divers et planches et notices) publiés par Blaise de Montesquiou-Fezensac et Danielle Gaborit-Chopin.

BARBET DE JOUY (Henry), *Notice des antiquités, objets du Moyen Age, de la Renaissance et des temps modernes composant le Musée des Souverains,* Paris, 2ᵉ éd. 1868.

Catalogue de l'exposition « Dix siècles de joaillerie française ». Paris, Louvre, 1962.

Catalogue de l'exposition « Regalia », par Danielle GABORIT-CHOPIN, éditions de la Réunion des musées nationaux, Paris, octobre 1987.

DARCEL (Alfred), *Musée national du Louvre. Notice des émaux et de l'orfèvrerie.* Paris, 1891.

DOUBLET (Dom Jacques), *Histoire de l'abbaye de S. Denys en France...,* Paris, 1625.

FELIBIEN (Dom Michel), *Histoire de l'abbaye royale de Saint-Denys en France,* Paris, 1706 ; réédité avec introduction d'Hervé PINOTEAU, Paris, 1973.

GABORIT-CHOPIN (Danielle), *Les couronnes du sacre des rois et des reines au trésor de Saint-Denis* dans *Bulletin monumental,* Paris, 1975, nº 133, pp. 165-174, reprenant le texte de sa communication devant la Société des antiquaires de France du 13 février 1974.

GABORIT-CHOPIN (Danielle), voir aussi Catalogue de l'exposition « Regalia » et MONTESQUIOU-FEZENSAC.

Inventaire de 1634 du trésor de Saint-Denis, Bibl. nat., ms. fr. 18765 et 11680. Cet inventaire reprend le texte de ceux de 1505 et de 1534.

Inventaire du mobilier de Charles V, roi de France, publié par Jules LABARTE, les collections ou séries *Documents inédits sur l'Histoire de France,* 3ᵉ série, Archéologie, Paris, 1879.

MARQUET DE VASSELOT (Jean-Jacques), *Musée du Louvre, orfèvrerie, émaillerie et gemmes du Moyen Age au XVIIᵉ siècle.* Paris, 1914.

MILLET (Dom Germain), *Le trésor sacré ou inventaire des sainctes reliques et autres précieux joyaux qui se voyent en l'église au trésor de l'abbaye royale de Sainct Denys en France.* Paris, 4ᵉ édition, 1645-1646.

MONTESQUIOU-FEZENSAC (Blaise de), et GABORIT-CHOPIN (Danielle), *Le trésor de Saint-Denis,* tome I, *Inventaire de 1634* intégral et commenté, tome II, *Documents divers,* tome III, *Planches et notices.* Paris, éditions A. et J. Picard, 83, rue Bonaparte, 1973-1975.

MONTESQUIOU-FEZENSAC (Blaise de), GABORIT-CHOPIN (Danielle), *Les camées de Saint-Denis,* dans *Cahiers archéologiques.* Paris, tome XXIV, 1975, pp. 137-157.

MOREL (Bernard), *La couronne du sacre des rois de France,* dans *Revue de gemmologie.* Paris, nº 41, décembre 1974.

MOREL (Bernard), *La couronne du sacre des reines de France,* dans *Revue de gemmologie,* nº 43, juin 1975.

MOREL (Bernard), *Le trésor de l'abbaye royale de Saint-Denis, description des pièces principales, état des matières précieuses,* dans *Revue de gemmologie,* nᵒˢ 55, 56, 57, 58, 59 et 61 de juin 1978 à décembre 1979.

OMONT (Henri), *Inventaires du trésor de l'abbaye de Saint-Denis en 1505 et 1739.* Paris, 1901.

PINOTEAU (Hervé), *L'ancienne couronne française dite « de Charlemagne »,* dans *Le Vieux papier.* Paris, tome XXVI, fasc. 243, 244 et 245, 1972.

PINOTEAU (Hervé), *L'actuelle couronne française dite « de Charlemagne »,* communication du 12 janvier 1972, dans *Bulletin de la Société nationale des antiquaires de France.* Paris, 1975, pp. 22-29.

PINOTEAU (Hervé), *Vingt-cinq ans d'études dynastiques,* éditions Christian, 5, rue Alphonse Baudin, 75018 Paris, 1982.

PINOTEAU (Hervé), *Mémoire... pour le présent et l'avenir,* comprenant ses observations sur l'exposition *Regalia,* dans *Mémoire,* 1987, VII, pp. 126-135.

Testament de Philippe Auguste. Don de ses couronnes à Saint-Denis : Arch. nat. J 403, nº 1, et don définitif des couronnes du sacre des rois et des reines à Saint-Denis par saint Louis : Arch. nat. K 31, nº 16.

Salle des assemblées générales de l'Institut, par Charles de Wailly.

106

Les commissions des Arts et la création des musées

par Odile Caffin Carcy

Conférencière des musées nationaux

et Jacques Villard

Historien

Le grand public n'a trop souvent retenu de la Révolution dans le domaine des arts que vandalisme, châteaux pillés, mobiliers dispersés, voire bibliothèques brûlées. Heureusement la réalité n'est pas aussi sombre. Si l'on doit déplorer des destructions et des pertes irréparables, on est heureux de constater que nombre de biens d'un clergé désorganisé, d'une noblesse émigrante et d'une couronne dépossédée furent sauvés par la création de la Commission des monuments et des Commissions temporaires des arts, de dépôts où étaient regroupées les œuvres confisquées, de musées enfin. Un certain nombre d'artistes ou d'amateurs éclairés se firent remarquer dans différents Comités en défendant ce qui leur était confié.

L'Assemblée constituante, le 13 octobre 1790, chargea les directoires des départements et la municipalité de Paris de dresser l'inventaire des biens saisis sur les religieux à la suite du vote, le 12 juillet précédent, de la Constitution civile du clergé, et de faire parvenir les états au comité d'aliénation [1] qui devait organiser le transfert ou la vente de ces biens.

La ville de Paris forma une commission composée de quelques artistes, membres des Académies de l'Ancien Régime, tandis que le Comité d'aliénation s'assurait le concours de savants qui faisaient déjà partie de la municipalité, et dont la mission fut de rechercher « les monuments relatifs aux sciences aux lettres et aux arts ».

Ces savants se réunirent pour leur première séance, le 8 novembre 1790, dans la bibliothèque du collège des Quatre Nations ; ils se rendirent rapidement compte qu'ils avaient le même rôle à jouer que le Comité d'artistes de la ville de Paris ; pour éviter tout conflit, il serait plus simple de fusionner ; ce sera chose faite le 6 décembre 1790.

Le 11 août 1792, lendemain de la destitution du roi, l'Assemblée législative créa une nouvelle Commission pour dresser l'inventaire et assurer la conservation des biens de la Couronne devenus propriété de la Nation. Composée de huit membres, dont quatre avaient été choisis par l'Assemblée, et les quatre autres par la municipalité de Paris, elle fut, un mois après, réunie à celle qu'avait établie la Constituante en 1790 ; et le 18 octobre suivant elle était composée de trente-trois membres [2]. Telle fut l'origine de la Commission des monuments. Fondée dans un but purement administratif, elle avait été finalement chargée « du triage des statues, vases et autres monuments placés dans les maisons ci-devant dites royales et édifices nationaux qui méritent d'être conservés pour l'instruction et la gloire des arts » [3].

La Commission était malheureusement accusée tantôt de ne pas sauver ce qui méritait de l'être, tantôt de conserver n'importe quoi. Mais outre que ses membres étaient continuellement changés et son activité souvent entravée, il faut reconnaître pour sa défense qu'elle disposait de faibles moyens ; qui plus est, aussitôt octroyés, ils lui étaient retirés... Le Comité d'instruction publique, dont elle dépendait et auquel elle fut dénoncée, rédigea un rapport diffamatoire qui eut pour conséquence sa suppression et l'inculpation de ses membres le 28 frimaire an II (18 décembre 1793) [4]. A côté de la Commission des monuments avait été créée, le 8 août 1793, à la suppression des Académies royales, une Commission temporaire des arts, qui ouvrit le registre de ses procès-verbaux le 1er septembre. Elle était chargée d'inventorier le mobilier, les dépôts des machines, des cartes et plans, des manuscrits et autres objets d'art et de sciences [5]. Composée de trente-six membres nommés par la ministre de l'Intérieur, elle avait en fait les mêmes attributions que la Commission des monuments, avec laquelle elle ne manqua pas d'entrer en conflit, ce qui favorisa la disparition de la plus ancienne. La Commission temporaire des arts devenait la grande bénéficiaire de leur querelle. Le rapport déclarait : « Les deux commissions ne peuvent subsister en même temps. L'une a mérité des reproches, l'autre des éloges, l'une a laissé dépérir, l'autre a conservé. L'aristocratie est née de la permanence des commissions : celle des monuments est déjà ancienne [6] ».

Des Commissions analogues devaient être créées dans certaines villes, au premier chef Versailles. L'Administration départementale suivit donc l'exemple de Paris et mit en application les directives du pouvoir central en organisant le 19 octobre 1792 sa Commission des arts [7]. Elle eut pour mission de distraire, d'évaluer et de classer les œuvres d'art confisquées au clergé, aux maisons religieuses, aux émigrés et d'assurer la conservation des propriétés royales dans tout le département. La nomination des commissaires versaillais s'échelonna de décembre 1792 à janvier 1793. Leurs titres et leurs compétences étaient divers ; citons parmi eux Blaizot, libraire à Versailles, Hattelinger, directeur de la manufacture de Sèvres, le peintre Gazard, le sculpteur Lemariez, Bénard, architecte des domaines nationaux à Paris, Heurtier, architecte, ancien inspecteur général des Bâtiments, Pierre, orfèvre à Paris, Fayolle, ancien commissaire de la Marine, Buffy, vicaire épiscopal. Certains, effrayés par l'ampleur de leur tâche, démissionnèrent aussitôt, ce qui provoqua de nouvelles nominations [8].

Si la Commission des monuments n'eut pas, semble-t-il, l'opportunité d'intervenir à Versailles, la Commission temporaire des arts qui lui succéda ne s'en priva pas. La Commission des arts de Versailles n'apprécia guère l'ingérence de sa cadette parisienne dans ses affaires et ses membres commencèrent par l'ignorer et refuser toute collaboration.

Les Parisiens réagirent en tentant de la faire supprimer, au mois d'avril 1794 [9] : ils se référaient au décret du 28 frimaire an II par lequel avait disparu la Commission des monuments. Cela ne semblait pas émouvoir les commissaires-artistes de Versailles qui n'interrompirent pas pour autant leur travail. Crassous, représentant du peuple en mission dans le département de Seine-et-Oise, leur conseilla de cesser toutes querelles et de se rendre à Paris pour « fraterniser » avec leurs homologues. A la suite de cette visite [10], des contacts réguliers furent institués et les décisions importantes prises en commun. A tel point que les pouvoirs publics envisagèrent d'amener les deux parties à fusionner [11].

Les œuvres d'art du département de Seine-et-Oise, regroupées par les commissaires, furent conservées dans de nombreux dépôts.

A Versailles il y en eut notamment un au couvent des ci-devant Ursulines, où « plusieurs pièces et un corridor au second sont garnis de livres provenant des maisons religieuses du département et deux pièces immenses, au premier, sont occupées par des bibliothèques d'émigrés » [12] ; un autre, dépôt littéraire également, à l'ancienne maison des prêtres de la mission Notre-Dame, transformée en évêché en 1790. Il fut confié à la responsabilité d'un certain Mayeur, qui en rédigea le catalogue. A la suite de quoi il devint membre de la Commission des arts au Palais et collabora à la rédaction du catalogue général des bibliothèques nationales [13].

Finalement, le 8 juillet 1793, la Convention consacrait le château de Versailles à un établissement public et le convertissait en unique dépôt pour la Seine-et-Oise, ce qui le sauvait. Mais ce ne fut qu'en frimaire an II (novembre 1793) qu'on y réserva des salles susceptibles de recevoir les dépôts secondaires dispersés dans le département et en ville [14]. Cette centralisation ne se fit pas sans heurts ; la Commission des arts, qui en avait la responsabilité, dut affronter les administrateurs du district qui opposaient souvent leurs vetos au transfert, par exemple à celui des bibliothèques ou des collections entreposées à l'évêché de Versailles. Elle fut obligée de demander l'intervention des représentants du peuple en mission Charles Delacroix et Mathurin Musset, qui obligèrent le District à ne plus s'opposer à ce regroupement [15]. Peu après, le Département suspendait les opérations dont la Commission des arts avait été chargée [16] ; mais en dépit de cette décision, les commissaires responsables des dépôts restèrent à leur poste et continuèrent leur travail de classement.

Néanmoins, malgré les interventions de Delacroix et Musset auprès du District permettant d'envisager, enfin, une réunion rapide des œuvres d'art, il n'en réalisèrent parfois le transfert que beaucoup plus tard.

La municipalité versaillaise, quant à elle, avait l'espoir que la réunion de toutes ces collections au Château aboutirait à la transformer en annexe du Muséum du Louvre ; elle pensait bénéficier ainsi d'une source de revenus supplémentaire en invitant les « étrangers » à venir visiter le nouveau « Temple de la culture ». Aussi sa déception fut-elle vive quand elle apprit, le 27 juillet 1793, que la Convention prescrivait une fois encore, le transfert à Paris des richesses « des maisons ci-devant royales, biens d'émigrés et autres édifices nationaux » [17]. Elle ne resta pas insensible aux réclamations du Département et de la Commune [18], et décréta le 16 floréal an II (5 mai 1794) que « les maisons et jardins de Saint-Cloud, Bellevue, Monceaux, le Raincy, Versailles, Bagatelle, Sceaux, l'Isle-Adam et Vanves ne seront pas vendus mais consacrés et entretenus aux frais de la République pour servir aux jouissances du peuple et former des établissements utiles à l'agriculture et aux arts » [19]. Ayant obtenu satisfaction, le Département, avait enfin la possibilité d'organiser le musée que beaucoup attendaient.

Le district de Versailles, depuis quelque temps responsable des dépôts du Palais, élabora les premiers projets d'une bibliothèque publique et d'un Muséum [20]. Son souhait de les ouvrir aux visiteurs et aux chercheurs au cours de l'été 1794 ne se réalisa pas. De nombreuses bibliothèques privées étaient toujours dispersées : celles des filles de Louis XV dans leur demeure de Bellevue, celle de Mme du Barry à Louveciennes. Pour compléter la partie réservée au Muséum, il manquait en particulier le cabinet de peinture du roi et le cabinet de physique et de sciences naturelles des enfants du comte d'Artois. Le responsable de ce dernier était Fayolle. Il avait rapporté de ses voyages un remarquable ensemble de curiosités naturelles, qu'il avait vendues au comte d'Artois. Mais il ne s'en était jamais désintéressé, et en avait obtenu la garde dès les premières mesures prises contre les émigrés. Fayolle tint rapidement une place de premier plan à la Commission des arts, échangeant même son titre de conservateur du Cabinet d'histoire naturelle contre celui de « Directeur du conservatoire du Muséum national » [21]. Il réussit, en deux mois, à le faire venir de l'hôtel de Sérent, rue des Réservoirs, et à l'installer dans des salles, au rez-de-chaussée, donnant sur la terrasse du Nord, qui ouvrirent au public en septembre 1794 [22].

Ce que venait de réaliser Fayolle ne put l'être dans les autres sections. La Commission des arts de Versailles avait été supprimée, néanmoins ses membres n'avaient pas abandonné leur dépôt et régnaient sur les collections à leur guise. Il n'est pas surprenant que le représentant du peuple, André Dumont, envoyé en mission dans le département de Seine-et-Oise en juin 1795, ait voulu remédier à cet état de chose et coordonner les différentes initiatives en nommant Hugues Lagarde bibliothécaire du futur Muséum, avec mission de superviser les commissaires-artistes qu'il confirmait dans leurs fonctions [23].

Lagarde présenta un certain nombre de rapports qui montrè-rent les difficultés de tout genre que rencontraient les commis-saires-artistes et qui empêchaient l'ouverture au public du Muséum [24]. Jusque-là, seuls quelques privilégiés pouvaient parcourir les salles, ils entraient par la cour de la Chapelle, puis accédaient au Grand Appartement par l'escalier central de l'aile nord.

Lagarde donna sa démission au mois d'octobre suivant. Il y eut alors quatorze conservateurs égaux [25] ; mais, à la fin de 1795, le Muséum n'était plus officiellement dirigé que par trois personnes, Duplessix, directeur, Le Roy, conservateur des bâtiments et Dardel, conservateur des œuvres d'art [26].

En 1797, on décida de le transformer en musée spécial de l'École française, et la majorité des œuvres étrangères partirent pour le Louvre [27].

A Paris, le regroupement des collections royales en un lieu unique avait été ébauché dès l'Ancien Régime. La Révolution n'arrêta pas cette centralisation, bien au contraire : elle consacra l'idée d'ouvrir au public les collections d'œuvres d'art.

Un premier essai avait eu lieu au palais du Luxembourg, où une partie des tableaux du roi furent présentés aux amateurs à partir du 14 octobre 1750. Les salles étaient ouvertes deux fois par semaine et chauffées en hiver aux frais du roi. Une brochure vendue à l'entrée donnait des renseignements sur chaque œuvre [28]. Mais afin de mieux les faire connaître le roi demanda à Bernard Lépicié de rédiger une notice sur chaque peintre dans un livre qui fut imprimé avec le plus grand luxe en 1752 [29].

Cette première exposition correspondait à un désir général. Il se traduisit par des écrits qui formulaient des souhaits précis, tel ce mémoire anonyme présenté le 23 novembre 1744 au directeur des Bâtiments, qui commençait ainsi : « Le Roy possède une quantité prodigieuse de tableaux et de curiositez de tous genres et de toutes espèces.

« Les tableaux sont répandus dans toutes les maisons royales, même dans celles où le Roy ne va pas ou rarement, et dans les différents garde-meubles de ces maisons.

« Outre ceux qui sont placés dans les grands et petits appartements du château de Versailles, il y en a un très grand nombre à Versailles, à l'hôtel de la Surintendance, à la garde de M. Portail, ils y sont comme en magasin. Il y en a aussi dans le garde-meuble du château de Versailles.

« Il y en a à Paris, au Louvre dans la gallerie ditte d'Apollon, entre autres les batailles d'Alexandre, de M. Le Brun. Il y en a aussi beaucoup dans cette gallerie enfermez dans des armoires qui sont fort beaux. M. Bailly, garde des tableaux du Roy, en a la clef.

« Il y en a aussi au Louvre dans la grande gallerie où sont les plans, entre autres des copies d'après le Carache, par MM. Boulogne. Ces copies sont très belles et d'autant plus prétieuses que les tableaux originaux sont à Rome et tout gastés.

« Ne pourroit-on pas en choisir de convenables pour en orner la gallerie du palais des Thuilleries, ditte des Ambassadeurs ? Pour cela on pourroit la meubler de damas cramoisis... » [30].

Un autre projet germait depuis quelque temps ; il peut être résumé par ces lignes empruntées à un rédacteur de l'Encyclopé-die qui écrivait en 1765, parlant du Louvre : « L'achèvement de ce majestueux édifice, exécuté dans la plus grande magnifi-cence, reste toujours à désirer. On souhaiteroit, par exemple, que tous les rez-de-chaussée de ce bâtiment fussent nettoyés et rétablis en portiques. Ils serviroient, ces portiques, à ranger les plus belles statues du royaume... Dans la partie située au midi, on pourroit placer tous les tableaux du Roi qui sont présentement entassés et confondus ensemble dans des garde-meubles... M. de Marigny a depuis peu exécuté la plus importante de ces choses, la conservation de l'édifice » [31].

En effet, Marigny, directeur général des Bâtiments, venait d'assurer les restaurations nécessaires. Son successeur, d'Angivil-ler, reprit les projets pour l'achèvement du Louvre dont la construction avait été arrêtée peu après le départ de Louis XIV à Versailles. Il fit rassembler à partir de 1775 les collections royales dans la grande galerie réunissant le vieux palais aux Tuileries, le long de la Seine, où étaient alors les plans et maquettes des villes et forteresses de France. En 1787, dans son « Guide des amateurs et étrangers à Paris », Thiery écrivait : « Cette galerie est destinée à faire un muséum, dans lequel seront placés tous les tableaux appartenant au roi qui se trouvent actuellement exposés dans les magasins du Louvre et à l'hôtel de la Surintendance de Versailles... » [32]. D'Angiviller avait fait entreprendre en même temps la restauration de la Grande Galerie, et commandait de nouveaux encadrements pour mettre en valeur les peintures [33].

C'était donc bien l'administration des Bâtiments du roi qui avait préparé la galerie qu'allaient rendre public les commissaires du Muséum en octobre 1793. Le nouveau régime n'a même pas inventé le mot de « muséum ».

La direction des Bâtiments avait rencontré de nombreuses difficultés. Comment libérer l'ancien palais ? Il était devenu depuis Henri IV la « maison des artistes et des artisans » et abritait également, depuis Louis XIV, les Académies royales de peinture, de sculpture et d'architecture. Ces occupants, dont beaucoup n'avaient plus rien à voir avec la fonction qui leur donnait un logement de droit, s'accrochaient à leurs privilèges, ne voulant pas céder la place aux collections royales.

Cependant tout était prêt pour l'ouverture au public quand commença la Révolution.

Aux nombreux projets conçus sous l'Ancien Régime pour achever le Louvre s'ajoutèrent ceux qui furent élaborés entre 1790 et 1792 pour abriter le « Temple de la nature et du génie ». Presque tous réunissaient le Louvre et les Tuileries par une galerie au nord, parallèle à celle existant le long de la Seine, qui aurait permis d'abriter ainsi la bibliothèque royale. Le transfert de cette dernière, logée dans des bâtiments rue de Richelieu, comme maintenant, aurait libéré des terrains faciles à vendre, ce qui aurait permis de financer une partie des projets.

Avant d'envisager un commencement de réalisation de ces plans, la Convention décida de faire place nette en mettant dehors les derniers occupants. Mais à peine ses efforts étaient-ils couronnés de succès qu'un nouveau décret consacrait le Louvre aux Beaux-Arts ; ce qui fut le prétexte d'une invasion nouvelle au profit de bénéficiaires toujours plus nombreux ; et « les cloisons, les entresols, escaliers, tuyaux de poêle dont M. de Marigny avait à grand peine poursuivi la destruction furent rétablis en un clin d'œil... [34]. Les commissaires du Muséum ne protestaient que mollement, sachant ces nouveaux locataires soutenus par les maîtres du moment qu'il était prudent de ne pas indisposer.

L'espace qu'occupait donc le Muséum en 1793 était restreint : « Une petite cour pleine de baraques, un escalier ou deux, le salon des expositions d'art contemporain » [35] aujourd'hui le Salon carré, et l'ancienne galerie des plans avec quelques recoins pour y organiser des ateliers de restauration. Rien au rez-de-chaussée, pas même un magasin. La salle des collections des antiques du roi, depuis longtemps installée au Louvre, et placée sous les ordres de Pajou, ne faisait pas partie du musée. C'est en l'an III seulement que le conservateur fut intégré à son personnel.

Le Muséum réussit toutefois à s'agrandir, puisqu'en 1799, il occupait la galerie d'Apollon, la salle des antiques située au-dessous, et le premier étage de la Grande Galerie [36].

Les premiers responsables du Muséum, ou plus exactement les membres de la Commission, avaient été nommés par le ministre de l'Intérieur, Roland. Ils étaient six, et tous logés sur place comme gardiens : André Vincent, Jean-Baptiste Regnault, Pierre Cossard, Nicolas-René Jollain, peintres ; Charles Bossut, géomètre, et Pierre Pasquier, peintre en émail. Ce choix ne manqua pas de surprendre comme l'exprime, avec sarcasme, le marchand J.B.P. Lebrun en traçant ces portraits : « Jollain était ci-devant l'un des gardes des tableaux du ci-devant roi ; Pierre, premier peintre, le nomma à cette place pour le faire subsister. Il ne connaissait les tableaux que par l'état numéroté qu'il en avait. Mais Jollain a donné des leçons à Mme Roland lorsqu'elle n'était encore que demoiselle ; et le ministre, dont tout le monde connoit la bonté d'âme, à voulu lui prouver sa gratitude en le plaçant au comité.

Cossard, soi-disant peintre et demeurant au Palais-Royal, est également ignoré des artistes et des connaisseurs. Comment s'est-on avisé d'aller le chercher pour le placer au comité ? En vérité il faut avouer que le ministre a un talent tout particulier pour déterrer les hommes de mérite assez modeste pour ne pas se produire d'eux-mêmes.

Nous voici arrivés au phénix de la bande, à Pasquier, peintre en émail. Considérons-le sous le double rapport d'artiste et de connoisseur. Comme artiste, plusieurs salons ont attesté sa nullité ; comme connoisseur, il a chez lui des tableaux et ne sait pas quels peintres les ont faits. Mais il est depuis longtemps, comme je l'ai dit, l'ami intime du ministre qui, jaloux de reproduire parmi nous ces amitiés exclusives dont l'antiquité nous fournit quelques exemples, ne refuse rien à Pasquier...

L'abbé Bossu est un mathématicien estimable, il n'est donc pas à sa place.

Renaud et Vincent sont deux artistes habiles, il est vrai, mais qui ne devroient pas abandonner leurs palettes, et qui d'ailleurs n'ont pas les connoissances pratiques nécessaires pour l'emploi qui leur est confié... [37] ».

Ces premiers commissaires organisèrent le Muséum. Leur gestion ne fut pas du goût de David qui les fit destituer le 27 nivôse an II (16 janvier 1794). Un conservatoire, dont les membres devaient être agréés par ce même David, les remplaça. Il était divisé en quatre sections : la peinture était mise sous la responsabilité de Fragonard, Bonvoisin, Lesueur et Picault ; la sculpture, sous celle de Dardel et Dupasquier ; l'architecture, de David-Leroy et Launoy ; l'antiquité, de Wicar et Varon [38].

Les nouveaux élus furent tous aussi inefficaces que ceux qu'avait choisis Roland. Les termes qu'emploie Courajod dans son introduction à la publication du Journal d'Alexandre Lenoir pour présenter la Commission qu'ils formaient, pris à la lettre, peuvent paraître bien sévères : « Remaniée à chaque instant, allongée, diminuée, divisée et subdivisée, elle n'aurait pu avoir aucune suite dans les idées, si ses membres n'avaient voulu se transmettre autre chose qu'une déplorable routine et une administrative inertie combinée avec la manie d'épurer et la rage de détruire » [39]. Et pourtant... Son œuvre se réduisit pratiquement à des réunions au cours desquelles étaient pris des arrêtés pour supprimer, pour épurer. Ses membres s'élevaient en censeurs du bon goût républicain et se croyaient investis de la mission de donner une nouvelle orientation moralisante aux arts.

Ils firent effacer les signes de féodalité un peu partout dans les œuvres et trièrent ce qui leur avait été confié. Comme leurs prédécesseurs, ils étaient membres de droit de la Commission temporaire des arts, mais prétendirent ne pas en remplir les obligations. Ils n'acceptèrent plus de se déplacer pour parcourir les dépôts et enrichir leurs collections. Ils voulaient limiter leurs activités à conserver ce qui était sous leur responsabilité à juger les concours et organiser les expositions annuelles. Leurs demandes réitérées dans ce sens laissa le Comité d'instruction publique indifférent. Néanmoins, sans se décourager et avec une certaine audace ils maintinrent leurs revendications et par délibération du 3 messidor an II (21 juin 1794) « avouèrent

La « Salle des Empereurs » au Musée des Antiques du Louvre. Aquarelle anonyme française du XIXᵉ siècle.

crûment qu'ils entendaient remplir leurs fonctions sans sortir de chez eux et que la recherche lointaine des objets dignes du musée les détournait des travaux de peinture ou de sculpture qu'ils se réservaient d'exécuter pour eux-mêmes » [40].

La chute de Robespierre et la fin de la Terreur étaient proches ; les jours des membres du Conservatoire étaient comptés : accusés de négligence, ses membres, réduit à cinq en floréal an III (avril-mai 1795) furent remplacés par un conseil d'administration du Muséum, en pluviôse an V (janvier 1797) [41].

Quant à ceux de la Commission temporaire des arts, ils siégèrent pour la dernière fois le 29 frimaire an IV (20 décembre 1795).

A côté des muséums de Paris et de Versailles, il s'en ouvrit un troisième pendant quelque temps, le musée des Monuments français d'Alexandre Lenoir.

Ce dernier, responsable de l'un des nombreux dépôts parisiens, installé dans le couvent des Petits-Augustins, réussit, grâce à sa forte personnalité, à en faire plus qu'un simple dépôt. Sans faire partie d'aucune commission, il lutta sans répit pour y faire transporter après l'avoir sauvé de la destruction, ce qu'il parvenait à arracher au vandalisme. Dès le début, il dut affronter le Conservatoire du Muséum parisien ; ses membres n'affichaient que mépris pour des collections dans lesquelles ils ne voulurent jamais voir autre chose qu'un ensemble où l'on pouvait puiser sans effort et sans compter.

Toutefois son combat inlassable ne fut pas mené en vain car Lenoir rencontra enfin celui qui comprit la valeur de son dépôt. La nomination de Ginguené à la direction de l'Instruction publique mit un terme à ses tribulations et aux menaces de dispersion. Le ministre de l'Intérieur Bénézech, dont il dépendait, déclara inaliénable son dépôt des Petits-Augustins. Néanmoins, ses adversaires acceptèrent difficilement de ne plus pouvoir se servir comme ils l'entendaient. Ils protestèrent auprès de Ginguené dans les termes suivants : « Citoyen, nous vous faisons passer une lettre du citoyen Lenoir ; elle annonce un arrêté du Comité de l'Instruction publique... Ainsi les dépôts provisoires deviendront autant de musées dont les gardiens se feront une affaire ! Ainsi le Muséum se verra privé des objets essentiels au complément d'une collection aussi utile à l'étude et au progrès des Arts et conséquemment à la gloire nationale ! Nous abandonnons à votre sagesse les réflexions qui naissent de tels événemens » [42].

Lenoir avait obtenu une première victoire, que consolida Bénézech en convertissant son dépôt en musée des Monuments français [43]. Malgré cela, il dut continuer à lutter, jusqu'au jour où Vivant Denon, nouveau directeur du Musée impérial (Louvre), le prit sous sa coupe et convertit son musée en un département du Louvre.

Notes

1. *Un nouveau tableau de Paris. Histoire et description des lieux*. Recueil de documents imprimés réunis à l'époque sous ce titre général (Bibl. hist. de la ville de Paris, 11943). T. II, n° 4 : « Compte rendu à la Convention nationale par la Commission supprimée des monuments et servant de réponse au rapport du Comité d'instruction publique ».
2. Tout ce qui précède est tiré du compte rendu cité note 1.
3. Louis Courajod, *Alexandre Lenoir, son Journal et le musée des Monuments français*, 1878, p. LXIII.
4. Compte rendu cité.
5. Louis Tuetey, *Procès-verbaux de la Commission temporaire des arts*, 1912. T. I, Introduction.
6. A.D.Y. (Arch. départ. des Yvelines), 1 LT 689, nomination des membres de la Commission des arts du département de Seine-et-Oise.
7. Compte rendu cité.
8. A.D.Y., 1 LT 703.
9. Tuetey, *op. cit.*, t. I, p. 143 (19 avril 1794).
10. A.D.Y., 1 LT 706, compte rendu remis à l'administration du district de Versailles du séjour des commissaires artistes à Paris, les 2, 3, 4 et 5 prairial an II (du 21 au 24 mai 1794).
11. Tuetey, *op. cit.*, t. I, p. 242 (23 juin 1794), et t. II, p. 63 (14 janvier 1795).
12. A.D.Y., 1 LT 688.
13. A.D.Y., 1 LT 719, rapport de juillet 1793.
14. A.D.Y., 2 Q 1.
15. A.D.Y., 1 LT 691, mémoire du 7 nivôse an II (27 décembre 1793).
16. *Ibid.*, suspension des opérations dont la Commission des arts avait été chargée, 24 pluviôse an II (14 février 1794).
17. A. Dutilleux, *Notes sur le Muséum national et le Musée spécial de l'École française à Versailles, 1792-1823*, p. 9.
18. A.D.Y., 1 LT 690, pétition envoyée à la Convention pour obtenir un muséum secondaire au Château par une lettre de la ville de Versailles écrite au ministre de l'Intérieur, 14 septembre 1793.
19. A.D.Y., 2 LT 155.
20. *Ibid.*
21. Dutilleux, *op. cit.*, p. 12.
22. Tuetey, *op. cit.*, t. I, p. 317 et p. 382 (1er septembre 1794).
23. A.D.Y., 1 LT 703-706, arrêté d'André Dumont du 10 messidor an III (28 juin 1795) nommant Hugues Lagarde. Voir sur lui Paul Fromageot, « Le Château de Versailles en 1795 d'après le Journal de Hugues Lagarde », *Rev. de l'Hist. de Versailles*, 1903, p. 224 et suiv.
24. A.D.Y., 1 LT 703-706.
25. A.D.Y., 1 LK 308.
26. Arch. nat., O² 849.
27. Dutilleux, *op. cit.*, pp. 29-31.
28. Courajod, *op. cit.*, p. XXV et note 2.
29. Lépicié, *Catalogue raisonné des tableaux du roi, avec un abrégé de la vie des peintres fait par ordre de sa Majesté*. Paris, Imprimerie royale, 1752.
30. Texte dans Courajod, *op. cit.*, p. XXXI.
31. *Ibid.*, p. XXVI et note 2.
32. *Ibid.*, p. XXVIII.
33. *Ibid.*, p. XXIX.
34. Ludovic Vitet, *Le Louvre*, 1852, p. 93.
35. Courajod, *op. cit.*, p. XLVI.
36. *Ibid.*
37. Courajod, *op. cit.*, p. LII.
38. *Ibid.*, p. LV.
39. *Ibid.*, p. LVI.
40. *Ibid.*, pp. LXXIII à LXXV.
41. J.J. Marquet de Vasselot, *Répertoire des Catalogues du musée du Louvre suivi de la liste des directeurs et conservateurs du musée (1793-1917)*. Introduction.
42. Courajod, *op. cit.*, p. CLX.
43. *Ibid.*, p. CLXII.

La Grande Galerie du Louvre entre 1794 et 1796, par Hubert Robert. (Musée du Louvre).

Allégorie aux trois Muses, Erato, Uranie et Polymnie. Huile sur toile peinte par Mignard pour le Salon Ovale de la Petite Galerie de Versailles.
Envoi de l'État 1803-1805 au Musée des Augustins de Toulouse, où elle se trouve toujours.

Portrait d'Alexandre Lenoir, par Pierre Delafontaine. (Musée de Versailles).

Bureau à cylindre, par Riesener, vers 1769, faussement dénommé pendant longtemps « bureau du roi Stanislas ».
Il décora l'Hôtel du comte d'Orsay, rue de Varenne et fut acheté à l'amiable par William Bedford au milieu de la Révolution. The Wallace Collection.

Ventes du mobilier royal de Versailles

Du 25 août 1793 au 11 août 1794, 17.182 lots mis aux enchères pour un produit de 299.902 livres 10 sols

par Michel Beurdeley

Expert près la Cour de Cassation

Les dés sont jetés! Par le décret du 10 janvier 1793, la Convention nationale *« voulant faire servir à la défense de la liberté et à l'accroissement de la prospérité nationale »* décrète que *« pour le mobilier somptueux des derniers tyrans de la France... il sera procédé au recollement général des inventaires et à la vente des meubles courants estimés valoir moins de mille livres. Les objets de plus de mille livres seront adjugés après extinction des feux. Pour les objets de plus de mille livres, il sera dressé un catalogue descriptif, lequel sera affiché, distribué et inséré dans les journaux ».* Signé Delacroix et Besson, commissaires de la République.

La Convention – dans une certaine mesure – sut réserver les biens qui présentaient un intérêt de premier ordre et les fit transporter au muséum qu'avait déjà projeté Louis XVI. Le choix se portait principalement sur des tableaux, des statues, des pierres gravées, des porcelaines de Chine et du Japon, des objets de curiosité que le roi avait achetés dans les dernières années de son règne. Étaient joints près d'un millier de tapisseries et des instruments aux mécanismes complexes telle l'horloge de Morin de Pont-de-Vaux et de Passement.

Quant aux mobiliers, les « commissaires-artistes », fidèles au goût de leur époque, marquèrent une préférence certaine pour quelques meubles de grande taille : des armoires de Boulle ou le fameux bureau de Louis XVI signé « Riesener f.c. 1769 à l'Arsenal, Paris » avec des bronzes de Duplessis que nous retrouverons aux Tuileries dès 1807 dans le cabinet du secrétaire de l'empereur, puis à Saint-Cloud dans le cabinet de travail de l'impératrice Eugénie. Par contre ils livreront avec joie aux enchères les petits meubles délicats, chers à Marie-Antoinette – table de Carlin, meubles ornés de peintures au vernis Martin ou de porcelaines de Sèvres – un ostracisme incompréhensible frappant les porcelaines tendres de Vincennes et de Sèvres considérées comme « objets de commerce » [1].

Remarquons par ailleurs une certaine contradiction dans ces choix, car les tableaux anciens sont d'un prix peu élevé par rapport aux meubles qui, à l'époque, sont de véritables signes de richesse. Riesener, par exemple, livre à la Cour entre 1774 et 1784 pour environ 36.000 livres de meubles, Roentgen entre 1779 et 1785 pour 40.000 livres, tandis qu'en 1792 une partie de la collection de tableaux anciens de Philippe Égalité fut vendue en Angleterre pour seulement 40.000 livres. Certes, les idées qui régissaient hier la muséographie ne sont pas celles d'aujourd'hui! Ainsi, le ministre de l'Intérieur, Jean-Marie Roland de la Platière (époux de la belle Manon Roland) écrit en 1793 : « qu'il n'était pas essentiel de distinguer entre les diverses écoles (de peinture) que la comparaison était stérile et qu'un muséum devait avoir l'air d'un parterre illuminé des plus vives couleurs pour que le monde entier puisse y prendre son plaisir .» [2]

Sans partager bien entendu ce point de vue, je m'interroge : ne faudrait-il pas, dans nos musées, aujourd'hui, faire deux parts, l'une aux chercheurs, l'autre aux visiteurs occasionnels et montrer à ces derniers, dans chaque discipline, deux ou trois pièces exceptionnelles très bien mises en valeur, comme l'est au Ryksmuséum « la Ronde de Nuit » de Rembrandt. Ces visiteurs garderaient ainsi au moins un souvenir de quelques œuvres maîtresses.

Revenons aux ventes ; elles ont duré exactement un an et se sont tenues dans un logement sur la Cour des Princes, autrefois occupé par la « ci-devant » princesse de Lamballe. La première vacation eut lieu le dimanche 25 août 1793 « *à 10 heures de relevé* » suivie d'une seconde vente de 16 à 18 heures [3].

Chaque vacation comportait trente à quarante numéros avec des lots de qualité moyenne le matin et de plus forte valeur l'après-midi. Deux commissaires assistaient à chaque vacation. Ces pauvres fonctionnaires durent être quelque peu désarmés devant une faune inhabituelle où se côtoyaient particuliers, marchands, ébénistes, fripiers et brocanteurs. Y avait-il encore des membres de la noblesse ? Fort peu officiellement. Contrairement à la légende, les collectionneurs étrangers seront rares – beaucoup sont partis après les massacres de septembre 92 – ou après la déclaration de guerre à l'Angleterre en 1793 [4] – mais ils donnent des ordres d'achat à des marchands-merciers « vendeurs de tout, faiseurs de rien », qui eux-mêmes ont donné des commissions à des brocanteurs.

Dans l'épais dossier des procès-verbaux des ventes tenu par un huissier-audiencier, on révèle les noms d'acheteurs professionnels, mais souvent l'orthographe en est erronée, fantaisiste. Ainsi le Strasbourgeois J. H. Eberts, éditeur du « **Monument du Costume** » est confondu avec l'ébéniste Charles Hébert, domicilié 4, rue de Charenton ou avec le terrible pamphlétaire Jacques-René Hébert, directeur du fameux « **Père Duchesne** ». Le tapissier Marceau qui achète le 9 thermidor an II sous le lot 16600 *« un grand bureau avec serre-papier en bois de placage orné de bronzes dorés 199 livres 19 sols »* est orthographié Marsant et parfois Marsault. Enfin, Goret fils doit être identifié à Gorey dont nous retrouverons le nom à plusieurs reprises.

Très souvent, il s'agit de prête-noms, de fripiers incultes mais *« qui s'assuraient des bénéfices exorbitants »* par des procédés occultes. (Rapport à la Convention de l'abbé Grégoire, qui d'ailleurs se fait couvrir de boue dans la presse de Gracchus Babeuf).

Les ventes se déroulent dans une ambiance de foire et il faut être initié (déjà) pour retrouver le tube d'un télescope qui a volontairement été séparé de son objectif ou les 10 premiers tomes des œuvres complètes de Voltaire, vendus dans deux vacations différentes.

Bien des systèmes pour minimiser la valeur des objets sont employés, et bien entendu la « graffinade » bat son plein, comme en témoignent ces quelques lignes extraites du procès-verbal d'une vente de Nivôse an II, retrouvé aux archives régionales de Seine-et-Oise :

« ... Vers sept heures, un particulier mettant l'enchère se prit de querelle avec les marchands-fripiers qui suivaient : différents propos à double-entente ont été proférés par les mêmes marchands. Le particulier a pris la mouche et a promis de dénoncer à la Société Populaire la coalition de ceux-ci qu'il accuse de revidage (sorte de révision), et d'empêcher les enchères ». Un particulier enchérisseur est même assommé si l'on en croit le baron Davillier [5].

A côté de toutes ces « magouilles », on rencontre, jouant les trouble-fêtes, des anciens fournisseurs de la Couronne, répugnant sans doute à participer à ces combines de fripier, mais désireux de racheter leurs propres meubles ou créations qui parfois ne leur ont pas été payées par les princes. Ils sont bien placés pour en connaître la valeur réelle. Riesener se montre un des plus acharnés à récupérer ses meubles, on retrouve son nom dans plusieurs procès-verbaux [6]. Citons :

– N° 205 un secrétaire d'acajou à dessus de marbre (aujourd'hui Petit Trianon) au citoyen Riesener, 326 livres,

– N° 2340 une table à écrire en bois de palissandre en mosaïque, richement ornée de bronze doré moulu, au citoyen Riesener de Paris, 3210 livres,

– N° 2503, une pendule de Le Pautre, de Paris, 9200 livres.

Le grand Jacob se voit plus rarement à Versailles mais il achète cependant un jour pour 4543 livres. Il a des soucis, car il a remeublé les châteaux du comte d'Artois (à Saint-Germain, Maisons et Bagatelle) et aussi en partie celui de Madame Elisabeth à Montreuil et les demeures du Prince de Condé (Chantilly, le Palais Bourbon) mais beaucoup de factures ne lui ont pas été réglées. Malgré cela, les jalousies vont bon train et il est dénoncé au Comité de Salut Public *pour avoir tué un cochon et ne pas l'avoir déclaré*. Grâce à l'amitié de David, pour qui il avait créé avant la Révolution un mobilier de type étrusque, Jacob s'en tire ; il offre de surcroît à la nation 500 bois de crosses à fusil qui ne lui ont coûté guère qu'une coupe de noyers dans ses propriétés [7]. Pour prouver son patriotisme, il se fera peindre aussi en 1793 par Simon Julien en costume tricolore *« habit bleu, gilet rouge, cravate blanche ».*

Certains ébénistes se débrouillent comme Jean-Baptiste, Claude Sené. Quoique ancien fournisseur de la couronne, il se fait nommer sergent-major de la Ve compagnie du bataillon de la section Bonne-Nouvelle en 90 et réussit à fournir cent bureaux pour les fonctionnaires de la République quelques années plus tard. De nombreux artisans, maîtres-ébénistes ou bronziers n'ont plus de commandes. Comme le diront les Goncourt *« les clubs (politiques) font tort aux ateliers »* [8]. Les idées nouvelles ont bouleversé la paisible existence des artisans du faubourg Saint-Antoine qui ont participé à la prise de la Bastille. Les uns vont faire carrière militaire et se feront tuer en Vendée, certains finiront « directeur des contributions », d'autres enfin, d'origine allemande comme Roentgen, le plus célèbre ébéniste d'Europe, retourneront dans leur pays.

Quant au très pragmatique et talentueux Beneman, il s'adapte, exécute de la menuiserie courante pour l'ancienne chapelle de la Conciergerie, fait disparaître les symboles de l'Ancien Régime sur le bureau de bois jaune appartenant à Thierry de Ville d'Avray. Un autre ébéniste tel Pierre Dupain confectionne des caisses à munitions tandis que Sébastien Birgham fabrique des crosses à fusil.

La maîtrise a été abolie et Marat lui-même déplore qu'avec cette dispense de noviciat *« les ouvrages seront comme fouettés ».* Belle image, inattendue dans la bouche d'un Tribun qui se souvenait peut-être de l'échec de Necker en 1776 lorsqu'il voulut supprimer les corporations qui, à l'époque, comptaient quelques 100.000 membres, c'est-à-dire le tiers des hommes en âge de travailler à Paris [9].

Mais les achats les plus importants sont effectués par le marchand Rocheux qui achète pour le compte de Strasbourgeois, les Treuttel dont on retrouve par ailleurs le nom à diverses ventes. Ces Treuttel d'une famille de libraire sont en cheville avec d'autres Strasbourgeois, les frères Eberts dont le cadet est banquier et l'autre fournisseur des petites cours allemandes. Ceux-ci se portent acquéreurs à 16.512 livres du lit et des sièges en hêtre sculpté par Georges Jacob pour la chambre à coucher de la Reine à Trianon. Ils payèrent 8.801 livres la commode en acajou et 7.511 livres la console assortie. Le mobilier paraît avoir ensuite été acheté par le propriétaire de l'hôtel Schröder, de Pyrmont, élégante station thermale où la reine Louise de Prusse, épouse du Kronprinz se rendit en 1797. Bien plus tard on retrouve des pièces de ce mobilier avec leur garniture d'origine au musée des Arts décoratifs de Berlin. Deux d'entre elles viennent de réintégrer le Château de Versailles [10].

Nous pouvons suivre les péripéties de la console trapézoïdale en acajou ronceux, œuvre de Ferdinand Schwerdfeger, dont nous venons de parler. Suivant les engagements de la Commission du Commerce et d'Approvisionnement, le permis d'exporter ce meuble pour Hambourg, la plaque tournante du négoce d'Art, est obtenu le 5 vendémiaire de l'an II. Une fois en Allemagne, à une époque indéterminée, elle est revendue au prince Youssoupoff dont elle va décorer le Palais de Saint-Pétersbourg. Cent vingt ans passent et la Révolution ensanglante la Russie. En proie à des difficultés financières, le gouvernement soviétique se résoud à vendre en 1928 à Berlin quelques chefs-d'œuvre, tableaux et meubles provenant des palais de l'Ermitage, Michailoff, Gatschina et des biens de grandes familles émigrées. Notre console, qui fait partie du lot de mobilier, est adjugée 41 000 DM soit environ 250 000 francs. Bien plus tard, en 1976, nos conservateurs, les yeux toujours en éveil, la voient réapparaître au palais Galliera. Vendue 750 000 francs (un gros prix), la console est immédiatement préemptée. Inutile de dire qu'elle a repris maintenant sa place à Trianon.

Mais qui sont donc les frères Eberts qui, incontestablement, furent « les gros acheteurs » à ces ventes de Versailles. L'homme fort de cette famille d'origine suisse est Jean-Henri Eberts qui fut pendant la seconde partie du XVIIIe siècle banquier à Paris, rue des Victoires, mais qui, à ses moments perdus, taquinait le burin, étant graveur et ami intime de J. G. Wille à qui il rend de nombreux services, entre autres pour le règlement de ses exportations d'œuvres en Allemagne. Il fut le promoteur du « **Monument du Costume** » et a certainement participé à « la première suite » de cet ouvrage paru en 1775. On lui attribue l'invention de l'« Athénienne » qui jouit d'une grande vogue dans la deuxième partie du siècle.

Par son entourage Jean-Henri Eberts était bien placé pour pressentir la désagrégation du pouvoir royal en France (il est ami du maire de Strasbourg, Dietrich), et il prit (pense-t-on), à cette époque, la décision d'établir une position de repli en Alsace. C'est alors qu'il acheta des meubles aux ventes de Versailles avec des assignats qui se dévaluaient tous les jours, pour revendre à des clients étrangers en monnaie sonnante et trébuchante.

Si l'on dépouille les 25 registres des ventes de Versailles, c'est un véritable inventaire à la Prévert qui se présente au lecteur. On y trouve de tout depuis des « chemises de toile de Hollande à usage de femme » vendues 200 livres, des armes, armures, ornements d'église jusqu'à des séparations de loges de théâtre et des traîneaux de jardin.

Tout sera dispersé, des bouteilles de vin de la « *cave Capet* » aux 24 livres de « *Café Capet* » qui sont vendues sous les nos 4730 et 4731. Les deux billards en acajou de Trianon, avec queues et boules (une nouveauté à l'époque), des éléments de mobilier de jardin, parfois singuliers, telle cette tente en acajou garnie de taffetas bleu, avec tables et chaises de même bois exotique, sont mis aux enchères ainsi qu'un « *superbe jeu de laques chinoises avec figures d'hommes et animaux, contenant sept à huit milliers de fers avec belle couverture en plomb doré et ardoise, que la reine avait fait dresser sur la pelouse devant le château* ». Ce stand de jeu passe une première fois en vente sous le no 2485 ; il est racheté 2 000 livres, prix minimum fixé par les commissaires. Mais aux beaux jours, en messidor an I, il réapparaît sous le no 14836 et est adjugé 13 900 livres. Ainsi va le monde des enchères.

Un grand amateur d'art, le marquis de Biron dira au XIXe siècle « *si l'on mettait en vente un billet de 100 francs, nul ne pourrait dire son prix d'adjudication ! »*. Mais revenons à Versailles : le dernier lot de cette prodigieuse dispersion fut le mobilier de la salle des ventes elle-même qui revint aux citoyens Curé et Garrat respectivement secrétaire et président de la douzième section dite de la « Concorde ».

Le 24 thermidor an II (août 1794), le total des adjudications de Versailles va s'élever à 299 902 livres 10 sols, incluant le mobilier de Madame Élisabeth à Montreuil (selon certains procès-verbaux).

Pas de quoi se féliciter certes, et pourtant les commissaires aux ventes avaient fait des efforts par personne interposée que l'on qualifierait de « publicitaires » aujourd'hui. Témoin, une annonce parue dans une petite revue de modes allemande (« Journal des Luxus und der Moden ») : « *Avis aux amateurs de Beaux Meubles* ». Datée du 25 octobre 1792, elle est publiée par le citoyen Eberts (encore lui) qui propose ses offices de courtier, à Paris, 19, rue Saint-Thomas du Louvre ; témoins encore, des articles dans les journaux hollandais, anglais, allemands et italiens montrant la qualité des meubles et effets précieux fabriqués par les grands ébénistes tels « *Riesener qui n'a rien épargné pour les rendre parfaits* ». N'oubliant aucun détail susceptible d'attirer le chaland, on indique que « *les meubles de la ci-devant Liste Civile peuvent être transportés à l'étranger en exception de tous droits* ».

Par ailleurs, de nombreux bronzes « *fleur de lisés* » (quelle orthographe !) seront retirés des ventes et probablement fondus, tandis que des meubles, glaces, lustres, tapis, « *tous objets de grande taille* » ne trouvent pas preneur. Certains furent revendus à l'amiable, et de ce fait ne semblent pas avoir été comptabilisés dans les procès-verbaux des ventes. D'autres encore furent regroupés, mis en dépôt tel le « *meuble d'été et d'hiver* » de Capet, telles des savonneries et des miroirs rachetés le 15 thermidor an II. Tout fut revendu sous le Directoire comme « *objets qui sans être assez curieux par leur nature, matière, travail pour être conservés dans le Muséum de la République étaient néanmoins assez précieux et recherchés pour entrer dans des échanges* ».

Ainsi, des gemmes de la collection personnelle de Louis XIV pourront être troquées par le Directoire contre des matières de première nécessité !

Et les prix de vente des meubles et objets d'art, direz-vous ? Ils ont été, dans l'ensemble, peu élevés mais pas aussi ridiculement bas qu'on a pu l'écrire. Ainsi, le bureau de Louis XVI par Hauré, actuellement à Waddesdon Manor, la commode et les encoignures qui se trouvent aujourd'hui dans les collections royales anglaises après avoir été achetées à la vente de messidor an II (juillet 1794), furent vendues à l'amiable au prix de 5 000 livres au citoyen Trusset, alors qu'en 1787 le bureau tout seul avait coûté 5 716 livres. Mais en réalité, le nom de l'acheteur est mal orthographié, il s'agit du strasbourgeois Treuttel déjà nommé qui, avec son associé Würtz, écuma le « gratin » des ventes de Versailles.

Les paiements se faisaient en assignats qui se dévalorisaient tous les jours et de ce fait, suivant l'époque, le prix réel se situait entre 10 et 20 % du prix payé. Necker, qui avait eu l'idée de cette monnaie papier, décrit avec humour ce processus : « *Ce fut un bon temps pour l'Administration que celui où, à l'aide d'une somme illimitée de billets-monnaie (11 milliards ont été émis entre la chute du roi et celle de Robespierre) on peut non seulement satisfaire à tous les besoins connus et inconnus, mais encore avoir des fonds prêts au jour et à l'heure dont on a fait choix. Il suffit alors de répartir aux uns la papeterie, aux autres l'estampille, aux derniers la gravure et l'imprimerie pour assurer le service du Trésor public* [11]. »

Dominique Vincent Ramel de Nogaret, député à la Convention, allait même plus loin : « *Les assignats ont fait la Révolution, ils ont renversé le trône et fondé la République !* »

Comme nous l'écrivions déjà plus haut, les délégués de la Convention, dont un des plus marquants fut Delacroix, père du célèbre peintre, avaient créé en dernier ressort un organisme censorial dit « Commission temporaire des Arts », chargé de réparer les erreurs trop flagrantes, nous dirions aujourd'hui les bavures. Son intervention la plus connue concerne quatre tables-consoles en acier poli, à plateaux de bois pétrifié et ornements de bronze. Elles provenaient du boudoir de la reine. Elles furent vendues, sans publicité ni battage, à Versailles le 30 octobre 1793. Les deux premières pour 2 000 et 2 005 livres à un dénommé Gorey, les deux autres, trois jours après, pour 2 001 livres chaque, à Berton aîné. Un professionnel déduira très vite de ces chiffres que, d'une part les commissaires-experts avaient fixé un prix minimum 2 000 livres (prix de réserve fort

bas) et que, d'autre part, il y eut entente manifeste entre les marchands présents pour ne pas faire monter les enchères.

Quelques jours plus tard, on retrouve ces tables chez le traiteur Mauduit, boulevard Poissonnière, mais curieusement, comme le signale Christian Baulez, pour connaître le prix de vente, il fallait s'adresser chez le tapissier Marceau ! C'est alors qu'un commissaire de la Commission temporaire des Arts subodore une erreur d'appréciation, erreur qui, dans cette période, peut être dramatique. Les propriétaires officiels de ces tables ne sont plus Gorey et Berton, mais Gaspard Fabre, rue du Bourg l'Abbé, qui travaille « *dans le bon genre* » ; il déclare qu'elles lui coûtent 12 200 livres. En réalité, comme il le laissera entendre plus tard, il représente probablement un syndicat d'acheteurs.

Les tables sont alors présentées « *le 4 sans culotide* (sic) *an II de la République une et indivisible* » au Conservatoire du Muséum qui « *reconnaît avoir reçu de M. Fabre quatre tables en bois pétrifié moulé et enrichies de bronze ; il luy en donne acte afin qu'il puisse en obtenir le paiement. Signé Fragonard et Bonvoisin* ». Une petite note indique qu'une guirlande de fleurs dorées d'or moulé sera remise au Conservatoire. Le paiement se fait attendre et le 24 ventôse an II (février 94), le citoyen Fabre réclame son dû. « *Ce retard est infiniment préjudiciable à mes intérêts puisque, sans cette réquisition, ces objets seraient déjà vendus, et j'aurais acquitté les citoyens qui m'ont aidé de leur bourse pour en faire le payement. Je vous assure que je suis père de famille, ne possédant que la fortune d'un bon sans-culotte, c'est-à-dire mon industrie...* » Sur ce, les tables sont enfin réglées 15 200 livres.

Après un court séjour, au Muséum probablement, ces meubles rarissimes vont bientôt décorer les salons de Saint-Cloud de l'impératrice Joséphine qui, avec l'aide d'Alexandre Lenoir, de Denon et du restaurateur Guillaume Constantin, va se révéler une collectionneuse avertie ; cinquante ans plus tard, ils seront toujours à Saint-Cloud, mais dans les appartements privés de l'impératrice Eugénie, admiratrice fervente de Marie-Antoinette. Mais ce château est la proie des flammes le 28 janvier 1871, et aujourd'hui, seuls les plateaux en bois pétrifié subsistent. Ils sont exposés au musée du Louvre, dans les vitrines où sont groupées les souvenirs de la reine.

Nous avons tenu à relater les péripéties de ces tables [12] pour bien montrer combien le sort des objets d'art est instable, souvent tragique. Mais ce n'est pas une exception. C'est ce que nous allons voir dans la deuxième partie de cet article où Paris va vendre Versailles aux quatre coins de l'Europe.

C'EST ALORS QUE PARIS VA VENDRE VERSAILLES

La haute brocante parisienne va se livrer à un affairisme tous azimuts – pour réaliser le stock acquis à Versailles, car il ne suffit pas d'acheter, il faut aussi vendre, et la période où se sont déroulées ces vacations fut la plus sanglante de la Révolution (près de 3 000 exécutions à Paris entre mars 1793 et juillet 1794)...

La Terreur, évidemment, ne favorise pas le commerce des arts : les particuliers se montrent, dans leur comportement, d'une rare discrétion, tant ils craignent de paraître suspects car, « *on peut être suspect pour être riche, pour avoir du talent, suspect pour être modéré ou au contraire ultra, suspect pour être négociant, suspect pour oisiveté* »... C'est « *la honte aux mains blanches* » [13].

Portrait de Jean-Henri Riesener, « le plus parisien des ébénistes », d'origine allemande qui racheta de nombreux meubles de sa production aux ventes de Versailles. Il est peint ici avant la Révolution par Vestier. Ancienne collection de Madame Pillant. Musée de Versailles.

D'autant plus qu'une loi de « l'accaparement » risquait d'inclure dans ce mouvement de suspicion les collectionneurs de tableaux et d'objets d'art. Heureusement, un député nommé Osselin prit la défense des amateurs : « *Il est des hommes, qui, passionnés par l'étude et nés pour éclairer le genre humain, ont de vastes bibliothèques : seront-ils déclarés accapareurs de livres et frappés de mort ?* » La prudence est de rigueur : qui oserait monter les enchères ? Le peintre Bergeret relate dans ses mémoires qu'ayant, sous la Terreur, poussé en vente publique une œuvre de Watteau, il renonça finalement à l'acquérir, craignant par son audace de se rendre suspect ! La vie devient de plus en plus folle : « *une moitié de Paris vend l'autre* », tout le « ci-devant Paris » est à l'encan, partout ventes d'effets et de mobilier au nom et au profit de la République. « *C'est la liquidation de la guillotine* », si l'on en croit les Goncourt.

Des hôtels de ventes s'ouvrent dans tous les coins de Paris depuis que le privilège des huissiers-priseurs a été aboli en 1793. Le tapissier Audry joue les officiers ministériels et annonce la vente « *de meubles et effets provenant de ci-devant condamnés* ». Un dénommé Foix, fabricant de meubles rue Saint-Denis, transforme sa boutique en salle de ventes pour toute espèce de curiosité, les frais s'élevant en tout et pour tout à 6 % [14]. L'ancienne comédie italienne, rue Française, subit le même sort, mais bien entendu le grand centre de l'activité artistique est l'hôtel Bullion avec ses grands salons décorés de peintures (un peu enfumées) de Blanchard et Simon Vouet.

On reste songeur en lisant les affiches de l'époque. Passent aux enchères tantôt « *des ornements d'églises en velours, drap d'or, chasubles et dalmatiques garnies d'argent et d'or, gros de Tours richement brodé* », tantôt du mobilier profane « *porcelaines de Sèvres, encoignures en racine d'acajou, lit en pékin blanc peint à la façon de la Chine, tentures et tapisseries de Beauvais et de Tours, pendule en cartel d'or moulu, guéridon orné de camées peints par Lagrenée, miniatures avec émaux et peintures par Degault (il faut lire de Gault) et Mailly, vases de porphyre rouge, porcelaine craquelée bleu céleste et violet de la Chine, claviers de Blanchet, tables à la Tronchin, pendules à mouvement de Lepautre et Robin...* »

Dans les salles des ventes le stentor a donné le signal. Les courtiers, les brocanteurs, « *les revendeurs à la toilette* » sont assis. « *On y vend à l'enchère les perruques des femmes, les pendules en lyre, les chemises, les lits à la duchesse. Le crieur s'égosille, il boit, il s'est formé une voix qui tient le milieu entre la voix humaine et le rugissement du taureau...* » tout cela sera acheté à vil prix « *par des faiseurs d'affaires, par des intrigants qui ont le secret de la fabrication des assignats... qui ont accaparés des chefs-d'œuvre de l'art d'un prix inestimable pour de vains tas de papier et qui les ont revendus pour de grosses sommes d'argent à des fournisseurs qui naguère laquais d'antichambre ou palefreniers dorment aujourd'hui sur des matelas de plumes* » [15]. L'allusion est claire, dans l'esprit de Mercier, il s'agit certainement de Masson, le domestique de l'abbé d'Espagnac, qui associé à son maître, est devenu fournisseur de l'armée. Mais le ministre Cambon veille et « *solde les comptes de l'administra-*

tion des finances à coups de guillotine ». C'est ce qui arriva à d'Espagnac exécuté en mars 1794, ses biens seront vendus dans la grande salle de la rue de Cléry par le citoyen Lebrun [16].

Toutefois, Mercier oublie une chose essentielle : les clients sont de moins en moins nombreux et les acheteurs potentiels ont presque tous disparu ! Néanmoins, après août 1792, quelques étrangers fortunés n'ont pas pris le chemin de leur patrie. On se demande ce qui les retient à Paris : une certaine curiosité pour l'expérience révolutionnaire, la vie un peu folle de la capitale, ou simplement l'opportunisme. Il n'est pas nécessaire d'avoir un sens aigu des affaires, puisque tout est à vendre. La princesse Lubomirska, cette aristocrate polonaise, amie de la famille royale, achète aux enchères, ou après de sombres tractations, des tableaux, des sculptures et des meubles précieux dont la fameuse « *athénienne* » en bronze doré attribuée à Thomire, aujourd'hui dans la collection Paul Getty en Californie.

William Beckford, l'esthète anglais, s'installe chez son ami le comte d'Orsay, rue de Varenne et prend à l'amiable pour 760 livres anglaises, dit-on, le fameux bureau de Riesener, aujourd'hui à La Wallace Collection de Londres. Le prix paraît élevé car en 1789, la livre anglaise valait 25 fois la livre française [17]. Par une correspondance retrouvée par Pierre Verlet, on sait que Beckford était encore à Paris en mars 1792 et qu'il commanda à cette époque des tapis pour son hôtel de Londres. Parmi les rares amateurs demeurés à Paris en 1794, Gouverneur Morris, ambassadeur des États-Unis en France fait des virements pour la Cour, trafique sur les devises et achète nombre d'objets royaux, par personne interposée. Gorey lui revend 900 livres « *deux tables de garde-robe en acajou* » achetées 141 livres 19 sols aux ventes de Versailles. Il fait une meilleure affaire en se rendant acquéreur d'un « meuble » de Trianon composé de deux fauteuils, un canapé, deux encoignures et douze chaises couvertes de perse pour 4 461 livres. Le principal conseiller de Morris est Menou, l'ancien directeur de la manufacture de Beauvais qui achète pour lui le 19 octobre 1793 un grand tapis de 7,45 m × 6,40 m pour 4 000 livres et des tapisseries au petit point pour 31 000 livres ainsi que tout un lot de tapisseries de Beauvais [18]. C'est à cette époque que Houdon fit la connaissance du ministre américain qui avait belle prestance, quoique unijambiste ; aussi, le sculpteur lui demanda de poser pour la statue de Washington dont il avait reçu la commande. Tout épris de son œuvre, bien éloigné de toute politique, Houdon fut cependant victime d'une dénonciation au comité de Salut Public dont l'intolérance allait jusqu'à traquer les représentations des Saints. L'artiste dut son salut à la présence d'esprit de sa femme qui, devant le représentant du peuple, baptisa « Philosophie » une statue de Sainte Scholastique. Postérieurement quelques coups de marteaux, modifiant les détails, ratifièrent ce miracle.

La plupart des artistes sont inquiétés : Hubert Robert, ancien garde au Muséum vient d'être incarcéré, sous de bien vagues prétextes, le 3 octobre 1793 et, pour garder sa forme, joue au ballon dans la cour de la prison et peint sur des assiettes de faïence des sujets agrestes ; Greuze, lui aussi, est arrêté pour « tiédeur » dans ses opinions politiques. Il ne doit son salut

Console signé Ferdinand Schwerdfeger, vendue 7 511 livres à Versailles au marchand Treuttel qui l'exporta à Hambourg le 5 vendémiaire an II (septembre 1794). Elle passa ensuite dans les collections Youssoupoff à Saint-Petersbourg où elle demeura de nombreuses années ; vendue à Berlin en 1928, elle rentre en France en 1976 où elle est préemptée par nos diligents conservateurs. Musée de Versailles.

Estampille de ladite console et sa date de fabrication.

FERDINAND SCHWERDFEGER
M͞E. ÉBÉNISTE. APARIS.

1788.

qu'à son inscription à la puissante commune générale des Arts que régentent Restout et David. Et Boilly ? n'a-t-il pas été contraint de se soumettre à une autocritique et à peindre le « *Triomphe de Marat* » (au demeurant superbe tableau aujourd'hui au Musée des Beaux-Arts de Lille). L'angoisse était générale si l'on en croit Delecluze, auteur d'un livre sur David [19] : « *le moindre bruit dans la rue inquiète le brave bourgeois, c'est une patrouille. Mais un autre bruit moins régulier couvre les battements de cœur. C'est le Comité Révolutionnaire du quartier qui vient faire des visites domiciliaires, des arrestations... la terreur était telle dans les quartiers de Paris que personne n'osait ouvrir sa fenêtre pour s'assurer de ce qui se passait dans la rue... Le lendemain, les portiers fidèles à leurs maîtres, ce qui était rare, venaient leur annoncer ce qu'ils avaient appris sur l'arrestation de tel ou tel voisin* ».

Revenons au marché des objets d'art. L'abondance des objets est telle que, dans les « Affiches et Annonces » de pluviôse an II (janvier 1794), on peut lire « *Beaux meubles provenant de la liste civile, rue Helvétius 53* » et à côté « *magasin de la citoyenne Mauduit, vente à prix fixes de meubles de Versailles et de Trianon* », dont une lanterne de salon de forme ronde, de la plus agréable composition, en bronze doré au mat, avec mélange de lapis, pierreries et perles or qui avait été vendue à Versailles le 4 octobre précédent pour 13 900 livres (elle fut rachetée par le garde-meuble impérial en 1811, et a repris sa place aujourd'hui dans l'escalier du Petit Trianon).

La vie sous le Directoire se réorganise peu à peu, en dépit de la situation financière qui, à la fin de 1795, est absolument catastrophique. Un des cinq directeurs, La Reveillère Lepeaux, indique dans ses Mémoires que « *le trésor national était absolument à sec, les assignats sans valeur, le peu qu'il leur restait s'évanouissait chaque jour par une chute accélérée ; les revenus publics nuls, tout crédit public mort et par contrecoup toute confiance éteinte* ». Pour faire face, on n'hésitera pas à recourir à la dispersion du patrimoine. Plusieurs procédés seront envisagés. Ventes sur place, loteries nationales, ventes par courtiers à l'étranger, troc d'objet d'art – par l'intermédiaire d'hommes d'affaires, tels Bourdillon et Cie qui exportent à l'étranger glaces, bois dorés et tapis de la Savonnerie, Isaac Lemaître (caisses de pendules, papiers peints et bronzes dorés), Abraham Alcan, entrepreneur général des vivres de l'Armée du Rhin (porcelaines de Sèvres et tapisseries de Beauvais et le fameux médailler de Beneman qui vient de revenir à Versailles), tandis que Van Recum et le banquier Chapeaurouge de Hambourg se partagent les objets d'art, les cristaux de roche montés en or et argent de Louis XIV qu'ils échangent contre des harengs, du chanvre, des canons, du suif, du salpêtre, de la potasse [20].

Notons que Chapeaurouge ne fut pas très heureux dans ses transactions car il eut bien du mal à se défaire des joyaux de la couronne (une partie aujourd'hui au Musée Czartoryski à Cracovie), et c'est en vain, après sa mort en 1805 que sa succession proposera à Daru, intendant général de la maison de l'Empereur, tout un lot de tapis de la Savonnerie et des tapisseries

des Gobelins achetés en 1796. Cependant, forte d'un rapport où il est indiqué que les tapis « *aujourd'hui ne sont pas, à beaucoup près, aussi beaux et ne peuvent durer longtemps* », l'Administration réussit à convaincre l'Empereur d'acheter une partie du lot proposé, soit dix-neuf tapis provenant de la grande galerie du Louvre au prix de 140 francs l'aune carrée, si l'on en croit Williamson, l'administrateur du Mobilier National en 1883 [21].

Nous avons raconté longuement dans notre livre « **La France à l'encan. Exode des objets d'art sous la Révolution** » les tribulations d'une pendule dite « *La Négresse* » qui avait été livrée à Versailles pour le Roi en 1784 et payée 4 000 livres. Il existe trois versions de la dite pendule, une dans les collections royales anglaises, une autre dans une grande collection française, et une dernière au Metropolitan Museum de New York provenant de la collection Double. Il est bien difficile de déterminer laquelle d'entre ces pendules appartint au Roi et fut offerte en paiement en nature au négociant de Gênes, Brun la Jarre, le 15 prairial an V.

Des ventes aux enchères reprennent à Versailles en 1798, composées d'objets, meubles, tentures (de la liste civile et des collections d'immigrés) dont de nombreuses tapisseries de Beauvais, de Bruxelles, des Gobelins, ainsi que de beaux meubles en laque de Chine, des vases en albâtre, une statue équestre du Roi de Prusse, etc. Cette même année 1798, au mois de juillet une importante vente eut lieu à Paris, paradoxalement pour subvenir aux frais du Muséum. C'est dans cete vacation que fut mise aux enchères « la magnifique cassolette de jaspe fleuri, richement montée par Gouthière et qui provenait de la vente des « Effets précieux qui composent le Cabinet de Feu le Duc d'Aumont » (1782). On la retrouve à la vente Fournier le 31 mai 1831 où elle est adjugée à 1 200 francs, puis à la vente Beauvau le 21 avril 1865, où elle est acquise par Lord Hertford pour 31 000 francs (somme très importante à l'époque). La cassolette est aujourd'hui un des joyaux de la Wallace Collection à Londres.

Mais il y a une telle abondance d'objets d'art sur le marché, qu'il est absolument indispensable de trouver de nouveaux débouchés. Quelques années plus tard à Hambourg, est organisée une grande vente publique avec objets et meubles de provenance royale où l'on reconnaît la main des Eberts représentés par le sieur Ferrière. Elle sera bientôt suivie d'une autre, à Londres, annoncée dans le Times du 27 février 1800.

D'après des documents que j'ai trouvés récemment à Londres, il fallut huit jours pour disperser les 677 lots dont le produit s'éleva à 7 200 livres 10 shillings 4 pence. Aux vacations, se pressait toute la haute-société (et parmi les acquéreurs, le Prince de Galles, Lady Carhampton, le Duc de Cumberland, Lady Popham) tentée par ces objets dont une partie venait du château de Saint-Cloud. C'est Harry Philipps qui dirige les enchères dans la grande salle de New Bond street, et adjuge des porcelaines « magnifiquement élégantes » provenant « des manufactures d'Angoulême, d'Artois, de Sève (sic), de Locré, de Monsieur ; des pendules et horloges de Robin, un baromètre de Massey » – deux pièces qui firent de gros prix – « des cazolets (cassolettes) et trépieds dernièrement reçus de Paris, des lustres

Cassolette de jaspe montée par Gouthière vers 1780 et achetée par la reine Marie-Antoinette à la vente du duc d'Aumont en 1782 par l'intermédiaire de Le Brun et payée 12 000 livres. Elle fut vendue en 1798 pour subvenir aux frais du muséum. Achetée par Lord Hertford en 1865. Aujourd'hui à la Wallace Collection.

de cristal, des bijoux de perles et diamants d'une grande valeur, des articles de toilette en argent et une quantité d'objets variés d'un goût, d'une qualité et d'une élégance supérieure, des livres finement reliés créés pour le marché de Hambourg... » Belle vente certes, mais il semble que sur un lot de provenance royale furent greffés « des éléments de commerce », comme on le dirait aujourd'hui. Rien de nouveau sous le soleil républicain !

C'est le chant du cygne pour J. H. Eberts, le maître à penser de ce consortium de ventes, qui s'éteint à Paris, rue de la Convention, le 25 avril 1801.

Dernier procédé d'aliénation : la loterie nationale. Celle-ci bien que considérée comme immorale est reprise en l'an II (1794) et en l'an IV, une importante loterie a lieu avec des objets d'art d'une qualité remarquable que les amateurs pouvaient examiner dans l'Hôtel de l'Infantado – nom de la duchesse qui avait habité cet hôtel de la rue Saint-Florentin en 1784 – (en face de l'ancien garde-meuble royal, aujourd'hui ministère de la Marine). Le tirage s'effectuait dans l'église des Petits-Pères (Notre-Dame des Victoires) et le billet coûtait 50 francs.

Nous voici sous le **Consulat** (9 novembre 1799 – 18 mai 1804). Pour beaucoup d'historiens, c'est la fin de la Révolution. Mais avant de conclure, je voudrais réfuter une opinion très répandue, sur l'exode outre-Manche des plus beaux objets de Versailles à cette époque. En effet, la guerre ayant été déclarée entre la France et l'Angleterre en février 1793, comme nous l'avons vu, tout commerce important devenait impossible. C'est seulement après la signature du Traité d'Amiens, le 27 mars 1802, que débute le grand rush des anglais en France. « *Paris est en train de devenir une petite Angleterre, 5 000 visiteurs ont été dénombrés la semaine dernière* » note un témoin de l'époque, Catherine Wilmot.

Bien entendu, les marchands londoniens sont en première ligne : Robert Fogg par exemple, ou encore Sir Harry Fetherstonhaugt et un certain Benoit, confiseur de son état, en fait le « missi dominici » du prince de Galles (grand amateur de beaux objets) ; le futur roi Georges IV d'Angleterre achètera un peu plus tard, en 1824, à la vente Watson Taylor un chef-d'œuvre de l'ébéniste Riesener ainsi décrit dans le catalogue : « *vendu par les commissaires de la Convention française, à l'ère républicaine, un cabinet aux armes de Louis XVI pour 420 livres* ».

Parmi les anglais qui retournent à Paris dès la Paix d'Amiens, on note le très parisien duc de Beckford qui achète des cristaux de roche de la Couronne de France et commande également des objets contemporains, de style nouveau : candélabres, garnitures de cheminées et meubles. Tout à leur joie de venir en France, la plupart des anglais ne s'attardent guère sur l'état de délabrement du pays, « *aux villages presque en ruine, aux cimetières sans croix, aux saints sans têtes et lapidés dans leurs niches* ». Partout des traces de vandalisme. Chateaubriand à la même époque aperçoit sur les murailles des inscriptions républicaines déjà vieilles : « *Liberté, Égalité ou la Mort* ».

Un témoignage intéressant est celui de Sir John Dean Paul, banquier et collectionneur qui vient pour « chiner » comme on dit aujourd'hui. « *Nous désirons acheter quelques beaux*

meubles ou objets d'art provenant du pillage des différents palais ou des maisons de nobles du temps de la Terreur. Il s'en trouve un grand choix chez les brocanteurs... Dans un endroit où nous allâmes, il y avait au troisième étage, au fond d'une cour pavée et malpropre un dépôt d'objets anciens et modernes. Comme d'habitude, les gens y étaient sales et sans habits, dans une véritable tenue de travail, mais prisaient dans de riches tabatières en or, et comme nous achetions quelques objets, ils insistèrent pour nous faire goûter des liqueurs de prix, servies dans des tasses en or des plus élégantes. Il était impossible de voir de pareilles choses sans faire de graves réflexions... » [22]

Après avoir acheté à un prix raisonnable des objets intéressants, telle une armoire Boulle censée venir de Versailles, Sir John et ses amis se rendirent au jardin de plaisir « Le Tivoli », rue Saint-Lazare. « *La danse que nous vîmes est fort curieuse : on l'appelle la valse... cette danse très amusante pour les spectateurs et sans nul doute pour ceux qui s'y livrent, ne sera jamais, je pense à la mode en Angleterre...* »

Le lendemain, Sir John se rend au Petit Trianon « *occupé maintenant par un traiteur* ». « *L'édifice a été très endommagé, à l'intérieur tous les emblèmes royaux ont été grattés, plusieurs corniches ont souffert des coups de fusil et sur toutes choses plane un air de ruine prochaine... Ce n'est maintenant qu'un douloureux témoignage de l'inconstance de la fortune et de la fragilité des grandeurs humaines...* »

Au retour, Sir John Paul admire l'aqueduc de Marly : « *L'eau tirée de la Seine au moyen d'une machine curieuse et compliquée, traverse la vallée et est conduite dans les réservoirs jusqu'à Versailles.* » A mi-chemin, « *le château de la célèbre Madame Du Barry qui périt guillotinée* », puis la Malmaison où se poursuivent des travaux importants, futur domaine de Bonaparte et de son épouse Joséphine.

Le soir même, il aperçoit dans une loge du Théâtre Français Joséphine et le Premier Consul qu'il décrit avec réalisme : « *C'est un petit homme, comme chacun le sait, mais son visage respire l'intelligence et ses yeux reflètent un esprit peu commun. Ses cheveux plats sont sans poudre et taillés très courts, il portait un habit bleu très richement brodé. Je considérais avec curiosité cet homme, parti d'une situation médiocre, et que le concours de circonstances en même temps que ses talents, vont élever au plus haut degré de puissance qu'ait atteint un individu dans le monde civilisé.* »

Qui se souvint alors du mariage discret du général Bonaparte le 19 ventôse an IV (9 mars 1796) avec Joséphine, veuve du vicomte Alexandre de Beauharnais, guillotiné en 1794. Curieux mariage où Bonaparte se vieillit de dix-huit mois, tandis que Joséphine se rajeunit de quatre ans. Le prénom même de la mariée a changé, car la belle et impétueuse créole était jusqu'alors plus connue sous le nom de Rose.

Avouons-le, ce visage de la Révolution, vu à la loupe, en butinant l'anecdote, les libelles, les mémoires, n'est pas de la grande histoire, mais c'est peut-être dans la petite histoire que se découvrent les multiples faces de la réalité.

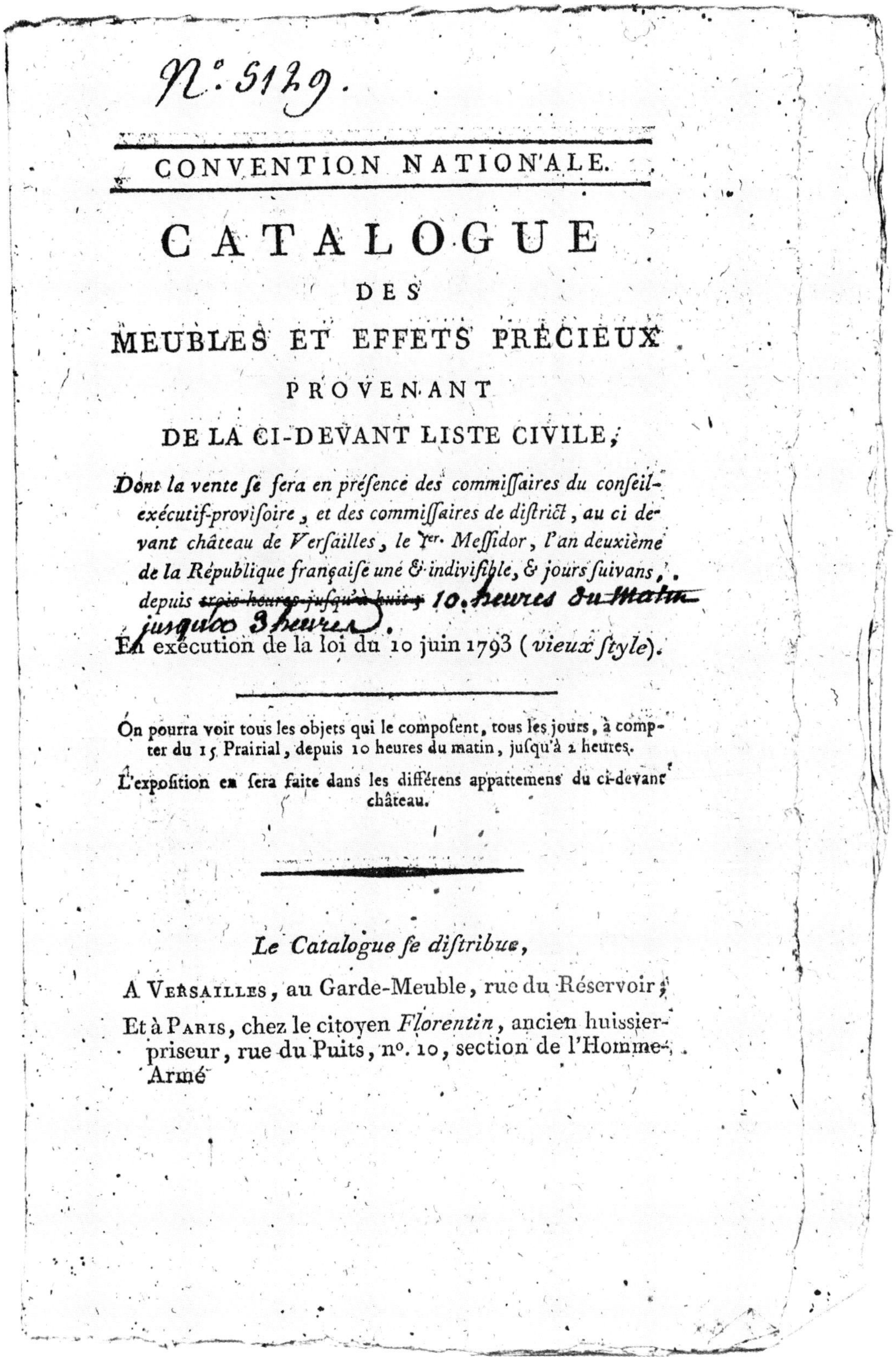

$N^o\ 5129.$

CONVENTION NATIONALE.

CATALOGUE

DES

MEUBLES ET EFFETS PRÉCIEUX

PROVENANT

DE LA CI-DEVANT LISTE CIVILE;

*Dont la vente se fera en présence des commissaires du conseil-
exécutif-provisoire, et des commissaires de district, au ci devant château de Versailles, le 1er. Messidor, l'an deuxième
de la République française une & indivisible, & jours suivans,
depuis ~~trois heures jusqu'à huit~~, 10. heures du matin
jusqu'à 3 heures.*
En exécution de la loi du 10 juin 1793 (*vieux style*).

On pourra voir tous les objets qui le composent, tous les jours, à compter du 15 Prairial, depuis 10 heures du matin, jusqu'à 2 heures.

L'exposition en sera faite dans les différens appartemens du ci-devant
château.

Le Catalogue se distribue,

A VERSAILLES, au Garde-Meuble, rue du Réservoir;

Et à PARIS, chez le citoyen *Florentin*, ancien huissier-
priseur, rue du Puits, n°. 10, section de l'Homme-
Armé

Page de titre d'un des rares catalogues des ventes de Versailles, le 1er messidor an II (soit juin 1794). Archives des Yvelines, Versailles.

Aujourd'hui, c'est Paris qui rachète Versailles. Mais avec combien de difficultés et à quel prix ! Et quelquefois c'est un échec ! Le 15 novembre dernier Sotheby's dispersait un mobilier français du XVIIIᵉ siècle appartenant au British Rail, dont une console estampillée Riesener, provenant du cabinet intérieur de la reine Marie-Antoinette à Versailles, inscrite à l'inventaire du 24 septembre 1781. Hélas, 1 500 000 £ (16,5 millions de francs) fut la dernière enchère. Un prix trop élevé pour les conservateurs français !

Mais ces efforts ne sont-ils pas trop tardifs ? Louis XVIII et Charles X bradèrent des meubles de qualité dans une série de ventes aux enchères. Quant à Louis-Philippe, il pensait plus à sa collection personnelle de tableaux espagnols et seule l'impératrice Eugénie, qui avait une vénération pour l'infortunée Marie-Antoinette, recueillit quelques pièces majeures de Versailles dont la table de Fontanieu et une autre de Weisweiler.

C'est seulement à cette époque – deuxième partie du XIXᵉ siècle – que les grands collectionneurs internationaux recommencent à s'intéresser au mobilier princier français. Mais alors l'engouement atteint un paroxysme : la marquise de Hertford fit ainsi exécuter par l'ébéniste Dasson en 1860 une copie du bureau de Louis XV que nous reproduisons page 128 bis dont la facture s'élève à 3 600 livres. L'habileté du copiste se paya-t-elle aussi cher que le génie du créateur ? Certes non, puisque dix-huit ans plus tard, Edmond de Rothschild, ancêtre de l'actuel, dut payer 30 000 livres une commode à plaques de Sèvres ayant appartenu à Madame Du Barry.

Après une longue période d'austérité pour Versailles, vers 1936, le ministre des Beaux-Arts de l'époque, à l'instigation du jeune Pierre Verlet, réussit à débloquer les premiers crédits pour racheter des pièces du mobilier royal français dispersées à travers le monde. Depuis lors, de nombreux meubles sont rentrés dans les musées français. Tous ne sont pas à Versailles. Il serait souhaitable que ceux véritablement destinés au Palais et à Trianon retrouvent les lieux qu'ils n'auraient jamais dû quitter.

Notes

1. « Objet de commerce ». Ce terme peut surprendre pour les productions de Sèvres, dont la qualité est aussi incontestable que le prix est inabordable sous le règne de Louis XVI. C'est cependant ce mot qui est employé par le ministre de l'Intérieur, Benezech, dans une lettre du 18 brumaire an V, où il donne son accord pour échanger des porcelaines contre un tableau de Jacob II van Oost. (*La Naissance du Musée du Louvre*, p. XVIII, tome I).

2. Cette phrase tirée du « Journal » (vol. I) d'Alexandre Lenoir, correspond bien à l'esprit de l'époque où l'on voit de grandioses fêtes populaires offertes aux parisiens, telle l'arrivée des œuvres d'art pillées en Italie par les armées de Bonaparte.

3. Les heures de repas appliquées aujourd'hui datent de l'époque révolutionnaire. Il semble qu'au moment des ventes de Versailles on suit encore les habitudes de l'ancien régime où le « dîner » se prenait entre 14 h et 15 h, tandis que le souper correspondait à un dîner tardif vers 22 h.

4. La déclaration de guerre avec l'Angleterre date du début de l'année 1793, mais c'est seulement après le décret du 9 octobre, voté sur la motion de Robespierre, que « tous les Anglais, Écossais, Irlandais, Hanovriens... seront à la réception du présent décret, mis en état d'arrestation dans les maisons de sûreté. Leurs biens seront confisqués au profit de la République ». *Paris pendant la Terreur – Rapports des Agents Secrets* par Pierre Caron, 1964.

5. Davillier (Charles-Henri, Baron), grand collectionneur du XIXᵉ siècle. Celui-ci fit paraître dans « *La Gazette des Beaux-Arts* » (1876) un article des plus complet sur « La Vente du Mobilier du Château de Versailles pendant le Terreur ». C'est aussi à lui que nous devons la reproduction du « *Catalogue de la vente du Cabinet du Duc d'Aumont et les amateurs de son Temps* ».

6. C'est en Angleterre à Waddesdon Manor dans le Buckinghamshire, propriété de la famille Rothschild que l'on peut voir les plus remarquables productions du prince des ébénistes, S. Riesener, quelquefois orthographié Riezener. Ici on peut suivre le destin d'un secrétaire à cylindre fabriqué en 1774 pour le comte de Provence. Aux ventes de Versailles, il est adjugé 3 100 livres au tapissier Marceau (1793). Un an plus tard, il est offert à 12 000 livres dans le « *Journal des Luxus and der Moden* » où il ne paraît pas avoir été vendu. En 1814, il est

alors proposé à 4 000 francs à Louis XVIII qui rejette la proposition. Après un parcours secret, il est acheté dans les dernières années du XIXᵉ siècle par Ferdinand de Rothschild ; il entre alors discrètement dans les fabuleuses collections. (Document Pierre Verlet et Christian Baulez).

7. Cf. Hector Lefuel, « *Georges Jacob, ébéniste du XVIIIᵉ siècle* ». Ce remarquable livre paru en 1923 est toujours d'actualité.

8. Cf. Edmond Jules de Goncourt. « *Histoire de la société française pendant la Révolution* », 1864. L'éclectisme des deux frères, romanciers, historiens d'art, a fait tort aux spécialistes de la petite histoire, dont l'érudition est pourtant incontestable.

9. Cf. « *Les origines de la Révolution française* » par William Doyle. Intéressant livre d'un spécialiste européen qui, avec l'historien britannique Alfred Coblan, édifie des thèses personnelles sur les causes de la Révolution française.

10. « *La France à l'encan – Exode des objets d'art sous la Révolution* » par Michel Beurdeley. Nous remercions notre jeune confrère Roland de l'Espée qui a bien voulu nous décrire les périgrinations de ce mobilier.

11. Cf. « *Dictionnaire critique de la Révolution française* », chapitre « Assignat » par Michel Bruguière qui traite cette question difficile d'une manière claire et précise.

12. « *La France à l'encan – Exode des objets d'art sous la Révolution – 1789-1799* », par Michel Beurdeley. « *Les Arts sous la Révolution* ». Numéro spécial de Connaissance des Arts, janvier 1989. Article de Christian Baulez, « *Versailles à l'encan* ». « *Naissance du Musée du Louvre* ». Édition de la Réunion des Musées nationaux, 1981.

13. Cf. « *Histoire de la société française pendant la Révolution* », par Edmond et Jules de Goncourt, 1864.

14. Cf. Ledoux-Lebard (Denise Moreau). « *Les Ébénistes du XIXᵉ siècle, 1795-1889, leurs œuvres et leurs marques* », 1984. « *Les Ébénistes parisiens 1795-1830, leurs œuvres et leurs marques* », 1981. « *Rare et spartiate. Le Mobilier Révolutionnaire* ». Connaissance des Arts. Nº Spécial, janvier 1989.

15. Cf. « *Tableau de Paris* » par Louis Sébastien Mercier (1740-814) où il peint les mœurs et coutumes de l'époque. Pendant la Révolution, il fut député de Seine et Oise à la Convention et siégea plus tard au Conseil des Cinq-Cents.

A la vue de cette « patrouille révolutionnaire », on peut comprendre l'angoisse des braves bourgeois parisiens qu'évoque Delecluze dans ses « Souvenirs ». Musée Carnavalet.

Portrait de George Jacob par Simon Julien peint en 1793. Remarquons opportunément l'habit bleu, la cravate blanche et le gilet rouge. Collection H. de Chastenet.

16. La vente des biens de Marc-René Sahuguet d'Espagnac dit le « petit abbé » eut lieu en 1793 dans l'Hôtel des Ventes de la rue de Cléry où officiait en tant qu'expert, organisateur de vente, le citoyen Lebrun. Au catalogue : dessins des trois écoles, marbres porphyres, meubles précieux par Boule, riches pendules, lustres... Mais le produit de la vente ne reflète guère cette abondance. Le petit abbé n'avait-il pas aussi l'art d'escamoter ?

17. Ce prix de 760 livres anglaises peut en effet surprendre. N'y aurait-il pas eu confusion dans l'esprit de l'excellent auteur Reitlinger entre les livres françaises et anglaises. Reitlinger G.R. « *The Economics of Taste*, vol. III : *The Rise and Fall of Objets d'Art Prices since 1780* », 1963. Le duc de Bedford donnait de fastueuses réceptions dont rêvaient tous les parisiens. C'était une curiosité de savoir quelle robe portait ce soir-là madame de Sainte-Amarante, amie de Chabot, Augustin de Robespierre et même Saint-Just, ce qui ne l'empêcha pas de terminer ses jours sur l'échafaud.

18. Gouverneur (c'est son prénom) Morris naquit près de New York en 1752 d'une famille peu fortunée. Il fit de bonnes études et accéda au grade de Maître des Arts en 1787. Il fut député de Pensylvanie et participa à l'élaboration de la constitution. Il arrive en France en 1789 où il remplace officiellement Jefferson comme ministre en mai 1792. Pendant l'époque troublée de la Révolution, il déploie une grande activité. Très bon diplomate, très bon financier, il fut aussi un séducteur malgré l'amputation d'une jambe en 1780 à la suite d'un accident.

(D'après les notes de Pierre Guiccardi dans « *Les Mémoires de l'abbé Morellet* »). Signalons sur notre sujet (chap. XIII) un livre bien documenté de Jean-Jacques Fiechter. « *Un diplomate américain sous la Terreur* », 1983).

19. Cf. E.J. Delécluze (1781-1863). « *Louis David, son école et son temps* ». Témoin fasciné et méticuleux, l'auteur raconte sans complaisance son apprentissage du métier de peintre dans l'atelier de David.

20. D'après l'historien Aulard, pour traiter avec les neutres, et obtenir des devises, le Comité de Salut Public rechercha partout les marchandises qui trouvaient facilement preneur. « Dès l'an II, on établit à Paris un entrepôt de vins fins et de liqueurs tirés des biens des émigrés et des condamnés. On en constitua un autre pour des meubles, objets précieux et argenterie ouvrée... les soieries, étoffes et dentelles de la Du Barry estimées 200 000 livres y furent envoyées ainsi que des draps, mousselines et basins ». D'après Godechot, le banquier Balbi de Gênes, s'occupa de la vente des objets saisis dans les monts-de-piété et du transport des fonds en France.

21. Sur les 19 tapis de la Savonnerie provenant de la grande galerie du Louvre, on en retrouve aujourd'hui 14 dans les collections nationales françaises. Cf. « *Savonnerie. The James A. de Rothschild Collection of Waddesdon Manor* », par Pierre Verlet. Fribourg 1982 et « *Les Meubles d'Art du Mobilier National* » par E. Williamson, 1883.

22. John Dean Paul (Sir) « *Journal of a party of pleasure to Paris*. 1802. »

Monogramme de Marie-Antoinette surmonté d'une couronne, encerclé de l'inscription « Garde-Meuble de la Reine », relevé sur une table à écrire estampillée Riesener et livrée au Petit Trianon en juillet 1780. The James A. de Rotschild Collection, Waddesdon Manor.

Vue du cabinet de l'Impératrice Eugénie à Saint-Cloud montrant le secrétaire à cylindre exécuté pour Louis XV à Versailles par Oben et Riesner.
Gouache aquarellée par Fortune et de Fournier. Paris, Musée du Louvre.

Gravure populaire par Clément, d'après des dessins de Monsian, tirée des « Œuvres Poissardes » de J.-J. Vadé représentant une vente aux enchères au coin d'une rue en 1796.
Paris, Collection particulière.

Petite table par Riesener livrée « pour le service de la Reine au château de Trianon le 10 juillet 1780 ». The James A. de Rotschild Collection, Waddesdon Manor.

La danse des Nymphes. Tapisserie des Gobelins tissée en 1690. (Ancienne collection de la Couronne). (Musée du Louvre).

130

Les tapisseries des appartements royaux à Versailles et la Révolution

par Daniel Meyer

Conservateur en chef au musée national des châteaux de Versailles et de Trianon

Dans la destinée des collections royales pendant la Révolution, les tapisseries occupent une place à part. On ne peut les ranger ni franchement parmi les œuvres d'art qui participèrent à la constitution du Muséum et de ses annexes ni non plus parmi le mobilier qui fut en grande partie aliéné lorsqu'il n'était pas jugé digne de figurer comme exemple de l'artisanat ou utile à servir aux différentes instances du nouveau régime.

Pour comprendre cette situation particulière des tapisseries de la Couronne, il convient d'abord d'étudier quelle était leur vocation sous l'Ancien Régime. Depuis le Moyen Age, la tapisserie était un appoint important dans le mobilier, appoint de confort mais aussi de décors. Par sa nature même, cet appoint n'était pas utilisé de manière fixe mais selon les besoins : remplacement de meubles en cours de renouvellement ou même remplacement de meubles par saison [1] une année sur deux en hiver [2]. L'étude des différents inventaires de Versailles, de 1740 à 1792 [3], est significative à ce sujet et mérite que l'on s'y arrête car l'époque et l'origine des tapisseries utilisées, une certaine hiérarchie d'emploi, préfigurent souvent le sort qui leur sera réservé pendant la Révolution. N'oublions pas aussi que, grâce à leur mobilité, les tapisseries servaient aux décors éphémères, que ce soit dans les bâtiments fixes utilisés pour certaines grandes cérémonies [4], les bâtiments appelés à être détruits, édifiés pour des événements particuliers [5], ou lors de processions dont la dernière sera celle de l'ouverture des États Généraux à Versailles le lundi 4 mai 1789.

Pour répondre à ces nombreuses demandes, il semble qu'en dehors du Garde-Meuble de la Couronne de Paris, chaque demeure importante ait possédé son magasin de tapisseries particulier [6]. En ce qui concerne Versailles, ces magasins appelés « Magasins des voûtes » paraissent, d'après une mention de l'Inventaire de 1776 [7], avoir été situés dans la cour de l'Opéra. La numérotation des séries, que l'on retrouve dans la plupart des inventaires, n'est naturellement pas propre au château mais correspond à l'inventaire commencé en 1716, sur ordre de Fontanieu, Intendant général des Meubles de la Couronne [8].

Il est bon de souligner également une certaine hiérarchie dans l'utilisation des tapisseries. A la lecture des inventaires, on se rend compte que les grandes suites des Gobelins du règne de Louis XIV ont toujours la primeur et que, selon l'importance des personnages logés à la Cour, peut-être la fréquence de leurs séjours et même leurs exigences, l'origine, l'époque et l'état des œuvres utilisées sont pris en considération. Un dernier point vaut la peine d'être retenu : c'est naturellement le sujet des tapisseries, qu'il s'agisse des tentures tendues ou des portières. Comme pour les peintures lors des Salons, les tapisseries étaient classées selon un ordre allant des thèmes les plus nobles (l'Histoire sacrée) au plus modeste qui constituait le septième chapitre (Les Verdures) [9]. A cela s'ajoutait une suite de pièces « dessorties » et surtout des compléments nécessaires à la présentation des tapisseries, c'est-à-dire les termes et les soubassements. On pourrait croire que la qualité des suites utilisées aurait permis une meilleure conservation grâce au soin que l'on prend à l'exposition d'œuvres d'art. Il semble que cela n'ait pas toujours été le cas : ainsi, dans l'antichambre du Grand Couvert de la reine en 1788 [10], les cinq pièces de la galerie de Saint-Cloud [11] complétées d'un terme double à enfants [12], avaient certainement beaucoup de mal à tenir sur les parois amputées vers l'est du retranchement surmonté de la tribune des musiciens, à moins d'imaginer les différentes pièces repliées, recoupées ou même passant devant les portes occupant le fond de la pièce !

En revanche, pour en revenir aux différents inventaires du Grand appartement du roi [13], on constate le choix constant de tapisseries à sujets nobles, qu'il s'agisse de fabrication des Flandres ou des Gobelins. Cela prouve la conception que l'on se faisait pendant tout le XVIIIᵉ siècle d'œuvres jugées pour leur valeur comme pour leurs sujets. Ces derniers étaient du reste en rapport avec les peintures des collections de la Couronne exposées dans ces mêmes appartements. Parfois même, les sujets étaient mêlés, comme les techniques – ce qui ne laisse pas de surprendre. Prenons les différentes tapisseries ayant orné la salle du Trône [14] : en 1751, sont mêlées haute et basse lisses, toutes rehaussées d'or. On trouve cinq pièces des Actes des Apôtres sur un dessin de Raphaël dont le prototype avait été tissé de 1515 à 1519 pour le pape Léon X à Bruxelles par Pierre Van Aelst. Dès avant 1663, plusieurs suites se trouvaient au garde-meuble [15] – un entrefenêtre de l'Histoire de Scipion, lui aussi tissé à Bruxelles d'après Jules Romain ; commandé par Charles-Quint, la tenture aurait été achevée sur ordre de François Iᵉʳ [16]. Enfin deux termes doubles, qui semblaient provenir du nᵒ 133, exécutés en basse lisse à or aux Gobelins sur les métiers des Lacroix père et fils, par ordre du 23 octobre 1708 [17]. Est-ce la commodité ou l'esthétique qui avait présidé au choix un peu hétéroclite de ces œuvres ? Peut-être les deux, puisque dans le salon suivant, dit Pièce du lit [18], on voyait cinq tapisseries de l'Histoire de saint Paul, tissées comme les Actes des Apôtres à Bruxelles d'après Raphaël [19], une entrefenêtre de l'Histoire de Scipion, de la même série que celle de la Salle du Trône et deux termes doubles. On peut imaginer que, dans l'enfilade des deux pièces qui sont voisines, les entrefenêtres faisaient ensemble, quant aux Actes des Apôtres et l'Histoire de saint Paul, ils formaient un décor homogène pour le fond des deux salons. Dans la Salle de bal [20], il n'est pas question de tapisseries, qui n'auraient pas trouvé place tant que les tribunes des musiciens existaient. Elles furent supprimées en 1750, année où l'inventaire de 1751 fut commencé. Dans l'inventaire suivant, qui date de 1776 [21], on ne trouve plus de tapisseries en hiver que dans la pièce dite « Première pièce » des Grands appartements, qui est notre Salon de l'Abondance [22] ; ce sont sept pièces de la série « des belles chasses », c'est-à-dire les chasses de Maximilien [23]. Une autre pièce de la même série se trouvait dans le salon d'Hercule à un emplacement difficile à situer. L'inventaire rédigé en 1785 et corrigé en 1787 [24] nous ramène, dans le Grand appartement du roi, au système de 1751, c'est-à-dire avec des tapisseries en hiver. Dans la « Chambre du Trône » [25], il est mentionné en marge « hyver avec tenture des Gobelins »

puis « quatre pièces tapisseries tentures des Gobelins sujets Jason et Médée voyez l'inventaire des tentures qui sont changées chaque année [26]. Terme et entrefenêtre Idem » [27]. Dans la chambre de la Pendule sont signalés une tenture et des entrefenêtres de l'Histoire d'Alexandre [28]. Il en est de même pour la Salle de bal. Dans la première pièce (l'Abondance), il y a toujours la tenture des Belles chasses que l'on trouve rayées dans le Salon d'Hercule.

L'inventaire de 1788 nous montre les mêmes tapisseries en en précisant simplement le nombre. Il en est de même en 1792. Le Grand appartement du roi constitue, dès le règne de Louis XV, un tout considéré comme un lieu historique. Cependant, ce qui ressort est que, sous Louis XV, on tendait des tentures datant même de la Renaissance mais toujours admirées. Pourtant toutes n'étaient plus à Versailles au moment de la Révolution. C'était, par exemple, le cas de l'Histoire de Scipion et, semble-t-il, de l'Histoire de saint Paul. On ne les retrouve en tous cas pas dans l'Inventaire général de 1789. Bien que très ancienne et devant subir des réparations estimées à plus de 24 000 livres, la tenture des Actes des Apôtres – avait été jugée digne d'être réservée. Sous le Directoire, lorsque ce gouvernement perdu de réputation et à court d'argent, hésitera, pour se procurer du numéraire, à vendre des tapisseries ou à les détruire pour en récupérer l'or et qu'il optera pour cette dernière solution comme plus rentable, il choisira, du moins au début, des tentures anciennes et considérées comme démodées. Les trois suites dont nous avons parlé plus haut furent en effet détruites le 24 prairial an V (12 juin 1797) [29]. Le sort des séries tissées aux Gobelins fut meilleur, soit que leur sujet antique (Histoire d'Alexandre ou Histoire de Jason) offusquât moins l'athéisme révolutionnaire, soit que leur état et leur qualité, malgré les insignes de royauté dans les bordures, touchâssent plus les membres du Nouveau Régime. C'est ainsi que le 22 fructidor an II (9 septembre 1793) la série de Jason, prisée 7 000 livres mais n'ayant pas été vendue, rentra au Garde-Meuble [30] de la rue des Réservoirs [31]. L'illogisme régnant souvent à cette époque, on la retrouve, le 12 thermidor an VI (1ᵉʳ août 1797) dans le magasin du rez-de-chaussée où elle fait partie des « objets inutiles destinés à être vendus » [32] et n'est estimée que 800 F. Pourtant, en 1789, elle était dite « superbe mais n'a pas été soignée » [33]. Le fait qu'elle ne fût pas tissée d'or et fût d'un dessin assez moderne, lui permit sans doute d'échapper à la destruction et de faire partie des objets réquisitionnés pour « le Directoire et les Ministères » [34]. Quant aux pièces des Belles Chasses, estimées pour l'ensemble des tentures 4 000 livres, elles ne furent pas vendues et rentrèrent également au Garde-Meuble le 22 fructidor an II (11 septembre 1793) [35].

Chez la reine, où le Grand appartement servait d'appartement d'habitation, on trouve en 1751, dans le Cabinet d'audience, c'est-à-dire l'Antichambre des Nobles de la reine, « 6 pièces de Jules Romain » et deux termes doubles [36]. Les six pièces de Jules Romain faisaient partie de la suite nᵒ 116, dite « divers sujets de la Fable » [37]. Quand cette tenture fut remplacée, comme le prouve l'Inventaire de 1776 [38], elle le fut par six pièces d'une

Le triomphe d'Alexandre à Babylone. Tapisserie des Gobelins. (Ancienne collection de la Couronne). (Musée national des châteaux de Versailles et de Trianon).

suite très proche, dite « Histoire de Raphaël » et deux termes doubles. L'Histoire de Raphaël était décrite sous le n° 127 comme « divers sujets de la Fable »[39]. Le Cabinet d'audience de la reine resta tendu de tapisseries jusqu'aux grands travaux de 1785 qui lui donnèrent son état actuel[40].

L'Inventaire de 1751 mentionne les termes doubles sous le n° 141. En réalité, il s'agit du n° 140, le n° 141 concernant des termes simples[41]. Les deux séries, comme celle du n° 208 de l'Inventaire de 1776, sont à modèle d'amours[42].

Au moment de la Révolution, les sujets de la Fable de Jules Romain étaient considérés comme « superbes » mais nécessitant quelques petites réparations[43]. Lors des ventes révolutionnaires, leur dispersion était prévue pour le 1er messidor an II (19 juin 1794). Mais en fructidor de la même année (août 1794), bien qu'estimée 20 000 livres, cette tenture ne fut pas vendue et resta au Garde-Meuble[44].

Quant à la tenture dite « aux sujets de la Fable d'après Raphaël », bien qu'elle ne fût plus utilisée dans l'appartement de la Reine, elle continue à être considérée comme « très belle » et à servir « chez le roi et la famille royale et aux fêtes-Dieu »[45]. En 1793, prisée 20 000 livres mais n'ayant pas été vendue, cette tenture retourna au Garde-Meuble de Versailles[46].

On a vu plus haut que l'antichambre du Grand Couvert fut tendue de tapisseries jusqu'à la fin de l'Ancien Régime et qu'à la suite des « Maisons Royales », que l'on trouve dans l'Inventaire de 1751[47], puis des « Fructus Belli », que l'on trouve dans celui de 1776[48], furent accrochées après 1785 cinq pièces de la « Galerie de Saint-Cloud », qui ne seront plus que quatre en 1792, comme il est indiqué dans l'Inventaire[49] : « 1e des tentures est supprimée sur la cheminée, il y a par remplacement une glace[50] ». En 1789, elle était jugée « très belle et très fraîche »[51]. Le fait qu'elle soit sans or et en très bon état la fera échapper aux ventes révolutionnaires[52]. Un terme double d'enfants complétait le décor de la pièce[53].

Nous nous sommes beaucoup étendus sur l'état des tapisseries dans les apaprtments du roi et de la reine. En réalité, une étude de toutes les tapisseries dans les appartements des princes et des grands et de ce qu'il en advint serait utile. Si l'on prend par exemple les appartements des princes, on trouve en 1788, dans la pièces des nobles du Dauphin, quatre pièces des Maisons royales[54], faisant partie d'une suite jugée en 1789 « bien passée, sert chez les princes et aux fêtes-Dieu »[55]. Cette suite ne put être vendue et rentra au Garde-Meuble.

Chez la comtesse d'Artois étaient tendues, à la même époque, dans le Salon des nobles, quatre pièces de l'Histoire de Don Quichotte que l'Inventaire de 1789 détaille[56]. Cette tenture, comportant neuf pièces, contrairement à celles que nous venons de mentionner, était plus moderne puisqu'elle avait été livrée en 1768 en deux fois : le 9 mars pour le nouvel appartement de Madame Louise, dernière fille de Louis XV, en ce qui concernait six pièces, le 9 octobre pour « compléter la décoration de l'appartement de Madame Adélaïde » fille ainée du roi, en ce qui concernait les trois autres pièces[57]. Très récentes et considérées comme superbes, ces neuf tapisseries furent envoyées,

dès le 10 octobre 1789, aux Tuileries « pour le service du roi »[58]. Cette magnifique tenture ne fut pas aliénée lors des ventes révolutionnaires ; elle ne fut pas détruite car elle ne comportait pas de fils métalliques.

La hiérarchie des tentures apparaît, comme nous l'avons dit, selon l'importance des personnes à meubler. C'est ainsi que Madame Royale, avant 1788, avait dans son grand cabinet quatre pièces de verdure de Beauvais, sujets de la Fable[59]. La preuve du peu d'intérêt que l'on portait à la majorité des tapisseries qui n'étaient pas des Gobelins et que l'on considérait parfois comme d'un dessin moins digne d'attention est l'utilisation qui en était généralement faite et surtout le manque de détails qui en est donné, par exemple, dans le catalogue dressé pour la vente du 1er messidor an II[60]. Il est vrai que sont joints dans le même article des portières et des termes des Gobelins.

Concurremment aux tentures, les portières représentaient une des richesses des collections des tapisseries royales. En relisant les Inventaires, on trouve des portières dans à peu près tous les appartements ; leur utilité, bien évidente, ne peut faire oublier la qualité des modèles employés pour les portières des appartements royaux et princiers. En place toute l'année, lorsqu'il n'y avait qu'un meuble, elles servaient l'hiver à l'instar des tentures lorsqu'il y avait changement par saison. Les différents inventaires nous font connaître deux types de modèles tissés aux Gobelins. Les premiers sont héraldiques : portières des Renommées, de Mars ou du Char du triomphe qui arborent les Armes de France et de Navarre ; elles sont d'un dessin de Le Brun et avaient d'abord été tissées sous Louis XIV mais refaites encore au XVIIIe ; portières dites de Perrot, qui arborent uniquement les Armes de France et qui avaient été tissées sous Louis XV[61]. Les seconds modèles sont à figures des dieux de la mythologie et étaient dits « des Saisons et des Eléments » d'après Audran et furent complétés au XVIIIe siècle par les nouvelles portières de Diane, de Perrot[62]. En 1788, il y avait dans les antichambres du roi des portières aux Armes (Mars dans la Salle des gardes et le Grand couvert, dites « à l'Écusson », c'est-à-dire de Perrot, à l'Œil de bœuf). Partout ailleurs étaient des portières « des Saisons et des Éléments », avec ou sans or. C'était le cas, par exemple, chez la reine et chez le dauphin[63]. Si l'on fait le total des portières dépendant du Garde-Meuble de Versailles, on trouvait en 1789, pour ce qui est des portières héraldiques, douze portières des Renommées, vingt-cinq portières de Mars, plus quatre à Trianon, vingt-quatre portières du Char et trois portières « à l'Écusson ». Pour ce qui est des portières mythologiques, on peut en répertorier soixante-trois à Versailles en 1789[64]. Contrairement à ce que l'on pourrait penser, la Révolution ne causa pas une hécatombe des portières, malgré leurs symboles royaux. La preuve en est le nombre subsistant de nos jours dans les collections nationales. Naturellement, un certain nombre fut aliéné, non sans qu'auparavant on ait cherché à effacer lys, chiffres et couronnes. C'est ainsi qu'en l'an II et en l'an IV, le rentrayeur Vavoque enlevait les lys se trouvant aux angles des bordures des portières des Dieux[65]. En cas de dispersion, il était indiqué « à charge de faire disparaître les

Entrefenêtres des Ternes. (Modèles des Amours).
Tapisserie des Gobelins tissée d'après un carton de Le Brun.
(Ancienne collection de la Couronne). (Mobilier national).

135

signes de féodalité » [66]. Cette mention se trouve fréquemment dans les procès-verbaux de vente. Pourtant le gouvernement révolutionnaire ne se montra pas aussi exigeant pour lui-même qu'il l'était vis-à-vis de ses acheteurs ; simplement voit-on, parmi les destructions du Directoire, le brûlement le 22 prairial an V (10 juin 1797) de quatre portières de la série du Char du triomphe (sans numéro d'inventaire) qui fournit 152 marcs de métal [67].

Si l'on veut tirer une conclusion de l'action révolutionnaire, on est forcé d'admettre qu'elle pécha avant tout par l'ignorance d'abord, sous la Convention, doublée par l'avidité sous le Directoire. Sous l'Ancien Régime, le Garde-Meuble de la Couronne conservait des collections considérables de tapisseries dont certaines remontaient au Moyen Age. Les tapisseries constituaient une sorte d'ordre intermédiaire entre les véritables œuvres d'art et le mobilier. Au moment des ventes révolutionnaires, on resta certes sensible à la splendeur des fabrications dues aux Gobelins dont la plupart furent même conservées ; mais, à côté de cela, combien de fois peut-on noter cette mention « objets inutiles... à vendre » [68]. L'absence d'acheteur les sauva souvent momentanément. Sous le Directoire, où le sectarisme tendait à faire place à la vénalité, certaines œuvres furent préservées par leur manque de fils métalliques ; on privilégia dans les destructions les anciennes tentures des Flandres aux Gobelins. Les nouveaux dirigeants ne dédaignèrent pas du reste de tendre les murs de leurs palais de tentures des Gobelins. On a vu comment la tenture de Jason, prisée 7 000 livres, jadis dans la Salle du Trône, fut réquisitionnée le 19 vendémiaire an VII (11 octobre 1798) pour le Directoire et les Ministères ; il en fut de même des séries d'après Jules Romain ou Raphaël, autrefois chez la reine [69]. Les différents lots qui occupent les numéros allant de 3483 à 3569 attristent cependant, même si un grand nombre d'œuvres fut conservé. A l'issue de la Révolution, on pourrait faire sienne cette phrase tirée des lettres de provision de Louis XIV du 31 décembre 1663, nommant Gedéon Berbier du Metz intendant général des meubles de la Couronne : « l'expérience du dernier siècle dans lequel il s'est fait une dissipation prodigieuse de tout ce qu'il y avait de plus beau et de plus rare dans nos garde-meubles, nous apprend qu'il faut aussy pourvoir à leur sûreté et à leur conservation » [70].

Notes

1. On entendait par « meuble » les tissus utilisés pour les tentures murales, les rideaux et portières, les couvertures des sièges et, dans les chambres, les étoffes du lit.

2. L'usage voulait que, pour des raisons de confort aussi bien que de propreté, il y eût deux meubles dans l'année, un d'hiver utilisé du mois de novembre au mois d'avril, l'autre, d'été, du mois de mai au mois d'octobre. Il est bien évident que l'emploi des tapisseries était une survivance médiévale, commode et économique.

3. Inventaires de 1740, 1751, 1776, 1785-87, 1788, 1792 conservés aux Archives nationales dans la série O¹ (Maison du roi). Pour les notes, nous emploierons l'abréviation O¹, etc.

4. En particulier lors des sacres à Reims, où étaient naturellement utilisées des scènes religieuses. Par exemple, pour le sacre de Louis XIV, on reconnaît, dans la tapisserie de la série de l'Histoire du Roi, quatre pièces des Actes des Apôtres (cf. D. Meyer – L'Histoire du Roy, Éditions de la R.M.N., Paris, 1980, p. 18). Les mêmes tapisseries se retrouvent à Notre-Dame de Paris, lors du renouvellement de l'alliance avec les Suisses le 18 novembre 1663 (cf. ops. cit., p. 58).

5. Lors de l'assemblée des notables, tenue en 1787 dans une salle bâtie dans la cour des Menus-Plaisirs à Versailles, on utilisa la suite de l'Histoire du Roi.

6. Cf. l'inventaire général des tapisseries en 1789, A.N. O¹ 3502 où les dépôts dans d'autres châteaux sont précisés.

7. A.N. O¹ 3457, p. 559.

8. Cf. inventaire général des meubles de la Couronne sous Louis XIV publié par J. Guiffrey en 1885.

9. Le chapitre II était consacré à l'histoire, le chapitre III à la fable, le chapitre V aux romans, le chapitre VI à divers sujets (les maisons royales par exemple).

10. A.N. O¹ 3463, pp. 175-177.

11. Il s'agit du n° 195.

12. N° 133 ?

13. Il est à remarquer que, dans les inventaires, l'appartement du roi est décrit en partant de la galerie, c'est-à-dire en sens inverse de l'ordre logique.

14. Salon d'Apollon. On notera que, comme de nos jours chez la reine, les salons de l'appartement du roi (en dehors d'Hercule) sont dénommés par leur destination et non par le décor de leur plafond.

15. Plusieurs séries de cette suite existaient au Garde-Meuble avant 1663 (cf. J. Guiffrey, op. cit.). Celle tendue en 1751 était le n° 1 de l'inventaire. Versailles possédait également 5 pièces de la suite n° 52 (cf. Inv. de 1776, A.N. O¹ 3457, p. 559). Elle avait été tissée aux Gobelins, en haute

Portière aux armes royales. Tapisserie des Gobelins. (Ancienne collection de la Couronne).
(Musée national des châteaux de Versailles et de Trianon).

137

lisse avec or, en dix pièces, dans les ateliers de Jans le Père et le fils, Lefebvre, Laurent le fils, de 1667 à 1669.

16. Série n° 3, en laine et soie relevée d'or ; elle comportait en tout vingt-deux pièces. Cette tenture était appelée « Le Grand Scipion ». En 1789, sous le n° 201, Versailles possédait 6 pièces entrefenêtres dites « assez belle et fraîche ».

17. M. Fenaille, État général des Tapisseries des Gobelins, t. III, Paris, 1904, p. 62.

18. Salon de Mercure, appelé « Pièce du lit » en souvenir du lit qui s'y trouvait sous Louis XIV. A partir de l'inventaire de 1776, ce salon est appelé « Pièce de la pendule » à cause de la pendule d'Antoine Morand que l'on peut encore y voir.

19. N° 2 de l'Inventaire Général, cette suite comportait sept pièces.

20. Salon de Mars. Au cours du XVIIIe siècle, c'est de plus en plus le Salon d'Hercule, beaucoup plus vaste, qui sert de Salle de bal.

21. A.N. O¹ 3457.

22. A cette date, le Salon de Vénus est appelé « Pièce d'abondance » ou « deuxième Pièce du Grand Appartement », le Salon de Diane « Pièce des Ambassadeurs » ou « troisième Pièce des Grands Appartements » (A.N. O¹ 3457, pp. 60-61). En 1785 le Salon de Vénus est aussi appelé « Pièce dite de Flore » (A.N. O¹ 3469, p. 101).

23. Deuxième tenture en basse lisse en or, tissée aux Gobelins de 1685 à 1687, dans les ateliers de Delacroix et Mozin (cf. M. Fenaille, op. cit., t. II, 1903, pp. 307-308).

24. A.N. O¹ 3469.

25. A.N. O¹ 3469, p. 86.

26. Il s'agit du n° 246 de l'inventaire de 1789, où le nombre de pièces, leurs dimensions et leur emplacement dans la « Pièce du Trône » sont précisés (A.N. O¹ 3502, p. 138). Cette suite de Jason est la deuxième de ce modèle ; elle avait été tissée aux Gobelins en haute lisse de 1753 à 1757, dans les ateliers de Cozette et d'Audran. Elle fut envoyée à Versailles en 1763 (cf. M. Fenaille, ops. cit., t. IV, 1907, pp. 115-117), pour être répartie entre les salons d'Apollon, Mercure et Mars.

27. Cf. note 17.

28. Il s'agit de la deuxième tenture en haute lisse à or, exécutée aux Gobelins dans l'atelier de Lefebvre, Laurens et Jans fils, de 1670 à 1682 (cf. M. Fenaille, ops. cit., t. II, 1903, pp. 174-175).

29. Cf. J. Guiffrey, Destruction des plus belles tentures du mobilier de la Couronne en 1797, in : Mémoires de la Société de l'Histoire de Paris et de l'Ile-de-France, t. XIV, Paris, 1888, pp. 265-298.

30. Arch. des Yvelines, II Q 66 pce 9.

31. 11, rue des Réservoirs, bâti de 1780 à 1783 par Arnaudin.

32. Arch. des Yvelines, II Q 69 pce 87.

33. A.N. O¹ 3305.

34. Arch. des Yvelines, II Q 67 pce 23.

35. Arch. des Yvelines, II Q 66 pce 9.

36. A.N. O¹ 3454, p. 41.

37. Il s'agit de la première tenture en haute lisse à or, tissée de 1686 à 1693 aux Gobelins dans les ateliers de Jans le fils et Lefebvre (cf. M. Fenaille, ops. cit., t. II, 1903, pp. 252-254).

38 A.N. O¹ 3457, p. 81.

39. Il s'agit de la deuxième tenture en haute lisse à or, tissée de 1690 à 1703 aux Gobelins dans les ateliers de Jans le fils et Lefebvre. La première tenture était contemporaine de la première tenture d'après Jules Romain (cf. M. Fenaille, ops. cit., t. 22, 1903, pp. 273-275).

40. A.N. O¹ 3469, p. 149. La date de changement mobilier est exactement indiquée à la p. 150, c'est le 14 novembre 1785.

41. Cf. « l'État des thermes » dans l'inventaire de 1789, A.N. O¹ 3502, f° 667 v° et 668 r°.

42. Les n° 140 et n° 141 proviennent de la sixième tenture en haute lisse à or, tissée aux Gobelins par Delacroix fils et Leblond de 1733 à 1736. Le n° 208 provient de la cinquième tenture en basse lisse sans or tissée par les mêmes lissiers de 1729 à 1732 (cf. M. Fenaille, ops. cit., t. III, 1904, p. 72).

43. A.N. O¹ 3502, p. 262.

44. Arch. des Yvelines, II Q 66 n° 9 et M. Fenaille, ops. cit., t. II, 1903, p. 253.

45. A.N. O¹ 3502, p. 270.

46. Arch. des Yvelines, II Q 66 n° 9, article 3485, et M. Fenaille, ops. cit., t. II, 1903, p. 275.

47. A.N. O¹ 3454, p. 40. Il s'agit du n° 83 provenant de la première série en haute lisse à or, tissée aux Gobelins de 1668 à 1681 dans les ateliers de Jans le fils et Lefebvre. En 1789, les trois pièces sur les douze étaient à Marly. Cette tenture est jugée « très passée, mais sera sans doute d'un bon service étant réparée l'an prochain » (A.N. O¹ 3502, p. 252). Des pièces de Marly, l'une était tendue, deux autres au dépôt du château.

48. N° 155 de l'inventaire, faisaient partie de la première tenture en basse lisse sans or, tissée aux Gobelins en 1685-1686 dans les ateliers de Mozin et De La Croix. En 1789 elle est estimée « Bonne et Belle » (A.N. O¹ 3502, P. 242).

49. Inv. de 1785-87, A.N. O¹ 3469, p. 147.
Inv. de 1788, A.N. O¹ 3463, p. 175.
Inv. de 1792, A.N. O¹ 3354, p. 188.
Il est à noter que son numéro d'inventaire 195 n'est indiqué que dans l'inventaire de 1788. Le n° 195 correspond à la quatrième tenture en basse lisse sans or, tissée aux Gobelins de 1712 à 1719 sur les métiers de Souet, De La Croix, Leblond et Delafraye (cf. M. Fenaille, ops. cit., t. II, 1903, p. 418).

50. A.N. O¹ 3354, p. 188.

51. A.N. O¹ 3502, p. 266.

52. Arch. des Yvelines, II Q 66. Il est à remarquer qu'au moment de la Révolution trois suites sur six de la Galerie de Saint-Cloud étaient à Versailles ; les deux autres étaient la première et la troisième en haute lisse à or (n°s 118 et 119 de l'inventaire). Aucune ne fut vendue, malgré le descriptif de la vente du 1er messidor an II où l'une des tentures à or était proposée sous le n° 27 (Arch. des Yvelines, II Q 66 pce 4).

53. « du n° 133 ? » (Inventaire de 1788, A.N. O¹ 3463, p. 177). En réalité, il s'agit d'une erreur dont le scribe s'est rendu compte avec son point d'interrogation. En effet, le n° 133 correspond à la première série de termes en haute lisse représentant des hommes et non des enfants (cf. M. Fenaille, ops. cit., t. III, 1904, pp. 61-64). Il ne peut s'agir que du n° 208 car, seule série sans or de ce modèle à Versailles en 1789, il eut été étonnant de voir cohabiter la tenture sans or de la Galerie de Saint-Cloud avec un terme avec or.

54. Du n° 84 (A.N. O¹ 3463, p. 202) faisant partie de la deuxième tenture en haute lisse à or.

55. A.N. O¹ 3502, p. 236.

56. « Versailles, n° 264, Don Quichote, 9 pièces... chez Made Csse d'Artois, Pièce des Nobles... » soit la mesure des quatre pièces (A.N. O¹ 3502, p. 176).

57. M. Fenaille, ops. cit., t. III, 1904, pp. 243-244.

58. A.N. O¹ 3300².

59. N° 250 de l'inventaire des tapisseries, cf. inventaire de 1785, A.N. O¹ 3463, p. 342.

60. Arch. des Yvelines, Q 66 pce 4.

61. Pour leur historique, cf. M. Fenaille, op. cit., t. II et III.

62. M. Fenaille, ops. cit., t. III. Il est à remarquer que l'on ne trouve à Versailles aucune des nouvelles portières de Diane.

63. A.N. O¹ 3463 et 3464.

64. A.N. O¹ 3502 et 3503.

65. Cité par M. Fenaille, ops. cit., t. III, 1904, p. 56.

66. Exemple : lors de la vente d'une portière des portières de la Renommée n° 12342, Arch. des Yvelines II Q 66 pce 9.

67. Cf. J. Guiffrey, ops. cit., p. 288.

68. Cf. Arch. des Yvelines, II Q 66.

69. Cf. Arch. des Yvelines, II Q 66 pce 9.

70. Reproduit par J. Guiffrey, inventaire général du Mobilier de la Couronne sous Louis XIV, 1re partie, 1885, p. 5.

Le bal de Barcelone. Tapisserie des Gobelins tissée en 1768 d'après un carton de Audran. (Ancienne collection de la Couronne). (Mobilier national).

FIG. 1. – Étienne Martincourt († ap. 1791) et Étienne-Augustin Le Roy († ap. 1790). Pendule à l'Astronomie et à la Géographie, c. 1772.
H. 0,711 m. L. 0,593 m. Pr. 0,333 m. Malibu, J.-Paul Getty Museum. Cliché du musée.
Cette pendule acquise, à titre personnel par Louis XVI, se trouvait placée en 1790 dans la salle du Conseil aux Tuileries. Saisie à la Révolution, elle servit au Directoire.

L'ameublement du palais directorial du Luxembourg

par Jean-Dominique Augarde

Centre de Recherches Historiques sur les Maîtres ébénistes

« *Il nous faut absolument une cour, de la pompe, de l'éclat, des fêtes, du luxe, des palais somptueux, un fracas de représentation royale* » affirmait sous Louis-Philippe, Monsieur de Cormenin [1].

Il n'est pas impossible que le 10 brumaire an IV (1er novembre 1795), les directeurs qui tenaient leur première séance de travail au palais du Luxembourg, entièrement démeublé et glacial, « *sur une petite table boiteuse dont un pied était rongé de vétusté* » [2], aient eu une pensée similaire. En tout état de cause, le luxe monarchique qui présida bientôt à l'aménagement de leur résidence pourrait laisser penser qu'ils firent volontiers leur, ce souhait du conventionnel Marc-Antoine Baudot : « *je voulais la République à la manière de Périclès, c'est-à-dire avec le luxe, les sciences, les arts et le commerce. La pauvreté, à mon avis, n'est bonne à rien, et je dirais volontiers avec Dufrêne : Ce n'est pas un vice, mais c'est pire. Mediocritas aurea* » [3].

A l'automne 1795, les premières institutions post-révolutionnaires de la France étaient mises en place. Après des élections, dont le caractère démocratique n'a pas frappé la postérité, les assemblées, le conseil des Cinq Cents et celui des Anciens, se réunirent pour désigner les membres du Directoire constituant le pouvoir exécutif de la République.

Le 9 brumaire, Louis-Marie de La Revellière-Lepeaux (1753-1824), Louis-François Le Tourneur de la Manche (1751-1817), Jean-François Reubell (1747-1807), Emmanuel Siéyès (1784-1836) et Paul de Barras (1755-1820), tous régicides, furent nommés directeurs. L'abbé Siéyès renonça immédiatement à cette charge et fut remplacé quelques jours plus tard par Lazare Carnot (1753-1823), également régicide.

De ces cinq dirigeants, si trois avaient du talent, aucun n'avait un vrai sens politique, ni n'était particulièrement digne de la magistrature suprême. Lazare Carnot s'était illustré par « *l'organisation de la victoire* » et devait se rendre encore fameux par sa défense de la ville d'Anvers en 1814. Barras avait su procéder à l'arrestation de Robespierre et réprimer efficacement le soulèvement royaliste de vendémiaire an IV (septembre 1795). D'une manière regrettable, pour l'œuvre positive du Directoire, l'Histoire en a fait le symbole de ce régime ne retenant de sa personnalité que ce jugement de Baudot : « *Comme un gouvernement dans sa gestion, comprend les Vertus et les Vices, Barras se chargea de représenter cette dernière partie et s'en acquitta dignement* » [4]. La Revellière-Lepeaux se distinguait par un réel courage, un républicanisme sincère, des convictions déistes et de la probité. En revanche, l'insignifiance de Le Tourneur était telle que Napoléon a pu justement dire « *On a peine à s'expliquer comment Le Tourneur fut nommé au Directoire* » [5], tandis que la médiocrité de Reubell resta littéralement proverbiale [6] peut être parce qu'il joignit à cette tare une grande cupidité et une non moins grande avarice [7].

En application de l'article 172 de la Constitution de l'an III (22 août 1795) [8], le palais du Luxembourg et ses dépendances avaient été affectés aux Directeurs, car c'était le seul bâtiment de Paris où l'on put commodément les faire cohabiter. Ce palais construit entre 1615 et 1630, pour Marie de Médicis échut en héritage à son fils, Gaston d'Orléans, puis à la Grande Mademoiselle, sa petite-fille. Ayant fait retour à la Couronne, quelques membres de la famille royale et de nombreux seigneurs y furent logés au XVIIIe siècle. En 1775, il fut donné en apanage à Monsieur, comte de Provence. Devant l'ampleur des travaux à effectuer, le frère de Louis XVI loua, en 1780, l'hôtel contigu dit du Petit-Luxembourg, aujourd'hui résidence du président du Sénat, élevé par Germain Boffrand pour la veuve d'Henri-Jules de Bourbon, prince de Condé. Monsieur y fit faire divers arrangements par l'architecte Jean-François Chalgrin. Au retour de la famille royale à Paris, en octobre 1789, le Petit-Luxembourg devint la résidence principale du futur Louis XVIII tandis que son épouse s'établissait dans le palais voisin. Après leur départ en exil, les scellés furent placés sur leurs biens. Regroupés au Petit-Luxembourg, ceux-ci furent envoyés au Garde-Meuble à partir du 8 floréal an II (27 avril 1794)[9]. Mais dès le 26 juillet précédent, le palais lui-même avait été transformé en prison. Le nombre des détenus y augmenta rapidement en dépit des exécutions pour atteindre 818 suspects en thermidor an II (juin 1794). Au nombre de ceux-ci figure François de Neufchâteau qui reviendra loger dans les lieux quelques années plus tard, en tant que membre du Directoire.

Le côté disparate des Directeurs et la précipitation avec laquelle ils furent entourés de faste ont largement répandu l'idée qu'ils avaient pillé ce qui restait du Garde-Meuble de la Couronne[10]. Cette vision est sommaire, injuste et inexacte : l'aménagement luxueux du palais du Luxembourg répondit à des exigences politiques et économiques bien réelles.

Sur le plan politique, si Louis XVI, imprégné de la légitimité de sa naissance et de l'onction reçue à Reims, avait cru être en mesure de pouvoir réduire les fastes de la Cour, une autorité dont la source était discutable devait, à l'inverse, tenter de se magnifier aux yeux de ses contemporains, tant sur le plan intérieur qu'extérieur. Il ne s'agissait pas seulement de satisfaire les goûts dispendieux de quelques parvenus, mais de répondre à un impératif politique. Cette nécessité fut vivement ressentie comme telle puisqu'elle amena des hommes comme Carnot et La Revellière-Lepeaux à s'entourer d'une pompe et d'un cérémonial dont ils étaient par nature assez éloignés.

Ce choix, découlant de l'esprit des articles 165 à 172 de la Constitution, avait été arrêté avant la désignation des Directeurs eux-mêmes. Les premiers ordres relatifs à l'ameublement du palais du Luxembourg furent donnés au début de brumaire an IV (fin octobre 1795) par Cambacérès, ultime président d'un Comité de Salut public moribond[11]. On se préoccupa dès cette époque d'étoffer les effectifs du Garde-Meuble en faisant appel à d'anciens serviteurs de la monarchie[12].

Sur le plan financier, l'emploi des réserves du Garde-Meuble et de biens saisis chez les émigrés était imposé par le vide dramatique des caisses de la République. Les ordres les plus formels avaient été donnés aux autorités compétentes de « ne recourir à aucun achat qu'en dernier recours »[13].

Sur le plan économique, ce choix était un encouragement donné à l'industrie du luxe, activité industrielle très importante à Paris et à Lyon[14], largement exportatrice. Les producteurs étaient concentrés, à Paris, dans les faubourgs Saint-Antoine et Saint-Marcel, viviers des émotions populaires. A défaut de pouvoir passer des commandes de soutien, faute d'argent, le pouvoir réhabilitait le luxe en en légitimant l'emploi aux yeux des classes riches de la société. Paris donnant le ton à l'Europe, de la même manière, étaient favorisées les exportations, et par voie de conséquence la création d'emplois dans les quartiers turbulents de la capitale. Cette idée était présente dans tous les esprits, ainsi le 12 vendémiaire an VII (3 octobre 1798), le *Journal du Soir* rapporte, que lors de la discussion du budget de l'an VIII, « *Bailleul* (ex-conventionnel) *soutient qu'imposer le luxe, ce serait porter la désolation sur toute l'étendue de la République, ravir les moyens d'existence à une infinité d'ouvriers* »[15]. Quinze jours auparavant, le 17 septembre 1797, s'était ouverte à l'initiative de François de Neufchâteau, alors ministre de l'Intérieur, la première exposition des produits de l'industrie où les objets de luxe se taillèrent la part du lion. Il reprenait une idée soutenue par le marquis d'Avèze, un moment commissaire aux manufactures des Gobelins, de la Savonnerie et de Sèvres, pour tenter de trouver un débouché aux productions et remédier à la détresse des ouvriers[16].

La volonté de meubler dignement les cinq directeurs, les sept ministres, leurs principaux collaborateurs et différentes administrations eut une conséquence fondamentale : l'arrêt presque total de l'aliénation des chefs d'œuvre de l'art décoratif français qui ornaient avant 1792 les demeures royales et princières. Il est établi, par ailleurs, que les meubles placés au palais du Luxembourg y étaient encore à la chute du régime et qu'aucun directeur n'en confisqua à son profit personnel, le seul, Reubell, qui s'y essaya fut rappelé à l'ordre par le pouvoir[17].

C'est dans un palais dévasté, y compris l'hôtel du Petit-Luxembourg qui avait un temps abrité la commission de l'Instruction Publique, que s'installèrent les Directeurs. Le Tourneur « *vint, dit-on, de son département prendre possession au Directoire, dans un chariot, avec sa gouvernante, ses ustensiles de cuisine et sa basse-cour* ». Si cette anecdote, rapportée par Las Cases[18], est apocryphe, elle n'en illustre pas moins le piètre état des lieux.

L'administration se trouva en face de deux problèmes. Le premier était la restauration des bâtiments et une nouvelle distribution des pièces. Cette tâche incomba à Jean-François Chalgrin qui reprit au service du Directoire les fonctions qu'il avait assumées dans les mêmes lieux auprès du comte de Provence et qu'il poursuivit au service de Napoléon. Le second problème était de meubler rapidement de fond en comble cinq appartements de fonction et un grand nombre d'autres. Cette mission fut naturellement dévolue au Garde-Meuble National.

Sous ce nom avait perduré, avec seulement un changement de qualificatif, le Garde-Meuble de la Couronne. Dès novembre 1792, le peintre Jean-Bernard Restout avait succédé à Marc-Antoine Thierry de Ville d'Avray, avec le titre de conservateur et d'inspecteur. Le 14 janvier 1793, le Garde-Meuble avait été placé sous la tutelle exclusive du ministre de l'Intérieur. En juin 1793, Restout fut remplacé par Bayard à titre provisoire, et ce dernier momentanément par Dubois. Après thermidor an II, Bayard retrouva sa place d'inspecteur au côté de Villette nommé directeur. Le maintien du Garde-Meuble fut nécessaire, ne

FIG. 2. – François-Thomas Germain. Bras de lumière d'une suite de quatre. H. 0,98 m. Malibu, The J.-Paul Getty Museum. Cliché du musée. Livrées pour le duc d'Orléans au Palais Royal, ces appliques furent acquises par la Couronne en 1785. Utilisées par le Directoire au Luxembourg, elles y sont encore sous la Restauration. A la fin du XIXᵉ siècle, elles sont citées dans les collections du baron Mayer Amschel de Rothschild à Mentmore.

143

serait-ce que pour aider à sa propre liquidation, mais aussi pour satisfaire les besoins en matériel des multiples bureaux et comités que le pouvoir révolutionnaire engendra. Il devait également meubler un certain nombre d'agents de l'État selon un vieux privilège qu'aucune des assemblées délibérantes depuis 1789 n'avait songé à remettre en cause.

Cette nouvelle mission ne déplut pas à l'administration du Garde-Meuble qui y trouva non seulement la justification de sa survie provisoire, mais aussi le moyen de faire prévaloir ses vues. Elle n'avait jamais approuvé les aliénations massives ordonnées par le pouvoir et au plus fort de la tourmente révolutionnaire avait résisté autant qu'il lui fut possible. L'installation du Directoire lui permit de faire partager ses idées à son nouveau ministre de tutelle, Benezech, qui écrivit le 18 nivôse an IV (8 janvier 1796) à son collègue des Finances : « *Le gouvernement doit s'empresser de se créer des ressources en finances par les mesures indiquées dans la loi du 2 de ce mois ; mais prenons garde de ne pas livrer à la cupidité des spéculateurs des chefs d'œuvre de l'art que la France doit s'honorer de posséder, qu'on ne pourrait même vendre que difficilement ou à vil prix et dont la privation nous appauvrirait d'une manière irréparable. Je crains, mon cher collègue, qu'on ne vous ait exagéré les ressources financières que peut offrir le Garde-Meuble...* »[19].

Outre l'obligation primordiale de meubler les cinq directeurs, l'administration du Garde-Meuble devait satisfaire concurremment les demandes des ministres et autres hautes autorités. Elle devait également installer les principaux commis de chacun d'entre eux, notamment plus d'une quinzaine de fonctionnaires pour le palais directorial dont Lagarde, le secrétaire général qui exigea un ameublement presque équivalent à celui de ses maîtres, mais aussi Chalgrin architecte, Augibeau contrôleur, et Blondeau Adjudant général commandant la Force armée près le Directoire. Enfin, outre femmes et enfants, ces dirigeants avaient de la famille qu'il fallut établir dans les meubles de la République. Au Luxembourg ou dans ses dépendances logeaient la mère, la tante et la sœur de Le Tourneur, le frère et la sœur de Carnot, la nièce de Lagarde, le frère de Blondeau, etc... L'appartement type de ces derniers était composé d'une antichambre, d'une salle à manger, d'un salon, d'une chambre de maître, d'une garde robe et d'un cabinet, ainsi que d'une chambre de domestique.

Pour faire face à cette formidable demande, le Garde-Meuble ne pouvait compter sur les objets mis à la disposition des précédentes administrations révolutionnaires, car une circulaire de juin 1793, répétée plus tard, avait rappelé à propos de leurs installations la nécessité de respecter « *la simplicité révolutionnaire* ».

La tâche du Garde-Meuble fut difficile. Chaque administration s'estimait prioritaire et les Directeurs souhaitèrent occuper des logements provisoires au Petit Luxembourg en attendant que leurs grands appartements soient prêts dans leur résidence principale. La différence de taille entre les pièces des deux bâtiments impliquait presque deux ameublements par directeur, certains meubles adaptés aux premières ne trouvant pas leur place dans les secondes[20].

En sus des meubles de qualité pour les pièces d'apparat, le Garde-Meuble devait pourvoir à toutes les demandes comme linge de maison, mobilier ordinaire pour les domestiques, batterie de cuisine et même sanitaire. C'est paradoxalement dans ces derniers domaines que la tâche se révéla la plus compliquée. Si la vente aux enchères des objets précieux avait fait place à une vente sélective, en revanche les maisons royales et princières avaient été vidées des objets ordinaires. A la dispersion massive du mobilier secondaire ou ancien, il faut ajouter les réquisitions, notamment du linge pour les hôpitaux militaires et des objets de métal destinés aux arsenaux après leur fonte. Ici, il fallut se résigner à acquérir le complément indispensable.

En ce qui concerne les meubles de qualité, le problème était relativement facile à résoudre. Devant le peu de succès financier des ventes aux enchères dont celles de Versailles sont significatives[21], les autorités avaient décidé de mettre en réserve les plus belles pièces. Devant le refus de la majorité des négociants d'accepter des effets de crédit à la valeur incertaine et faute de numéraire, le gouvernement révolutionnaire imagina de procéder à des trocs et de régler les fournisseurs d'armes ou de denrées alimentaires en objets d'art. Ce fut un des rôles de la Commission des Revenus Nationaux et de celle du Commerce et de l'Approvisionnement. La sélection des objets destinés aux échanges fut effectuée par les membres de la Commission temporaire des Arts, notamment parmi ceux qui avaient été réservés pour les musées[22]. Ainsi deux types de meubles se trouvaient disponibles à l'automne 1795 pour l'ameublement des palais nationaux : ceux réservés pour enrichir les musées et qui y avaient été parfois déjà transportés et ceux destinés aux échanges. C'est dans ces deux fonds que Bayard puisa prioritairement.

L'inspecteur du Garde-Meuble commença par faire un rapide inventaire des disponibilités. Dans plusieurs résidences royales ou princières comme Fontainebleau, Versailles, Compiègne ou Le Raincy, propriété du duc d'Orléans, ou dans les dépôts de ces villes, les meubles les plus importants étaient toujours sur place. Ordre fut donné de les faire venir à Paris. D'autres déjà arrivés de Versailles, Saint-Cloud, Bellevue ou des Tuileries, y compris ceux d'émigrés ou de condamnés, se trouvaient répartis dans plusieurs dépôts : l'hôtel du Garde-Meuble (actuel ministère de la Marine), l'hôtel de l'Infantado (actuel consulat des États-Unis) et l'hôtel de Nesles. Par ailleurs, de nombreux objets mobiliers saisis chez les émigrés et condamnés étaient regroupés dans quatorze autres dépôts parisiens. Le ministre de l'Intérieur, Benezech, en communiqua la liste à Bayard afin que celui-ci puisse aller y choisir ce qui lui semblerait propre aux besoins du service[23]. Le ministre pria les conservateurs d'accéder aux demandes de l'inspecteur du Garde-Meuble y compris pour les objets déjà réservés pour les musées : « *... Toute annotation de ces effets par la Commission temporaire des Arts ne devra former aucun obstacle...* »[24].

Des objets déjà installés dans les musées furent également réquisitionnés. Le même ministre autorisait Bayard, le 24 brumaire, à prendre possession de vingt-quatre pendules déposées

Tapis de la Manufacture Royale de la Savonnerie. Livré pour le Garde-Meuble. (Collection particulière).

« Cérémonie du mariage de Louis XIV Roy de France et de Navarre avec la Sérénissime Infante Marie Thérèse d'Austriche Fille aisnée de Philippe IV Roy d'Espagne ».
La cérémonie religieuse eut lieu à Saint-Jean-de-Luz le 9 juin 1660. Tapisserie de la Manufacture royale des Gobelins. (Ancienne collection de la Couronne).

Secrétaire-bibliothèque réalisé en 1755 par Bernard II Van Risamburgh pour le Grand Trianon. (Musée Tessé du Mans).

Assiettes et plateaux du service de Louis XVI à Versailles et aux Tuileries. (Londres, collection Jonathan Harris).

Assiettes du service bleu céleste de Louis XV (1753-1754). (Londres, collection particulière).

Fig. 3. – Jean-Jacques Pafrat († 1793). Secrétaire. Musée National du château de
Versailles. Cliché R.M.N.
Saisi chez le duc d'Orléans au château du Raincy, il orna l'appartement de La
Revellière-Lepeau au palais du Luxembourg avant d'être envoyé au ministère de la
Justice.

▽

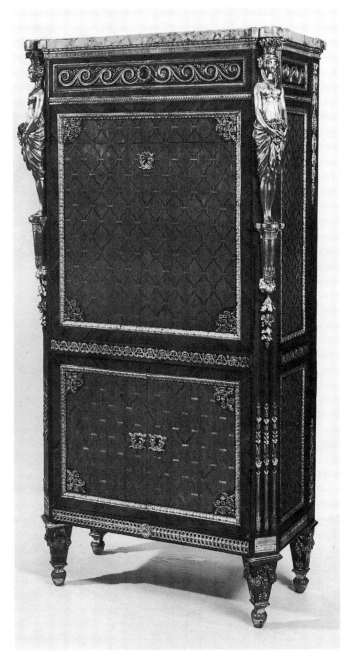

△
Fig. 4. – Guillaume Beneman († ap. 1811). Secrétaire. H. 1,64 m. L. 0,64 m. Pr. 0,41 m.
New York, Metropolitan Museum, don de M. et Mme Wrightsman. Cliché du musée.
Livré en 1786 pour le cabinet Intérieur de Louis XVI au château de Compiègne. Utilisé
par les directeurs, il passa dans les collections de Cambacérès et de la duchesse douairière
d'Orléans.

au Cabinet de Physique du Muséum, au Louvre au motif que : *« Le Directoire exécutif ayant besoin d'une quantité de pendules pour ses appartements au Petit Luxembourg »* [25]. Le jour même, elles étaient remises plus trois autres et un baromètre à l'horloger Robert Robin qui oubliant ses précédentes charges de valet de chambre-horloger du roi et de la Reine, horloger de Monsieur, du duc de Chartres, etc... se parait du titre d'horloger du Directoire [26]. Parmi ces pendules figuraient notamment celle de la Salle du conseil de Louis XVI aux Tuileries (J. Paul Getty Muséum) *(fig. 1)* et le régulateur du duc de Noailles (Musée national du Château de Versailles) [27]. D'autres viendront plus tard dont certaines ayant appartenu au comte de Provence retrouvèrent les lieux qu'elles avaient abandonnés peu de temps auparavant.

Bayard se rendit aussi, dès le 29 brumaire, à la manufacture de Sèvres mettre en réquisition divers objets dont six écritoires identiques destinés aux Directeurs et à leur secrétaire général. C'est à l'administration de la Monnaie que l'inspecteur du Garde-Meuble s'adressa pour obtenir l'argenterie utile à la table des nouveaux dirigeants de la France.

Les derniers mois de 1795 et les premiers de 1796 furent nécessaires pour mener à bien, à l'exception de quelques détails, l'ameublement du palais du Luxembourg.

Barras fut établi le premier, puis ses confrères, qui ne souffrirent pas cette situation sans se plaindre, étant tous intéressés au maintien de l'égalité constitutionnelle. Les épouses y veillaient aussi. L'une d'elle obtenant un tabouret de pied, le Garde-Meuble était aussitôt sommé d'en fournir immédiatement aux autres.

Quelques-uns des plus beaux meubles des principaux appartements des demeures royales ayant été conservés, mobilier qui avait été presque intégralement renouvelé sous le règne de Louis XVI, le Luxembourg fut donc splendidement orné, presque à la dernière mode. Il serait fastidieux d'énumérer le contenu de la centaine de fourgons que nécessita cette opération. On peut citer entre autres, venant de Versailles, le secrétaire de Roentgen, acquis personnellement par Louis XVI [28], la commode de sa chambre, des torchères de la Galerie des Glaces [29] ; de Saint-Cloud, les commodes et les sièges du Salon des Jeux, la commode de la chambre et les sièges du Cabinet Intérieur de la Reine ; de Compiègne, la commode de la Chambre, le secrétaire et les sièges du Cabinet Intérieur du Roi, la commode de la salle du Conseil et celles du Salon des Jeux de la Reine ; de Fontainebleau, les commodes des Salons des Jeux du Roi et de la Reine, les bureaux de la Bibliothèque et du Cabinet Intérieur de Louis XVI ; du palais du Temple, les six bras de lumières livrés par Rémond pour les petits appartements du comte d'Artois [30], etc...

Lazare Carnot vit placer, entre autres, dans ses appartements les chenets aux chameaux du Cabinet Turc de Marie-Antoinette à Fontainebleau *(fig. 5)* [31], la commode du cabinet à côté de la Salle de Billard de Louis XVI à Fontainebleau, la pendule allégorique des Arts du comte de Provence, une console de la Salle à Manger de Louis XVI à Fontainebleau [32], les sièges du

Cabinet Intérieur de Marie-Antoinette à Saint-Cloud. Reubell reçut pour son salon la commode du Cabinet Intérieur de Louis XVI à Fontainebleau [33], tandis que Lagarde travaillait sur le bureau qui avait décoré la même pièce [34] et était éclairée par les bras de lumière du Cabinet de Toilette de Marie-Antoinette à Saint-Cloud [35].

En fonction de l'arrivée à Paris des convois provenant des anciennes résidences royales, certains meubles placés à titre provisoire étaient échangés. Ainsi, La Revellière-Lepeaux obtenant pour son salon des sièges recouverts de tapisserie des Gobelins, les précédents garnis de damas bleu deuil et blanc brodé en chenette de soie blanche, provenant du Cabinet Intérieur de Marie-Antoinette à Saint-Cloud, furent installés dans le salon de Carnot [36]. De même, La Revellière-Lepeaux utilisa pendant quelques mois une commode et un secrétaire en acajou et ébène *(fig. 3)* (Musée national du château de Versailles) ayant appartenu au duc d'Orléans qui furent finalement placés au ministère de la Justice [37]. L'arrivée des meubles de Fontainebleau permit d'installer des bras de lumières magnifiques dans le salon, la salle à manger et la chambre de Reubell, et des feux de même qualité dans sa chambre et dans celle de son épouse à la place d'objets plus simples, envoyés à leur tour chez le frère de Carnot et le sieur Collignon [38]. D'autres événements provoquaient parfois des mouvements tel que le retrait d'un objet, qui figurait comme lot dans les loteries destinées à renflouer partiellement les caisses de l'État, ou la restitution d'un autre aux héritiers d'un condamné.

Une fois sa mission accomplie, c'est-à-dire meubler en fonction de leur importance les différentes administrations de la République, le Garde-Meuble National fut dissous, mesure prévue dès la chute de la monarchie et qui devint effective le 1er messidor an V (19 juin 1797) [39]. Ses responsabilités en la matière furent transférées aux administrations concernées. Cette décision fut une erreur et dès la proclamation de l'Empire, il apparut indispensable de le rétablir.

Nous avons indiqué combien il était faux d'affirmer que le Directoire avait pillé le Garde-Meuble et que tout au contraire, ce qui fut mis à sa disposition fut préservé d'une dispersion malheureuse. En 1799, son ameublement passa aux trois consuls, ce qui permit une installation tout aussi magnifique de ces derniers au palais des Tuileries. Bonaparte, suivant la même politique que ses prédécesseurs, acheva de vider le Muséum des meubles et objets d'art épargnés par Bayard pour remeubler ses résidences notamment le château de Saint-Cloud [40]. De cette manière, le département d'art mobilier que la Commission temporaire des Arts avait formé au musée du Louvre disparut jusqu'à sa reconstitution à l'aube du XXe siècle.

Si nous considérons l'ameublement des Directeurs, nous constatons que bien des objets qui leur furent dévolus sont aujourd'hui les principaux ornements de grands musées étrangers et de collections particulières. Pour certains d'entre eux, il est possible de retracer les circonstances de sortie du Garde Meuble. Ainsi en 1808, Napoléon 1er donna en toute propriété à Cambacérès, archichancelier de l'Empire, la totalité du contenu de l'hôtel du Carrousel à l'exception des tapisseries [41]. L'ancien deuxième consul avait choisi dans les dépouilles du Directoire des meubles de la plus extrême qualité comme la commode de la Chambre de Louis XVI à Versailles (musée de Chantilly), celle de la chambre de la duchesse de Bourbon au palais Bourbon (Londres, Wallace Collection), le secrétaire du Cabinet Intérieur de Louis XVI à Compiègne (New York, Metropolitan Museum) *(fig. 4)*, la pendule à triple cadrans de Mesdames (Detroit Institute of Art), la console en laque du Grand Cabinet de Madame Victoire à Bellevue (Collection privée) etc... La plupart de ces objets furent acquis, en 1816, par la duchesse douairière d'Orléans, mère de Louis-Philippe, et dispersés par sa postérité [42]. Sous Charles X, le Garde-Meuble procéda à diverses ventes de « vieux meubles » au nombre desquels figurèrent, en 1827, le baromètre de Louis XV (cat. n° 62) et le secrétaire de Louis XVI par Roentgen, qui se trouvaient tous les deux dans la Salle à Manger des Retours de chasse à Versailles en 1789 [43]. Ce dernier fut dépecé et ses éléments servirent à la confection de divers meubles dont deux bureaux plats (Washington, National Gallery of Art, et Londres, Victoria & Albert Museum), un cabinet (anciennes collections Beurdeley et Atenor Patino) [44] et une table (Munich, Bayerisches Nationalmuseum). Pour d'autres, en revanche, les circonstances de leur départ des collections nationales ne sont pas établies. Il en va ainsi des bras de lumières, créés par François-Thomas Germain pour le Palais Royal, qui ornèrent ensuite la seconde antichambre de l'appartement de Marie-Antoinette à Compiègne [45], puis le Luxembourg (J. Paul Getty Muséum) *(fig. 2)*. Ils étaient encore dans ce dernier palais, siège de la chambre des Pairs sous la Restauration [46]. Si on ne sait rien de l'histoire de la console de Fontainebleau placée chez

Lazare Carnot [47], en revanche, la présence de la pendule du comte de Provence (cat n° 91) est encore attestée aux Tuileries sous le Second Empire [48].

Ainsi loin d'avoir été, sauf sur le plan de la morale, un scandale, l'ameublement magnifique du palais du Luxembourg pour le Directoire eut des conséquences heureuses pour la préservation du patrimoine artistique de la France dans le domaine des arts décoratifs. Cet aménagement, qui répondit à des considérations de politiques intérieure, extérieure et économique précises, fut conçu et mis en œuvre par le Garde-Meuble dans la plus stricte tradition monarchique. Le général Bonaparte s'installa avec la même facilité que ses prédécesseurs immédiats dans les meubles de celui qui deviendrait plus tard son grand oncle par alliance. Si le comportement du Premier Consul fut raillé par quelques-uns de ses concitoyens, la pompe environnant les Directeurs provoqua un tollé chez leurs contemporains. La postérité de ce point de vue épargne Napoléon de toute critique, tandis qu'elle poursuit de sa vindicte le vicomte de Barras et ses confrères. La raison essentielle de ces attitudes contrastées est que la pompe et le luxe, en tant qu'attributs de la puissance régalienne et instrument de propagande, ne sont perçus par la nation comme légitime que si le détenteur du pouvoir apparaît comme légitime et digne d'exercer ce pouvoir. Les Directeurs n'ayant jamais imposé le respect, ni par leurs qualités personnelles, ni par leurs aptitudes gouvernementales, le décorum dont ils furent entourés ne put masquer le vide politique, intellectuel et moral qu'ils incarnaient et auquel les formes extérieures de respect ne pouvaient suppléer. Donc, c'est en ce sens seulement que la somptuosité de l'ameublement du palais directorial apparaît comme illégitime.

Notes

1. Cité par P. Mansel, *La cour sous la Révolution, l'exil et la Restauration,* Paris, 1989.

2. La Revellière-Lepeaux, *Mémoires,* Paris, 1895.

3. M.A. Baudot, *Notes historiques sur la Convention Nationale, le Directoire, l'Empire et l'Exil des votants,* Paris, 1867.

4. M.A. Baudot, *op. cit.* Aimée de Coigny, duchesse de Fleury charge ce portrait en écrivant que Barras « *fut un peu le mari de toutes les femmes et peut être la femme de beaucoup de maris* » (*Journal,* réed. Paris, 1981).

5. Comte de Las Cases, *Le Mémorial de Sainte-Hélène,* Paris, la Pléiade, 1935. Las Cases rapporte qu'à un retour du Jardin des Plantes, on demandait à Le Tourneur « *de raconter ce qu'il y avait trouvé de rare ; et, comme on lui demandait s'il y avait vu Lacépède, il s'étonnait fort de l'avoir passé, assurant qu'on ne lui avait montré que la girafe* ».

6. « *Je vous souhaite le bonjour et la médiocrité de Reubell* », cité par A. Kuscinski, *Dictionnaire des Conventionnels,* Paris, 1916.

7. A. Kuscinski, *op. cit.*

8. *Les Constitutions de la France depuis 1789,* Paris, 1979, p. 120 : « *Les membres du Directoire sont logés aux frais de la République, et dans un même édifice* ».

9. Paris, Arch. Nat., Maison de l'Empereur, 02 470.

10. Image encore reprise par J. Tulard, J.F. Fayard et A. Fierro, *Histoire et Dictionnaire de la Révolution Française,* Paris, 1987, p. 208.

11. Paris, Arch. Nat., Maison de l'Empereur, 02 444, arrêté du 22 vendémiaire an IV.

12. Robert Rey, *Histoire mobilière du Château de Fontainebleau, La Révolution,* Paris et Fontainebleau, 1936.

13. Paris, Arch. Nat., Maison de l'Empereur, 02 444, instructions du 1er frimaire an IV.

14. Les lyonnais avaient mal vécu la diminution des dépenses de la maison du roi, formulant la nécessité dans un cahier du Tiers État « *qu'Elle* (la maison du roi) *puisse d'une manière digne d'Elle, soutenir l'éclat du Trône, la dignité, la grandeur et l'appareil qui conviennent au plus puissant monarque de l'univers,...* » cité par U.C. Pallach, « La splendeur du trône : Les dépenses de la Couronne française et l'opinion publique à la fin de l'Ancien Régime », in *Antologia di Bella Arte,* Nuova Serie, NN 29-30, 1986.

15. *Journal du Soir, de politique et de littérature,* Paris. La nature et la légitimité du luxe est une question qui avait été très discutée à la veille de la Révolution, notamment par Sénac de Mailhan (*Considérations sur la richessse et le luxe,* Paris, 1787).

16. Jacqueline Viaux, « Les expositions des produits de l'industrie 1798-1849 », in *De Arte et Libris, Festschrift Erasmus 1934-1984,* Amsterdam, 1984.

17. Kuscinski, *op. cit.* « *Le journal des Hommes Libres, du 4 messidor an VII, demandait s'il était vrai que le Directoire avait donné l'ordre au ministre de l'Intérieur de faire restituer à l'ex-directeur Reubell les porcelaines, flambeaux, vases et jusqu'aux pots de nuits de porcelaine qu'en le quittant il avait enlevés du Luxembourg* ». Reubell répondit que c'est sa femme et son fils qui les avaient emportés à son insu.

18. Comte de Las Cases, *op. cit.*

19. Paris, Arch. Nat. Maison de l'Empereur, 02 444, lettre de Benezech à Frepault.

20. Paris, Arch. Nat., Maison de l'Empereur, 02 444, rapport de Bayard en date du 22 brumaire an IV.

21. Michel Beurdeley, *La France à l'encan,* Paris, 1981 et Christian Baulez, « Versailles à l'Encan », *Les Arts sous la Révolution,* Paris, Connaissance des Arts, 1989, p. 34 à 43.

22. Paris, Arch. Nat., Maison de l'Empereur, 02 470, pièce 128, Instruction de la commission des revenus à Bayard, en date du 3 brumaire an III, relative à l'organisation du dépôt à l'hôtel de l'Infantado des objets destinés aux échanges. Parmi les membres de la Commission temporaire des Arts figurèrent d'éminents fournisseurs de l'ancienne Cour comme les marchands Lebrun, Lignereux, Julliot, l'ébéniste Riesener, etc...

23. Paris, Arch. Nat., Maison de l'Empereur, 02 465, lettre du 17 brumaire an IV. Ces dépôts étaient au nombre de quatorze : Maisons Kerry, de l'Égalité (ex-Palais Royal), Thiard, Saint-Priest, Caylus, Robert Vincent, Corberon, Soubise, Liancourt, du Châtelet, Menage de Pressigny, Beaumarchais, La Gallissonnière et la Guiche.

24. Paris, Arch. Nat., Maison de l'Empereur, 02 444, lettre en date du 24 brumaire an IV à Naigeon conservateur du dépôt de l'hôtel de Nesle.

25. Paris, Arch. Nat., Maison de l'Empereur, 02 444, Dos. 2, pièce 23, lettre à Charles, Conservateur du Cabinet de Physique du Museum.

26. Paris, Arch. Nat., Maison de l'Empereur, 02 444, Dos. 2, pièce 18, reçu de Robert Robin.

27. Paris, Arch. Nat., Maison de l'Empereur, 02 444, et C. Baulez « Il Luigi XVI », *Il mobile francese dal Luigi XVI all'art deco,* Milan, 1981, rep. p. 6.

28. Pierre Verlet, « The Great Louis XVI Secretaire at Versailles », *The Connoisseur,* Octobre 1961, pp. 130 à 135.

29. Daniel Meyer, « L'ameublement de la chambre de Louis XIV à Versailles de 1701 à nos jours », *Gazette des Beaux Arts,* tome CXIII, février 1989, pp. 81 à 104.

30. Paris, Arch. Nat., Maison de l'Empereur, 02 463, 6 nivose an IV (chargement de la 49e voiture). L'identification a été effectuée par C. Baulez, « Pierre Gouthière (1732-1813), *Vergoldete Bronzen,* Munich, 1986, t. II, pp. 561 à 642.

31. Paris, Arch. Nat., Maison de l'Empereur, 02 411, Journal des meubles sortis du Garde-Meuble à compter du 1er germinal an IV.

32. Paris, Arch. Nat., Maison de l'Empereur, 02 433, Journal des meubles sortis du Garde-Meuble à compter du 1er pluviose an IV. Cette console est passée en vente d'une manière anonyme (Paris, 6 juin 1984, no 58) et se trouve aujourd'hui dans la collection Roberto Polo à New York. Son pendant qui avait été placé au ministère de l'Intérieur se trouve désormais au Louvre (Inv. OA 5 519).

33. Paris, Arch. Nat., Maison de l'Empereur, 02 433, Journal des meubles sortis du Garde-Meuble à compter du 1er pluviose an IV.

34. Id.

35. Cf. note 31.

36. Pierre Verlet, *Le Mobilier Royal Français,* Paris, 1945, pp. 107 à 112.

37. Cf. note 31 et C. Baulez, *op. cit.* note 27.

38. Cf. note 33.

39. Paris, Arch. Nat., Maison de l'Empereur, 02 485.

40. Jean-Pierre Samoyault, « Les remplois de sculptures, d'objets d'art dans la décoration du Palais de Saint-Cloud sous le Consulat et au début de l'Empire », *Bulletin de la Société de l'Histoire de l'Art Français,* année 1971, pp. 153 à 191.

41. Paris, Arch. Nat., Maison de l'Empereur, 02 701.

42. C. Baulez, « Hôtel Cambacérès », *Le faubourg Saint-Germain, La rue Saint-Dominique,* Paris, 1984, pp. 167-168.

43. C. Baulez, « Notes sur quelques meubles et objets d'art des appartements intérieurs de Louis XVI et de Marie-Antoinette », *Revue du Louvre,* 5/6-1978, pp. 359-373.

44. Paris, vente 31 mai 1895, no 352, et 26 novembre 1975, no 120.

45. Beauvais, Arch. de l'Oise, I Q II 298.

46. Les numéros précédés des lettres LUX figurant sur les appliques de Germain paraissent se référer à un inventaire au moins postérieur à 1811. Ces mêmes lettres accompagnées de numéros, bien entendu, différents se retrouvent sur une pendule d'Uranie, conservée à la présidence du Sénat, signée de *Lepaute & Fils,* raison sociale créée seulement en 1811.

47. Cf. note 33.

48. Paris, Arch. Nat., Garde Meuble, AJ 19 1101. Inventaire du palais des Tuileries, 1855, Pavillon de Marsan, appartement no 157, chambre à coucher, no 5 547.

FIG. 5. – Pierre Gouthière (1732-1813). Feux aux chameaux. H. 0,34 m. L. 0,25 m. Paris, Musée du Louvre. Cliché R.M.N.
Livrés pour le cabinet turc de Marie-Antoinette au château de Fontainebleau, ils furent utilisés par Lazare Carnot dans son appartement du palais du Luxembourg.

LE DESTIN
DES COLLECTIONS ROYALES
APRÈS LA RÉVOLUTION

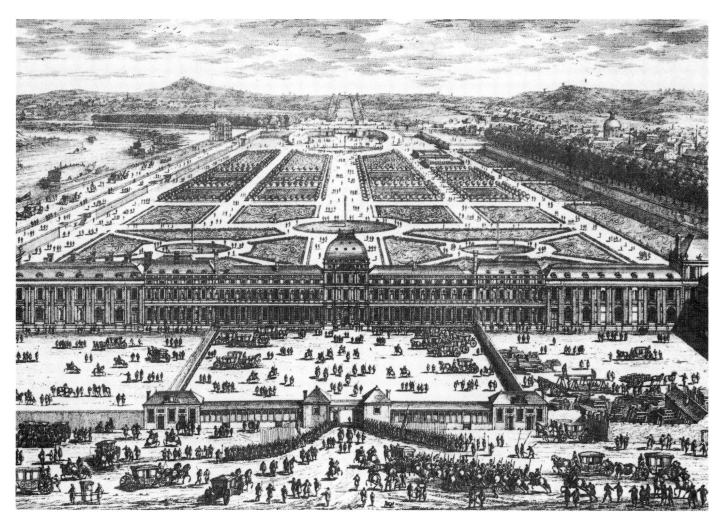

Le palais des Tuileries. Gravure de Nicolas Perelle. (Bibliothèque Nationale).

La vengeance de Latone, ou Latone et les paysans de Lycie, de Jean Jouvenet, provenant de la Salle du Billard du Château Neuf de Meudon.
(Musée d'Art et d'Histoire de Meudon).

Demeures royales disparues

par Georges Poisson

Inspecteur général des musées, chargé du Musée de l'Ile-de-France

C'est une constante de l'histoire de France : en temps de révolution, chaque fois que le chef de l'État a quitté Paris, l'abandonnant à l'émeute, il a triomphé de cette dernière et chaque fois qu'il y est demeuré ou revenu, il en a été la victime : Charles V, Henri IV, Louis XIV, M. Thiers (et même le Général de Gaulle, s'envolant en juin 1968 pour Baden-Baden) étant les exemples de la première proposition, Louis XVI et Louis-Philippe de la seconde. Leçon historique utile à rappeler en ces temps de bicentenaire.

Dès le Moyen Age, les rois s'étaient méfiés de Paris, capitale à la tête chaude, toujours à la merci d'un coup de sang. Après Jeanne d'Arc, la monarchie française s'était installée en val-de-Loire, région offrant bien des avantages économiques et stratégiques, et lorsque Paris, qui avait acquitté une grande part de la rançon du roi François Ier, avait demandé son retour dans la capitale, ce dernier n'avait accepté qu'à demi : il avait bien transformé le Louvre et créé les Tuileries, mais il avait surtout implanté la monarchie en Ile-de-France, à Saint-Germain, à Fontainebleau, à Villers-Cotterets notamment. Dès lors, Valois et Bourbons vont, jusqu'à la Révolution, créer, acheter, transformer ou délaisser une série de demeures royales dont l'histoire constitue la trame de celle de l'Ile-de-France elle-même.

De ces châteaux royaux des environs de Paris nous restent huit d'entre eux : Dourdan, Vincennes, Villers-Cotterets (défiguré par sa transformation en asile), Fontainebleau, Saint-Germain, Versailles avec ses annexes des Trianon, Rambouillet et Compiègne. Mais le bilan des disparitions est lourd, puisque nous avons perdu Madrid, Saint-Ange, Saint-Léger en Yvelines, Saint-Cloud, Meudon, Marly, Bellevue, Choisy-le-Roi et Saint-Hubert : la majorité. On peut tenter un survol historique de ces demeures fantômes.

La première fut celle dont François Ier, en 1527, entreprit la construction en bordure du bois de Boulogne et que les courtisans nommèrent ironiquement Madrid, peut-être en souvenir d'une captivité qu'ils prétendaient avoir été confortable, ce qui était faux. On n'en connaît pas l'architecte (seulement le maître maçon, Pierre Gadier) mais l'on sait que l'Italien Girolamo della Robbia fut chargé de le décorer de céramiques, cuites sur place dans son atelier de Suresnes. Mme Monique Chatenet a montré qu'il s'agissait ici d'un château de chasse et de plaisance, lié à une résidence urbaine, et qui était au Louvre ce que Chambord était à Blois ou La Muette à Saint-Germain. De plan centré, avec communications rejetées à l'extérieur du bâtiment, l'édifice comportait trente-deux logements.

Philibert Delorme en poursuivit la construction, seulement achevée sous Charles IX, et peu de souverains y séjournèrent. Le dernier à y faire halte fut Louis XIV, et le château eut aussi en 1717 pour visiteur le tsar Pierre Le Grand.

Un siècle et demi après François Ier, c'est également une résidence secondaire intimement liée à Versailles, que Louis XIV voulut créer à Marly, mais cette demeure était aussi pour lui un moyen de gouvernement, manifestation d'une politique constante. Voulant niveler tous ses sujets, de quelque naissance qu'ils fussent, sous son autorité absolue, il avait érigé en faveur et en récompense le privilège de partager la vie du monarque, et accompagner le roi à Marly était plus recherché et plus envié encore que gravir aujourd'hui en compagnie du président de la République la roche de Solutré. Le plan même de Marly, créé à partir de 1678 par J. H. Mansart, illustrait clairement la fonction du domaine : un pavillon royal de plan très ramassé, donnant un nombre restreint de logements pour la famille du monarque, douze pavillons isolés où les invités étaient logés deux par deux, une entrée encadrée d'un corps de garde et d'une chapelle, Dieu étant réduit au rôle d'officier royal. Bâtiments et jardins s'interpénétraient, formant un ensemble d'une rare unité. Le tout étant placé sous le signe d'un décor raffiné et d'un inconfort total. Marly était une des créations les plus étonnantes du siècle, par sa motivation et sa réalisation, et c'est une des pertes les plus regrettables que l'art monumental ait jamais subies.

De son décor intérieur nous restent, disséminés dans des musées (jusqu'à New York) ou des administrations, des boiseries, tableaux, meubles, objets d'art et, pour le parc, quelques vases et statues, avec les fragments des carreaux de céramique dont étaient tapissés les bassins. Et aussi les admirables globes monumentaux du P. Coronelli, en caisses depuis cinquante ans, et dont on désespère de les en voir sortir.

Marly continua, avec des éclipses, à être en faveur sous la Régence, Louis XV et Louis XVI, alors que le pouvoir royal se soucia peu du splendide domaine échu à la Couronne, Meudon.

Il y avait à cette époque deux châteaux sur cette colline : le château-vieux, construit pour la duchesse d'Étampes, maîtresse de François Ier, et considérablement transformé et agrandi par Louvois d'abord, par le Grand Dauphin ensuite ; et le château-neuf, construit pour ce dernier par J. H. Mansart, dont ce fut la dernière œuvre. Autour, Le Nostre avait dessiné d'exceptionnels jardins.

Le fils unique de Louis XIV avait fait de Meudon un ensemble de très grande classe, véritablement royal, dont les appartements étaient garnis de tableaux de premier plan dont nous restent quelques-uns. Mais la disparition du prince, puis de son fils, et le rattachement du domaine à la Couronne marquèrent le début de son délaissement. Il fut concédé à des hôtes privilégiés, la duchesse de Berry, Saint-Simon, Stanislas Leczinski, voire les Dauphins, et n'atteignit la Révolution que dans un état de demi-abandon.

En effet, ces grandes demeures pompeuses étaient passées de mode, et le roi Louis XV préférait les édifices plus intimes et confortables, où abriter une vie privée qu'il souhaitait faire respecter. En dehors de plusieurs pavillons de chasse, que nous avons généralement conservés et dont le plus joli est le Butard, le roi construisit trois véritables châteaux, que nous n'avons pas su conserver, Choisy-le-Roi, Bellevue et Saint-Hubert.

C'est en 1739 que Louis XV acheta au duc de La Vallière le petit château de Choisy, que Jacques IV Gabriel avait construit en 1680-86 pour la Grande Mademoiselle. Très vite, le roi souhaita l'agrandir et durant trente ans, Jacques-Ange Gabriel doublera l'importance de l'édifice de son grand-père, y ajoutant des bâtiments, des ailes, des communs, des orangeries, des serres, des volières, jusqu'à constituer une cité royale presque aussi importante que Versailles, où le roi séjournait souvent, presque toujours en nombreuse compagnie. Les favorites successives y firent grande figure.

A l'intérieur, une décoration et un mobilier raffiné, dont nous avons conservé quelques vestiges : les portraits des filles du roi par Nattier, l'encoignure de Mme de Mailly, deux sphères en faïence de Rouen et le célèbre bureau du roi qui aura sous la Révolution une histoire mouvementée. La splendide commode

de laque de François Joubert est dans une collection privée, et le Louvre conserve *l'Amour taillant son arc dans la massue d'Hercule,* que Bouchardon avait sculpté pour le parc de Choisy-le-Roi.

La résidence une fois démesurément agrandie, Louis XV la trouva bientôt trop vaste et voulut se faire construire à côté une demeure plus réduite, afin d'échapper de nouveau à l'affluence et au décorum. De 1754 à 1756, Jacques-Ange Gabriel construisit donc le Petit château, décoré par Guillaume II Coustou et, à l'intérieur de tableaux d'Oudry, Bachelier et Desportes conservés maintenant au Museum et dans les musées de Versailles, Chantilly et Amiens. Et la salle à manger était pourvue d'une « table volante », qui pouvait s'enfoncer dans le sol et resurgir garnie de mets : certains châteaux royaux d'Europe étaient, à l'époque, pourvus de cette disposition, que l'on retrouve encore à Drottningholm.

A Bellevue, c'est pour Mme de Pompadour que Louis XV avait fait construire, au bord de la colline et face à la « belle vue » sur la vallée de la Seine, un château que Lassurance, sur les plans de J.A. Gabriel, éleva en 1748-50. Demeure de proportions modestes, mais au décor et à l'ameublement raffinés : nous pouvons encore en juger par des fragments de boiseries de Verberckt ou la chaise à la turque de Mme de Pompadour (Musée de l'Ile-de-France). Louis XV se plaisait tellement ici qu'en 1757, il racheta à la marquise ce château qu'il avait déjà payé, le fit légèrement agrandir et y fit de nombreux séjours. Après sa mort, le domaine fut affecté aux trois survivantes de ses filles, « Mesdames tantes », qui y firent des aménagements dont nous restent quelques boiseries et tapisseries.

Si Choisy-le-Roi avait été acquis à cause de sa proximité de la forêt de Sénart, domaine de chasse, c'est pour la même raison que Louis XV, en forêt de Rambouillet, fit construire en 1755-59, par Gabriel, le château de Saint-Hubert, qu'il fit, processus voisin de celui de Choisy-le-Roi, agrandir jusqu'à sa mort. Quelques meubles conservés en proviennent (dont un secrétaire de B.V.R.B. du Musée de l'Île de France), aussi des pièces de céramique au chiffre du château.

Curieux Louis XVI... Au milieu des embarras financiers de la fin du règne, il n'hésita pas à acheter deux nouveaux châteaux : Rambouillet, que nous avons conservé, et surtout Saint-Cloud, le somptueux domaine des Orléans, où Girard et J.H. Mansart avaient élevé peu à peu un château en fer à cheval, que Mignard décora, et que Le Nostre entoura de l'admirable parc qui nous reste. Et non content de cet achat déraisonnable, le roi permit à Marie-Antoinette d'y faire exécuter des travaux, conduits par Richard Mique. Cela nous a au moins valu de conserver, de cette époque, de très nombreuses pièces de mobilier provenant de ce château, qui abrita, en 1790, les dernières vacances de la famille royale.

Car la Révolution arrivait, qui allait être fatale à un certain nombre de châteaux royaux, souvent d'ailleurs plus par négligence, désaffection et désaffectation, voire aliénation, que par volonté destructrice. Dans certains cas, d'ailleurs, le nouveau régime ne fit que suivre un processus déjà entamé par la monarchie : en 1787, Louis XVI avait ordonné la vente ou la démolition de La Muette, Madrid, Vincennes et Blois, et la mesure n'avait été rapportée que parce que la vente des matériaux n'aurait presque rien rapporté. Deux d'entre eux obtinrent donc un sursis qui leur permettra de venir jusqu'à nous, mais, pour Madrid, la Révolution reprit l'opération : la démolition fut commencée en 1792, s'acharna, avec de longs intervalles, sur cet édifice très bien construit, et ne s'achèvera que sous le second Empire. Dans mon enfance, mon grand-père m'emmenait voir le « chêne de François Ier », unique vestige du parc, et qui disparaîtra en 1941.

A Choisy-le-Roi, même processus : en 1788, Louis XVI avait ordonné de démeubler le grand château, qui serait converti en caserne de Suisses. Il fut petit à petit abandonné, le domaine morcelé, et l'on ne connaît même pas la date de démolition du château. Quant au petit, j'ai eu la chance, en 1952, de retrouver sa façade dans les bâtiments d'une usine en ruines, mais n'ai pas réussi à la sauver, la politique locale s'étant mêlée de l'affaire. Du domaine ne restent, à l'entrée du jardin de la mairie, que les deux beaux pavillons de gardes de Gabriel, avec leur accompagnement de douves.

L'achat de Rambouillet par Louis XVI avait été fatal à Saint-Hubert, devenu inutile dans cette même région. En 1784-86, le roi le fit démeubler, puis démolir les bâtiments de l'avant-cour. Le domaine fut vendu le 14 vendémiaire an V (5 octobre 1796), mais le bâtiment central ne sera démoli qu'en 1855. On sauva la grille d'entrée, maintenant au château des Mesnuls, et la superbe terrasse du parc domine toujours les étangs de Saint-Hubert.

A Meudon, le domaine avait été mis sous scellés, en principe dans un but de conservation, mais les châteaux avaient été démeublés, et au château-neuf fut installé un établissement d'expériences d'artillerie, sous la direction de Choderlos de Laclos, général-écrivain. C'est là que furent créés les premiers ballons militaires. Mais, en 1795, une expérience de tir à boulets rouges mit le feu au château-vieux, démoli quelques années plus tard sur ordre de Bonaparte, qui fit restaurer le château-neuf.

Vidé, comme tous les châteaux royaux sauf Versailles (décret du 27 juillet 1793) dépouillé de ses boiseries, vases et statues, puis occupé par la troupe, le domaine de Marly fut finalement vendu à un certain Sagniel, qui y installa une manufacture de coton et, son affaire périclitant, démolit peu à peu les bâtiments pour en vendre les matériaux. En 1811, Napoléon racheta le parc, où subsistait encore le pavillon royal, en triste état, qui ne fut jeté bas qu'en 1816. Louis XVIII ne fit rien pour sauver la demeure de rêve où il était venu bien souvent pendant sa jeunesse.

Histoire presque identique à Bellevue. Abandonné en 1791 par Mesdames partant pour l'exil, le château fut pillé, puis utilisé pour loger des soldats à l'entraînement, qui arrachèrent les boiseries et essuyèrent la boue de leurs chaussures avec des lambeaux découpés dans les Gobelins et les Savonneries. Les œuvres d'art subsistantes furent vendues ou dispersées. Quand la Commission temporaire des Arts vint sur place, elle retint... un parasol, « intéressant sous le rapport de l'art et de l'histoire ».

En 1794, on décida que Bellevue serait conservé et entretenu aux frais de la République, « pour les jouissances du peuple et établissements utiles à l'Agriculture et aux Arts ». Finalement, le domaine fut vendu en 1796 au département de Seine-et-Oise, puis, après un premier démembrement, en 1797, à un certain Têtu. Celui-ci tenta quelques fêtes publiques, au cours desquelles son frère, Têtu-Brissy, accomplit d'ahurissantes « ascensions équestres », au cours desquelles il prenait place à cheval dans la nacelle d'un ballon. Têtu détruisit une partie des communs et c'est seulement en 1824 que l'on démolit le bâtiment principal du château : là aussi, Louis XVIII renonça à sauver la demeure où il avait séjourné dans sa jeunesse.

Un autre château presque royal, Sceaux, subit le même sort, mais nous en avons gardé tous les bâtiments annexes, entourés d'un admirable parc.

Le château-neuf de Meudon et le château de Saint-Cloud subsistèrent pendant une grande partie du XIXe siècle. Du premier, Napoléon eut voulu faire une « école de rois », où tous les souverains d'Europe auraient envoyé leurs héritiers. Cela ne se fit pas, évidemment et la demeure fut utilisée à loger des hôtes de marque. Quant à Saint-Cloud, détrônant Versailles, il fut la résidence estivale de tous les souverains de l'époque, de Louis XVIII à Napoléon III.

Les combats de 1870-71 incendièrent et mirent en ruines Saint-Cloud et Meudon, ainsi qu'Issy, ancien château des Condé, tandis que les Tuileries subissaient quelques semaines plus tard le même sort. Quatre châteaux victimes de l'année terrible...

On hésita longtemps devant le sort à réserver à ces ruines. En 1878, le domaine de Meudon fut attribué à l'astronome Janssen et ce dernier, pour établir un observatoire, fit démolir les ailes du château, à l'exception du rez-de-chaussée, et coiffa le corps central d'une énorme coupole destinée à abriter un télescope : il était difficile de davantage défigurer un château historique. Et, pour les Tuileries et Saint-Cloud, parfaitement restaurables, l'esprit partisan l'emporta : après douze et vingt ans d'hésitation, la IIIe République triomphante décida de raser les ruines, pour tenter d'effacer le souvenir honni des régimes monarchiques successifs.

Et notre siècle a eu bien du mal, dans ce domaine comme dans d'autres, à prendre conscience de la nécessité de préserver, de restaurer, de mettre en valeur son patrimoine. La période d'avant-guerre vit entamer à Marly une restauration du parc restée malheureusement non terminée, tandis qu'à Vincennes étaient entrepris les premiers travaux de dégagement de l'emprise militaire, travaux poursuivis après la guerre, mais non encore achevés. En revanche, l'on a vu, il y a trente ans, disparaître, nous l'avons dit, la façade du Petit château de Choisy et aussi les vestiges non négligeables de Bellevue, avec l'admirable jardin anglais livré aux promoteurs. Mais j'ai eu le privilège, en 1967, de lancer le projet de restauration de la Grande perspective de Meudon, qui a commencé en 1980 ; et en 1985 on a replacé, à l'abreuvoir de Marly, des répliques des fameux chevaux qui, cabrés sur fond de verdure, appellent leurs visiteurs à partir, ou à rêver, à la recherche des châteaux perdus.

1. *Pierre Verlet à son bureau, au Louvre en 1968.*

Les chercheurs actuels doivent beaucoup au grand historien d'art, spécialiste du mobilier royal français.

154

Conjurer l'oubli

Propos esthétique et technique au sujet du mobilier royal français encore dans l'anonymat

par Jacques Franck

Artiste-peintre
Spécialiste des techniques anciennes d'art

UN SÉISME CULTUREL

Dans un ouvrage désormais célèbre [1], Pierre Verlet *(pl. 1)*, au sujet du mobilier royal français, dont souvent le grand public croit, à tort, la perte entière sous la Révolution, affirme que tout ou presque a subsisté, les éléments fastueux y compris. Une providence particulière semble avoir épargné ceux-ci, justement : les travaux du grand historien qui, précurseurs, suscitèrent une émulation pour l'étude scientifique du domaine, montrent parfois sans lacunes, les mouvements divers de pièces majeures avant, pendant, après la tourmente révolutionnaire. Et les incessantes découvertes effectuées depuis le milieu des années trente, prouvent que l'opinion relative à d'importantes destructions est bien infondée quant au contenu des résidences royales. L'avis de quelques spécialistes diverge assez sur ce point, notamment pour les Tuileries. Sont hors de notre propos, toutefois : l'ouverture d'un tel débat, inventorier ce qui fut détruit. Sachant occultés, mais toujours présents, des biens mobiliers royaux d'avant 1792, étudier ce phénomène, subséquent au savoir démembré par un séisme qui retentit encore, nous convient mieux, car cela contribue à favoriser la possible exhumation, pour certaines œuvres, d'une identité oubliée. En outre, non essentiellement vouée aux méthodes actuelles d'investigation, notre quête, avec cet objectif, trouve une opportunité : montrer la valeur, trop négligée, des stricts moyens artistiques comme apport exhumateur. La pratique artistique a l'observation pour fondement. Dès lors nous ne pouvions ignorer les strates variées du message des formes mobilières, celles typo-sociologique entre autres, puisqu'elles peuvent donner une meilleure connaissance des œuvres, voire conduire à leur identité. Comme on le verra plus loin, en discernant les goûts individuels qui ont généré un comportement précis de l'art royal envers ses supports matériels, l'observation constate inévitablement la spécificité, pour nous documentaires, de leur langage.

Les ventes de Versailles eurent lieu entre le 25 août 1793 et le 11 août 1794, décrétées par la Convention. Hormis les lots excédant une valeur de 1 000 livres, objet de ventes annoncées, parfois avec catalogue, ou ceux, à l'occasion, dont disposent les commissions temporaires des arts, le reste rapidement s'en va. Quant aux ensembles importants, leur écoulement est difficile. La variété des acquéreurs a bien été montrée par Michel Beurdeley dans son étude des ventes révolutionnaires [2] ; souvent il s'agit de spéculateurs qui les négocieront durant des mois, des années, même, après l'achat. Pendant cette décennie, une partie de la Liste civile, rebaptisée Garde-Meuble national, sert à pourvoir notamment l'Administration, quelques hiérarques des gouvernements éphémères qui se succèdent, ou selon les cas conserve sa place. Le cheminement vers l'étranger (en particulier l'Angleterre), assez indirect, est diversifié dans le temps : immédiat pour une partie, sans doute, mais surtout accentué après la paix d'Amiens (1802). A cette époque se constitue, important, le fonds mobilier d'art français des collections royales britanniques que George IV, alors prince de Galles (régent dès 1810, son accession au trône attendra 1820) prise énormément. Survient avec les années une évolution du goût. Certes, Joséphine, l'impératrice, attachée au régime ancien, aime vivre parmi ses raffinés témoignages. Mais en 1811, Napoléon refuse un serre-bijoux. Madame de Provence l'avait eu... et Daru, maintenant en fait recommandation pour Marie-Louise. Son néo-classicisme « grec » paraît à l'Empereur, nul doute, obsolète. Sous la Restauration, Louis XVIII n'est guère tenté – ou peu – par les souvenirs, même émouvants, du passé, Charles X non plus. Dépréciés pour l'heure, à l'occasion de nouvelles ventes [3], objets et meubles riches vont orner les maisons d'amateurs bien inspirés. Parmi eux, les Hertford, dont le quatrième marquis, sauveteur émérite de royaux vestiges, aura pour fils naturel Sir Richard Wallace... Il faudra attendre le second Empire – Eugénie de Montijo voue un culte à Marie-Antoinette – les Goncourt, d'autres fervents, pour que le mobilier du XVIIIe siècle intéresse une nouvelle fois. Ce retour en grâce, au premier stade, amènera l'interprétation de ses styles, libre souvent, par les grands réalisateurs du temps. Admirable sera leur souci technique, moins, cependant, l'oubli des harmonies dont les modèles étaient empreints.

Le dommage du séisme révolutionnaire n'est pas tant l'exode ni la perte de quelques éléments mobiliers, fussent-ils majeurs, mais la dissociation d'un contexte, sans lequel leur potentiel significatif décroît. Car le démantèlement d'ensemble cohérents, qu'une évolution normale eût plus ou moins laissés *in situ* (permis, au moins, de mieux documenter) non seulement ampute l'esprit contextuel du patrimoine national, son histoire, mais occulte ainsi des informations esthétiques, techniques, d'éminente importance. Les confusions actuelles au sujet des styles Louis XVI et Directoire, là où s'effectue leur transition, par exemple, en sont une lointaine conséquence. Faute de pouvoir dater avec précision quelques éléments témoins, la perception juste de ces styles, dans leur chronologie, échappe encore.

On peut être assuré que l'Ancien Régime, vers la fin, a connu des productions franchement « Empire » : sans une documenta-tion pour le prouver nul n'oserait situer certaines d'entre elles avant 1800. Le guéridon de Georges Jacob (1788-1791), et le service de Dagoty (1793) (ce dernier réalisé, dit-on pour un prince d'Anhalt) *(pl. 2)*, montrent que la mutation étrusco-romaine du néo-classicisme s'accomplit bien avant les dates généralement retenues [4]. C'est donc tout un moment de civilisation qui, par l'intermédiaire de ses productions artistiques, perd son identité à titre sinon définitif, au moins longtemps provisoire. Le tâtonnement des chercheurs pour restituer dans leur environne-ment premier certains éléments manquants, autant des points de vue matériel que spirituel, en est un tribut. Avec le passage du temps se renforcera la chape d'oubli. Bien sûr, Émile Molinier, dans sa préface au catalogue de la Wallace Collection [5] signale : «... ce n'est guère qu'avec les dépouilles du mobilier royal de France qu'une telle réunion a pu être faite... ». Mais il ajoute à propos de l'encoignure No F 275 (P. Verlet la documente quarante années plus tard comme étant une livraison de Riesener du 12 février 1783 pour le cabinet intérieur de la Reine à Versailles [6], qu'elle «... fait penser aux œuvres fabriquées [...] pour la décoration de Louveciennes à l'époque où Gouthière travaillait presque exclusivement pour Madame Du Barry et pour le duc d'Aumont... ». Les exemples de ce genre ne manquent pas : attributions ou datations erronées, au début du XXe siècle sont multiples. Constatation nullement dépréciative pour les pionniers alors attachés au gigantesque puzzle, éparpillé sous la Révolution, qu'est, à reconstituer, le mobilier royal... Car le jeu des rectifications se poursuit aujourd'hui encore, dans un champ plus étroit, peut être, à cause des moyens actuels mieux développés.

Il est malaisé d'imaginer avec exactitude quel autre destin les biens mobiliers royaux auraient connu sans cette dispersion brutale. Divers événements moins dramatiques et radicaux eussent pu l'affecter de manière assez négative [7]. Peut être considéré aussi, qu'une partie, demeurée en place, nul doute eût été riche d'enseignements dont la carence, à ce jour, est cruelle...

A TRAVERS LES MAILLES DU FILET

Depuis la Révolution, régulièrement, une quantité de biens mobiliers, variables en importance mais royaux pour la stature, apparaît sur le marché de l'art. Jugés dignes d'une consécration, quelques-uns, selon un processus sélectif, entrent dans l'univers muséal. Quant au reste, il est absorbé par les acheteurs privés : nationaux, étrangers – ou sporadiquement circule encore. Dans cette catégorie nombre d'objets ne possédent pas un historique remontant au XVIIIe siècle, et ceci, à titre soit provisoire, soit définitif. Si leur morphologie est atypique pour une quelconque raison, le risque existe qu'ils soient alors négligés, stagnant au purgatoire de la dépréciation relative ou entière.

AUJOURD'HUI – Les causes d'occultation s'expliquent diversement. A leur source, dans la majorité des cas, ces pièces sont mal attribuées, par méconnaissance d'ordre stylistique, technique. Le fait est un peu moins courant pour les meubles – se discerne avec aisance, en général, leur archaïsme structu-rel – mais dans les bas et moyen commerce sévit une inculture propre à susciter toute erreur. N'en sont pas exempts, cependant, les milieux plus spécialisés : chez certains experts, même excellents, quelque rigidité intellectuelle peut inhiber la percep-tion d'un indice révélateur. La perte, encore sensible, du complet savoir concernant ce secteur patrimonial handicape la juste attribution plus fréquemment qu'il y paraît. Par cela, datation, localisation de l'origine géographique peuvent étonnament varier. Habitent les esprits, aussi, des idées reçues déjà anciennes, voire traditionnelles, à propos d'objets considérés déroutants par la forme, la facture : un copieux dossier pourrait être instruit sur ce point. Bien entendu, la polymorphie quasi confusionnelle inhérente aux productions du XIXe, abondant en diversité, est tout à fait propre à nourrir l'équivoque. Par conséquent, le siècle dernier a fonction de fourre-tout, parfois, pour classer maint objet quand il dérange. Les présomptions de faux injustifiées montrent qu'une aura de prestige trop souvent s'attache au doute systématique ; elles maintiennent quelques œuvres dans l'oubli,

2. *Pièces du service en porcelaine de Dagoty dit : « du prince d'Anhalt » (Paris 1793-1803).*

Composée d'environ 600 pièces, cette importante réalisation instruit sur l'activité, jusque-là ignorée, dès 1793, de Dagoty, et montre la présence effective du style Empire à la fin de la Monarchie. Les dispersions révolutionnaires, en séparant de leur contexte des pièces significatives comme celles-ci – mais moins bien documentées – et dont certains étaient peut-être royales, nous privent encore de renseignements importants sur l'art de la période...

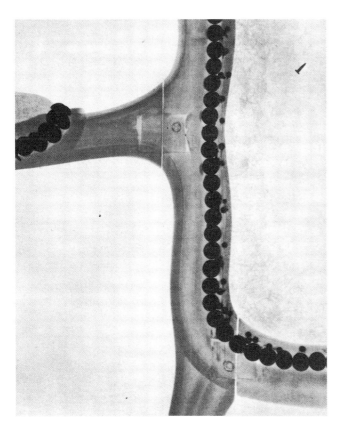

5. *Radiographie d'un fauteuil Louis XV inauthentique.*

L'analyse scientifique du mobilier est encore trop négligée de nos jours.

sinon enrichissent les perspicaces. Naturellement, la plus pernicieuse erreur est celle d'attribution à demi juste, qui situe bien l'œuvre dans son époque, mais en ignorant le détail important dont son caractère exceptionnel dépend. La vision qu'a le public des styles du XVIIIᵉ est influencée par leur vulgarisation. Certains ouvrages ont développé son goût pour une forme classique, sinon banale, intégrant aisément le décor intérieur actuel. Cette tendance a régressé depuis quelques années, mais élaboration et luxe, traits qu'il fut longtemps bien porté de ne pas apprécier, firent négliger certaines catégories majeures, comme la grande porcelaine de Sèvres, aujourd'hui très recherchée [8]. Pareille désaffection occulte toujours des pièces essentielles... Il arrive même à l'évidence de n'être point perceptible au chercheur. Le meilleur exemple est celui de la console pour Marie-Antoinette, du Petit-Trianon [9]. Assez original en son concept, mais non vraiment déroutant, ce meuble atteint presque au sublime. Sauf ignorance « volontaire », pour des raisons faciles à comprendre, Pierre Verlet n'a guère semblé pressentir sa royale origine, ni sa conformité au goût très particulier de la Reine. Le maître lui trouve, en 1963, les pieds pesants, sans percevoir que l'auteur, Schwerdfeger, utilise cette caractéristique avec intelligence, au contraire, pour stimuler son harmonie [10]...

L'exemple suivant illustre-t-il un cas de cécité ? Rien ne permet d'être affirmatif, car la recherche est fertile en surprises. Notons, toutefois, certains points intéressants. Au numéro 226, le catalogue de la vente (objets d'art, très bel ameublement) organisée par Ader-Picard-Tajan au Théâtre des Champs-Elysées le 22 novembre 1987 reproduit une commode d'époque Louis XV, annoncée Régence *(pl. 3)*. Très rare modèle : en sa parure de bronze doré, somptueuse. Un commentaire indique : « De par la richesse du décor de bronze, cet ensemble de commande [11] a pu s'intégrer dans un décor composé pour un financier ou un fermier général ». Dans la presse quotidienne, ce luxe est commenté de manière péjorative. Il faut dire que le goût des fermiers-généraux, parvenus du XVIIIᵉ siècle, ne séduit guère certains esprits aujourd'hui, curieusement d'ailleurs, puisqu'on le connaît encore peu. Néanmoins associé généralement aux signes extérieurs du faste, de bon ton ou pas, quelques spécialistes, sans approfondir cette nuance essentielle, ont tendance à en faire un débarras pour la classification des pièces opulentes non identifiées. Au plan objectif, le meuble n'a aucune incompatibilité avec une provenance royale. Son esprit avoisine l'esthétique des commodes conçues par Gaudreaus (quelques-unes pour la Couronne) dans les années 1730-1740. J. N. Ronfort étudie certaines [12], dont les caractéristiques sont celles de notre exemple (l'ébénisterie est enchâssée typiquement dans une prédominante structure en bronze doré). Ce cas n'offre donc aucun aspect plus extrême que les autres, la commode livrée à Louis XV pour sa chambre des petits appartements (Versailles) comprise [13]. Ainsi, rien n'occulte mieux la provenance éventuelle qu'une assertion non vérifiée. Bien entendu, cette commode, au XVIIIᵉ siècle, put être la propriété d'un grand financier ; rien ne l'indique *a priori,* cependant.

HIER – Dès les événements d'octobre 1789, malgré le maintien de l'intendance des maisons royales, la nouvelle situation profite à ceux qui tirent avantage des périodes troublées. Aucun pillage important, certes, mais il est difficile d'imaginer que des objets de valeur peu encombrants n'aient pu être dérobés durant ces heures éprouvantes, et après. Rien de nouveau, puisque l'on vole déjà en temps ordinaire. La montre personnelle de Louis XV, bien des années auparavant, ne lui a-t-elle pas été subtilisée dans sa chambre même ? Fait qui ne semble guère émouvoir le roi outre mesure : avec philosophie, il se contente de faire passer une annonce dans un quotidien, Les Petites Affiches, pour tenter d'obtenir sa restitution... [14] Quant à Louis XVI, lorsqu'il s'absente, encore dauphin, pour le séjour estival à Fontainebleau, par exemple, avec son propre argent [15] un garde est payé pour surveiller ses appartements : ceci montre la confiance qu'il peut avoir envers ceux ordinairement chargés de cela ! Plus tard, quand le premier valet de chambre lui dit envisager la nécessité de faire coudre solidement aux rideaux leurs franges dorées – sans cesse elles disparaissent – jusqu'à présent seulement bâties, le roi ne préconise aucun changement, persuadé que les tentures seront alors arrachées ! Alexandre Tuetey nous apprend que Marie-Antoinette elle-même, sans illusion, dès les événements d'octobre 1789, craint que : «... les menus objets d'art, d'un travail si délicat, qui ornaient ses appartements ne fussent soit brisés, soit mis au pillage... [16] ». Après le 10 août 1792 (les Tuileries n'auraient pas été saccagées comme on croit, et peu de choses auraient été dérobées, disent certains historiens, mais quelques autres n'ont pas ce même avis), le renversement du régime favorisera toutes indélicatesses, sur lesquelles l'administration fermera les yeux bien souvent. François Gamain, nouvellement responsable des ateliers et du laboratoire du roi, à Versailles, se servira sans vergogne. Il suffit de rapprocher les inventaires du mobilier et des outils, avant et après la nomination pour constater la prévarication [17]. Enfin, à propos des ventes de Versailles (elles ont lieu, nous l'avons vu, dès août 1793), le seuil de 1 000 livres départageant les lots destinés aux enchères immédiates, sommairement décrites, et ceux, importants, négociés avec affichage préalable ou catalogue, ne doit pas tromper. Mille livres représentent une valeur assez considérable, car une livre d'alors a pour équivalence actuelle une journée de travail payé au SMIC, soit environ 200 F [18] : traduite en francs courants 1989, la sélection est donc faite entre les montants échelonnés de 1 à 200 000, d'une part, et ceux au-delà. Peut être ainsi imaginée, 17 182 lots ayant été dispersés durant une année entière, la quantité incroyable d'objets divers sommairement décrits qui fut mise en circulation... Le lecteur saura aussi apprécier le fait que, pour moins de 1 000 livres, pouvaient être acquis des biens dépréciés (souvent ils n'atteignaient pas leur prix d'achat) dont tout collectionneur aujourd'hui, pourrait à juste titre s'enorgueillir ! Dans un effort visionnaire et rétrospectif, veuille son esprit lui figurer cette situation : la centaine de charrettes qui transporta de Versailles aux Tuileries, en octobre 1789, les nombreux meubles, objets d'art, nécessaires à la nouvelle installation de la Famille royale, n'avait pas appauvri

3. *Commode d'époque Louis XV attribuée à Antoine Gaudreaus. Vers 1730-1740. Vente Ader-Picard-Tajan du 22 novembre 1987 (document de l'étude).*

Exemple d'un type de stature parfois considéré trop opulent pour être royal, sans raison justifiée.

le palais abandonné, qui regorgeait de trésors !... Parmi d'autres œuvres, le maître ébéniste Riesener récupère pour 326 livres un secrétaire d'acajou qu'il a fait pour Trianon. Quelle est son importance ? Nul ne sait. Mais entre ce numéro peut-être assez simple et l'extraordinaire guéridon *(pl. 4)* par Domanöck (1770) adjugé 820 livres [19], la disparité n'est pas telle que la qualité du secrétaire se puisse imaginer médiocre, selon les critères actuels.

L'on est, dès lors, assez fondé à penser que les adjudications couvrant ces lots moyens ont dû comporter, en nombre, des pièces fort estimables. Elles n'ont pas toutes disparu, loin de là, mais perdu en majorité leur identité royale. Une bonne partie du contenu de Versailles, des autres résidences, transite ou circule encore, ici et ailleurs, dans un anonymat peut-être à jamais définitif.

POUR UNE MEILLEURE RENAISSANCE
DU SAVOIR PERDU

Aujourd'hui, l'authentification des objets d'art et meubles anciens, généralement est assurée par deux méthodes principales d'analyse. Tout d'abord, l'expertise classique : elle vérifie la conformité structurelle aux canons technologiques du temps censé avoir produit l'œuvre. S'ajoute à cela, par l'expert, une appréciation d'ordre esthétique, traduisant un bagage culturel peu fréquemment associé à une expérience *pratique* de l'art. Vient ensuite l'étude faite par les historiens spécialisés dont s'ensuit, parfois, la reconstitution du pedigree des œuvres, s'il n'existe pas ou s'il est incomplet. Accessoirement, dans les cas difficiles, la science peut être interrogée : ses moyens performants la rendent apte à donner des informations précises sur l'intimité du support matériel. Mais dans le domaine mobilier, il faut reconnaître que la science appliquée est encore peu consultée *(pl. 5)*. La restauration, quand elle a lieu, ayant vocation exploratoire dans la double direction des instances physique et spirituelle de l'œuvre, peut être une occasion unique d'éclairer sur son origine. Cependant, surtout manuel, et, à la rigueur scientifique, le restaurateur moderne, souvent, n'est pas assez formé en art pour maîtriser tous les aspects de l'expertise. En principe, cette dernière résulte du total des informations fournies par chaque spécialité interrogée. Bien entendu, notre classification n'a valeur qu'approximative : un spécialiste peut cumuler plusieurs formations différentes. Toutes ces approches concourent à produire la *preuve matérielle* de l'authenticité, voire de l'identité.

Existe enfin un recours supplémentaire auquel nous refusons pour l'instant le terme de méthodologie car, appliqué aux biens mobiliers anciens, il n'est pas suffisamment défini dans ses moyens analytiques et synthétiques, ni soutenu par l'outil d'une terminologie contrôlée pour mériter déjà cette consécration. Tant original qu'il soit, néanmoins, c'est un système raisonné partout rigoureux, fort utile pour la recherche. Il s'agit de l'examen esthético-technique, qui doit être effectué par un spécialiste initié à l'histoire des arts décoratifs et du mobilier, et possédant, en particulier, une bonne pratique du dessin académique, ornemental, géométrique. Car l'œuvre d'art est image, résultat d'une composition (assemblage de formes) subordonnée à un dessin général qui en circonscrit tous les aspects morphologiques : pour bien la jauger esthétiquement, la connaissance du dessin, base des arts plastiques, a donc, nous semble-t-il, un caractère essentiel. Non moins indispensable est la parfaite connaissance théorique, accompagnée de celle pratique, sinon très approfondie au moins bien intégrée, des processus technologiques inhérents aux principales disciplines d'art décoratif. Car il n'y a guère meilleure intellection du support matériel d'un produit artistique que lorsque chaque stade de son élaboration physique est intimement appréhendé : chez l'artiste-expert, ce bagage a valeur effective s'il se traduit par les facultés suivantes, alors acquises :

1) Connaissance et mémorisation de la forme, générant le pouvoir de sa représentation intellectuelle à volonté, tant, qu'il sache la varier sans peine, dans son esprit, en diverses combinaisons imaginées, base des nécessaires fréquentes méditations sur les compositions mobilières, là où leurs traits morphologiques ont un caractère significatif utile à l'expertise ;
2) Perception instantanée et totale de l'essence esthétique résultant des harmonies compositrices (dans une parfaite réalisation, entre autres, un observateur expérimenté et sensible ne manquera pas de percevoir ceci : l'esprit issu d'une organisation spécifique des formes les domine en retour de manière si impérieuse que la relation d'antériorité de cette réponse harmonique avec sa suscitation paraît inversée) en même temps que son niveau exact d'élévation, isolément autant que hiérarchisé par rapport aux grandes œuvres connues comparables, s'il en existe ;
3) Pouvoir analytique généré par une vacuité positive de l'intellect telle, que s'effectue naturellement une auto-distanciation supprimant toute interférence du goût personnel inhibitrice de l'objectivité ;
4) Aptitude à discerner les indices révélateurs (d'une écriture, d'une identité) et leur seul valide montage combinatoire susceptible de former une hypothèse statistiquement très au-delà des possibilités du hasard.

La somme de ces compétences, synthèse idéale, permet d'aborder l'attribution avec une certaine rigueur, et, moyennant une interrogation des autres disciplines pour mieux cerner l'objet,

Table en console estampillée « J.-H. Riesener » livrée pour le Cabinet intérieur de Marie-Antoinette à Versailles en 1781. (Londres, collection particulière).
Cette pièce est présentée grâce au soutien de la Société Château Lafite-Rothschild.

Commode à plaques de porcelaine du comte d'Artois livrée pour la chambre de ses petits appartements au palais du Temple. (Londres, collection privée).

Assiette du service de Madame Du Barry. (Sèvres 1770-1774).
(Collection Eugène Becker).

Assiette unie d'un service de Marie-Antoinette. (Sèvres 1784).
(Paris, collection particulière).

Assiette à palmes du service du château de Fontainebleau. (Sèvres 1787).
(Paris, collection particulière).

Assiette à palmes d'un service utilisé à Versailles. (Sèvres 1763-1770).
(Paris, collection particulière).

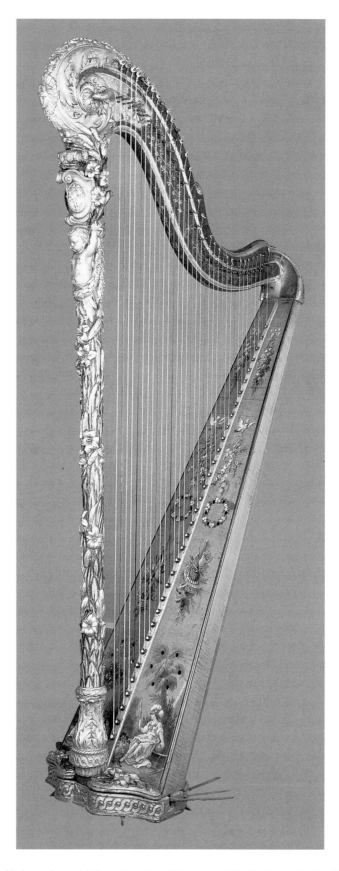

Harpe de Marie-Antoinette réalisée par Jean-Henri Naderman en 1774. (Musée municipal de Vendôme).
Cette pièce a été présentée grâce au soutien de la Société Walon-Déménagements).

4. *Guéridon de bois pétrifié monté en acier et bronze doré. Œuvre de Domänock (1770) pour Marie-Antoinette à Versailles. Château de Versailles (cliché R.M.N.).*

Adjugé 820 l. au citoyen Grincourt en l'An II, ce meuble exceptionnel ne fut sans doute pas seul à être vendu pour un prix modeste. Désormais anonymes, circulent encore certaines pièces royales plus difficilement identifiables que celle-ci, dont les marques d'origine existent toujours ainsi qu'une trace dans les archives.

peut aider à fournir ce que nous intitulons la *preuve esthétique* de l'authenticité, dans certains cas. Extensivement cette probation spirituelle a faculté d'être présomptive de l'identité du destinataire de l'œuvre, si le discours esthétique est alors traducteur d'un goût, d'une situation sociale caractéristiques. Le champ concerné étant celui de l'exceptionnel, par nature le mieux connaissable, ainsi, le mobilier royal s'y inscrit-il au premier chef.

L'exigence de précision due à l'influence des sciences exactes a longtemps fait croire que toute donnée esthétique appartient à l'irrationnel, et ne saurait donc rien produire de formel au plan concret qui soit l'amorce d'une preuve. Il n'en est rien, bien entendu, car le domaine esthético-technique a des règles comparables à celles du solfège en musique, système possédant une rationalité propre, comme chacun sait. Cependant notre article étant, somme toute, introducteur d'une approche raisonnée peu courante des meubles et objets anciens, l'exposé de sa philosophie, comme elle s'insère dans l'orthodoxie conceptuelle internationale sur le sujet, nous semble indispensable.

Dans un texte universellement accepté par les spécialistes, le grand théoricien de l'art, Cesare Brandi, indique : «... ce produit de l'activité humaine auquel on donne le nom d'œuvre d'art est défini comme tel après avoir été l'objet d'une reconnaissance particulière par la conscience, et c'est seulement à la suite d'une telle identification que l'on distingue l'œuvre d'art de la masse des autres produits... »[20]. Il est donc légitime d'en conclure que la possibilité d'une telle reconnaissance par la conscience implique celle qu'existe, à un certain niveau, un moyen concret saisissant les données esthétiques fondamentales de l'art. L'existence du constatable présuppose celle d'un substratum de facteurs identifiables qui permette d'effectuer une constatation. Or l'œuvre d'art provient d'éléments esthétiques exprimés par une technique : est ainsi dégagée la part concrète donnant prise à l'analyse. Par conséquent, la juste appréciation de l'instance esthétique ne peut se faire sans le contrôle de la conformité de ses éléments constitutifs aux règles techniques même adoptées pour sa genèse, d'où cette nécessité de les connaître intimement.

Le bien-fondé du postulat nous paraît être démontré par un exemple idéal : celui de la Joconde. L'origine de cette peinture non signée est imprécise, d'autre part elle se livre peu à l'investigation scientifique [21]. Les impressionnantes qualités esthétiques et techniques du panneau qui l'ont, seules, imposé à l'univers comme produit entièrement autographe de Léonard sans qu'il y en ait aucune preuve matérielle, montrent que le rationnel de la probation esthétique, malgré sa spécificité (dont les chercheurs devront toujours tenir compte avec une prudente rigueur) est effectif. Pour être de circonstance, un mot de Paul Valéry nous paraît opportun à citer : « Le seul réel dans l'art, c'est l'art »[22]. Puisque, selon cet auteur, analyste fiable du sujet, l'art est de soi l'unique réalité, possédant ainsi une propriété auto-démonstrative assimilable à une forme d'évidence, comment pourrait-il être mieux perçu qu'au sein de son système propre, conceptuel et technique ? Dès lors, l'utilité d'un recours au praticien spécialiste pour isoler dans l'instance esthétique des éléments significatifs (ceux, en particulier, excluant statistique-

ment le hasard), et la tangibilité de la preuve esthétique par lui produite, si c'est le cas, peuvent-elles trouver, l'une sa justification, l'autre sa reconnaissance. Quand ces notions seront plus répandues, à propos des problèmes d'attribution, il pourrait être pressenti que dans le domaine existent moins d'incertitudes définitives que d'analyses incomplètes ou erronées.

Le lecteur aura compris que l'exemple de la Joconde illustre une réflexion, applicable au mobilier, sur l'ensemble du problème relatif à ses modalités d'attribution quand les moyens exploratoires autres qu'esthético-techniques ne sont formellement révélateurs, ni d'une paternité, ni d'une provenance précises. Pour l'attribution, d'ailleurs, dans le cas du mobilier royal français, la paternité des œuvres, en principe, est moins prépondérante que leur typologie (avec dans celle-ci des niveaux divers), ces deux aspects étant, néanmoins, interdépendants. C'est pourquoi, la « méthode » esthético-technique analysant en ce domaine, certes, l'un pour atteindre l'autre, a surtout vocation de distinguer parmi l'œuvre étudiée, ces éléments typologiques (les autres approches s'y attardent moins) qui constituent un faisceau présomptif d'ordre particulier, et plus spécifiquement cernent son identité par rapport à une ou plusieurs catégories de provenances. Car la provenance, donnée globale, pour les besoins analytiques peut triplement être subdivisée en catégories associées ou distinctes : celle institutionnelle, celle individuelle, celle géographique. Dans le cas du royal, est impliquée en priorité la catégorie institutionnelle pour des raisons évidentes, catégorie, naturellement, sous-tendue par la stature, elle-même synthèse d'une typologie générale. Quant aux catégories exceptées (dissociation artificielle mais utile pour l'analyse et le montage hypothétique), s'il n'existe pas des indices formels renseignant à leur sujet, l'expérience montre qu'une typologie particulière peut s'y rapporter. Nous rencontrons alors, ensemble ou non, le phénomène du goût, propre à un individu, et une spécificité physionomique, d'ordre variable, en relation étroite, parfois, avec la destination géographique originelle de l'œuvre. Avec les réserves qu'impose le schématisme de cette classification, inévitablement sommaire ici, on peut dire que l'approche esthético-technique, au moins localisatrice de la catégorie de provenance, sonde les éléments d'écriture des biens mobiliers que sont leurs strates typologiques, pour établir une forme d'hypothèse, solide, que les autres approches, sans ce moyen, eussent pu négliger.

A partir de ces considérations, pourrait être posée la question suivante : existe-t-il vraiment une typologie caractéristique des mobiliers et objets royaux français ? Faute de pleinement connaître, autant la production faite pour la Couronne entre 1682 et 1792, par exemple [23], que celle, aussi, livrée en même temps aux autres clientèles fortunées, répondre à cela sans nuancer serait risqué. Malgré tout, l'approche esthético-technique permet d'éclaircir certains points non négligeables, loin de là.

Excluant les mobiliers d'architecture assimilés au décor des palais (leur provenance est trop évidente) nous aborderons des pièces de fonction moins officielle, parmi celles dont les signes extérieurs de l'origine intègrent moins l'apparence [24].

11. *Console en bois sculpté, finement reparé et doré. Époque de Louis XV. (Collection particulière).*

De stature royale indéniable, ce « pied de table » semble avoir pour auteur Nicolas-Quinibert Foliot (1706-1776), membre éminent d'une dynastie qui fut au service du Garde-Meuble de la Couronne durant près de quarante années.

ESPRIT

Comme nous venons de le voir, rien, *a priori,* n'autorise à croire que les biens mobiliers royaux possèdent, sauf cas précis, des traits systématiquement distinctifs. De grands amateurs – divers étaient les milieux : aristocratie, haute bourgeoisie, finance – ont commandé à Paris leur décoration. Et des pièces royales, en somptuosité, furent réalisées pour une clientèle autre que royale. Il était naturel qu'elles fussent destinées aux demeures de personnages situés près de la Cour. Né, justement, ailleurs qu'à Versailles [25], le « goût versaillais » se développe chez les riches et puissants tout au long du XVIIIe siècle. Crozat, Machault d'Arnouville, La Live de Jully, le duc de Choiseul, Marigny, le duc d'Aumont, sa belle-fille la duchesse de Mazarin, le comte d'Orsay, tant d'autres, aiment un faste autour d'eux. La commode livrée par Joseph au marquis de Marigny [26] n'est pas dépourvue de cette majesté à laquelle certains cabinets de Versailles eussent apporté le cadre en harmonie. Quant au bureau d'Orsay, par Riesener, n'a-t-on pas longtemps pensé qu'il avait été fait pour Stanislas Leckzinski [27] ?

Malgré tout, à contempler les prestigieux vestiges de notre ancienne monarchie, il naît une impression particulière. Existe l'unité, assez indéfinissable, entre des pièces d'époque, de style, de fonction, de destination autant variables que différentes. A Versailles, dans les autres résidences, règne sur le décor, jusqu'au moindre objet, un esprit inimitable. On ne le trouve nulle part ailleurs. En y réfléchissant, vient la conclusion que le comportement psychologique des commanditaires avec leur décor est distinct quand il s'agit de personnages royaux. Le roi et sa famille, en effet, non seulement symbolisent l'État, mais ils sont l'État... Les individus royaux ont donc pour nature l'officialité du rang, elle imprègne leur mental. Même chez les plus médiocres représentants de la monarchie, l'atavisme génère un sens officiel inné, extériorisé, cela va de soi, pour la perpétuation du mythe. Il projette sur l'environnement royal ses particularités, avec une connotation anthropomorphique décroissante à mesure qu'arrive la fin du régime, discernable dans l'apparition de goûts qui substituent l'individuel au principe. Mais l'art royal, même en son déclin identitaire pourra-t-il, tout à fait, être exempt d'officialité ? Sûrement non : jamais il ne cessera d'opérer une synthèse des formes, réductrice peu ou prou à sa propagande. Par cette contrainte (pour un art élevé, la rigueur, son ordre importe peu, est indispensable...) l'esprit esthétique national, depuis le XVIIe siècle, a mûri couple pondération-inventivité, qui marquera l'apogée des styles français jusqu'à Charles X, donnera aussi le ton en Europe, car cette formulation sert idéalement la nature socio-utilitaire du mobilier [28]. La perfection du stade en fait un producteur de modèles. Au XVIIIe siècle, comment expliquer chez nous cette suprématie des arts décoratifs, sinon par l'assujettissement positif de l'esthétique à une discipline discursive hors de sa vocation propre ? Post-féodale, aiguillonnée par l'étiquette, la Cour ne badine pas avec les signes extérieurs

de ses étagements. Qu'ils soient authentiques ou d'usurpation, leur traduction précise est exigée en général. Par conséquent, l'expressivité sociologique (et fonctionnelle) du mobiliaire, dont les utilisateurs sont aussi les instigateurs [29], se voit requise avec insistance : le décor constitue un portrait social implicite. A cet égard on l'exige – ailleurs moins, sans doute – en France autant efficace que le degré réel de grandeur est élevé. Concept louis-quatorzien, l'utilisation politique du Beau imprègne tout le siècle. Ainsi, quand sont en cause des pièces incertaines, identifier du mobilier royal s'avère mal abordable sans une analyse préalable d'ordre typologique, relativement à la hiérarchie sociale apparente dans sa traduction matérialisée. S'il veut faciliter encore cette recherche, le spécialiste aura grand profit en méditant le goût exprimé par le réalisateur ; pour les grandes œuvres ce peut être une piste majeure. Les exceptions connues, même spectaculaires, sont assez peu significatives du contraire pour ne pas être considérées comme une atténuation, guère plus.

Malgré une variation notable dans les détails, le boudoir de Madame de Sérilly [30], est en rapport direct avec le décor du salon de Bagatelle, et celui du Grand Cabinet des appartements intérieurs de Marie-Antoinette à Versailles. La grammaire néo-pompéienne du moment développe ses références antiquisantes dans les trois endroits. A notre boudoir ont œuvré des spécialistes (ils travaillent, notamment, pour la Reine : ce sont les frères Rousseau). Une qualité ambiante, exquisement raffinée, témoigne : Rousseau de la Rottière a conçu la réalisation avec soin. Mais un abîme sépare ces exemples, si proches pourtant, au plan du style ! C'est qu'en chaque lieu règne un esprit différent, propre à sa fonction sociologique, comme elle a mission d'y traduire le commanditaire. Chez Marie-Antoinette, les Rousseau ont produit, blanc et or, un chef-d'œuvre de luxueuse simplicité dont l'ordonnance classique n'est pas dérangée par l'interprétation de détails exclusifs à son goût. Et parmi cette atmosphère on ne saurait distinguer le majestueux du féminin. A Bagatelle, ensuite, nous accueille une condescendante élégance. Elle dit beaucoup sur Artois : ici peut être conçu que ce prince fut le plus en vogue de son temps. Après cela, le boudoir de Madame de Sérilly, aussi chic soit-il, révèle des préoccupations mondaines sans commune mesure avec l'état d'esprit des royaux protagonistes. Trop visible recherche, à vrai dire, la cheminée, après celle de Bagatelle, manque un peu son effet : plus simple eut largement suffi [31]...

Le goût Artois est, certainement, un des plus anticonformistes produits de la monarchie française. Sauf pour quelques œuvres, serait-il moins altier, nul n'en percevrait le royal message. Bagatelle représente un stade, non un départ : les caractéristiques du ton naissent dans les encoignures de Joubert livrées en 1773 [32]. Leur pompe surprend assez, même si l'on considère la destination (Versailles). Belanger saura canaliser, diversifier ce goût, en soi le plus intéressant de l'époque, peut-être.

6. *Léonard de Vinci. La Joconde (Louvre). Photographie Bulloz.*

Aucun élément matériel ne prouve formellement que Léonard est l'auteur du tableau. Le contenu esthétique impressionnant, qui rend l'autographie indiscutable, démontre que la probation spirituelle, en art, est établie par des facteurs tangibles même s'ils sont d'ordre particulier.

Au premier regard, celui de Marie-Antoinette n'échappe guère aux contraintes de l'officialité. Prototypes somme toute compassés, les meubles que Riesener lui livre rutilent dans un classicisme sans défaut. Ne tient pas vraiment du goût allemand, reproche fréquent, la volubilité des luxueux motifs qui les ornementent. Mais s'il est édulcoré, le naturel du discours va loin. Secrétaire et commode en laque japonaise faits pour Saint-Cloud [33] *(pl. 8)*, malgré leur poésie suave ont une dimension marquant d'étranges distances avec tous les mobiliers voisins connus, ceux de Carlin pour Mesdames compris [34]. Deux univers sont affrontés dans ces exemples : pour les filles du Bien-Aimé, la noblesse de ton est discrète splendeur... pour Marie-Antoinette – se pose-t-elle la moindre question sur ce point ? aveu d'elle-même trop affiché. Coûteuse luxuriance, la sentimentalité peut émouvoir ici, choquer tout autant. Le meuble « aux Épis » de sa chambre (Trianon) manifeste pareille éloquence... Au départ, l'idée n'a aucune volonté distante, mais sa sensiblerie, hors de la rigueur admise, provoque implicitement l'effet contraire. Tentative d'éviction du protocolaire, cette fantaisie champêtre l'amplifie encore, mais déclassé [35]. Rien n'est éloigné du simple comme sa recherche en tout. Et, chez la Reine, l'inaptitude à rejoindre l'abstraction du symbole qu'elle incarne, exempte d'intention morgueuse, par ces détails, néanmoins, se voit jugée on sait comment. L'aloi du Trianon sous Louis XV était plus rassurant. Nulle rupture, sauf celle du vrai repos, ne sous-tendait sa raison d'être. Aucune crise d'identité, par conséquent... Ce contraste éclaire sur la jeune femme, spontanée pour sa perte. Avec cette irruptipn trop éclatante de l'individu dans la messe royale, prend le déclin une monarchie absolue jusque-là sauvegardée, bon an mal an, par la persuasion des esprits quant au divin de son essence.

Le décor de Marie-Antoinette est riche en enseignement. Ceci ne doit pas faire oublier que la grandeur du mobilier, chez Louis XVI, mérite une attention particulière. Sans aucune prétention à être les ambassadeurs d'un « goût » – ce roi l'eut parfait – le secrétaire en laque pour son cabinet intérieur à Versailles (Weisweiler, 1784) ; le meuble pour le Salon des Jeux (Jacob, 1787), au château de Saint-Cloud, à eux seuls prouvent que rien de plus pur, sous l'Ancien Régime, fut jamais composé pour la Couronne [36].

FORME

Après ces exemples, il est difficile d'estimer, restrictions comprises, que les éléments mobiliers royaux n'ont pas une physionomie souvent reconnaissable. F. J. B. Watson écrit [37] que la Couronne : « ... était de loin le plus important et le plus riche client de tout le commerce du meuble ». N'est-il donc pas naturel, outre son influence inévitable sur la mode, que certains aspects de composition, de détail, de matière, lui aient été propres, voire exclusifs, temporairement au moins ? Au sujet de la commode de Marie Leckzinska (1737) acquise par le Louvre en 1988 *(pl. 9)*, Daniel Alcouffe étaie notre propos en soulignant qu'il s'agit d'un prototype : « ... que B.V.R.B. répétera, comme l'attestent une série de commodes en laque rouge et noire, avec ou sans cartouche central, qui présentent la même forme, la

même ligne à la partie inférieure (accolade de part et d'autre du tablier, double accolade sur les côtés) les mêmes encadrements de bronze autour des deux tiroirs et des côtés (musées de Caen et de Dijon, Victoria and Albert Museum, J.-Paul Getty Museum *(fig. 4 et 5)*, Wrightsman Collection). Aucune cependant ne présente le même cartouche et les mêmes chutes de bronze que la commode de Marie Leckzinska. La présence du poinçon au C couronné (1745-1749) sur l'une d'elles laisse supposer qu'elles peuvent lui être sensiblement postérieures [38]. » Pêle-mêle, la paire de girandoles à autruches (Rémond, 1782) pour le boudoir turc du comte d'Artois à Versailles [39], ne semble pas avoir été reproduite ou variée au XVIIIe siècle, non plus que, ciselé, doré, bronze merveilleux de 1786, la seconde monture des vases en porcelaine du Japon achetés par Mesdames aux frères Darnault [40]. Quant aux chaises réalisées par François Foliot (modèle de Gondoin, sculpture de Toussaint Foliot) en 1775 pour le cabinet de la Pendule [41], avec le médaillier de Gaudreaus [42] pour le cabinet d'angle de Louis XV (1739), à Versailles, ou plus simple leur destination, sinon l'ambition, celle des bras de lumière faits pour la Chambre du Treillage au Petit Trianon [43] ; tout cela paraît être resté exclusif.

L'ambiance est donnée moins par un luxe, on l'a vu, que par la forme, la distribution du détail. Pour reprendre l'exemple précité, Foliot, avec ses chaises, et lucidité, a voulu un effet qui soit monumental sans peser. Savante, son architecture ici ! Le logos transitionnel est courbe douce, de végétale symétrie ponctué. Une dignité du sentiment, assez ineffable, exprime le destinataire. Et pour mieux accomplir cette mission, la sculpture se restreint : acanthes, bouquets, rais de cœur, contrepoint des bois les enlacent ou crénèlent, mais à fleur. Sur la ceinture, au centre de sa traverse frontale, développe des rameaux exquis une agrafe plus copieuse et fouillée qu'à l'accoutumée. Par leurs traits inédits ces sièges montrent comment se dialectise alors le royal. Et, nous objectera-t-on, la table, marbre turquin et bronze doré, de la duchesse de Mazarin [44] ; étourdissante, la cheminée du comte Bernstorff (par F.-T. Germain) en son palais, à Copenhague : n'est-ce point royal sans avoir cette origine ? Mieux encore, les objets Aumont achetés par la Couronne au décès du grand amateur, tout cela n'est-il pas démenti à notre propos ? Même bien établi dans son principe, le fait esthétique ne saurait être doctrinal, sans possible atténuation. Dans le cas qui nous occupe, reste à déterminer cette incidence sur l'essentiel du propos. Extraordinaires sont les chefs-d'œuvre de notre premier exemple, nul conteste. Mais, surenchère même (surtout chez Bernstorff où le discours a une exagérée dimension dans son contexte), s'écartant du formalisme royal ils perdent en *grandeur* pour gagner en *effet :* même à ses plus transgressives fantaisies, Marie-Antoinette attache encore un halo d'officialité qui la révèle. Quant aux objets Aumont, ils ne sont pas nés royaux, assurément. Toutefois, le premier gentilhomme de la chambre du roi, d'autres serviteurs aussi, sont placés mieux que personne pour apprécier le ton royal, subir son influence [45]. Les achats Aumont de Louis XVI et Marie-Antoinette font hommage à une haute qualité, mais les souverains, pour nous, eurent mieux [46].

7. *Paul Valéry (Document Roger-Viollet).*

« Le seul réel dans l'art, c'est l'art. »

Sont concernées dans ce chapitre, bien entendu, les œuvres d'art appartenant à la Couronne au moment de la Révolution... Un propos significatif de Pierre Verlet donne son plein sens à notre titre : «... Une console superbe de Riesener aurait dû être acquise par ceux qui avaient fonction de s'intéresser au mobilier de Versailles, lorsque, à trois reprises au moins, elle passa sur le marché international : son origine, il est vrai, était ignorée de presque tous. Lorsqu'elle fut revendue en 1972 chez Parke-Bernet avec la collection Deane Johnson, l'indication et les preuves de cette origine, cabinet de la Méridienne à Versailles, furent publiées grâce aux numéros et au Journal du Garde Meuble, hélas ! On s'intéressa seulement alors à ce meuble, qui fut adjugé 400 000 dollars. La qualité n'avait pas changé, mais d'autres éléments intervenaient : tout en déplorant les erreurs passées, on peut regretter que, même à ce prix, la console n'ait pas été acquise pour le château de Versailles, où elle a véritablement sa place. Le prix, dit-on, est encore monté depuis !... » [47]. En réalité, le phénomène n'a aucune nouveauté. Simple est sa raison : notre politique d'acquisition de biens mobiliers privilégie les pièces documentées, et s'intéresse moins à celles dont, en l'absence d'un pedigree, la force esthétique représente l'essentiel. Cette position, naturellement, favorise les occasions manquées. A double titre, d'ailleurs. Tout d'abord, les grands chefs-d'œuvre, même sans origine connue, ont une qualité unique comme renseignement sur la relation (en celle-ci, un ordre interne hautement informatif) entretenue par une époque avec son imagerie. Sous cet angle, la valeur culturelle est irremplaçable. S'en priver plus longtemps, afin de suivre un dogme désormais inadapté aux contraintes dont l'acte conservatoire du temps présent doit tenir compte pour être juste, sur le long terme pourrait bien aboutir inversement aux attentes de la rigueur actuelle. Le problème patrimonial intéressant la collectivité, évoquer cet aspect précis ne saurait avoir un caractère réservé. Ensuite, courants sont les exemples d'œuvre négligées, malgré un intérêt esthétique majeur, dont l'origine royale fut découverte après coup, quand elles nous avaient échappé. Sauf explication rationnelle à cela dans la coulisse, il y a tout lieu de s'interroger. Aucun spécialiste, en effet, n'ignore cet avis de Watson : «... beaucoup de meubles importants, y compris ceux destinés à la Couronne (généralement les plus beaux qui soient) ne portent souvent pas d'estampille... » [48]. Sont non moins inconnues des spécialistes en question : soit les défaillances des inventaires où ne figurent aucunement diverses pièces importantes, soit les carences d'archives ayant disparu... Le développement du marché international encourage cette tendance. Telles sont les implications financières, qu'une œuvre bien documentée – d'illustre provenance, surtout – s'affirme en valeur vénale, dans les ventes publiques particulièrement. Ils triomphent souvent ensemble ; séparées les données diffèrent, et malgré quelque atténuation, un principe se dégage : associée à l'Art, l'Histoire, de nos jours, vend mieux ses certitudes que l'Art, seul, les siennes. Un peu forte, cette image souffre de schématisme moins qu'il y paraît : la situation évolue au point qu'existent certains experts indifférents au message sensible des œuvres sans origine précise, aussi belles soient-elles. Que pareille propension, mal conjoncturel, affecte les milieux du négoce (c'est loin d'être toujours le cas...) passe encore, mais aussi puisse exercer une influence sur ceux plus sereins, voués à l'intérêt général, doit éveiller la vigilance. Car il serait regrettable que la science devinsse alibi aux erreurs commises : comment ne pas le craindre quand l'instance historique, dans maints cas de figure, est le cadre seul, ou presque, des mesures conservatoires en direction du mobilier important ? Dès lors, n'y a-t-il pas lieu d'assouplir le système d'arbitrage et, comme d'aucuns invoquent la rigueur scientifique pour sa justification, de rappeler qu'elle est objectivité, non dogmatisme ? Chacun l'a deviné ; la contradiction entre l'Art et l'Histoire donne dans l'apparence. Renforce notre propos la conciliation possible : ce qu'il prescrit (une attention mieux avérée pour l'esthétique pure) trouve sa clé même par le progrès des méthodes exploratoires activant la documentation des œuvres. Désormais nos agents du patrimoine ont moins lieu de n'en point acquérir certaines, très ciblées, puisque attendre en vain leur documentation devient plus faiblement hypothétique avec le temps, aussi vaste champ soit ici celui des incertitudes. L'heure pourrait bien être au préventif en matière de conservation mobiliaire, extension prudente à sa déontologie, nullement imperfectible...

L'origine des objets royaux réhabilités n'était guère moins royale avant la réhabilitation. Dans plusieurs cas, lointains ou récents, n'eût-on pas été avisés d'avoir, pour précaution, cette évidence mieux à l'esprit ? Le 17 juin 1987 est vendu chez Christie's à Londres une commode exceptionnelle. Estampillée Godefroy Dester, plan simple, elle développe une alternance aux effets délicats. Sont enchâssées dix plaques peintes, en porcelaine de Paris : un acajou satiné les borde et contraste. Bien distribué, l'or de bronzes non excessifs continue cette ponctuation, offre au décor un riche point final. La puissance esthétique a pour support ce paradoxe, qui l'amplifie : sa trompeuse douceur. A coup sûr, elle n'émeut pas, puisque le meuble échoit à un collectionneur privé pour un montant voisin de son estimation. Les musées français ne sont pas représentés, significative est l'hésitation du commerce parisien : déroutant numéro, soit on le juge au premier degré (mièvre), soit la conviction de son entière authenticité fait défaut. Au seul plan artistique, pourtant, l'objectif idéal ici a vu le jour : rien ne saurait être ajouté ni retranché à pareil assemblage sans éteindre une harmonie radieuse.

La provenance Artois est publiée l'année suivante par J.-D. Augarde (L'Estampille n° 215, juin 1988) dans un article intitulé : « Le mobilier de Saint-Cloud et du Palais du Temple au temps du comte d'Artois ». Nous apprenons que la commode faisait partie d'une paire, réalisée pour la chambre à coucher du prince au Temple... Modèle sans égal puisqu'il s'agit d'une

8. *Secrétaire en panneaux de laque du Japon (J.-H. Riesener, vers 1787) provenant des appartements intérieurs de Marie-Antoinette à Saint-Cloud. (The Metropolitan Museum of Art, New York).*

La sophistication curieuse et le romanesque de ce meuble hors du commun nous documentent au vif sur le caractère de la Reine.

commande où chaque élément est exclusif. Dans les collections publiques, rien d'approchant n'existe en France pour l'instant. De cet exemple, nous ne tirerons aucune conclusion sans nuance [49]. Imaginons seulement l'effet spectaculaire que donnerait aujourd'hui la commode au Louvre, parmi les objets Artois déjà réunis, si une ligne de crédit pour ce type d'acquisition avait alors existé, outre celle donnant obligation à justifier l'achat par son caractère historique...

Présentement, une œuvre singulière *(pl. 10)* devrait, à notre avis, faire l'objet d'intensives recherches, royale ou princière étant sa possible origine et, surtout, l'intérêt patrimonial du contenu esthétique, majeur. Réputée venir de Versailles, la commode très importante et très célèbre – Leleu ne fit rien plus parfait – vendue par Christie's (succession Clore, Monaco 6 décembre 1985) il y a quelques années est une énigme. Pierre Verlet la commente avec admiration [50], indique le prince de Condé, destinataire éventuel, qui eut recours au talent du maître. Règne ici une synthèse exemplaire : grâce, originalité, grandeur. L'aristocratie, l'intelligence du meuble donnent beaucoup à penser. Un goût audacieux est présent, celui d'une personne cultivée, soucieuse d'inédit jusqu'au péremptoire. Rien sous Louis XVI n'ira plus loin dans le genre. Les vastes rinceaux d'acanthe marquetés, sur la façade, anticipent ceux en bronze doré ornant la paire de commodes (Benneman et Stockel) réalisées plus tard pour Marie-Antoinette à Fontainebleau : mention au passage, car hors ce thème rien n'est comparable [51]. Dommage que le chef-d'œuvre n'ait pas été au Louvre en 1985 : il constitue un grand classique autour duquel s'imagine mal cadre meilleur. Excepté Versailles, bien entendu, si ce palais, autrefois, l'abrita vraiment...

Quatre autres pièces, non publiées à ce jour, nous semblent dignes, par la stature, exceptionnelle leur technicité, de capter aussi l'attention des spécialistes. La première est une console en bois sculpté et doré, d'époque Louis XV *(pl. 11)*. Le décor de rocaille, en sa fantaisie mesurée, trouve ici un équilibre trop savant, que n'y soit trahi un soin rare dans la conception. Vient ce sentiment de prototype idéal, nullement inconnu : déjà nous l'éprouvions au sujet du siège par Foliot dans le Cabinet de la Pendule : ampleur majestueuse dont l'effort pour se contraindre est toute l'harmonie. Les proportions réduites du meuble n'ôtent rien à sa noblesse tonale. Enfin, la reparure, distinctive des modèles de référence, parvient aux limites possibles du méticuleux. Nous sommes en présence d'une stature royale. Nicolas-Quinibert Foliot, comme auteur, est tout désigné par une abondance d'analogies avec d'autres œuvres siennes [52]. Quoiqu'il en soit, le tact ambiant (un goût féminin pourrait ne pas y être étranger) en dit long sur l'intimité à laquelle se convertit l'univers palatial français vers 1740.

Inverse de cette réalisation discrète, nous proposons encore une table console, mais du règne suivant *(pl. 12)*. Elle manifeste la volonté d'apparat sans aucune restriction. Effectivement, notre meuble exprime, nostalgie « anglaise », ce type élégant et hautain propre aux mobiliers conçus par Belanger, dont les projets pour Bagatelle [53] sont un bel échantillon. Quatre pieds cambrés jumelés évoquent, pour l'idée, le parti pris des jambes

composites de la console que Jacob fit, vers 1786, pour un second cabinet turc du comte d'Artois à Versailles. Sur plusieurs points chaque exécution tient de l'autre, l'examen technique y conclut. Et la paternité de Jacob s'impose ainsi sans difficulté. Quant au détail sculpté, luxuriant, sa grâce, sa précision, relèvent du grand art *(pl. 13)*. En ceinture, le décor maçonnique est, pour une table de cette importance, unique peut-être dans l'œuvre du maître. Associé aux autres éléments, si proches de ses choix distinctifs, le motif militaire à l'entretoise augmente la compatibilité avec Artois, au point d'intriguer. Ces données laissent pressentir, en tout cas, une commande spéciale pour un lieu où dut régner quelque pompe.

Les vases en porcelaine de Paris [54], notre troisième exemple *(pl. 14)*, anglomanes aussi, par leurs éléments inédits témoignent encore d'une entreprise exclusive. Celle-ci dût coûter fort cher : en est un signe non le seul luxe de décor, mais la somme des difficultés surmontées pour y arriver. Forme générale, ton particulier du bleu, travail et qualité de l'or, technique des motifs émaillés, n'ont à cette date (1785 ?) aucun précédent. Le fastueux marié au naturel avec, ici notable, l'intimiste préciosité du détail, approchent un goût marqué : celui de Marie-Antoinette. En fait, l'ornement ne semble pris au lexique des années 1780 que pour montrer comment leur classicisme, grâce à la discrète assimilation de traits piquants, est alibi du romanesque, parfois, sans abandon trop clair. Pareille réussite n'a aucune constance, mais l'objectif caractérise, néanmoins, les prédilections de la Reine. Dans chaque petit médaillon (le somme une palme formée en aigrette), au sein du motif arabesqué latéral, se profile un paysage avec fabrique, chinoisant assez, qui surprend. Un peu comme étonnent les bronzes à thème canin, sur la console de Schwerdfeger, au Petit-Trianon, chichi que l'air « grec » du meuble endure, tant excelle son intégration : le premier regard ne fait-il pas ce détail mufle de lion ? L'ambiance Marie-Antoinette est avivée au merveilleux des réserves, or mat bruni à l'effet, illustrant diverses fabriques en étroite relation avec celles de Trianon *(pl. 15)*. Notons-le au passage : par leur esprit ces vases flirtent avec la porcelaine de Vienne. Mais, pour l'un d'eux, l'architecture des maisons paysannes, composée normande, est bien française. Enfin, nombreux sont les éléments retrouvés au Hameau très au-delà du hasard strict. Et cette évocation fantaisiste, donc, occulte à peine la réalité...

Prêter une origine royale aux objets concluant notre étude *(pl. 16)* est moins difficile qu'imaginer comment ils ont pu être soustraits à un destin muséal précoce. Ce mystère illustre bien le cas de raretés qui circulent encore, pas toujours là, d'ailleurs, où l'on pourrait, au prix fort, espérer les avoir... Ici, faut-il admirer le plus : parfaite, une composition, ou des montures en bronze doré au mat, ciselées si finement, que dans la discipline rien n'est approchant sous Louis XVI *(pl. 17)* ? A l'exception des vases en bois pétrifié du musée Nissim de Camondo qui, étroitement, s'y apparentent (leur niveau est moins élevé mais son extérieur plus luxueux), même comparé, au physique, avec deux célébrissimes objets pour juger la ciselure, un semblable mérite n'a pas été revu... Les vases Camondo *(pl. 18)*, dont nous

9. *Bernard II Van Risen Burgh. Commode d'époque Louis XV en laque d'Extrême-Orient et bronze doré. (Musée du Louvre).*

Ce meuble fut livré pour le cabinet de retraite de Marie Leckzinska à Fontainebleau.
Malgré les diverses répétitions postérieures du modèle, une grande partie du décor de bronze est exclusive ici, marquant ainsi l'originalité de la pièce royale.

10. *Commode en placage d'amarante, bois de rose et bois satiné, par J.-F. Leleu. Époque de Louis XVI. (Collection particulière).*

Tenue pour être le chef-d'œuvre du grand ébéniste, l'ignorance actuelle de son origine précise (Versailles ?) en fait une énigme.

savons la provenance, pourraient implicitement renseigner sur celle de cette variante. Transmis par Marie-Antoinette [55], leur nonpareil, ou tel estimé longtemps, en fait un modèle inassimilable aux catégories ses contemporaines. Et rend évident qu'une version épurée, plus accomplie encore pour ce qui concerne le travail des montures, peut à juste titre être supposée de la Reine. Chacun sait combien elle demandait au bronze doré : les parures de son mobilier (notamment celles des pièces légères faites par Riesener ou par Weisweiler) ne sont rien autre qu'orfèvrerie très minutieuse. Cette obsession joaillière semble lui avoir été propre, signer son goût (centre-européen, certains disent, nous pas). Nul membre de la Famille royale n'en est atteint, même Artois, à ce point. La souveraine suit avec soin l'exécution des pièces dont elle passe commande. Quand les résultats la séduisent, sur son ordre, parfois, on crée des variantes destinées aux différents cabinets ou boudoirs qu'elle installe dans les résidences royales. Les objets précieux ont une emprise quasi magique sur Marie-Antoinette : sauf la Reine, qui peut avoir demandé aux frères Rousseau de reproduire à la boiserie de son Grand Cabinet intérieur (Versailles), avec ces légères modifications imposées par les contraintes du bas-relief, la cassolette achetée par elle l'année précédente (1782) à la vente après décès du duc d'Aumont *(pl. 19)* ? Dans un bric-à-brac éblouissant, d'inutilités que l'or souvent pare ou sertit, les vases Camondo (furent-ils faits à Vienne ? en ce cas les autres aussi...) avant 1789 ornent le cabinet royal. A cause de leur beauté, la reine put en désirer une version nouvelle, achevée, cette fois, comme jamais. Ne manquaient guère des appartements pour abri : ceux sur la Cour de marbre, sinon Trianon, Saint-Cloud... Tout cela imaginable avec facilité, plausible. L'aise est moins grande à se représenter leur destin ultérieur. Et serait donc utile un sondage des archives, s'il pouvait exhumer le précis d'allées-venues, étranges peut-être...

Les dispersions révolutionnaires ont mis en mouvement une quantité incroyable d'objets d'art de toutes catégories qui alimenteront longtemps encore le marché international. Quelques-uns, identifiés, regagnent, parfois, leur lieu originel. Sur le nombre cependant, la proportion est loin d'être satisfaisante. Il faut donc admettre que bien des identités resteront incertaines, malgré les suppositions justes mais non prouvées : en cela le désastre culturel causé par la Révolution demeure à jamais irréparable. Une manière de l'atténuer serait soit retenir en France, soit y faire revenir, en les achetant, ces quelques chefs-d'œuvre de stature royale qui, sans pedigree historique, font épisodiquement leur apparition sur la scène internationale. L'on tiendrait compte alors d'un autre critère de sélection : la qualité esthétique en tant que valeur patrimoniale. Soyons sans crainte quand à l'effort supplémentaire nécessité : les œuvres *parfaites* sont non moins rares que celles chargées d'histoire. Si le marché se maintenait surinflationniste dans les prochaines années, en raison des budgets impliqués, la politique nationale d'acquisition n'aurait guère autre choix qu'à cette stratégie (avec, parfois, une bonne surprise : celle de l'origine prestigieuse découverte ensuite) ou simplement renoncer aux grandes ambitions, comme le remeublement de Versailles, par exemple [56]. En pareil cas nous ne serions pas seuls à devoir pratiquer une conservation préventive. D'ailleurs, si nous continuions notre arbitrage actuel, le futur ne serait-il pas tenté de nous reprocher avoir conçu jusqu'à l'irréel, au décevant peut-être, la séparation – rien autre que relative pourtant – des instances entre l'Art et l'Histoire, dans le collectionnement mobiliaire au XXᵉ siècle ?

12. *Table console en bois sculpté et doré, œuvre probable de Georges Jacob. Époque de Louis XVI. (Collection particulière).*

Composition de Bélanger, possiblement. Pour Artois, peut-être : son goût se retrouve ici au point d'intriguer...

1. P. Verlet, « Le Mobilier Royal Français, meubles de la Couronne conservés en France », Plon, Paris 1955, avant-propos, p. 8, note 3.

2. M. Beurdeley, « La France à l'encan, Exode des objets d'art sous la Révolution », 1981. Office du Livre S. A. Fribourg, Suisse. Librairie Jules Tallandier, Paris.

3. En 1827, La Garde-Meuble de la Couronne se débarrasse de meubles importants mais périmés. Cf. Ch. Baulez in « Versailles à l'encan », numéro spécial C.d.A. 1989, « Les arts sous la Révolution », pp. 34 à 43.

4. a) Le Guéridon de G. Jacob. Cf. « Georges Jacob, ébéniste du XVIIIe siècle », par H. Lefuel, Éditions Albert Morancé, Paris 1923, p. 362, repr. pl. XXII.
   b) Service inédit, en porcelaine dure, réalisé par Dagoty (peut-être pour un prince d'Anhalt, si les sources actuelles sont exactes) de 1793 à 1803, comme l'attestent formellement les pièces signées et datées. Cette œuvre fournit deux renseignements importants : 1) Dagoty eut une activité marquée bien antérieure à celle officiellement connue (vers 1800), 2) la conception définitivement Empire du modèle peut être située quelques années avant sa réalisation ; ceci montre qu'à la veille de la Révolution le goût dit « impérial » était déjà formé.

5. E. Molinier « La Collection Wallace, meubles et objets d'art français des XVIIe et XVIIIe siècles », Paris, Librairie centrale des Beaux-Arts, E. Lévy éditeur (vers 1900).

6. Arch. Nat., O¹ 3320, f° 142 v°, cité par F. J. B. Watson in « Wallace Collection catalogues, Furniture », Londres 1956.

7. Les nombreux projets pour la transformation de Versailles, dont celui de 1780 par E. L. Boullée (Paris, Bibliothèque nationale) est souvent reproduit, laissent supposer que si l'ancienne monarchie n'avait pas été renversée, le Versailles de Louis XIV que nous connaissons encore aurait peut-être disparu...

8. Parmi d'autres exemples la paire de vases Bachelier à anses et à couronnes en porcelaine de Sèvres, époque L. XVI, vente Christie's, Londres, 3 déc. 1962. Prov. Ctsse de Carnavon, coll. Alfred de Rothschild. Modèle identique au V. & A. museum, Repr. C.d.A. n° 141, nov. 63, p. 91, n° 10, 8 000 F. Même réévalués en francs acuels, une adjudication 1989 des mêmes pièces décuplerait au moins le résultat.

9. Versailles, château, V 5 106.

10. P. Verlet, « Les ébénistes du XVIIIe siècle français », Hachette/C.d.A., Paris 1963, repr. pp. 322-323, pl. 2.

11. De taille plus importante, une autre commode identique avait été localisée en 1955. Cf. cat. Vte du dimanche 22.11.87, à 14 h. repr. pp. 122-123.

12. J. N. Ronfort, « Le mobilier royal à l'époque de Louis-XV, 1744, Choisy et la commode du roi », in L'Estampille, n° 218/oct. 1988, pp. 14-29.

13. Londres, Wallace Collection, F. 86.

14. Anecdote notoire mentionnée dans les mémoires du duc de Crÿy.

15. Comptes de Louis XVI, Dauphin, entre 1772 et 1774.

16. A. Tuetey. « Inventaire des laques anciennes et des objets de curiosité de Marie-Antoinette confiés à Daguerre et Lignereux, marchands-bijoutiers, le 10 octobre 1789 (26 frimaire an II). » Archives de l'Art français, tome VIII, 1914, p. 287.

17. Inventaire du mobilier et des outils : 1) avant : A.N., O¹* ³³⁵⁶, 2) après : A. D. de S. et O., Q 92.

18. Renseignement fourni par Mme Pierrette Girault de Coursac. La traduction en francs actuels est purement approximative. A l'époque, Louis XVI considère le montant de 200 l. comme étant celui du minimum vital annuel.

19. Versailles, château, V 4324, cf. Ch. Baulez, « Notes sur quelques meubles et objets d'art des appartements intérieurs de Louis XVI et de Marie-Antoinette », La Revue du Louvre et des Musées de France, 5-6/1978, pp. 359-373, note 93.

20. C. Brandi, « Principi di Teoria del restauro », Ed. Giulio Eidandi, Torino 1977.

21. L'examen aux rayons X a révélé le bon état de la peinture et de son support. Malgré les constatations intéressantes de Magdeleine Hours (in Leonardo, saggi i ricerche, Rome 1954), la technique impalpable donne une image radiographique à peine existante, qui à soi seule ne suffit peut être pas pour soutenir une interprétation précise sans l'apport d'analyses complémentaires. L'autographie s'imposant d'elle-même, il a vraisemblablement été jugé inutile de les faire.

22. P. Valéry, in Variete, Etudes Littéraires « La Tentation de (saint) Flaubert ». En fait, l'auteur critique chez Flaubert le Réalisme, c'est-à-dire le désir de faire « vrai de ses minutieuses reconstitutions ». Il ne disserte donc pas a priori sur la qualité auto-démonstrative de l'art, mais son assertion ne signifie rien autre que cela, allant bien au-delà du sujet traité.

23. Le siège de la monarchie est définitivement établi à Versailles le 6 mai 1682, la République proclamée le 22 septembre 1792.

24. Montrer ici les mécanismes précis de l'expertise esthético-technique exigerait cette élaboration seulement possible dans un cadre de publication plus étendu et spécialisé. Les vases en porcelaine de Paris (Pl. 13), toutefois illustrent avec concision notre propos : seul un examen au binoculaire sous éclairage fort a permis de déceler, derrière une interprétation fantaisiste, une quantité de détails souvent minuscules donnant une certitude quant à la représentation des fabriques de Trianon.

25. Louis Le Vau établit les plans du château de Vaux en 1655, les travaux s'échelonneront sur cinq années, avec la collaboration de Charles Le Brun et de André Le Nôtre, le sculpteur François Girardon, etc., tous employés ensuite par Louis XIV pour créer à Versailles le plus grand palais d'Europe. Le 10 septembre 1661, le roi y fera transférer une partie des mobiliers et œuvres d'art de Vaux, après l'arrestation du surintendant Fouquet...

26. Meuble destiné à la chambre à coucher de la marquise de Marigny (1766). Publ. C.R.H.M.E. : A Pradère in l'Estampille n° 193/juin 86, « L'ameublement du marquis de Marigny vers 1780 », pp. 50-51, repr. (Exp. : « la Folie d'Artois », château de Bagatelle juin 88. Cat. édit. Antiquaires à Paris, repr. pp. 182-183).

27. Cf. Ch. Baulez in cat. exp. « Le Faubourg Saint-Germain, LA RUE DE VARENNE » ; musée Rodin 1981, p. 67. Avant cette publication supposé avoir appartenu à Stanislas Leczynski, le célèbre meuble est étudié en détail par F. J. B. Watson, op. cit., dans son catalogue du mobilier de la Wallace Collection (F 102).

28. Cf. G. C. Argan in « L'Europe des capitales, 1600-1700 », Ed. d'Art Albert Skira, Lausanne 1964, liminaire »... le principe d'autorité [...] s'exerce entre individus, entre classes, entre États [...] par la persuasion [...]. La persuasion [...] oriente vers un choix « utile » [...] son efficacité tient essentiellement à l'utilisation de l'image.

29. Cf. G. Janneau in « Le meuble d'ébénisterie », Editions Jacques Fréal, Paris 1974 : «... Désormais, hormis les cérémonies réglées par un protocole impératif, les grands vivent en simples mortels, et cette révolution gagne tous les rangs de la société, déterminant l'invention de tout un mobilier. » Structure du meuble Louis XV, p. 39.

30. Londres, Victoria & Albert Museum, Dpt. of Woodwork.

31. Cet ensemble provient de l'hôtel de Sérilly à Paris, actuellement rue Vieille-du-Temple. Ses dimensions exigues (env. cm. : h. 488, long. 427, larg. 330) supportent mal une cheminée assez importante en taille, ambitieuse de forme (par Clodion et Gouthière ?...). Cf. « The panelled rooms, III the boudoir de Madame de Sérilly » par Olivier Brackett, pub. The Board of Education, London 1925, V. & A., Dept. of Woodwork.

32. Londres, Wallace Collection, F 273 et F 274.

33. New York, The Metropolitan Museum of Art.

34. Par ex. la commode de laque, 1785, Musée du Louvre, cat. C. Dr. n° 101, Inv. OA 5472.

15. *Détail d'un des vases Médicis en porcelaine de Paris illustré à la planche 14.*

Malgré le dessin naïf, l'interprétation fantaisiste, plusieurs indices donnent à croire qu'il s'agit bien du Temple de l'Amour à Trianon.

35. Malgré sa haute distinction, le goût de Marie-Antoinette, romanesque, est plus d'une favorite que d'une souveraine. Son déclassement n'a aucun caractère social, il va de soi, mais plutôt psychologique. Le rang souvent exprimé par son mobilier des petits appartements, souvent fait céder le principe à l'individualité. Et la majesté qu'on y trouve traduit une « reine des femmes », avant que celle de France comme l'époque la concevait. Cette exorbitance, même parfois émouvante, ne pouvait qu'être mal comprise et acceptée en général.

36. a) Le secrétaire en laque, vendu à Londres (Sotheby's) le 8 juillet 1983 est désormais dans une collection privée américaine ;

    b) le meuble Jacob est partiellement réparti entre le Louvre et Versailles (au Louvre, 2 fauteuils, OA 3449 A et B), à Versailles : 13 fauteuils, V 4925 à 49 37, et une bergère, V 5157).

37. F. J. B. Watson, « Le meuble Louis XVI », Les Beaux Arts, Paris 1963, p. 64.

38. D. Alcouffe, « La commode du Cabinet de retraite de Marie Leckzinska à Fontainebleau entre au Louvre », La Revue du Louvre et des Musées de France 4/1988, pp. 281-284 (Inv. oA 11 193).

39. Versailles, château, VMB 14252.

40. Paris, Louvre, cat. Dr. n° 440-441. Inv. OA 5497-1 à 3.

41. Versailles, château : V 3738, 1 et 2 ; V 3760, 1 à 4.

42. Versailles, château, V 5054.

43. Lisbonne, Fondation Gulbenkian.

44. New York, Frick Collection.

45. En sont un témoignage les pièces importantes commandées à Riesener pour Fontanieu au Garde-Meuble (a) secrétaire en armoire, 1771, anc. coll. J. Lupu, repr. p. 435, cat. exp. : Les Antiquaires au Grand Palais, VIIIe Biennale Inter.le Paris 23 sept.-10 oct. 76 ; b) table à écrire, même destination, même date, Petit-Trianon).

46. En dépit du nom prestigieux de Gouthière, l'examen attentif de certaines pièces acquises par la Couronne à la vente Aumont révèle quelque inégalité dans les mérites de la ciselure. Même la célèbre cassolette achetée 12 000 livres par Marie-Antoinette (Wallace Collection, F 292) n'offre par une entière homogénéité de ce point de vue. Assurément, le traitement de surface du métal, postérieur, tel qu'il est gêne beaucoup la lecture. Mais l'existence des meilleurs bronzes royaux très connus (par Gouthière, aussi !... et Pitoin, Martincourt, etc.) aurait dû avantager plus l'analyse objective que la légende, à notre avis.

47. P. Verlet, « Les meubles français du XVIIIe siècle », Presses Universitaires de France, 2e édit., mars 1982, Paris, p. 222.

48. F. J. B. Watson in « Le style Louis XVI, op. cit., p. 64.

49. Les crédits n'étant pas inépuisables, nos musées nationaux sont contraints à faire des arbitrages parfois difficiles...

50. P. Verlet, « Les ébénistes français du XVIIIe siècle français », op. cit., pp. 212-213, repr. pl. 4.

51. Fontainebleau, château (dépôt du musée du Louvre, Inv. oA 5301 et oA 5302).

52. Le motif de roseaux enlaçant vigoureusement les pieds, la dynamique des motifs végétaux de la traverse frontale, malgré la datation plus précoce pour notre exemple, s'apparentent à l'ornementation des sièges Bernstorff (v. 1754) du Metropolitan Museum de New York (Inv. 35-145), bien illustrés dans l'ouvrage de Bill G. B. Pallot « L'art du siège au XVIIIe siècle en France », A.C.R. Gismondi Edit., Paris 1987, pp. 168-169.

53. Paris, Bibliothèque nationale.

54. Pour la majorité des experts, pièces vraisemblablement réalisées par la manufacture du duc d'Angoulême (Dihl et Guerhard).

55. Cf. Ch. Baulez in « La Revue du Louvre et des Musées de France », op. cit, p. 367.

56. Versailles, à cause de son programme précis, ayant pour priorité l'acquisition de pièces historiques, soit du palais, soit des autres résidences (équivalences), serait moins concerné par cette stratégie. Dans certains cas, pourtant, elle pourrait lui être profitable.

Remerciements

Nous tenons à remercier pour leur aide ou leurs conseils,
Mesdames N. Gasc, P. Girault de Coursac, P. Lemonnier, R. de Plinval de Guillebon ;
Messieurs D. Alcouffe, M. Battestini, Ch. Baulez, M. Beurdeley, Yvan Christ,
A. Devèche, B. Dragesco, M. Germond, P. Girault de Coursac, B. Pallot,
P. Le Perlier, P. Pinet.

17. Détail d'un des vases couverts en marbre vert antique, illustré à la planche 16. Macrophotographie.

Tout le luxe de l'objet est dans une finesse de ciselure sans précédent, à l'époque, pour une monture en bronze doré...

14. *Paire de vases Médicis en porcelaine de Paris. Époque de Louis XVI, vers 1785. (Collection particulière).*

16. Paire de vases couverts en marbre vert antique monté. Époque de Louis XVI. (Collection particulière).

13. Détail du piétement de la table console illustrée à la planche 12.

18. *Vase couvert en bois pétrifié monté en bronze doré, d'une paire provenant du Grand-Cabinet intérieur de Marie-Antoinette à Versailles. Paris, Musée Nissim de Comondo.*

Des analogies troublantes entre ces vases très rares, tant par la forme que la facture des montures, et ceux reproduits aux planches 16 et 17, laissent présumer une même provenance.

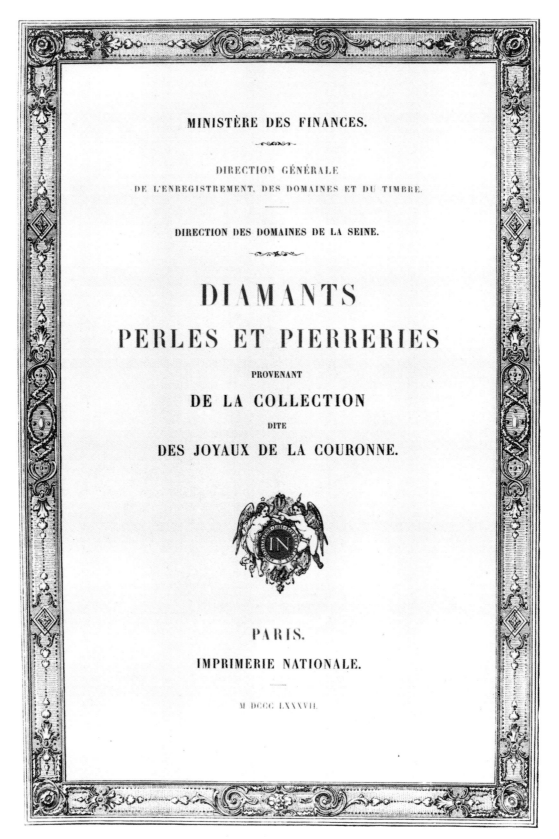

MINISTÈRE DES FINANCES.

DIRECTION GÉNÉRALE
DE L'ENREGISTREMENT, DES DOMAINES ET DU TIMBRE.

DIRECTION DES DOMAINES DE LA SEINE.

DIAMANTS
PERLES ET PIERRERIES

PROVENANT

DE LA COLLECTION

DITE

DES JOYAUX DE LA COURONNE.

PARIS.

IMPRIMERIE NATIONALE.

M DCCC LXXXVII.

Catalogue de la vente de 1887.

La vente des joyaux de la couronne en 1887

par Bernard Morel

Membre d'honneur de l'Association française de gemmologie

Les joyaux de la couronne, de Napoléon 1er à Napoléon III

Avant d'en arriver à la vente désastreuse des joyaux de la France en 1887, il nous faut survoler l'histoire de ce trésor de la Révolution au second Empire. À la fin du Consulat, ce qui avait pu être sauvé de la tourmente révolutionnaire représentait une valeur d'inventaire de 13 950 000 francs-or, dont douze millions pour le Régent. Nous avons vu, dans l'article précédent sur le vol des joyaux de la couronne et leur destin à l'époque révolutionnaire, quelles autres pierres figuraient encore à côté de lui.

Le Régent fut monté en 1803 sur l'épée consulaire de Bonaparte (épée qui servit peu après le 2 décembre 1804 au sacre de l'empereur), avant d'être serti sur un nouveau glaive impérial tout couvert de diamants en 1812. Entre temps, Napoléon 1er reconstitua la collection grâce à de nombreux achats, les premiers en 1805 et 1806 pour des joyaux et décorations à son usage personnel, les autres, beaucoup plus importants en 1810, à l'occasion de son mariage avec l'archiduchesse Marie-Louise, achats encore complétés de 1811 à 1813. En tout il y en eut pour près de 6 600 000 francs-or, dont de nombreuses pierres et perles importantes ! Il est à noter qu'outre cela, l'impératrice Joséphine possédait des joyaux personnels d'une valeur de quatre millions, tandis que l'impératrice Marie-Louise, en à peine quatre ans de règne, en eut pour plus de deux millions !

Au retour de l'empereur de l'île d'Elbe, Louis XVIII emporta les joyaux de la couronne à Gand. À son retour, il dut en employer pour environ 600 000 francs pour des pots de vins offerts aux généraux des armées coalisées, et en particulier à Wellington, le vainqueur de Waterloo. Heureusement, le roi compensa cette perte par l'achat de plusieurs pierres importantes et par le don, à sa mort, du spinelle Côte-de-Bretagne, du diamant Second Mazarin et de deux autres gros diamants, qu'il avait récupérés à la suite du vol de 1792 alors qu'il était en exil.

Sous Louis XVIII et Charles X, les parures montées sous le premier Empire furent toutes démontées et remontées en de nouveaux joyaux, dont une fabuleuse couronne royale sommée du Régent, qui servit au sacre de Charles X. À la fin du règne de ce dernier, les joyaux de la couronne furent évalués à 20 900 260,01 francs-or.

La Monarchie de Juillet vit l'éclipse de la collection, qui resta enfermée dans ses coffres, le roi-bourgeois n'aimant guère l'ostentation, bien que son épouse Marie-Amélie eût de magnifiques joyaux personnels. Lors de la Révolution de 1848, à l'occasion d'un transport des joyaux de la couronne de leur cachette des Tuileries au trésor public, on déplora le vol d'un bouton de chapeau de diamants orné du Second Mazarin, pierre estimée à elle seule à 240 000 francs-or.

Sous le second Empire, et hormis quelques parures féminines remontant à la Restauration, les joyaux de la couronne furent une fois de plus démontés et transformés à l'usage de l'impératrice Eugénie. Les achats ne se montèrent qu'à 103 410 francs-or, mais la souveraine possédait un écrin personnel fabuleux, qu'elle emporta dans son exil et qu'elle vendit à Londres en 1872. Sous le règne, les joyaux de l'État comme les joyaux personnels de la souveraine brillèrent dans toutes les réceptions et cérémonies officielles avec un éclat incomparable.

À l'issue du second Empire, les joyaux de la couronne réunissaient 51 403 diamants taille brillant pour 10 183 carats, 21 119 diamants taille rose pour 484 carats, 2 962 perles pour 7 230 carats, 507 rubis (dont le spinelle Côte de Bretagne) pour 602 carats, 136 saphirs pour 938 carats, 250 émeraudes pour 500 carats, 528 turquoises, 22 opales, 235 améthystes et environ 500 autres pierres diverses !

La IIIᵉ République et la vente de 1887

En 1875, la IIIᵉ République fit rendre à l'impératrice Eugénie exilée huit grandes émeraudes ornant la couronne impériale et sa propre petite couronne, d'une valeur totale de près de 100 000 francs-or, en dédommagement de sommes dépensées par Napoléon III sur sa cassette personnelle pour les pierres ajoutées au trésor d'État sous son règne.

Avant la vente de 1887, les joyaux de la couronne ne sortirent que deux fois de leurs écrins, conservés dans les caves du ministère des finances. Ce fut en premier lieu à l'occasion de l'Exposition universelle de 1878, où ils furent admirés par une foule considérable et témoignèrent de la suprématie française dans l'art de la joaillerie. Mille précautions avaient été prises pour leur sûreté. L'immense écrin de velours placé à l'intérieur de la vitrine descendait, en dehors des heures de visite, dans un puits blindé creusé dans le sous-sol. La seconde fois, ce fut en 1884, au profit de la caisse des Écoles des arts industriels. L'ouverture officielle de cette exposition eut lieu le 31 mai au milieu d'une affluence considérable, en présence du président de la République et des plus hautes notabilités de la politique, des arts, des sciences, des lettres et de l'industrie, tous réunis dans la salle des États du Louvre, où on avait installé une nouvelle vitrine blindée. Au moment de cette exposition de 1884, le projet d'aliénation des joyaux de la couronne était déjà en discussion. L'infatigable partisan de la vente était Benjamin Raspail, dont le père avait fait la même proposition en 1848. Lui-même avait été un farouche adversaire de Napoléon III. Il déposa une motion à la Chambre le 7 juin 1878 qui ne fut approuvée par 342 voix contre 85 qu'en juin 1882. Les discussions au Sénat retardèrent encore de quatre ans la décision pour arriver enfin en décembre 1886 à l'adoption de la loi d'aliénation définitive, publiée au Journal Officiel du 11 janvier 1887, et signée par Jules Grévy, président de la République et par Sadi Carnot, ministre des finances.

Ainsi, cette vente absurde était décidée. Le préjudice causé à nos collections nationales, perçu alors par trop peu de gens, était considérable. Le trésor de la France allait être dispersé dans le monde entier. De remarquables joyaux, œuvres des meilleurs joailliers parisiens, allaient être scindés en plusieurs morceaux afin d'en faciliter la vente et perdre ainsi entièrement leur identité historique. Même au point de vue financier, l'opération était une bévue. Les joailliers venus du monde entier comptaient avant tout réaliser d'excellentes affaires et l'État ne récupéra même pas la valeur marchande réelle des joyaux vendus : l'on sait ce que vente aux enchères veut dire. En outre, la vente annoncée longtemps à l'avance d'une telle quantité de pierres avait déprécié le marché sur le moment. D'autre part aucune somme ne pouvait compenser la valeur artistique et historique, valeur qui serait considérable de nos jours et qui ne joua en aucune façon à l'époque pour exciter les enchères. Enfin, les sept millions de francs-or produits par la vente ne sont rien à côté de ce qu'aurait pu rapporter, depuis un siècle maintenant, l'exposition permanente des joyaux de la couronne dans un cadre digne d'eux : il suffit de voir les millions de visiteurs qui se pressent chaque année à la Tour de Londres pour admirer les joyaux de la couronne d'Angleterre !

Mais les raisons réelles et profondes de cette vente étaient tout autres qu'un besoin d'argent ou un sentiment de l'inutilité des joyaux de la couronne en l'absence de monarque : elles étaient essentiellement politiques. La troisième République, au début conservatrice, n'avait été votée que de justesse et il s'en était fallu de peu pour le comte de Chambord, petit-fils de Charles X, ne devînt Henri V : une simple question de drapeau qui lui aliéna les députés orléanistes prêts au compromis. Certes, les républicains étaient devenus majoritaires à la Chambre dès 1876, et dans les années 1880 la République se confortait, mais il apparut néanmoins nécessaire de porter un coup à toute idée de retour de la monarchie. La vente des joyaux de la couronne permit de l'asséner. Il est clair que s'y opposer vous rangeait dans le camp des monarchistes ou des bonapartistes. Tout fut dit et la parure de la France fut mise à l'encan. Sans ce dessein politique, il eût été facile aux députés républicains de bonne foi de démontrer l'intérêt artistique de ce qui fut vendu et de réfuter la prétendue improductivité de la collection en proposant son exposition permanente avec entrée payante, ne serait-ce qu'en faisant allusion à l'énorme succès de l'exposition de 1884. Dès 1882, d'ailleurs, une commission d'expertise avait été nommée, ce qui montre la détermination du gouvernement.

Cette commission, cependant, proposa d'exclure de l'aliénation certains joyaux, dont fort heureusement le Régent, qui furent répartis entre le musée du Louvre, le Muséum d'histoire naturelle et l'École des mines. Ceci permit d'apaiser ceux qui avaient des scrupules d'ordre scientifique ou artistique, la commission laissant entendre que ce qui devait être vendu n'avait aucun intérêt au point de vue de l'art et de la science gemmologique, ce qui était un comble ! Il est vrai que les « experts » qui la composaient étaient absolument ignares pour ce qui concerne l'histoire de la collection.

La vente se déroula en neuf vacations du 12 au 23 mai 1887 dans la salle des États au Louvre. Outre de nombreux joailliers français et de riches particuliers, étaient venus des joailliers d'Angleterre, d'Amérique, de Suède, de Norvège, du Portugal, de Suisse, de Turquie, d'Egypte, de Tunis et de La Havane. C'est Tiffany, joaillier de New York, qui emporta la majeure partie des plus belles pièces et la plupart des plus gros diamants, suivi de Boucheron, du baron de Horn, de Bapst Frères et de Doutrelon de Lille.

Les joyaux mis en vente représentaient une valeur d'inventaire d'environ huit millions de francs-or. Ils furent mis à prix pour une somme de près de six millions et produisirent un total de 6 864 050 francs-or, auxquels s'ajoutèrent cinq pour cent de frais et quelques droits divers portant la somme effectivement payée par les acquéreurs à 7 221 360 francs. À cela l'État dut retrancher 293 851 francs de frais de préparation et d'organisation, ce qui revint à une recette effective de 6 927 509 francs-or.

Ce qu'il nous intéresse ici de savoir, ce sont les pierres importantes qui avaient pu être préservées à l'époque révolutionnaire et qui, à cause de cette vente, furent perdues pour nos collections nationales. En premier lieu le diamant De Guise, acquis par Louis XIV, retaillé sous Louis XV à 29,38, repoli à 29,22 carats sous Louis XVIII, et emporté par Tiffany, ensuite le diamant Fleur-de-pêcher de 25,53 carats, acquis par Louis XIV en 1691, également acheté par Tiffany, le Grand Mazarin, de 19,07 carats, acheté par Boucheron qui eut aussi le Huitième Mazarin, de 14,93 carats, et un diamant marquise de 13,61 carats, provenant d'un achat de Louis XIV à Tavernier (Tiffany).

Quant aux gros diamants saisis à l'époque révolutionnaire, ils furent également perdus : le diamant couleur chrysolithe orientale de 28,51 carats (acheté par le baron de Horn), un brillant carré de 16,95 carats (Tiffany), un diamant oblong de 17 carats (Boucheron) et le diamant du roi de Sardaigne de 17,40 carats (baron de Horn).

Voyons maintenant ce que la loi d'aliénation préserva pour le Louvre, le Muséum d'histoire naturelle et l'École des mines.

Au Louvre :

– Le Régent, de 140,640 carats, considéré comme le plus beau diamant du monde.

– La Côte de Bretagne, spinelle rouge de 107,88 carats, taillé en forme de dragon sous Louis XV, et dont l'histoire remonte à Anne de Bretagne, épouse de Charles VIII puis de Louis XII.

– Le diamant rose Hortensia de 21,32 carats, acheté par Louis XIV.

– Une broche montée pour l'impératrice Eugénie, composée de 85 diamants dont trois grosses roses ayant servi de boutons à Louis XIV : les Mazarins XVII et XVIII de 22 carats chacun et une amande de 15,67 carats.

– L'épée montée pour le sacre de Charles X, composée de 1 576 brillants pour 340 carats, le plus gros de 14,55 carats. Cette épée a été malheureusement volée au Louvre en 1976.

– La montre du dey d'Alger, en or et ornée de 265 diamants taille rose, provenant du butin effectué lors de la prise d'Alger.

– L'Éléphant de Danemark, d'or émaillé et de 74 petits brillants et 68 petites roses, seul reste des décorations de Louis XVIII.

– Le Dragon-perle, perle baroque formant le corps et la tête d'un petit bijou d'or émaillé en forme de dragon sur épingle, provenant des saisies révolutionnaires (non exposé actuellement).

Au Muséum d'histoire naturelle (où ces pièces rejoignirent les pierres de la couronne déjà déposées à l'époque révolutionnaire) :

– L'Opale de Louis XVIII de 77 carats, magnifique opale de Tchécoslovaquie achetée en 1818 par Louis XVIII, et entourée d'un rang de petits brillants pour l'impératrice Eugénie (elle avait auparavant orné l'agrafe du manteau du sacre de Charles X).

– Un diamant très pur d'une taille très rare « portrait » pour couvrir une miniature, acheté par Napoléon 1er en mai 1810 et qui forma le centre d'un des deux bracelets de la parure de diamants de la couronne montée pour Marie-Louise. Pesant 9,10 carats, il resta pierre isolée de la Restauration à Napoléon III.

– Une très belle améthyste d'environ 35 carats, une des cinq plus grosses améthystes de la parure d'améthystes et diamants réalisée en 1811 pour Marie-Louise, parure qui fut démontée sous la Restauration.

– Toute une série de pierres de moindre importance (diamants, rubis, améthystes, turquoises, opales, perles fines, émeraudes, topazes roses).

À l'École des mines :

– Un rang de 47 boules-émeraudes pour 114,82 carats provenant des saisies révolutionnaires. L'attribution à Marie-Antoinette qui en a été faite est sans aucun fondement.

– Deux diamants taille brillant de 7,10 et 5,44 carats, ayant orné la couronne de Charles X puis la couronne de Napoléon III. Ces deux pierres ont été volées en décembre 1909.

– Toute une série de pierres moins importantes (émeraudes, perles fines, améthystes et topazes roses).

Les acquisitions du Louvre depuis 1887

Ces acquisitions ne datent que depuis la dernière guerre mondiale et ont été faites dans l'ordre suivant :

– Une plaque de l'ordre du Saint-Esprit, acquise en 1953 sur les arrérages du legs Dol-Lair. Cette décoration ne fit pas partie des joyaux de la couronne mais elle est un très rare exemple de la haute joaillerie royale française du XVIIIe siècle. Elle fut en effet offerte par Louis XV à un membre de la famille de Bourbon-Parme, soit son gendre, Don Philippe, soit son petit-fils, Don Ferdinand, reçu chevalier de l'ordre en 1762. Le joyau est entièrement recouvert de 400 brillants, le plus gros de 7,50 carats formant le corps de la colombe centrale dont le bec s'orne d'un petit rubis. Cette plaque est l'image réduite de la grande plaque de l'ordre du Saint-Esprit de la parure blanche des joyaux de la couronne, plaque qui fut volée en 1792.

- La paire de bracelets de la parure de rubis et diamants de la couronne qui fut vendue en 1887. Cette parure avait été créée pour l'impératrice Marie-Louise mais fut entièrement transformée et enrichie en 1816 pour la duchesse d'Angoulême. Ces bracelets s'ornent de 72 rubis et de 420 brillants. En 1887, ils avaient été achetés par Tiffany qui les revendit à Bradley Martin, de New York, qui les laissa à sa fille lady Cornelia, comtesse de Craven. Après le décès de lady Craven, son écrin fut vendu chez Sotheby's à Londres en 1961. Les bracelets, nº 76 de cette vente, furent acquis par le joaillier S.-J. Phillips qui les céda à Claude Menier avant que ce dernier ne les lègue au Louvre.

- Une paire de boucles d'oreilles de l'impératrice Joséphine, acquises grâce au legs Menier en 1973. Elles ne firent pas partie des joyaux de la couronne, mais sont un extraordinaire exemple des joyaux personnels de la souveraine. Elles sont ornées de deux très grosses perles poires pesant 134 et 127 grains, y compris leurs calottes de fixation en petits diamants taille rose.

- Le célèbre Sancy, acquis en 1976 avec l'aide de la Banque de France, et pesant 55,232 carats. Volé en 1792, retrouvé, mis en gage en 1796 auprès du marquis d'Iranda de Madrid, il fut vendu par ses héritiers à Godoy, premier ministre de Charles IV d'Espagne. En 1800, les autres pierres engagées auprès d'Iranda purent être récupérées moyennant le remboursement de la dette, sauf malheureusement le Sancy, dont on déduisit la valeur de mise en gage du montant de la créance. En 1828, un membre de la famille Godoy essaya, en vain, de le vendre 600 000 francs-or au roi Charles X (il avait été évalué un million en 1791), par l'intermédiaire du joaillier de la couronne Evrard Bapst. Il trouva cependant un acquéreur, la même année, en la personne du prince russe Nicolas Demidoff. Ce dernier mourut en 1829, un an après avoir acheté la pierre qui passa à son fils Paul, dont le frère Anatole devait épouser en 1840 la princesse Mathilde, fille de Jérôme Bonaparte et cousine du futur Napoléon III. Paul Demidoff épousa en 1836 une dame finlandaise, Aurora Stjernvall et lui offrit le Sancy en cadeau de noces. Veuve en 1840, Aurora épousa en 1846 Andrew Karamsin, capitaine des gardes du tsar, et fut à nouveau veuve en 1854, date à laquelle elle s'installa définitivement à Helsinki. En 1865 le Sancy était à vendre chez un joaillier de Londres et on le vit à l'Exposition universelle de 1867. Il fut acheté par un prince indien, sir Jamsetjee Jeejeeboy. Il revint en Europe en 1906, où il fut acheté par William Waldorf Astor, premier vicomte Astor. Le Sancy resta dans la famille Astor qui le prêta au Louvre en 1962 à l'occasion de l'exposition *Dix siècles de joaillerie française*. Le prêt fut prolongé plusieurs mois après la fin de l'exposition et nous avions eu alors le pressentiment que le célèbre diamant allait un jour revenir dans le trésor de la France. Ce fut fait en 1976 où le musée du Louvre acheta le joyau au troisième vicomte Astor avec l'aide de la Banque de France. Il ne fut cependant exposé qu'à partir de 1978. La France avait ainsi récupéré un des plus fameux parangons du monde qui fut, depuis son acquisition par Nicolas Harlay de Sancy à la fin du XVIe siècle jusqu'à l'apparition du Régent au début du XVIIIe siècle, le plus gros diamant blanc d'Europe. En 1791, il était le troisième des diamants de la couronne, après le Régent et le Diamant Bleu. Il s'agit là, sans conteste, de la pierre la plus chargée d'histoire européenne et elle a, de ce fait, une valeur sentimentale considérable.

- La parure de saphirs et diamants de la collection personnelle de la reine Marie-Amélie, épouse de Louis-Philippe 1er, roi des Français. Elle fut achetée par le Louvre en 1985 à Mgr le comte de Paris. Cette splendide parure est en partie composée de pièces ayant appartenu à la reine Hortense, fille de l'impératrice Joséphine, à qui Louis-Philippe, encore duc d'Orléans avant de devenir roi en 1830, avait acheté les joyaux. Cette parure se compose d'un diadème à cinq éléments principaux au lieu de neuf éléments à l'origine, et probablement très transformé après 1839 (date à laquelle il était toujours à neuf éléments), un collier et une paire de boucles d'oreilles. À cela s'ajoutent une broche postérieure à 1839 et deux boutons de robe dont les pierres proviennent probablement de la diminution du diadème.

- La couronne de l'impératrice Eugénie, don de M. et Mme Roberto Polo en février 1988. Cette petite couronne symbolique (elle ne fut jamais portée par la souveraine), de la dimension d'un couronne de haut de tête (10 cm à la base, et d'une hauteur de 12,5 cm), a été réalisée par Gabriel Lemonnier en février-mars 1855. Le trésor de la couronne avait fourni 102 brillants pour 34 carats tandis que le joaillier y avait ajouté 1252 petits brillants (110 carats), 1136 diamants taille rose de taille minuscule (quelques carats) et 56 émeraudes pour 28 carats, pierres payées sur les fonds de la cassette impériale. La facture de Lemmonier pour les pierres fournies et la façon se monta à 33 622 francs-or, la couronne entière étant évaluée à 40 597 francs. Pour la raison évoquée ci-dessus, elle fut attribuée à l'impératrice exilée en 1875. Elle resta longtemps dans la famille impériale, puisque avant d'être acquise par Roberto Polo, elle appartenait à la princesse Marie-Clothilde Napoléon.

Il est à espérer que le Louvre réussisse encore, grâce à des dons ou des achats, a récupérer certains des joyaux de la couronne vendus en 1887, ou d'autres parures ayant fait partie des joyaux personnels des différentes souveraines. En effet, nombre de ces bijoux existent encore dans des collections privées de par le monde.

Bibliographie

BAPST (Germain). *Histoire des joyaux de la couronne de France*, Paris, 1889.
MOREL (Bernard). *Les joyaux de la couronne de France*, Fonds Mercator, Albin Michel, Anvers, Paris, 1988.

Les chercheurs désirant approfondir le sujet trouveront une bibliographie très détaillée sur les joyaux de la couronne dans l'un et l'autre des ouvrages ci-dessus.

Catalogue de la vente de 1887.

N° 3. Aiguillettes et culot, style Marie-Antoinette. Aiguillette : Deux cent vingt-deux brillants ; cent vingt-cinq carats, quinze trente deuxièmes. Culot : Cinquante-neuf brillants ; dix-huit carats, neuf seizièmes.

N° 8. Un pendant de coiffure. Quatre cent soixante-dix-sept brillants ; soixante-cinq carats, onze seizièmes.

N° 11. Une guirlande feuilles de groseillier (Seize parties broches et pendentifs). Deux mille trois cent quatorze brillants ; cinq cent dix-sept carats, trois seizièmes.

N° 43. Une broche Sévigné. Trois cent vingt et un brillants ; cent soixante-huit carats, trois seizièmes ; trois brillants ; trente-six carats.

Commode de la chambre du roi réalisée en 1739 par Antoine-Robert Gaudreaux et Jacques Caffiéri. (Londres, Wallace Collection).

Les grandes collections anglaises de meubles royaux français au XIXe siècle

par Laurent Prevost-Marcilhacy

Du 6 octobre 1789 au 10 août 1792, le Garde-Meuble de la Couronne continua à renouveler le mobilier, dans une proportion certes moindre qu'auparavant, des différentes demeures du roi, mêmes celles dans lesquelles il ne pouvait plus se rendre. Le Palais des Tuileries fut aménagé avec le faste indispensable à la majesté du Trône tandis que les châteaux, comme Fontainebleau ou Compiègne, furent entretenus avec soin. Le départ de la Cour de Versailles permit d'entamer une méticuleuse campagne de nettoyement de ce vaste ensemble de bâtiments.

La chute effective de la Monarchie et l'emprisonnement du roi et de sa famille au Temple, laissa les Tuileries vides et provisoirement sans utilisation. L'administration du Garde-Meuble récupéra alors un certain nombre de pièces considérées comme précieuses ou importantes pour les exposer dans le bâtiment Est de l'actuelle place de la Concorde.

Au même moment, on décida aussi de sauvegarder les objets les plus rares pour constituer le noyau du futur Muséum central des Arts, devant servir à l'instruction du public, et les objets ou mobilier à vocation utilitaire qui pourraient être réemployés par le nouveau régime.

Mais peu à peu vit le jour une impérieuse nécessité de renflouer les caisses de l'État et la loi du 10 juin 1793 décida de la vente des « *meubles et effets provenant des palais des derniers tyrans de la France mis à disposition de la défense de la Liberté, afin d'assurer la prospérité nationale.* » Pour les mêmes raisons on étendit cette mesure aux biens des émigrés et des condamnés.

Une partie de l'aristocratie française effrayée par les troubles révolutionnaires avait quitté la France pour se réfugier notamment en Angleterre. Inexorablement pris par un besoin d'argent, ces émigrés avaient dispersé leurs biens, et dès 1790, le marché anglais commença à être envahi par les meubles et objets français. Le comte de Minto écrit à cette époque : « *L'invasion des produits français de toutes sortes, en particulier d'objets d'ameublement et de bijoux en a fait baisser les prix dans notre pays.* »

Tout au long du XVIIIe siècle, un fort courant francophile, dû à un certain snobisme et à un goût pour l'étranger, s'était manifesté en Angleterre caractérisé par une admiration pour l'habileté et la technique des artisans français : des collectionneurs tels que le comte de Coventry ou le duc de Northumberland commandèrent à la manufacture des Gobelins des ensembles de tapisseries de l'atelier de Nielson sur des cartons de Boucher spécialement réalisées aux dimensions de leurs demeures mais aussi de leur mobilier. Les ambassadeurs en France comme le duc de Bedford ou de simples voyageurs comme Horace Walpoole ou William Beckford quittent le continent précédés ou suivis de caisses remplies d'objets d'art français.

Aussi l'Angleterre, première terre d'accueil des émigrés, pays européen le plus prospère et le moins touché par les conséquences des guerres révolutionnaires va, tout au long du XIXe siècle, grâce à quelques collectionneurs fortunés devenir le refuge non seulement de pièces d'origine royale, mais aussi de bien d'autres trésors de l'art décoratif français.

Aimée de Coigny, la duchesse de Fleury, à la fin du règne de Napoléon Ier, écrit à propos des achats anglais « *meubles, bijoux, argenterie, livres, tableaux volés dans nos demeures, adjugés, acheminés par quels honteux courtiers ? ornent désormais les maîtresses et les châteaux de tout ce qui compte dans l'Establishement* ». En réalité, les achats anglais sont le résultat de notre propre désintéressement pour notre patrimoine.

Lors des ventes révolutionnaires, l'Angleterre et la France étant en guerre, sauf à être représenté par un correspondant, aucun citoyen britannique ne put y participer. Les achats anglais s'échelonnèrent dans ce domaine sur plus d'un quart de siècle. Les objets d'art saisis furent pour la plupart mis sur le marché français et acquis par des marchands parisiens. L'agent de Charles IV d'Espagne, l'horloger François-Louis Godon souligne à son maître des affaires intéressantes qui peuvent se traiter à Paris « *à cause du change* ». Beaucoup des pièces exportées vers l'Angleterre ne le furent qu'après la Terreur, parfois bien après, faute d'avoir trouvé preneur en France. L'exemple le plus symptomatique est le serre-bijoux de la comtesse de Provence (cf. infra) dont Napoléon refusa l'achat en 1811. La noblesse d'Empire imita son maître, préférant des meubles neufs, tandis que celle de l'Ancien régime répugnait à racheter ce qui lui avait été confisqué. Enfin la mode avait évolué et la société militarisée de l'Empire ne se reconnaissait pas dans les meubles raffinés et élégants créés pour Louis XVI et Marie-Antoinette.

Cette attitude persista sous la Restauration, Louis XVIII refusa la plupart des rachats souvent avec raison, qui lui furent proposés tandis que le Garde-Meuble mit en vente sous Charles X certaines des pièces qui avaient été jusqu'alors épargnées.

Les achats anglais s'effectuèrent par plusieurs voies. Différentes pièces furent acquises en Hollande ou à Hambourg au cours des premières années de la Révolution. D'autres furent négociées à Paris sous le Directoire ou le Consultat lors de trèves ou au cours de la paix d'Amiens commes les acquisitions de

Lord Malmesbury (1796) et celles de Lord Withworth (1802-1803). Les hostilités déclarées n'empêchèrent pas le trafic grâce à l'obligeance des pays neutres et d'intermédiaires aussi compétents que le chevalier de Bonnemaison ou le banquier Jean-Frédéric Perregaux. A partir de 1815, les contacts normaux furent rétablis.

Trois exemples nous montrent les différentes formes que prit la constitution de ces collections. La première, la collection royale anglaise, fut réunie par Georges IV dès la chûte de la monarchie capétienne et complétée durant le premier quart du XIXe siècle. La seconde, la Wallace Collection, est le fruit des acquisitions de deux générations d'amateurs qui achetèrent en France et en Angleterre durant trois quarts de siècle en fonction des disponibilités du marché. La troisième assemblée à Waddeson Manor par le baron Ferdinand de Rothschild s'est édifiée presque exclusivement en Angleterre grâce à la dispersion des ensembles réunis par de précédents amateurs.

La collection royale d'Angleterre

George IV (1762-1830), prince de Galles jusqu'en 1811, puis régent et roi en 1820, fasciné par l'art décoratif français a été l'un des principaux monarques anglais à acheter et collectionner les œuvres d'art français à une échelle importante.

Prédisposé par son éducation, parlant et écrivant couramment le français (certaines de ses lettres adressées à sa mère sont en français), lié d'amitié avec le duc d'Orléans (futur Philippe Égalité) dont il possède le portrait, George IV décide pour abriter ses collections de construire une demeure à la mode française : il choisit pour cela l'architecte Henri Holland qui s'inspira du style Louis XVI. Pour la décoration intérieure, il fit appel à des artistes français chargés de peindre trophées et dessus de portes tels Jirouard le Girardy qui travaille entre 1783 et 1786, Guillaume Gaubert qui est chargé de dessiner et fournir du mobilier ou L. A. Delabrière qui auparavant travailla pour le comte d'Artois au pavillon de Bagatelle.

Il commanda une grande partie de son ameublement au marchand mercier parisien Daguerre, qui dès 1786 possédait une boutique à Londres (à Piccadilly puis à Sloane Street).
L'ébéniste Jacob, à la demande de Daguerre, livre pour la chambre du Régent des sièges dont le modèle est inspiré des sièges exécutés en 1787 pour le salon des Jeux de Louis XVI à Saint-Cloud. Enfin George IV, n'hésite pas à faire venir une brodeuse de Paris : madame Dutilleu, pour la réalisation des tissus couvrant le mobilier qui se compose, selon l'usage français, de fauteuils meublants et de fauteuils courants.

Selon Horace Walpole, contemporain de George IV, Carlton House peut être comparé, pour son décor intérieur, à l'hôtel de Bourbon Condé terminé par Brogniart en 1782.

Durant la fin du XVIIIe siècle et la première partie du XIXe siècle, George IV, aidé par des conseillers tels que

Lord Hertford, Sir Charles Long ou Sir Watham Waller, va acquérir des meubles français qui seront le reflet de son goût personnel, c'est-à-dire aussi bien des meubles du XVIIIe siècle que des meubles contemporains.

Cette volonté d'acquisition, facilitée par le traité d'Amiens signé le 27 mars 1802, va même se prolonger, en dépit du blocus continental, durant toute la période napoléonienne. Le 21 avril 1803 nous trouvons une facture de Lignereux (marchand mercier parisien associé à Daguerre) concernant une pendule « à l'Apollon » en bronze antique et bronze doré, une paire de girandoles « à l'égyptienne » à cinq lumières en bronze patiné et doré, un secrétaire en armoire « forme antique » et deux bas d'armoire « dans le goût antique » en ébène avec tableaux de mosaïques de Florence, pour la somme de 671 Livres Sterling. En 1812, durant la campagne de Russie, George IV achète à Thomire un important vase monté Louis XVI ainsi qu'une paire de piédestaux réalisée par Thomire d'après des dessins de Percier et Fontaine. Enfin en juillet et en décembre 1825, il acquiert deux armoires Louis XIV en marqueterie Boulle qui seront placées en 1828 au château de Windsor.

Mais les achats les plus importants de George IV vont concerner des pièces de provenance royale de l'époque de Louis XVI :
– Commode (marque 2777) livrée par Riesener le 31 août 1774, placée dans la chambre du roi à Versailles en remplacement de celle exécutée par Gaudreaux (aujourd'hui à la collection Wallace) donnée, selon la coutume, à la mort de Louis XV, au Premier gentilhomme de la Chambre du Roi. A l'automne 1775 cette commode fut installée dans l'arrière Cabinet du Roi puis vers 1780 fut dépacée dans le Cabinet Intérieur du Roi.

– Paire d'encoignures (marque 3026) livrées par Riesener le 30 mars 1780 pour le cabinet intérieur du roi.

Ces trois meubles furent vendus en juillet 1794, (11 au 19 messidor an II) en même temps qu'un bureau par Benneman provenant de la même pièce (aujourd'hui à Waddesdon Manor) à monsieur C. Trusset pour cinq mille Livres.

George IV les acquit à la vente de la collection G. Watson Taylor organisée par Christie's le 28 mai 1825 pour la somme de 107 Livres Sterlings 2 Shillings.

– Groupe en bronze représentant Louis XV sur un bouclier porté par quatre guerriers (projet d'une statue en marbre pour la place royale de Rouen, d'après une composition de J.-B. Le Moyne) présenté à Louis XVI le 30 janvier 1777 que l'on retrouve sur l'inventaire de la Couronne en 1791. Le 28 septembre 1796 il est vendu au citoyen Chapeaurouge, agent de la commission des Subsistances à Hambourg. Le 5 juin 1813, Lord Yarmouth l'achète 130 Livres Sterlings à Squibbs pour le compte de George IV.

– Serre-bijoux de, Comtesse de Provence, Marie Josèphe Louise de Savoie, exécuté en 1785 par Riesener pour ses appartements au palais du Petit Luxembourg où il avait été saisi en 1793, puis vendu par le Directoire en 1796 pour « aider au remboursement des dettes de la France ».

En 1809, la propriétaire « la femme Aulmont » le propose pour 30 000 francs à Napoléon 1er qui le refuse ; elle réitère son offre en 1811 et essuie un nouveau refus (« Sa Majesté veut faire du neuf et non acheter du vieux »).

Il est acheté par George IV à la vente G. Watson Taylor chez Christie's le 28 mai 1825 pour 420 Livres Sterling.

– Bureau cylindre estampillé Teuné, réalisé pour le comte d'Artois (futur Charles X) au Palais du Temple.

– Vase à couvercle dit Vase Angora en porcelaine de Sèvres à fond bleu, livré au comte de Provence en décembre 1773 pour 840 Livres et faisant partie d'une garniture de cinq pièces. Acquis par George IV au marchand Robert Fogg en octobre 1813.

– Garniture de trois vases dits vases chinois à fond rouge, que l'on trouve dans l'inventaire de 1792 des porcelaines de Versailles dans les petits appartements de Louis XVI au premier étage. Cette garniture réapparaît en 1826 dans l'inventaire de Carlton House.

– Paire de vases à couvercles en porcelaine de Sèvres avec une monture en bronze doré à décor de chèvres réalisés par Thomire en 1784, pour les appartements privés du roi Louis XVI à Versailles ; dans l'inventaire de 1792 des porcelaines de Versailles elle est évaluée 3 000 Livres, et est placée dans l'ancienne pièce de café des appartements du roi. Achat de George IV au marchand Robert Fogg en octobre 1812.

– Service de porcelaine de Sèvres, dont les pièces en partie à fond bleu nouveau et décorées de scènes mythologiques furent exécutées entre 1783 et 1792 pour l'usage personnel de Louis XVI à Versailles.

Une grande partie de ce service (125 pièces) fut mis en vente par le gouvernement révolutionnaire entre le 11 et le 19 messidor an II (29 juin – 7 juillet 1794) et acheté par un certain C. Durand pour 12 000 Livres.

George IV, par l'intermédiaire du marchand Robert Fogg, l'acheta en deux fois (le 30 avril 1810 et en 1811) à Monsieur Würtz installé à Paris.

– Paire de vases en porcelaine de Sèvres dits vases Duplessis de forme ovoïde à décor de chinoiseries, comportant une monture en bronze doré, réalisée en 1779 et achetée (2 400 Livres) par la reine Marie-Antoinette en décembre 1779 pour son usage privé à Versailles.

Cette passion pour le mobilier français qui domina le goût de George IV jusqu'à sa mort (en 1830 il achète du mobilier contemporain réalisé par Bellangé) atteint son point culminant lorsqu'il décide de faire figurer sur son portrait officiel de roi d'Angleterre, peint par Lawrence en 1820, la table des Grands Capitaines de Napoléon (œuvre de Thomire à la manufacture de Sèvres) afin qu'elle serve de support à la couronne d'Angleterre.

La collection Wallace

La collection Wallace, telle que nous la connaissons aujourd'hui, a été principalement formée entre 1840 et 1870 par le quatrième Marquis d'Hertford, Richard Seymour-Conway (1800-1870) et son fils illégitime Richard (Jackson) Wallace (1819-1890) dont l'épouse française Amélie Julie Caslenau (1819-1897) à sa mort légua à la nation Anglaise l'entière collection, sauf les œuvres d'art, provenant de l'appartement de la rue Laffitte, de Bagatelle et d'un château anglais qui furent vendus par Christie's le 24-27 juin 1913. Mais si c'est au quatrième marquis d'Hertford que l'on doit l'aspect actuel de la collection, il ne faut pas pour autant négliger le fait qu'il est issu d'une famille de collectionneurs qui acheta de nombreux objets d'art depuis le début du XVIIIe siècle.

En effet le premier Marquis d'Hertford (1719-1794) ambassadeur en France entre 1762 et 1765, s'intéressa principalement à la peinture : tableaux de Canaletto, de l'école Hollandaise et Flamande (Ruysdaël, Snyders et Wouwermans).

Le deuxième marquis d'Hertford (1743-1822) ambassadeur d'Angleterre à Berlin et à Vienne ; acheta principalement des tableaux de l'école Anglaise (Gainsborough, Reynolds, Romney).

Le troisième marquis d'Hertford (1777-1842), fut le premier de la famille à se consacrer à l'achat d'œuvres d'art d'une façon intensive et régulière. Il partagea son goût avec le Régent (futur George IV en 1820) et en tant que son confident et ami intime il agit souvent pour son compte dans les salles de vente (en 1811 à la vente Lafontaine il achète un tableau de Rembrandt ; ainsi qu'en 1816 à la vente Henry Hope). Mais surtout en plus de leurs liens d'amitié, ils partagent une passion commune pour les œuvres d'art et plus particulièrement pour le mobilier, notamment celui d'époque Louis XIV. (Une paire de bureaux en marqueterie Boulle fut achetée conjointement et actuellement l'un se trouve toujours dans les collections royales, l'autre est à la Wallace).

Un inventaire sommaire, de 1834 nous indique la présence de tableaux de Rembrandt (provenant de la vente G. W. Taylor organisée par Christie's en 1823), Titien, une collection d'antiques, de bronzes du XVIIᵉ siècle, des porcelaines de Sèvres et quelques pièces de mobilier de grande qualité (bureau et paire de coffres en marqueterie Boulle, tables ornées de plaques de porcelaine).

Si pour le troisième Marquis d'Hertford collectionner était important, pour son fils le quatrième Marquis d'Hertford (1800-1870) cela devint l'occupation essentielle de sa vie. Héritier d'une collection il accrut celle-ci de façon considérable dans les domaines les plus divers mais principalement dans les armes et le mobilier français.

En 1835 il achète le château de Bagatelle (construit par J.-F. Bellanger en 1777 pour le Comte d'Artois) et en 1838, le 2 de la rue Laffitte où jusqu'à sa mort il demeurera.

D'importants revenus annuels (250 000 Livres Sterling) et la dispersion de grandes collections aux enchères (Collection du duc de Morny, du Roi Louis Philippe, du cardinal Fesch, d'Anatole Demidoff, du comte de Pourtalès) lui permettent d'acquérir ce qui se présentait de mieux sur le marché et cela sans rivalité (à part celle de la famille Rothschild). Si son goût est très caractéristique de son époque : il achète des œuvres de peintres contemporains (Descamps, Delaroche, Meissonier, Vernet), des peintures de l'école Hollandaise du XVIIᵉ siècle, il fait aussi preuve d'une grande originalité par l'achat de tableaux du XVIIIᵉ siècle français (Fragonard, Boucher) et en essayant de privilégier la qualité mais aussi la provenance (en 1855, à la vente du baron de Comailles, il acquiert deux tableaux de Boucher ayant appartenu à Madame de Pompadour).

Malheureusement l'absence totale de factures rend impossible la chronologie de ses acquisitions.

Sir Richard (Jackson) Wallace (1818-1890) partage ce goût pour les objets d'art ; il va même se constituer sa propre collection (peinture, porcelaine, ivoires et bronzes florentins) qu'il sera obligé de vendre en mars 1857 pour règler ses dettes à la Bourse. A la mort de son père, et à la suite des évènements de la Commune de Paris, inquiet, il déménage sa collection afin de l'installer à Londres, en avril 1872. Avant son départ, en juillet 1871 il achète encore, en bloc la collection du comte de Nieuwerkerke (Surintendant des Beaux Arts sous Napoléon III) qui comprenait principalement des armes, des sculptures de la Renaissance et des majoliques Italiennes. Sa femme, à sa mort le 20 juillet 1890, hérite de la collection qu'elle léguera à la nation britannique (en 1896) et à son secrétaire John Murray Scott († 1912).

Composition de la Wallace Collection :

– F 68. Balustrade en fer forgé et bronze doré au monogramme du Roi Louis XV ; exécuté pour l'escalier menant au cabinet des médailles de Louis XV au Palais Mazarin. Lord Hartford l'acquit à un marchand parisien pour 50 000 F Français.

– F 70. Commode Louis XV estampillée Marchand et nᵒ d'inventaire : du nᵒ 2016/2.
Une, d'une paire livrée par Joubert le 11 septembre 1755, pour servir dans la Chambre du Roi au château de Fontainebleau. On retrouve ces commodes dans l'inventaire de 1787, mais à l'origine elles étaient en laque de Chine à fond noir.

– F 86. Commode Louis XV par Antoine Robert Gaudreaux, les bronzes par Caffieri, marque nᵒ 1150.
Commode en bois de violette livrée par Gaudreaux ébéniste et Caffieri, fondeur ciseleur le 15 avril 1739 pour servir dans la nouvelle Chambre du Roi à Versailles.
A la mort de Louis XV elle fut donnée par son petit fils Louis XVI au duc d'Aumont, Premier Gentilhomme de la Chambre du Roi. Elle fut remplacée le 31 août 1774 par une commode de Riesener qui se trouve actuellement à Windsor.

– F 88. Commode Louis XV, en ébène et panneaux de laque, estampillée Marchand et marques F. nᵒ 308, F. nᵒ 340 nᵒ 2017A.
Une, d'une paire livrée par le sieur Joubert le 11 septembre 1755, pour servir dans la chambre de la Reine (Marie Lesczinska) au dit château (de Fontainebleau).
Ces commodes ont été faites pour faire le pendant à celles de la Chambre du Roi.
A la mort de la Reine, l'une fut donnée à Madame Victoire, l'autre à Madame Adélaïde.

– F 164. F 165. Paire de bougeoirs en bronze ciselé et doré que l'on retrouve décrite dans le mémoire de Pitoin en 1781 pour le service de la Reine.
Elle fut placée dans le cabinet de la Méridienne à Versailles.

– F 233 à 238. Suite de six chaises en bois doré par J.-B. Boulard et J.-Hauré, faisant partie d'un ensemble de 36 chaises pour le salon du Jeu du Roi à Fontainebleau.
Probablement achetée à la Révolution par le Duc de Stacpoole ; puis revendu lors de sa vente à Paris les 1ᵉʳ – 3 mars 1852.

– F 247. Commode nᵒ 3063, probablement par J.-H. Riesener.
Commode et secrétaire livrés par Riesener le 9 octobre 1780 pour le Cabinet Intérieur de la Reine à Versailles.

– F 273. F 274. Paire d'encoignures Louis XVI, nᵒ 2727/2, livrée par Joubert le 30 novembre 1773 pour servir à Monsieur (le Comte d'Artois) au château de Versailles.

– F 275. Encoignure Louis XVI par Riesener, nᵒ 320 livrée par le sieur Riesener le 12 février 1783 pour servir dans le Cabinet Intérieur de la Reine au château de Versailles (ainsi qu'une commode et un secrétaire en armoire), puis envoyée à Marly. Achetée une vente de Christie's le 27 mai 1870 lot 51 pour 1 260 livres sterling (avec le secrétaire).

– F 292. Brûle-Parfum en jaspe rouge et monture en bronze doré, exécuté par Gouthière pour le duc d'Aumont.
Acheté par Marie Antoinette à la vente du 12 décembre 1782 lot 25 pour 12 000 Livres.

Confié à Daguerre après les évènements du 10 octobre 1789, vendu pendant la Révolution par ordre du Ministère de l'Intérieur. Il réapparaît à la vente Fournier le 31 mai 1831 lot 26 (1 200 Francs). Puis à la vente du Prince de Beauveau le 21 avril 1865 lot 19 où il fut acheté par Lord Hertford pour 31 900 Francs Français.

– F 300. Secrétaire à abattant par J.-H. Riesener et réparé par G. Benneman, marqué SC/n° 20/1 et n° 3037.

Livré par Riesener le 8 juillet 1780 pour le Cabinet Intérieur de la Reine Marie Antoinette à Versailles, puis envoyé le 11 juillet 1785 à Saint Cloud où en 1788 on le retrouve dans le Cabinet Intérieur du Roi.
Le mobilier de Saint Cloud fut dispersé et vendu sous le Directoire en 1794-1795.

– F 302. Secrétaire à abattant par J.-H. Riesener, marque CT, du n°... 0/1 et marque du Garde meuble de la Reine Marie Antoinette. Livré par Riesener le 8 mars 1783 pour le service de la Reine au château de Trianon.
(ainsi qu'une table vendue par Christie's à la vente de Hamilton Palace le 17 juin 1882 lot 303).

Acheté par Lord Hertford à la vente de monsieur Henri Didier à Paris le 10 juin 1868, lot 148 (10 300 Francs Français)

– F 303. Secrétaire à abattant par Riesener marque n° 3208. Livré en suite avec l'encoignure (F 275) pour Marie Antoinette à Versailles le 12 février 1783.

– F 366 et F 369. Suite de quatre appliques en bronze doré, trois paires semblables furent exécutées pour le Grand Cabinet (ou Salon des Jeux) de la Reine au château de Compiègne en 1787 par Hauré.

– F 370 et F 373. Suite de quatre appliques en bronze doré marqué F. n° 34/3.
Placées d'abord dans la Chambre du Roi au château de Compiègne, puis déplacées dans le Grand Cabinet de la Reine à Fontainebleau.

– F 374 et F 377. Suite de quatre appliques en bronze doré par Louis Gabriel Felois.
Dans un inventaire de 1788 elles sont placées dans la Chambre à coucher de Marie Antoinette à Saint Cloud.

La collection Rothschild

Le baron Ferdinand de Rothschild (17 décembre 1839 – 17 décembre 1898) petit fils du fondateur de la branche Autrichienne, s'intalle en Angleterre en 1860. A la suite de son mariage en 1866 avec sa cousine Evelyne (fille de Lionel-Nathan de Rothschild) et au décès de celle-ci un an plus tard il décide alors de consacrer sa vie à la réalisation d'une importante collection d'œuvres d'art de grande qualité.

Pour cela il achète en 1874, 1 250 hectares de terres appartenant au duc de Marlborough, au lieu dit Waddesdon près d'Aylesbury à quarante miles de Londres, où il fait construire par l'architecte français Gabriel Hippolyte Destailleur (1822-1893) une demeure dans le style de la Renaissance française (tourelles et escalier extérieur inspirés des châteaux de Blois et de Chambord). Au moment où le baron Ferdinand de Rothschild décide de constituer sa collection, une importante crise agricole, qui commence dès 1875, ainsi que la promulgation en 1882 du « lord Cairn's settled Land Act » et enfin en 1894 du « sir William Harcourt's Death Dutie's Budget », provoquent un important bouleversement obligeant l'aristocratie anglaise à se séparer d'une partie de ses collections. Le baron Ferdinand à cette époque écrit lui-même : « *Actuellement le collectionneur n'a besoin que de s'asseoir, ouvrir les cordons de sa bourse et attendre que les marchands viennent à lui* ». Dans sa quête de l'objet extraordinaire le baron Ferdinand est aidé par quelques

marchands anglais dont les principaux furent : Alexandre Barker (qui aida également le baron Mayer de Rothschild à meubler son château de Mentmore), Samson Wertheimer et ses fils Asher et Charles, Durlacher, Davises.

Le goût prédominant du baron Ferdinand le porte vers l'art français du XVIIIe siècle dans tous les domaines : mobilier, porcelaine, bronzes, livres, tapis, boiseries, peinture et dessins mais principalement, pour tout ce qui se rapporte à Louis XVI et Marie-Antoinette (un goût correspondant se retrouve dans la société française) : « *Les œuvres d'art du passé ne sont pas recherchées, uniquement, pour leur rareté ou leur beauté mais aussi pour ce qu'elles évoquent, par les souvenirs qui leur sont attachés, ce qu'elles provoquent comme émotions et les nombreuses façons qu'elles ont de stimuler l'imagination et de concrétiser notre idéal* ».

Mais, le baron Ferdinand va pouvoir augmenter considérablement le nombre de ses pièces royales grâce à la vente d'Hamilton Palace organisée par Christie's entre le 17 juin et le 20 juillet 1882. Le Times du 17 juin 1882 décrit la vente en ces termes : « *Aujourd'hui commence un combat qui restera dans les annales de l'Histoire. Le champ de bataille sera la salle des ventes de Christie's et les armes seront des chèques et des billets de banque* ».

A cette vente le baron Ferdinand va pouvoir acquérir :

– Lot 528 pour 2 310 Livres Sterling, commode par J. H. Riesener (marques n° 22, W, n° 2842), livrée le 30 mars 1776 pour la chambre à coucher, au château de Versailles, de Madame (c'est-à-dire de Marie Josèphe Louise de Savoie, Comtesse de Provence).

– Lot 518 pour 1575 Livres Sterling acheté par S. Wertheimer pour le baron de Rothschild. Secrétaire à abattant par J. H. Riesener (marques n° 23, CT couronné, n° 2904) livré le 6 août 1777 pour servir au roi au château de Trianon.

– Lot 303 pour 6 000 Livres Sterling acheté par S. Wertheimer. Table à écrire par J. H. Riesener (marques n° 10, CT couronné, poinçon du garde meuble de la Reine) livrée le 10 juillet 1780 pour le service de la reine à Trianon.

– Actuellement à Waddesdon Manor nous trouvons d'autres pièces d'origine royale dont malheureusement l'acquisition nous reste mystérieuse (dans son testament le baron Ferdinand demanda que toutes les factures soient détruites afin de respecter, dans un souci de discrétion, l'anonymat des vendeurs).

– Commode par J. H. Riesener (marques n° 2949.I.) livrée le 29 septembre 1778 à Versailles (en même temps que deux autres commodes, une paire d'encoignures, un secrétaire et une table) pour la chambre de Madame Elizabeth (sœur de Louis XVI).

– Bureau à cylindre par J. H. Riesener (marques n° 2737) livré le 28 mars 1774 à Versailles pour le Cabinet du Comte de Provence (1755-1824) frère de Louis XVI.

En 1787 ce bureau se trouve dans l'arrière cabinet-du Prince, puis dans son Cabinet intérieur. Ce bureau fut mis en vente à la Révolution, et on retrouve une description dans un journal de Harlem « Kabinet van Mode en Smaak » en 1794.

– Bureau cylindre par J. H. Riesener, livré le 7 septembre 1776 à Versailles, soit pour le Cabinet de retrait de madame Victoire, soit pour madame Adélaïde.

Il fut acheté par le baron Ferdinand de Rothschild dans la collection de Sir Henry Hoare (à Stourhead) qui le tenait de son grand oncle lequel l'aurait acquis à Paris en 1793.

– Bureau plat livré le 28 décembre 1786 par Benneman pour le Bureau du Roi (ou Cabinet Intérieur ou Cabinet d'Angle) à Versailles qui reproduit la partie inférieure, même composition et même décor, que le bureau du roi Louis XV. Mis en vente le 1er Messidor an II (17 juin 1794), il fut retiré de la vente et vendu quelques jours plus tard (avec une commode et une paire d'encoignures par Riesener, actuellement dans les collections royales anglaises), pour 5 000 Livres au sieur Trousset.

– Petite table à écrire par J. H. Riesener (marques n° 23, CT couronné, n° 2907) livré le 6 août 1777 pour le roi à Trianon.

– Petite table à écrire par J. H. Riesener (marque n° 2952) livrée le 29 septembre 1778 pour la pièce des bains à Trianon de madame Elizabeth.

– Table à écrire par J. H. Riesener (marque n° 26) livrée le 30 novembre 1780 pour les nouveaux appartements de la Reine Marie-Antoinette à Compiègne.

– Paire d'appliques (d'une série de trois) en bronze ciselé et doré à trois lumières livrée par Hauré en 1787 pour le Grand Cabinet (ou salon des Jeux) à Compiègne.

– Deux tapis de la série des quatre vingt treize, tissés sous Louis XIV, pour la grande galerie du Louvre et délivrés vers 1680.

– Tapis Louis XV provenant probablement de Choisy, tissé quatre fois entre 1750 et 1753, sur un dessin de Perrot pour la Salle à Manger du Roi à Trianon, l'appartement de la Reine à Fontainebleau et deux pour le château de Choisy.

A sa mort, le baron Ferdinand de Rothschild (dans sa notice nécrologique le Times écrit : « *... beaucoup de Rothschild sont ou ont été de grands collectionneurs d'objets d'art, mais le Baron Ferdinand les surpasse tous par la variété et la qualité de ses collections* ») lègue sa maison et ses biens à sa sœur Alice de Rothschild qui y vécut jusqu'à son décès en 1922.

Son neveu James de Rothschild (1878-1957) hérite de l'ensemble qu'il va accroître en 1934 avec la collection de son père Edmond de Rothschild riche en objets d'art français. En 1957, par son testament, James de Rothschild donne l'ensemble des collections et du château à la nation anglaise.

Table-bureau de Jean-Henri Riesener réalisée en 1777 pour Louis XVI. Malibù (Californie), Paul Getty Museum.

Caius Furius Cressinus accusé de sortilèges. Nicolas Guy Brenet. Huile sur toile commandée en 1777 par Angivilliers, Directeur des Bâtiments du roi. (Musée des Augustins de Toulouse, Dépôt de l'État 1873).

Jules Grévy, président de la République de 1879 à 1887, par Bonnat.
(Réplique du tableau original. Mairie de Mont-sous-Vaudrey, Jura).

Piètement de la maquette de la « Samaritaine », par J.-B. Vinceneux en 1773. Metropolitan Museum of Art, don de M. et Mme Ch. Wrightsman, 1977.

Propos d'un antiquaire parisien

par Olivier Kraemer.

Le mobilier français du XVIIIe siècle est le reflet de cet art de vivre de quelques privilégiés qui consacraient la majeure partie de leur temps à étudier et concevoir leur cadre de vie, en proche collaboration avec les ornemanistes (décorateurs de l'époque), les ébénistes, et les marchands auxquels ils commandaient leurs meubles et objets.

Nombre de ces chefs-d'œuvre ont quitté la France au moment des ventes révolutionnaires et plus encore après la défaite du Premier Empire.

Déjà, au XVIIIe siècle, la plupart des cours étrangères et de vrais collectionneurs étrangers commandaient et achetaient ces meubles à Paris.

De nouveaux amateurs, tout au long des siècles suivants, tentèrent partout, souvent avec succès, de reconstituer cette atmosphère particulière comme par exemple les familles Camondo, David-Weill à Paris, Richard Wallace, John Jones et de nombreux autres Lords en Angleterre, les Kress, Vanderbilt, Frick et Huntington aux États-Unis, et bien sûr la famille Rothschild pour ne citer que quelques-uns.

Depuis déjà fort longtemps, les antiquaires français poursuivent la tradition des marchands-merciers. Par leur dynamisme, leur talent, ils contribuent à reconstituer ces ensembles exceptionnels en achetant souvent des œuvres d'art de première importance à l'étranger, leur donnant ainsi l'occasion de revenir, et fréquemment de rester en France. Cette présence en France est en plus très profitable pour leur conservation. Cet afflux de beaux meubles, sièges et objets génère de nouvelles vocations de restaurateurs, amoureux de leurs « pensionnaires » et le plus souvent respectant l'œuvre créative de nos ébénistes. On en compte environ 15 000.

Cette passionnante reconstitution progressive du patrimoine ne peut s'effectuer que dans un climat de liberté de circulation des œuvres d'art, tel qu'il est appliqué actuellement. Les Autorités de notre pays, heureusement, ne semblent pas tentées d'imiter quelques autres qui en ont purement et simplement interdit l'exportation.

Le résultat en fut catastrophique : au bout de quelques années, ce patrimoine « s'évapora » et plus grave encore, plus rien ne rentra, jusqu'à ce que leurs législations fussent modifiées.

Le grand public n'entend parler en général que des œuvres exportées de France, mais pratiquement jamais de celles qui sont importées.

Ces mêmes pièces majeures dont nous parlions plus haut peuvent être vendues en France. Elles peuvent aussi repartir à l'étranger. Cela n'est pas non plus sans intérêt pour notre pays d'un point de vue économique, car il y a pendant ce séjour une plus-value non négligeable dûe au savoir-faire des antiquaires et des restaurateurs.

Même à l'étranger, ces meubles et objets contribuent au rayonnement de l'art français, donc de la France.

Ils sont même admirés par de nombreux touristes français qui n'ont pas l'occasion ou l'idée de visiter nos propres Musées.

Ce propos ne serait pas complet sans un hommage à mesdames et messieurs les Conservateurs de nos Musées, qui se consacrent si bien à leur passion de l'art, ainsi qu'aux historiens qui nous éclairent sur la vie des ébénistes.

Enfin, espérons que l'élaboration du grand marché unique européen de 1993 ne viendra pas compromettre l'harmonie règnant actuellement à Paris, Paris rappelons-le qui a su conserver la première place mondiale pour cet art majeur qu'est le mobilier du XVIIIe siècle français.

Secrétaire en cabinet livré par Daguerre le 14 janvier 1785 pour le cabinet intérieur de Louis XVI à Versailles.
Les trois panneaux en laque du Japon de l'abattant pourraient provenir d'un présent diplomatique.

Vendu chez Sotheby's à Londres le 8 juillet 1983. Collection particulière.

Le remeublement de Versailles

Histoire du Goût et Goût de l'Histoire

par Christian Baulez

Conservateur au Musée national des châteaux de Versailles et de Trianon

« *Sa Majesté veut faire du neuf et non acheter du vieux* » écrivait en mai 1811 le comte Daru, Intendant général de la Maison de l'Empereur, pour mettre un terme à une offre d'acquisition mobilière qui traînait depuis près de deux ans [1]. L'objet de ce refus était un serre-bijoux exécuté par J.H. Riesener pour la comtesse de Provence et qui avait été confisqué en 1793 au palais du Luxembourg, résidence parisienne des Provence. Ces dix-huit mois de réflexion illustrent bien l'embarras de l'administrateur du Mobilier impérial, trop favorable à cette acquisition pour se résoudre à enterrer l'affaire. Mais, outre l'avis du professionnel soucieux de faire revenir un chef-d'œuvre, il y avait le goût de l'impératrice plus sensible à la mode et qui avait préféré le serre-bijoux « fait par M. Jacob ». En dernier ressort, il y avait la volonté de l'empereur, qui devait subventionner les manufactures parisiennes, privées de tout débouché extérieur par le blocus continental. On comprend que Napoléon ait préféré donner du travail à des artisans qualifiés pour leur éviter d'aller grossir la masse des chômeurs mécontents.

Les ventes révolutionnaires avaient jeté sur le marché une telle quantité d'objets de luxe, que la demande n'avait pu absorber l'offre. L'émigration, la Terreur, avec la seule difficulté de survivre, et l'austérité républicaine, avaient considérablement diminué le nombre et l'intérêt des acquéreurs potentiels. Seule la généralisation du troc, liée à l'effondrement des assignats, avait soutenu la valeur des produits de luxe que stockaient des financiers et des industriels avisés. Les exportations facilitées vers l'étranger n'avaient guère entamé ces richesses et les occasions, semblables à celle que venait de refuser Napoléon, étaient alors beaucoup trop fréquentes pour que l'on songeât à s'en alarmer.

L'empereur n'était d'ailleurs pas toujours aussi catégorique car il lui était arrivé d'autoriser certains rachats et, notamment en 1807, celui des tapis de la Savonnerie cédés douze ans plus tôt à Bourdillon, Raymond et Cie : malgré leurs fleurs de lys et autres couronnes royales, faciles à supprimer, on les préférait pour leur robustesse aux productions contemporaines de la manufacture [2]. Napoléon lui-même vivait parmi les dépouilles de l'Ancien Régime : les Tuileries, Fontainebleau, Compiègne, Saint-Cloud offraient un étonnant mélange de ce qu'il y avait de plus moderne, associé à ce qui restait de l'ancien mobilier royal augmenté de ce qui avait été confisqué chez les émigrés et les condamnés. Nul ne s'offusquait de cette juxtaposition qui devait dominer l'art décoratif officiel du XIXe siècle et même favoriser l'éclectisme du Second Empire.

Le goût officiel répondait surtout au souci de convenance et au besoin de représentation plutôt qu'à l'attrait de la nouveauté. Pour l'empereur, il importait que les meubles fussent richement ornés, sans tenir compte de leur style ni de leur époque. Dans son cas particulier, il ne lui déplaisait d'ailleurs pas d'évoluer dans le décor et le mobilier rescapés des Bourbons. Seule une politique de soutien aux métiers d'art lui fit engager des millions chez les ébénistes et les bronziers parisiens ou chez les soyeux lyonnais [3]. A l'orée du troisième millénaire, la haute administration de la France et son exécutif sont toujours meublés en grande partie grâce à ces commandes impériales.

Louis XVIII et Charles X, les premiers, trouvèrent à leur goût les palais remeublés par Napoléon et se bornèrent à quelques commandes de prestige pour le protocole de la monarchie restaurée, salle du trône ou chambre de parade. Pour le reste, ils se contentèrent de puiser dans le garde-meuble royal, abondamment pourvu en mobilier récemment livré et non encore déballé. Ils avaient moins de raisons que « l'usurpateur » d'apprécier le mobilier de Louis XVI et l'on peut constater que paradoxalement, les résidences royales continrent plus de meubles « Empire » sous la Restauration que n'en avait eus Napoléon.

Comme sous le régime impérial, le nouveau Garde-Meuble de la Couronne devait répondre à des offres de rachat de l'ancien mobilier royal ou déjà réputé tel. Ces propositions revêtaient souvent un aspect sentimental, émanant de « serviteurs fidèles » qui avaient sauvé des « reliques » et attendaient de la reconnaissance royale une juste récompense. Le Garde-Meuble prenait parfois le temps de vérifier avant de refuser. Au nombre des offres sérieuses, on retiendra celle de Treuttel et Würtz, les actifs éditeurs strasbourgeois, qui avaient beaucoup investi lors des différentes ventes révolutionnaires [4]. Parmi les objets qu'ils proposèrent à Louis XVIII en 1822, figurait la totalité du meuble du salon des jeux de Louis XVI à Versailles, encore recouvert de son brocard cramoisi et or ; mais il avait perdu sa fraîcheur première et fut refusé pour cause de vétusté [5]. De même, en 1814 déjà, le roi avait renoncé à l'opportunité de racheter un secrétaire cylindre de Riesener que le Garde-Meuble de la Couronne avait livré en 1774 pour son appartement du château de Versailles. Cette politique de non-rachat n'était cependant pas systématique car nous voyons en 1817 le roi accepter de payer 4 000 francs un autre secrétaire à cylindre en acajou, ouvrage de David Roentgen, et censé avoir appartenu personnellement à Louis XVI. Or, Louis XVIII s'était offert le même quand il était comte de Provence et il n'est pas impossible qu'en 1817 il ait reconnu le sien.

Ces refus de racheter le meuble du salon des jeux de Louis XVI ou un secrétaire à cylindre orné de la plus riche marqueterie de Riesener, au profit d'un meuble semblable de D. Rœntgen, mais plaqué du plus bel acajou, illustre en fait un changement radical du goût. La mode n'était plus aux meubles richement sculptés, ni aux subtiles marqueteries du temps de Louis XVI. Ils abondaient pourtant encore dans les différents châteaux de la Couronne et vinrent peu à peu encombrer les garde-meubles. Leur vente ordonnée en 1826 et 1827 fut presque aussi néfaste que celles de la Convention et du Directoire. Ce qui restait de l'ancien mobilier de Versailles fut alors appauvri d'un monumental baromètre que Louis XV avait commandé en 1772 [6] et d'un non moins exceptionnel cabinet-secrétaire à musique de Louis XVI avait acheté à D. Rœntgen pour 80 000 livres en 1779 [7].

Par un décalage dont l'histoire du goût est familière, le Garde-Meuble de la Couronne vendait donc de vieux meubles que de de riches collectionneurs n'allaient pas tarder à se disputer, quand bien même ils ne les recherchaient pas déjà. La riche aristocratie britannique qui possédait d'immenses châteaux et avait moins que les Français le goût dirigé par la mode, profita de ces aubaines. Les divergences politiques n'avaient pas réussi à entamer une tradition francophile cultivée par une élite et à laquelle le prince de Galles, devenu après une longue régence, le roi George IV, avait adhéré depuis sa jeunesse. Les achats de ses agents tant à Paris qu'à Londres portaient indifféremment sur le neuf et l'ancien [8]. Il était conseillé par son entourage, acheteur lui aussi, comme lord Londonderry ou le 3e marquis d'Hertford. Ils avaient de nombreux concurrents comme William Beckford ou Watson-Taylor. La moindre cessation des hostilités amenait à Paris son contingent de diplomates et de touristes qui repartaient avec une cargaison de meubles et d'objets d'art. Ce phénomène devait gagner en ampleur au fil des années et créer des dynasties d'amateurs avec le 4e marquis d'Hertford et son fils Sir Richard Wallace [9].

Le continent fut plus long à réagir avec des familles de grands banquiers comme les Rothschild pour qui les anciennes provenances royales associaient qualité et prestige. Cette mode, née chez les collectionneurs, gagna les sphères officielles et la cour impériale. Ainsi vit-on désormais le Garde-Meuble de la Couronne intervenir dans les ventes à la mode, comme celle du décorateur Sechan en 1863, pour acheter de beaux meubles anciens. Le même Garde-Meuble racheta en 1869 un lit de J.B. Boulard [10] dont Pierre Verlet devait retrouver bien plus tard qu'il avait été fait pour la chambre des bains de Louis XVI à Compiègne [11]. L'impératrice Eugénie ordonna personnellement de somptueux achats, comme la table de Riesener offerte par Fontanieu à Marie-Antoinette en 1781 [12] ou celle de Weisweiler livrée en 1784 pour son cabinet intérieur à Versailles [13]. Si dans ces deux derniers cas s'ajoutait une valeur historique et sentimentale à laquelle l'Impératrice était très attachée, tous ces achats avaient en commun d'être des chefs-d'œuvre du XVIIIe siècle, devant servir comme tels de modèles aux artisans et aux décorateurs. Sous le règne de Napoléon III les créations ou les

pastiches du siècle précédent, tendirent à remplacer dans les palais officiels les meubles du Premier Empire, considérés comme démodés. Il est probable que leur disparition aurait encore été plus radicale s'ils n'avaient eu une signification dynastique.

La Troisième République devait ajouter une page à l'histoire du vandalisme en refusant de restaurer les Tuileries et Saint-Cloud ou en aliénant les Joyaux de la Couronne. Elle contribua aussi, sans doute, à l'évolution de l'histoire du goût en faisant vendre quantité de mobiliers de service datant du début du siècle et désormais sans utilité prévisible depuis la chute du Second Empire : dotés d'irréprochables numéros d'inventaires et marques de châteaux, mais resculptés, replaqués, enrichis de bronzes et « louiseizés », ces meubles ordinaires sous le Consulat et l'Empire, ont entamé pour la plupart une nouvelle carrière chez des amateurs du XVIIIe siècle...

Le cas du château de Versailles doit être dissocié de cette histoire mobilière des résidences de la Couronne au XIXe siècle, car il ne fut plus habité après le 6 octobre 1789. L'orgueilleuse création de Louis XIV, fierté de ses successeurs, avait été très vite dépouillée au profit du muséum du Louvre de la plupart de ses chefs-d'œuvre en peinture comme en sculpture. Pour atténuer l'effet de ces enlèvements, Benezech, ministre de l'Intérieur, ordonna en 1797 d'y réunir un florilège de la création artistique nationale. Mais les œuvres exposées dans ce Musée spécial de l'École française regagnèrent elles aussi peu à peu Paris [14].

Dès 1806, Napoléon songea sérieusement à habiter le château, promu au rang de palais impérial. Parallèlement aux indispensables travaux de remise en état du gros œuvre, les manufactures lyonnaises furent chargées d'importantes commandes. La première tenture mise à l'étude fut celle de la salle du trône. Le projet reprit de l'actualité en 1810 après le mariage de l'empereur avec l'archiduchesse Marie-Louise : six millions furent alors affectés aux travaux et deux autres pour les soieries. Louis XVIII qui espérait réellement revenir à Versailles, trouva donc des bâtiments en bon état, et n'eut plus qu'à faire restaurer le décor intérieur. Les manufactures royales reçurent l'ordre de tisser de nouveaux tapis et tapisseries. Résidant aux Tuileries à proximité des anciennes collections de Versailles, le roi ne semble pas avoir envisagé leur déménagement. Sans doute aussi tenait-il à ménager une opinion publique qu'avait exaspérée les récupérations des armées alliées. Quoi qu'il en fut, il commanda de nouvelles peintures et sculptures pour Versailles. Charles X abandonna toute idée de réinstallation de la Cour, se limitant, comme ses deux prédécesseurs, à de brefs séjours à Trianon.

Le destin de Versailles fut radicalement scellé avec l'arrivée au pouvoir de Louis-Philippe. Moins que jamais, il ne pouvait être question d'habiter un château doublement lié à la monarchie absolue et à la dynastie des Bourbons désormais exilés. Le roi des Français eut le courage politique et la témérité financière de se charger personnellement de Versailles pour lui éviter une affectation dégradante et lui maintenir une vocation nationale. La transformation du château en musée historique consacré « À toutes les Gloires de la France » fut décidée en 1833. Un premier projet respectant au maximum les appartements existants fut

Marie Leczczinska par Jean-Marie Nattier. (Paris, Musée Cognacq-Jay ; legs E. Cognacq à la ville de Paris).

chiffré à 225 000 francs [15]. Mais Louis-Philippe soucieux de réaliser une œuvre exemplaire, développa petit à petit une ambition qui l'amena à bouleverser une grande partie du gros œuvre et de la décoration intérieure. Si le musée historique put être inauguré le 11 juin 1837, les travaux se poursuivirent sans discontinuer jusqu'en 1848 et dépassèrent les vingt-cinq millions de francs.

Conçu dans un but d'illustration et de réconciliation nationales, le musée historique fit, en fait, l'unanimité politique contre lui. Si les civils y voyaient trop de militaires, les légitimistes y déploraient la part faite à Napoléon et les bonapartistes dénonçaient la propagande des Bourbons... Sur le plan esthétique, le XVIIIe siècle avait été délibérément sacrifié. Frédéric Nepveu, l'architecte chargé des travaux avec la bénédiction de son maître le tout puissant P.-L. Fontaine, lui substitua un néoclassicisme contemporain alourdi et déjà moribond. Les artistes qui visitèrent le nouveau Versailles redécouvrirent surtout l'œuvre du Grand Siècle qu'ils remirent à la mode dans la décoration parisienne [16].

Laissons parler la duchesse de Maillé, politiquement hostile à la Monarchie de Juillet mais relativement étrangère aux excès passionnels de son milieu légitimiste : « Le roi Philippe a fait un noble emploi du château de Versailles, en le dédiant à toutes les gloires de la France (...). La pensée du roi est grande et belle. C'était la seule destination possible de ce palais. Aucun homme ne pouvait remplir Versailles, c'est trop grand, trop majestueux. Napoléon lui-même ne le pouvait pas. Ce n'était possible à Louis XIV qu'en s'y entourant de toutes les grandeurs de la France. Ce n'était pas lui qui était assez grand pour habiter Versailles, c'était la cour de France, telle qu'elle était alors composée de l'élite de la nation (...). Nous avons tous donné des portraits de famille pour qu'ils fussent placés dans ces galeries, les plus modérés d'entre nous ne l'auraient pas osé il y a vingt ans (...). Cependant, en accordant à Louis-Philippe que l'érection de ce musée est une belle idée, je ne puis m'empêcher de remarquer avec quelle lésinerie c'est exécuté. Les tableaux qui ont été faits pour la circonstance sont détestables. Ce qu'il y a de beaux tableaux étaient anciennement faits, on n'a eu que la peine de les réunir ; partout on voit l'intention de l'économie ainsi que les embellissements du château. La galerie (des Batailles) décorée en carton pierre sert merveilleusement à faire ressortir la magnificence consciencieuse de tout ce qui a été décoré par Louis XIV. Tout ce qui a été fait par Louis-Philippe porte l'empreinte de son caractère... » [17]

Cinquante ans après leur inauguration, les Galeries historiques de Versailles étaient devenues un musée démodé dont la signification réelle n'était plus perçue. Un vieillissement prématuré dû à la pauvreté des matériaux et accentué par la pénurie des crédits d'entretien, la fermeture de nombreuses salles pour les besoins du Parlement, entraînèrent la désaffection du public, malgré les inconditionnels monarchistes qui avaient oublié les réticences de leurs parents. Comment empêcher dans ces conditions, que le premier centenaire de la Révolution de 1789 ne fut marqué dans la meilleure tradition centraliste et parisienne, par le départ pour le Louvre d'un des plus grands chefs-d'œuvre des Galeries historiques : le *Couronnement à Notre-Dame* par David. *L'Entrée des Croisés à Constantinople* par Delacroix l'y avait précédé dès 1885.

Mais l'intérêt de la conservation du musée se portait déjà ailleurs car le XVIIIe siècle était esthétiquement sorti du purgatoire et ses qualités à nouveau unanimement reconnues. Pierre de Nolhac, nommé à Versailles en 1887 à l'âge de 28 ans, en devenait cinq ans plus tard le patron : poète raffiné, écrivain de talent, historien rigoureux et conservateur sensible, ce contemporain des Goncourt disposa de 33 ans pour tenter d'effacer ce que son époque et lui-même jugeaient le plus contestable dans l'œuvre du roi-citoyen. Avec discernement il épargna heureusement tous les morceaux de bravoure et ceux où la création l'avait emporté sur les destructions : salles des États-Généraux et de 1792, salles du Sacre et de l'Empire, galerie des Batailles, salles des Croisades et de la conquête de l'Algérie. La « dérestauration » s'opéra dans les endroits plus modestes, comme les attiques ou le rez-de-chaussée du corps central dans lesquels l'absence de vrais volumes, ou le respect des volumes anciens, avait contraint le talent de l'architecte et de ses décorateurs. Dans ces salles depuis longtemps désertées, fermées au public, ou affectées à des causes étrangères au musée, P. de Nolhac put imposer ses goûts et substituer aux visions purement historiques de Louis-Philippe les critères esthétiques de sa génération.

La lecture de ses souvenirs permet d'apprécier sa foi et l'audace de son projet [18]. « Le plan le plus simple était de commencer par détruire dans les ensembles créés par Louis-Philippe toutes les parties iconographiques non seulement démodées, mais qui constituaient de véritables témoignages d'erreur et de mensonge. La première salle sacrifiée fut celle des rois de France qui alignait sur la cour de marbre les effigies imaginaires, ou authentiques, de nos rois depuis Clovis » [19]. Et l'auteur d'ajouter : « En moins d'une année l'œuvre iconographique de Louis-Philippe était détruite, ses dispositions décoratives rendues inutilisables, et je pouvais être assuré que, dans les parties qui venaient d'être attaquées, rien ne serait jamais reconstitué de ce passé. Tel est le but, comme chacun sait, que doivent atteindre, dès le premier jour, les organisateurs de révolutions » [20]. Largillière, Nattier, Vigée-Le Brun triomphaient à nouveau à Versailles, permettant de relancer le musée dans la bonne société éprise du XVIIIe siècle, tout en estompant le souvenir historique d'une défaite et d'une humiliation récentes. L'actualité politique n'était pas absente en effet de ce changement de goûts. Assez sûr de lui pour rapporter les propos d'un brillant détracteur, il est symptomatique que Nolhac ait précisément choisi ceux de Frédéric Masson, un napoléonien fervent, dans une époque de renouveau bonapartiste :

« Les amis de Versailles, écrivait Frédéric Masson, peuvent trouver ce conservateur imprudent, car le Louvre a la main longue et l'appétit insatiable. Exposer trop bien les tableaux qui sont à Versailles, les faire trop apprécier, c'est courir le risque de les voir confisqués pour être ailleurs, comme le Sacre de Napoléon, présentés infiniment moins bien qu'à Versailles. Certes, M. de Nolhac fait au public artiste ou curieux une galanterie qui peut sembler inappréciable, en triant pour lui et en lui offrant la fleur des œuvres du XVIIIe siècle que gardait son musée. Mais était-ce un musée d'art que les Galeries

Cabinet-médaillier exécuté par Guillaume Beneman pour Louis XVI à Versailles à partir de plaques de cire décorées avec des plantes, des plumes d'oiseaux et des ailes de papillons. Acquis par dation en 1986 pour le Musée National du château de Versailles.

historiques de Versailles ? – « Qu'est devenue la leçon que le fondateur voulait enseigner au peuple ? En vérité, pour éveiller la curiosité des humbles et leur souffler un peu de patriotisme, mieux ne vaut-il pas leur montrer un Rantzau ou un Schomberg apocryphes, un Turenne copié, un Sully discutable, un Fabert imaginaire, qu'une Pompadour authentique et un Marigny certain. Ces salles des Maréchaux, c'était comme l'appel de la gloire... La République peut dormir tranquille : le dernier complot militaire est éventé » [21]. Le Louvre n'eut pas les dents aussi longues que le redoutait Frédéric Masson, et le patriotisme des Français n'eut pas à souffrir des aménagements de P. de Nolhac. Tous deux vécurent d'ailleurs assez longtemps pour voir dans la galerie des Glaces la journée du 28 juin 1919 avec la signature du traité mettant fin à la première guerre mondiale.

Le choix de Pierre de Nolhac devait orienter la politique du musée de Versailles pour près d'un siècle. Si la continuation des collections iconographiques fut poursuivie, mais en prouvant que l'art et l'histoire pouvaient faire bon ménage, la restauration d'une partie du château dans son état antérieur à 1833, mobilisa une grande part des compétences et des crédits des conservations du musée et du domaine. L'une comme l'autre avaient hérité, au hasard des attributions ou des retraits de locaux, d'éléments décoratifs qui furent petit à petit regroupés, étudiés, identifiés, restaurés, complétés et remis en place quand ils provenaient du corps central du château. Si le Grand Appartement du roi avait été peu touché par Louis-Philippe, celui de la reine, en grande partie redécoré pour Marie Lesczinska et Marie-Antoinette, avait été plus radicalement transformé. Peu à peu la chambre de la reine, le salon des nobles, l'antichambre du Grand Couvert retrouvèrent leurs lambris, trumeaux de glaces et chambranles de cheminées [22]. Au rez-de-chaussée, ce qui n'était plus depuis Nolhac que « les salles du XVIIIᵉ siècle », réaménagées au gré des modes par les conservateurs successifs, sont redevenues les appartements du Dauphin et de la Dauphine [23] et ceux de Mesdames Adélaïde et Victoire [24], restitués dans leur état de l'Ancien Régime : ils ont retrouvé pour la plupart une partie de leur décor d'origine, avec souvent leurs dessus de portes peints par J. B. Oudry ou Joseph Vernet. Les peintures et sculptures qui tenaient une part importante dans le décor des Grands Appartements purent également être partiellement réintégrées : la salle des gardes de la reine retrouva ses deux Noël Coypel, *le sacrifice de Jupiter* et *la danse des Corybantes* ; les dessus de portes de Madeleine de Boullogne et de Jean-Baptiste Regnault furent replacés dans les deux antichambres. Du côté du roi, *Diane et Endymion* de Gabriel Blanchard, *le sacrifice d'Iphigénie* par Charles de Lafosse ont retrouvé le cadre de marbre pour lequel ils avaient été conçus [25]. En contrepoint à cet hommage à la peinture française, le salon d'Hercule peut s'enorgueillir à nouveau de ses deux chefs-d'œuvre de Veronese grâce à *la rencontre d'Eliezer et Rebecca* et surtout grâce au *Repas chez Simon* dont le Louvre consentit le retour à la demande d'André Malraux en 1961 : ici encore la parfaite adéquation du cadre et de l'œuvre pour lesquels il a été fait justifie pleinement le sacrifice imposé au Louvre. De la même façon, et grâce aux Départements des Sculptures et des Antiquités Greco-romaines, les salles de Vénus et de Diane, la galerie des Glaces, le cabinet du Conseil ont vu revenir dans leurs niches ou sur leurs socles, une partie de la statuaire de Louis XIV et de Louis XV [26].

Tout naturellement la restitution du décor architectural devait amener tôt ou tard l'idée de remeublement. Pour transformer le château en musée historique, Louis-Philippe l'avait définitivement exclu des résidences de sa liste civile, se contentant, comme ses prédécesseurs, des Grand ou Petit Trianon remeublés à neuf pour Napoléon et sa famille [27]. Néanmoins, et peut-être autant pour satisfaire ses souvenirs que son confort personnel, il fit meubler « pour le jour » les appartements intérieurs du roi et de la reine. S'il ordonna des recherches pour connaître les états anciens, elles furent menées sans désir réel d'exactitude et parfois même avec naïveté : c'est ainsi qu'un petit cabinet, conçu « pour la chaise » devint par suite d'une mauvaise lecture, celui du « père La Chaise » et fut aménagé en confessionnal de Louis XIV, avec prie-dieu et bénitier [28]. Une semblable bonne volonté, peu encombrée de fétichisme historique fit également remeubler la grande chambre du roi dans un premier « Bourbon revival », incorporant les brocards tissés pour la salle du trône de Louis XVIII aux Tuileries [29].

Pour réussir ce premier remeublement, Louis-Philippe fit faire de nombreux achats chez les marchands de curiosités et les bronziers parisiens. Mais il fit surtout extraire des réserves du Garde-Meuble de la Couronne, du mobilier plus ou moins récent, plus ou moins ancien et même de superbes pièces de collection qui remettaient les appartements intérieurs de Versailles sur le même pied que les autres résidences de la Couronne. Ces très beaux meubles provenaient de l'ancien mobilier royal et des princes tout autant que des confiscations révolutionnaires.

Versailles récupéra alors les premiers éléments de son mobilier de l'Ancien Régime. Dans l'alcôve de la chambre de Louis XIV furent disposées deux des torchères dessinées par Jacques Gondouin, sculptées par François-Joseph Duret et Toussaint Foliot en 1769 pour la galerie des Glaces [30]. La pendule de Morand, dont Louis XIV avait fait l'ornement du salon de Mercure, fut placée dans le cabinet du Conseil. Le salon des jeux de Louis XV retrouva sa pendule astronomique de Dauthiau et Passement et reçut les trois tables « des chasses » qu'avait livrées François Roumier en 1730, 1731 et 1737 pour supporter des plateaux en stuc représentant les parcs de Versailles, Marly et Compiègne. Pour faire bonne mesure on leur adjoignit les deux tables de la même série livrées à Compiègne en 1739 par les frères Slodtz et en 1757 par les Foliot, pour les plans de Fontainebleau et de Saint-Germain-en-Laye [31]. Dans l'ancienne pièce de la vaisselle d'or, dite alors cabinet des Médailles, on apporta l'une des consoles exécutées en 1751 pour le grand cabinet de Madame de Pompadour et devenu en dernier lieu, celui de Madame Adélaïde [32]. Des appartements de Louis XVI à Saint-Cloud provenaient les bras de lumière de Thomire [33] accrochés dans la chambre de Louis XIV, et la pendule de Sotiau de l'antichambre des chiens.

Portrait en pied de Louis XV en habit bleu (c. 1725). (Paris, Collection particulière).

L'ancien mobilier du comte de Provence fut également mis à contribution avec deux paires de girandoles à vase de marbre, confisquées au château de Brunoy et placées à Versailles sur les cheminées de l'antichambre de l'Œil-de-Bœuf et du cabinet du Conseil. De chez Mesdames à Bellevue provenaient les deux encoignures d'Etienne Levasseur du cabinet d'angle et le bureau à serre-papier en vieux laque de Martin Carlin placé dans la bibliothèque. Parmi les émigrés représentés, figurait le duc de Noailles, grâce à un superbe régulateur de Ferdinand Berthoud, Balthazar Lieutaud et Philippe Caffieri, qui avait été exécuté vers 1765-70 pour Thomas de Pange, trésorier de l'Extraordinaire des Guerres [34]. Il donnait désormais l'heure dans le salon des aides de camp. De chez Quentin Crawford, qui avait été si dévoué à la cause royale, provenait la table d'acajou, d'une paire, placée dans l'arrière-cabinet du roi.

Louis-Joseph et Louis-Henri-Joseph de Bourbon, 8e et 9e princes de Condé, qui s'étaient tellement attachés à récupérer les collections de leur famille, auraient pu reconnaître avec dépit quelques uns de leurs meubles confisqués en 1793. De la galerie des Conquêtes à Chantilly, provenait la pendule de cheminée en porcelaine du Japon, au mouvement de Jacques Cognet, qu'on voyait alors dans l'arrière-cabinet du roi ; du cabinet après cette galerie, avait été retirée une superbe pendule de Boulle et Mynuel représentant le « Char d'Apollon » : Louis-Philippe l'avait fait placer dans l'antichambre de l'Œil-de-Bœuf [34]. Le plus beau meuble du cabinet du Conseil venait encore de Chantilly : c'était le bureau plat de Louis-Henri de Bourbon, 7e prince de Condé, un chef d'œuvre de Boulle que le fameux ébéniste avait réussi a sauver de l'incendie de ses ateliers du Louvre en 1720. Quant à la commode du cabinet de la Cassette, elle faisait partie d'une paire exécutée par Leleu en 1773 pour la chambre à coucher de la duchesse au Palais-Bourbon [35]. On se prend à penser que le duc d'Aumale, lui aussi extrêmement soucieux du regroupement des collections Condé et du remeublement de Chantilly, aurait été le premier à réclamer l'échange de tels meubles contre la commode de la chambre Louis XVI à Versailles, s'il en avait connu les provenances.

De tout cet ameublement on retiendra une volonté contemporaine de luxe et de convenances, liée au désir de retrouver une tradition interrompue, manifestée jusque dans le télescopage des appellations des pièces : l'ancienne terminologie avait survécu, même si l'antichambre des chiens devenait salon des aides de camp, ou l'arrière-cabinet du roi, celui de madame de Maintenon. Là où Louis XV avait eu des horlogeries savantes, Louis-Philippe fit placer une seconde pendule-planétaire, dite de la Création du Monde, terminée en 1754 par Claude-Siméon Passemant, Joseph-Léonard Roque, François-Thomas Germain et Pierre Gouthière [36]. Là où Louis XVI avait placé des curiosités, comme le grand secrétaire de David Roentgen, il fit mettre le grand secrétaire de porcelaine exécuté à Sèvres pour Charles X et consacré à la création de Versailles avec les Bourbons qui y naquirent [37]. Les réductions en biscuit de Sèvres des statues des Grands Hommes disposées dans la bibliothèque du roi étaient en partie conformes à celles que Louis XVI avait choisies.

Ce même esprit de continuité détermina l'ameublement de l'appartement de jour de la reine Marie-Amélie [38]. La table à décor chinois de David Roentgen, placée dans la bibliothèque, avait peut-être appartenu personnellement à la reine Marie-Antoinette à Versailles ou à une de ses belles-sœurs. Quelques uns des sièges de Jean-Baptiste-Claude Séné exécutés en 1787 pour le cabinet de Marie-Antoinette à Saint-Cloud furent répartis entre le salon et le boudoir [39]. La toilette de Riesener, exécutée en 1784 pour le petit appartement des Tuileries, fut placée dans le cabinet de toilette [40]. L'ancienne salle de bains reçut une pendule de Charles Dutertre en porcelaine de Sèvres et bronze doré que le marchand-mercier Poirier avait livrée en 1777 pour le comte d'Artois au Temple [41]. Un ancien cabinet de garde-robe promu au rang de salon des huissiers, fut doté d'une table à écrire de Guillaume Benneman qui avait été commandée en 1790 pour le cabinet intérieur de Madame Elizabeth à Compiègne. Du mobilier de Bellevue provenait la table à café d'Étienne Levasseur placée dans la bibliothèque et la pendule-cage de Sotiau à Paris, choisie pour le salon, provenait peut-être de la petite chambre à coucher de l'appartement des bains de Madame Adélaïde [42]. La seconde des commodes d'entrefenêtres de Leleu pour la chambre à coucher de la duchesse de Bourbon à Paris, fut utilisée dans le salon des huissiers.

Les émigrés parisiens étaient également représentés. Une paire de consoles de Martin Carlin, en ébène et laque, confisquées chez la marquise de Brunoy fut dissociée entre le boudoir et le cabinet de toilette. Une grande nef d'albâtre provenant de chez le duc de Brissac fut placée dans le salon sur la seconde des consoles trouvées chez Quentin Crawford. Sur la cheminée de la même pièce trouvèrent place deux girandoles montées dans des vases de porcelaine retirées de chez Adélaïde de Montmorency-Laval. Elles y cotoyaient deux candélabres à griffons que François Rémond avait fournis à la princesse Kinsky [43]. On peut mentionner encore dans l'ancienne salle des bains un secrétaire de Joseph Baumhauer, malheureusement replaqué d'acajou, mais qui, lorsqu'il était plaqué d'ébène, de cuivre et d'écaille, avait été une des vedettes des collections de Randon de Boisset, du comte de Merle, puis de Lenoir Du Breuil chez qui il fut confisqué [44]. Parmi les meubles « modernes » figuraient deux tables à thé ayant appartenu à l'impératrice Joséphine, soit dans l'hôtel de la rue Chantereine, soit au château de Saint-Cloud [45].

Le mobilier des deux appartements de jour devint sans emploi avec la chute de Louis-Philippe et attira bientôt l'attention des administrateurs du Garde-Meuble impérial qui devaient satisfaire à la passion de l'impératrice Eugénie pour les beaux meubles Louis XVI ayant si possible appartenu à Marie-Antoinette : c'était le cas des sièges de Séné qui retournèrent à Saint-Cloud en 1853. L'impératrice portait un véritable culte à la « reine-martyre » et fit racheter plusieurs meubles de Versailles lui ayant appartenu, comme la table que lui avait offerte Fontanieu en 1781 ou celle de Weisweiler, fournie par Daguerre en 1784. Ces deux meubles sont aujourd'hui encore, conservés au Louvre.

« L'Entrée des Croisés à Constantinople ».
Tableau commandé par Louis-Philippe à Eugène Delacroix en 1838 pour les Salles des Croisades des Galeries Historiques de Versailles. Musée du Louvre.

En 1867, à l'occasion de l'Exposition universelle, la presse officielle diffusa abondamment que le couple impérial avait eu « l'heureuse pensée de réunir au château de la Malmaison et au Petit Trianon les meubles, tableaux et objets divers se rattachant par un lien authentique au souvenir des hôtes illustres de ces deux demeures historiques. Une commission spéciale (...) a été chargée de rechercher et de réunir tous les meubles et objets répondant au but que se propose Sa Majesté. Déjà l'empereur et l'impératrice ont mis à la dispositon de la Commission, tout ce qui, dans leur collection privée ou dans les magasins du Garde-Meuble, pourrait convenir au cadre qu'elle doit remplir. La Commission fait appel aux amateurs et collectionneurs qui voudraient concourir au succès de cette exposition rétrospective, déjà assurée des libérales communications des principaux cabinets de Paris... » [46]. Le Petit Trianon, qui avait été restauré et remeublé sous Louis-Philippe à l'intention du duc et de la duchesse d'Orléans, cessa dès lors d'être une résidence de la Couronne pour devenir lui aussi un musée historique. Le mobilier, datant de la première moitié du XIXe siècle céda la place aux meubles et objets d'art que l'impératrice avait pu réunir. Les « principaux cabinets de Paris » ayant répondu à son appel, étaient ceux du marquis et de lord Hertford, de Léopold Double et de Feuillet de Conches. L'ensemble était bien loin d'avoir ce « lien authentique » recherché par les organisateurs, mais contenait quelques œuvres de grande qualité, avec parfois une provenance indiscutable.

Dès l'escalier, le visiteur pouvait admirer la splendide lanterne qui provenait bien de Trianon, mais du salon de compagnie [47]. Dans la grande salle à manger était exposé le secrétaire à cylindre de David Roentgen, que Louis XVIII avait racheté en 1817 : une médaille que le bronzier Denière y avait placée en 1835 accréditait désormais la légende d'un don des États de Bourgogne à Louis XVI. Entre les fenêtres, les deux consoles de Martin Carlin pour la marquise de Brunoy avaient été retirées de l'ancien appartement de jour de la reine Marie-Amélie à Versailles. L'ancien billard de Marie-Antoinette présentait le chef-d'œuvre de l'exposition avec le « coffre aux diamants » que la reine avait fait faire en 1787 pour renfermer ses bijoux personnels dans l'alcôve de sa grande chambre à coucher à Versailles. Ce n'était pas un présent de la Ville de Paris, comme le voulait une tradition erronée, mais une commande personnelle de la reine par l'intermédiaire de son garde-meuble privé, à l'ébéniste Ferdinand Schwerdfeger. Exclu des ventes révolutionnaires, ce meuble fameux avait successivement servi à l'impératrice Joséphine à Saint-Cloud, à l'impératrice Marie-Louise à Compiègne et en dernier lieu à la duchesse d'Angoulême aux Tuileries où il avait été fracturé par des émeutiers en 1830. L'impératrice Eugénie l'avait fait retirer du musée des Souverains où il était exposé, avec le secrétaire de Roentgen [48]. Dans le salon de compagnie on pouvait voir la table offerte par Fontanieu, et dans l'ancien cabinet des glaces mouvantes, la table de Weisweiler, prêtées toutes deux par l'impératrice. Dans ce dernier cabinet figurait encore une belle console de bois sculpté et doré, de la collection Double, exécutée elle aussi pour Versailles dans le cabinet de

la Méridienne en 1781. La courtepointe brodée aux chiffres de Louis et de Marie-Antoinette qui avait été placée dans la chambre à coucher était peut-être encore une livraison du garde-meuble privé de la dauphine. Dans le cabinet de toilette, la coiffeuse de Riesener avait été exécutée en 1784 pour son appartement aux Tuileries et venait d'être retirée de l'ancien appartement de jour de Marie-Amélie. Ces pièces, indiscutables de qualité et de provenance, étaient mêlées à d'autres meubles aussi remarquables mais étrangers par leur origine au but recherché : un superbe coffre de laque provenant des Condé à Chantilly où il était réputé avoir appartenu au cardinal de Richelieu ; le riche pupitre à musique présenté dans le salon de compagnie avait été sculpté par Gilles-Paul Cauvet en 1779 pour la princesse Kinsky [49].

L'exposition terminée, les collectionneurs privés récupérèrent leur bien, mais les plus beaux meubles et objets d'art provenant du Garde-Meuble restèrent à Trianon, à l'exception des deux tables dont l'impératrice n'avait fait que momentanément le sacrifice. La Conservation de Versailles devait cependant connaître les pires inquiétudes quand le serre-bijoux de Schwerdfeger partit pour Paris en 1900 figurer à l'Exposition rétrospective de l'Art français, lors de l'Exposition universelle. En octobre 1903, le meuble y était toujours retenu, sous le prétexte qu'il avait « déjà figuré pendant 18 ans au Louvre dans le musée des Souverains ». La liste des compensations établie alors ne fit pas fléchir les conservateurs versaillais et le meuble revint au bercail, où après quelques emplacements provisoires, il retrouva la chambre de la reine pour laquelle il avait été créé. De l'initiative de l'impératrice Eugénie il restait que Trianon fut avec Malmaison le premier château « historiquement » remeublé et le premier essai pour remonter le temps dans une ancienne résidence de la Couronne.

Les identifications étaient encore imparfaites, mais devaient peu à peu s'affiner grâce à l'apparition de nouvelles collections nées des bouleversements économiques qui appauvrirent les aristocraties d'Europe et de Grande-Bretagne. Un peu partout des archives relativement récentes commencèrent à être consultées, permettant de rapprocher des œuvres de plus en plus nombreuses d'une documentation de plus en plus précise. L. Courajod, Ch. Davillier, G. Bapst, E. Williamson, A. de Champeaux, H. Havard, P. de Nolhac, E. Molinier, E. Dumonthier, H. Vial, A. Marcel et A. Girodie, C. Dreyfus, F. de Salverte furent, en France, les pionniers d'une discipline nouvelle. Pierre de Nolhac fut le premier à reconnaître au Louvre et à faire revenir à Versailles dès 1896 les tableaux de porcelaine peints à Sèvres d'après les Chasses d'Oudry, que Louis XVI avait fait accrocher dans une de ses salles à manger. Il put les échanger contre deux bronzes provenant des collections de madame Du Barry à Louveciennes [50]. L'idée de remeublement était donc dans l'air quand les publications de Pierre Verlet, à partir de 1936, lui conférèrent définitivement une rigueur scientifique.

A Versailles même, deux dates permettent de préciser officiellement ce renversement de tendance : en 1930 le Conseil des Musées refusait l'acquisition du « mobilier au treillage » exécuté par Georges Jacob pour la chambre à coucher de la reine

Bureau en marqueterie d'écaille, d'ébène et de cuivre commandé à André-Charles Boulle par Louis-Henri de Bourbon, 7ᵉ prince de Condé, pour le château de Chantilly.
Musée National du château de Versailles.

à Trianon [51] ; en 1938, il acceptait la proposition de Gaston Brière d'acheter, grâce à la participation de la Caisse des Monuments historiques, la console de la Méridienne [52], celle-là même que Léopold Double avait prêtée à l'exposition de 1867 ; en 1939 il permettait à Pierre Ladoué d'acquérir l'écran de cheminée de la grande chambre de Marie-Antoinette avec l'aide de la Société des amis de Versailles [53].

Les certitudes nouvelles que les travaux de Pierre Verlet permirent d'obtenir imposèrent l'idée de remeublement tant à Compiègne, qu'à Fontainebleau et Versailles. Les premiers essais, le salon des jeux de Marie-Antoinette à Compiègne avec son meuble retissé autour de quelques bois de Séné, ou son cabinet intérieur à Fontainebleau, avec ses chefs-d'œuvre de Riesener, furent aussi enthousiasmants que ponctuels. Mais ces châteaux formant un tout historique, on s'aperçut très vite qu'on risquait d'en faire des puzzles dont les morceaux ne se raccordaient plus. Avec le temps les différents styles du XIXe siècle étaient eux aussi rentrés en grâce et il apparut bientôt regrettable de mettre en réserve des mobiliers prestigieux et authentiques datant de Napoléon Ier à Napoléon III, pour leur substituer de trop rares rescapés du XVIIIe siècle. L'idéal qui aurait été de pouvoir présenter successivement toutes les époques, était matériellement une aventure à cause des transformations architecturales et financièrement un gouffre à cause du retissage des soieries. Un choix s'imposait qui fut déterminé par l'Histoire : le Premier Empire fut privilégié à Fontainebleau, le Second Empire à Compiègne et, à chaque fois en fonction du patrimoine existant.

Quant aux appartements de Versailles, qui restaient un écrin vide puisqu'ils n'avaient été ni habités ni meublés au XIXe siècle, ils pouvaient, sans les mêmes risques, être rendus aux Bourbons, de Louis XIV à Louis XVI. La tâche à laquelle s'attela Charles Mauricheau-Beaupré à partir de 1941 était immense et n'effraya pas Gérald Van der Kemp son successeur de 1953 à 1980. Leur principal atout était l'adhésion populaire, les Français préférant toujours les monuments aux musées traditionnels et les voulant meublés. Ce consensus entraînait l'intérêt des pouvoirs publics qui soutinrent tous, sans interruption, le projet et sa mise en œuvre.

Ce remeublement nécessitait prioritairement, après les années de guerre, une nouvelle campagne de restauration de l'édifice. Elle fut lancée en 1953 par André Cornu alors secrétaire d'État aux Beaux-Arts, et préparée dès l'année précédente par la création d'un Comité national de Sauvegarde grâce auquel les dons affluèrent pour permettre d'entreprendre les travaux de couverture les plus urgents. André Japy et Marc Saltet mirent une fois de plus le château hors d'eau et réussirent une restauration exemplaire de l'Opéra royal que le Sénat venait de restituer au musée [54]. En 1978 une loi-programme votée pour 5 ans permettait à Pierre Lemoine, en accord avec les architectes Jean-Louis Humbaire puis Jean Dumont, d'accélérer les restaurations intérieures dans la ligne amorcée par Pierre de Nolhac.

Parallèlement le remeublement commençait, non sans difficultés : dès 1957 étaient envoyés du Louvre et affectés définitivement à Versailles le grand secrétaire à cylindre d'Oeben

et Riesener fait pour le cabinet d'angle du roi, une des trois commodes de Riesener pour le salon des nobles de la reine et celle de sa chambre à Marly, toujours de Riesener. Ces retours devaient être, apparemment, facilités par le décret signé le 13 février 1961 alors que M. Michel Debré était Premier ministre et André Malraux, ministre d'État chargé des Affaires culturelles : «... Les peintures, sculptures, meubles, tapis et tapisseries, livres reliés et généralement toutes les œuvres d'art ayant appartenu au décor intérieur des châteaux de Versailles et des Trianons, de leurs annexes et dépendances, ainsi qu'au décor intérieur du château de Marly et des autres demeures royales disparues du XVIIe, XVIIIe et XIXe siècles, et actuellement affectées aux administrations ou collections publiques de l'État *autres que les musées nationaux* ou mises en dépôt dans ces mêmes administrations ou collections sont affectées au musée national de Versailles et des Trianons... » [55]. Entre 1957 et 1961 les musées nationaux avaient donc fait détourner le tir sur d'autres cibles et il devenait bientôt certain que parmi les Français favorables au remeublement de Versailles, il s'en trouvait peu chez les responsables des administrations ou collections publiques de l'État. L'un des grands avantages du décret Debré fut de faire cesser le va-et-vient de quelques meubles prestigieux entre Paris et Versailles à chaque visite officielle de chef d'État étranger : le Conservatoire national des Arts et Métiers ou le Cabinet des Médailles de la Bibliothèque nationale ne revirent plus la pendule de Roque ou les meubles de Gaudreaus et Joubert qui restèrent désormais exposés dans le cabinet d'angle du roi pour lequel ils avaient été faits. Mais il fallut attendre quatorze ans et l'exposition Louis XV organisée à la Monnaie, pour que leur arrêté d'affectation définitive pût être signé. L'évidence et le succès de tels retours devaient entraîner l'enthousiasme de plusieurs ministres et beaucoup n'hésitèrent pas à peser de tout leur poids. M. Michel Guy fit revenir du Louvre en 1975 non seulement des bras de lumière faits pour Louis XVI à Saint-Cloud, une pendule de Lepine et une table de Schwerdfeger provenant du Petit Trianon, mais aussi le candélabre de l'Indépendance américaine et deux vases de Sèvres, tous trois montés par Thomire, pour le cabinet d'angle de Louis XVI [56]. Grâce à M. Valéry Giscard d'Estaing, en 1966 et en 1981, une pendule des collections de Louis XIV et un bureau plat de Louis XV à Versailles, quittèrent le ministère des Finances pour regagner le château. M. Maurice Schumann favorisa en 1971 le retour d'une pendule provenant du boudoir turc du comte d'Artois à Versailles et conservée au ministère des Affaires étrangères [57]. En 1982, M. Jack Lang obtint de M. Charles Hernu le retour du globe céleste de la bibliothèque de Louis XVI, que détenait le ministère de la Marine [58]. Pendant ce temps discrètement la Conservation du musée s'emploie à retrouver toujours davantage de nouveaux meubles versaillais. Souvent, trop souvent pour qu'on en parle à chaque fois, des échanges se font, avec la Ville de Paris, le Mobilier national, diverses administrations et surtout les autres musées-châteaux, toujours solidaires : chacun trouve son compte à ces échanges librement consentis, auxquels la Société des amis de Versailles contribue pour une large part [58]. Et le temps viendra sans doute de lui-même où l'on ironisera de savoir, sous un drap vert à l'Institut, une table de la bibliothèque de Louis XVI ou dans les réserves du Cabinet des Dessins du Louvre, trois tableaux peints à Sèvres pour le Cabinet d'angle du roi.

Mais le remeublement de Versailles ne saurait aboutir avec les seuls meubles et objets d'art rescapés des aliénations révolutionnaires. Mieux connaître et récupérer ce que l'on possède déjà n'empêche pas de rechercher ce qui fut vendu. Ce n'est plus alors une seule affaire de connaissance, mais surtout un problème de crédits. Pendant le conservatorat de M. Gérald Van der Kemp, le musée de Versailles a bénéficié d'une période exceptionnellement faste durant laquelle le mécénat français et international, surtout américain, fut particulièrement actif. L'argent recueilli permit d'entreprendre des reconstitutions impensables autrement, comme le brocard de la chambre de Louis XIV auquel sont attachés les noms de Barbara Hutton, de M. et Mme Arturo Lopez et de M. et Mme Pierre Schlumberger. Aujourd'hui encore, grâce au legs de lord Michelham, les manufactures lyonnaises peuvent témoigner de leur savoir-faire en retissant la délicate soierie du billard de Marie-Antoinette. D'autres donateurs, parfois les mêmes, offraient des meubles importants ; la liste en est longue même en se limitant au mobilier provenant du bel étage du château : le tapis de la grande chambre du roi offert par Barbara Hutton, deux torchères de la galerie des Glaces et la table en bois pétrifié de Marie-Antoinette, léguées par le comte et la comtesse Niel, les feux du salon de la Paix légués par Richard Penard y Fernandez, la courtepointe du lit de Marie-Antoinette offerte par la Fondation Kress, une des commodes du salon des nobles de la reine, offerte par le baron Edmond de Rothschild. Rien que pour le salon des jeux de Louis XVI, sur les quatre encoignures de Riesener, deux furent offertes par les Amis américains de Versailles et treize des dix-neuf chaises de Boulard, le furent par autant de donateurs...

L'effort de l'État reste néanmoins considérable pour le retissage des soieries : en ce moment tombent des métiers lyonnais le difficile broché d'or de la chambre à coucher de Louis XVI et s'achève la pose des tentures de sa chambre à Trianon. Cet effort est également important pour l'enrichissement mobilier, même s'il semble devoir se limiter aux ressources de l'Hexagone. Les bouleversements économiques des quinze dernières années et la folle envolée du marché de l'art ont considérablement réduit les chances de remeublement de Versailles. Même si le musée tient toujours une place honorable par ses acquisitions, il faut reconnaître que tout achat de premier plan lui est aujourd'hui interdit. La qualité versaillaise serait-elle aujourd'hui trop chère pour la France ? En juillet 1983 le musée laissait échapper à Londres, le grand cabinet de Weisweiler exécuté pour le cabinet d'angle de Louis XVI [59]. En novembre 1983 il manquait à New York un des fauteuils de Foliot pour le grand cabinet intérieur de la reine [60]. En octobre 1987 il ratait, toujours à New York,

quatre des pliants de la comtesse d'Artois [61]. En novembre 1988, il échouait à Londres devant la console de Riesener faite pour la Méridienne de Marie-Antoinette [62]. La seule éclaircie dans ce paysage bien sombre, reste la dation, même si elle ne s'applique qu'aux œuvres des collections françaises : en mars 1986, le ministre de l'Économie, des Finances et du Budget, acceptait en paiement de droits de succession, un médaillier de Benneman provenant de l'ancienne pièce de la vaisselle d'or de Louis XVI [63].

Cent cinquante ans après la création du musée de Louis-Philippe, Versailles se trouve une fois de plus à la croisée des chemins. Un siècle après l'installation de Pierre de Nolhac on peut considérer la restitution des appartements du corps central du château comme une opération globalement achevée et leur remeublement comme une espérance en sursis. Mais par une inévitable évolution du goût déjà nettement perceptible, l'historien contemporain remet à l'honneur l'œuvre du XIXᵉ siècle et un certain historicisme que ces prédécesseurs avaient rejetés. Il faudra désormais s'attendre à une revanche de Frédéric Masson sur Pierre de Nolhac, ce qui ne prendra pas la Conservation de Versailles au dépourvu. Déjà les salles non dérestaurées retrouvent peu à peu leur aménagement et leur mobilier muséologiques qui n'avaient pas été rétablis après la seconde guerre mondiale. M. Yves Bottineau vient de décider la restauration des salles d'Afrique et de Crimée, dans l'aile du nord.

Peut-être faudra-t-il aussi songer bientôt à défendre Nolhac. Le musée dont il avait pris les destinées en main n'était déjà plus celui qu'avait voulu Louis-Philippe et continué Napoléon III. Il avait été largement amputé et profondément perturbé par l'installation du Gouvernement en 1871. Le président de la République était bien reparti pour l'Élysée, mais non les Chambres à qui la constitution de 1875 transférait la propriété de vastes locaux. Depuis 1871 l'Opéra royal était la salle des séances du Sénat ; les députés avaient obtenu derrière l'aile du midi la construction d'un nouvel hémicycle dans lequel furent élus les présidents des IIIᵉ et IVᵉ Républiques. On a peine à imaginer aujourd'hui, qu'au-dessus des appartements du roi, chez la comtesse Du Barry, vivait avec sa famille le colonel commandant la Chambre des Députés et qu'il voisinait avec le secrétaire général de la présidence du Sénat. Partout des salles du musée avaient été démontées, leurs tableaux roulés, leurs sculptures entreposées dans les rares locaux disponibles [64]. Aujourd'hui le Sénat a rendu au musée l'Opéra royal. Les appartements historiques ne sont plus habités, mais un tiers du château appartient toujours à l'administration de nos deux assemblées parlementaires. Tant que le musée de Versailles n'aura pas récupéré ces locaux, il ne pourra exposer la totalité des Galeries historiques, ni repenser l'accueil d'un public toujours plus nombreux. Faudra-t-il attendre l'horizon 2037 et le bicentenaire de la création du musée de Louis-Philippe pour le voir à nouveau intégralement présenté ? Versailles alors aura retrouvé unité et continuité avec un château royal et un musée historique également à l'honneur.

1. G. de BELLAIGUE, *Treasures from the Royal Collection,* The Queen's Gallery, Buckhingham Palace, 1988, n° 103, pp. 108-109, 113.

2. P. VERLET, *The James A. de Rothschild Collection at Waddesdon Manor, Savonnerie,* 1982, p. 432.

3. J. COURAL *Soieries de Lyon, Commandes Impériales,* Collection du mobilier national, musée historique des tissus, Lyon 1982-83.

4. G. de BELLAIGUE, *The Louis XVI Service,* Cambridge University Press, 1986, pp. 2-4.

5. Ch. BAULEZ, Versailles à l'encan, Les Arts sous la Révolution, *Connaissance des Arts,* numéro spécial 1989, pp. 34-43.

6. G. KURASZEWSKI, Objets retrouvés : Pendules et baromètres royaux, *La Revue du Louvre et des Musées de France,* 1976, n° 3, pp. 213-219.

7. P. VERLET, The Great Louis XVI Secrétaire at Versailles, *The Connoisseur,* 1961, pp. 130-135. Dépecé par la suite, il servit à composer plusieurs meubles aujourd'hui reconnaissables dans plusieurs collections publiques ou privées de l'Europe et des États-Unis d'Amérique.

8. *George IV and the Arts of France,* The Queen's Gallery, Buckingham Palace, 1966. G. de Bellaigue, George IV and French Furniture, *The Connoisseur,* juin 1977, pp. 120-125.

9. P. HUGUES, The Founder of the Wallace Collection, Londres, 1981.

10. Ch. COURAL-GASTINEL, *Soieries de Lyon, Commandes Royales au XVIIIe siècle (1730-1800),* Lyon, 1988-89, p. 120, n° 39 du cat.

11. P. VERLET, *Le Mobilier Royal Français,* Meubles de la Couronne conservés en France, Paris 1945, n° 30, pp. 77-81 et pl. XLIV.

12. P. VERLET, notes on Eighteenth Century French Objets d'Art, *Art Quaterly,* 1968, pp. 374-376.

13. P. VERLET, *Le Mobilier Royal Français,* Meubles de la Couronne conservés en France, Paris 1945, n° 13, pp. 30-31 et pl. XVI.

14. *Explication des Tableaux du Musée Spécial de l'École Française, An X.*

15. P. FRANCASTEL, *La Création du Musée Historique de Versailles et la transformation du Palais 1832-1848,* Versailles 1930. Th. W. Gaehtgens, *Versailles, de la Résidence Royale au Musée Historique,* Anvers, 1984.

16. F. MAGNY, L'Hôtel de Monaco puis de Sagan, in *La Rue Saint-Dominique, Hôtels et Amateurs,* pp. 134-144 du cat., Paris, Musée Rodin, 1984. La duchesse de Maillé visitant en 1837 le cabinet de Sully à l'Arsenal, le trouvait à la mode actuelle : « les dorures, les peintures sont exactement telles que le voudrait une petite maîtresse de 1837 » (*Mémoires,* p. 194).

17. Duchesse de MAILLÉ, *Mémoires,* Paris, 1989, pp. 191-192.

18. P. de NOLHAC, *La Résurrection de Versailles, Souvenirs d'un Conservateur,* 1887-1920, Paris, 1937.

19. *Ibid.,* p. 35.

20. *Ibid.,* p. 37.

21. *Ibid.,* pp. 39-40.

22. Ch. BAULEZ, Versailles, de quelques portes et cheminées, *Bulletin de la Société d'Histoire de l'Art français,* 1974, pp. 71-88.

23. G. BRIÈRE, Au Château de Versailles, restitution d'appartements du XVIIIe siècle, *Revue de l'Histoire de Versailles et de Seine-et-Oise,* 1947, pp. 90-91.

24. P. LEMOINE, *Le Château de Versailles,* Paris 1987, pp. 102-119.

25. G. BRIÈRE, Le replacement de peintures décoratives aux « Grands Appartements de Versailles », *Bulletin de la Société d'Histoire de l'Art Français,* 1938, pp. 197-216 et 1945-46, pp. 199-200. La même politique fut appliquée au Petit Trianon (cf. Cl. Brière-Misme, La Résurrection de la salle à manger de Louis XV au Petit Trianon, *Bulletin de la Société d'Histoire de l'Art Français,* 1967, pp. 217-240), et au Grand Trianon, grâce aux recherches d'Antoine Schnapper (*Tableaux pour le Trianon de Marbre, 1688-1714,* Paris, 1967).

26. S. HOOG, Les Sculptures du Grand appartement du roi, *La Revue du Louvre et des Musées de France,* 1976, n° 3, pp. 147-156..

27. D. LEDOUX-LEBARD, *Le Grand Trianon. Meubles et Objets d'Art,* Paris, 1989.

28. P. de NOLHAC, *op. cit.,* pp. 80-81.

29. D. MEYER, L'Ameublement de la chambre de Louis XIV à Versailles de 1701 à nos jours, *Gazette des Beaux-Arts,* février 1989, pp. 81-104. Ch. Coural-Gastinel, *Le décor textile de la Salle du Trône des Tuileries 1818-1848,* Lyon 1987.

30. P. VERLET, Notes sur l'ancien mobilier du château de Versailles, *Revue de l'Histoire de Versailles et de Seine-et-Oise,* 1937, pp. 175-178. La participation de F.J. Duret pour les figures a été révélée par B. Pons, Un collaborateur de Chalgrin : François-Joseph Duret (1729-1816), sculpteur en ornement et sculpteur figuriste. Son livre-journal de 1767 à 1806, *Bulletin de la Société d'Histoire de l'Art français,* pp. 137-173.

31. P. VERLET, Les meubles sculptés du XVIIIe siècle, quelques identifications, *Bulletin de la Société de l'Art Français,* 1937, pp. 253-259.

32. Ch. BAULEZ, *Les Gabriel,* cat. présenté par M. Gallet et Y. Bottineau, Paris 1982, p. 159.

33. D. MEYER, Les bras de lumière du Salon des jeux de Louis XVI à Saint-Cloud. *La Gazette des Beaux-Arts,* janvier 1972, pp. 55-58.

34. Ch. BAULEZ, Il Luigi XVI, *I Quaderni del l'Antiquariato,* Gruppo Editoriale Fabbri, Milano, 1981, pp. 6-7. La pendule de Chantilly fut envoyée à Fontainebleau.

35. P. VERLET, Two Pieces of Furniture by Leleu, *Burlington Magazine,* avril 1949, pp. 110-113.

36. G. CIANCIONI, Sur deux pendules de Passement du musée de Versailles, *Archives de l'Art français,* 1949-59, pp. 179-186.

37. P. VERLET et S. GRANDJEAN, *Sèvres,* Paris 1954, n° 122.

38. D. MEYER, L'ameublement des petits appartements de la reine de Versailles sous Louis-Philippe, *Antologia di Belle Arti,* nos 31-32, 1987, pp. 28-49.

39. P. VERLET, *Le Mobilier Royal Français, op.cit.,* vol I, pp. 107-112.

40. P. VERLET, *Le Mobilier Royal Français,* vol II, 1955, pp. 93-95.

41. J.J. GAUTIER, Le Garde-Meuble, *La Folie d'Artois,* Paris 1988, pp. 108 et 110. Même si l'auteur omet de le signaler, il a abondamment bénéficié des dossiers du musée de Versailles qui lui ont été ouverts sans réserve.

42. J.-P. SAMOYAULT, Décoration et ameublement du Palais de Saint-Cloud, *Bulletin de la Société de l'Histoire de l'Art Français,* 1971, p. 168.

43. Ch. BAULEZ, L'Hôtel Kinsky, *La rue Saint-Dominique, Hôtels et Amateurs,* expo. Musée Rodin, Paris, 1984, pp. 113-133.

44. J.D. AUGARDE, Joseph Baumhauer, ébéniste privilégié du roi, *L'Estampille,* juin 1987, p. 28.

45. J.P. SAMOYAULT, *op. cit.,* p. 171.

46. M. de LESCURE, *Les Palais de Trianon, Histoire, Description, Catalogue des objets exposés sous les auspices de Sa Majesté l'Impératrice,* Paris 1867, pp. II-III et pp. 206 à 246.

47. Ch. BAULEZ, *Versailles à l'encan, op. cit.,* p. 171.

48. H. BARBET de JOUY, *Notice des Antiquités, Objets du Moyen Age, de la Renaissance et des Temps Modernes composant le Musée des Souverains,* Paris, 1866, nos 139 et 144.

49. Ch. BAULEZ, *L'Hôtel Kinsky, op. cit.*

50. P. de NOLHAC, *op. cit.,* p. 62.

51. Il fut racheté mais douze ans plus tard, en 1942.

52. Ch. BAULEZ, *Versailles à l'encan, op. cit.*

53. P. VERLET, *Le Mobilier Royal Français,* vol I, *op. cit.,* pp. 90-93 et pl. 34.

54. A. CORNU, *Mes Républiques indiscrètes,* Paris 1976, pp. 127-145.

55. E. SCHLUMBERGER, Versailles, les hostilités ont commencé, *Connaissance des Arts,* août 1961, pp. 18-27 ; Arnault-Plessis, Versailles dans ses meubles, *Plaisir de France,* septembre 1961, pp. 34-41.

56. Ch. BAULEZ, Notes sur quelques meubles et objets d'art des appartements intérieurs de Louis XVI et de Marie-Antoinette. *La Revue du Louvre et des Musées de France,* 1978, n° 56, pp. 359-373.

57. Ch. BAULEZ, François Rémond et le goût turc dans la Famille royale au temps de Louis XVI, *L'Objet d'Art,* n° 2, décembre 1987, pp. 34-49.

58. Ch. BAULEZ, Identification de quelques meubles des collections de Versailles, Compiègne et Chantilly, *Bulletin de la Société d'Histoire de l'Art Français,* 1977, pp. 161-170.

59. Sotheby's Monaco, 8 juillet 1983, lot 85.

60. Christie's New York, 22 novembre 1983, lot 216.

61. Sotheby's New York, 31 octobre 1987, lot 123 et 123 A.

62. Sotheby's Londres, 24 novembre 1988, lot 29.

63. Ch. BAULEZ, Un médaillier de Louis XVI à Versailles, *La Revue du Louvre et des Musées de France,* 1987.

64. P. de Nolhac, *op. cit.,* pp. 135-150.

Vue de la grande chambre de Marie-Antoinette restituée et remeublée avec son dernier meuble d'été en 1787.
Musée national du château de Versailles.

Tapis de la Chapelle de Versailles. (Fondation Ephrussi de Rothschild, Saint-Jean-Cap-Ferrat).

Postface

par Olivier de Rohan-Chabot

Président de la Société des Amis de Versailles

Revoir ou découvrir des objets exceptionnels est toujours, pour l'amateur d'art, une grande satisfaction. Sans aucun doute il la trouvera en visitant l'exposition « De Versailles à Paris, le Destin des Collections Royales ».

Comment aussi ses visiteurs pourraient-ils manquer de s'interroger sur les raisons qui ont fait que tant d'œuvres d'art aient quitté les lieux pour lesquels elles avaient été conçues ? Ne doutons pas que leur envie de s'associer au mouvement qui porte un nombre toujours plus grand de nos contemporains à souhaiter les y retrouver ne s'en trouve raffermi, et profitons de l'occasion pour réfléchir aux moyens d'y parvenir. Mais avant de regretter que ces objets aient été dispersés et, en quelque sorte, exilés, nous devrions nous réjouir qu'au moins ils n'aient pas été détruits. Le vandalisme est en effet, en pareille matière, le dommage le plus terrible des révolutions, puisqu'il est irrémédiable et le fruit d'une haine aveugle. Quand, par nécessité ou désaffection, le mobilier de Versailles a été vendu, il a été heureusement recueilli par des amateurs qui en ont su apprécier la beauté en le préservant des ravages des hommes et du temps.

Aujourd'hui, ce ne sont plus seulement quelques amateurs éclairés qui éprouvent de la joie à voir Versailles se remeubler, ce sont des visiteurs venus de tous les horizons.

Lorsqu'ils comparent ce qui a été réalisé à ce qui n'a pas encore pu l'être, ils peuvent constater que c'est plus que la beauté additionnée du château et du mobilier qu'ils admirent : c'est un accord retrouvé qui redonne son sens à l'un et à l'autre. En ressuscitant ainsi son histoire, Versailles la continue.

Ces raisons et d'autres encore, car il s'en trouve tant d'aimer Versailles, expliquent l'adhésion générale à l'œuvre de restauration du château, mais comme c'est une œuvre immense, elle exige et exigera encore longtemps qu'on s'y consacre.

La première condition pour ce faire est que le mouvement d'opinion en sa faveur continue de se renforcer et de se développer dans le monde entier ; Versailles appartient désormais au patrimoine mondial. Il faut faire en sorte que soit mieux connu le travail admirable accompli par plusieurs générations de conservateurs ; il faut faire partager leurs ambitions, comme les soucis que leur donnent les difficultés qu'ils rencontrent pour les réaliser, et leurs joies quand ils y parviennent.

Il faut connaître toute la science, l'enthousiasme, la patience et même la chance qu'il a fallu pour se procurer chacun des meubles qui sont aujourd'hui à Versailles ; rien ne saurait mieux susciter l'admiration pour le travail accompli et le désir qu'il continue.

Et pour cela une mobilisation publique est indispensable, mais elle n'est pas suffisante : il faut aussi réunir les moyens financiers sans lesquels rien n'est possible.

Si l'État a supporté et continuera sans doute de supporter la plus large part des dépenses, son effort doit se poursuivre et être amplifié grâce au mécénat.

Il serait trop long de rappeler ici l'œuvre merveilleuse accomplie par des mécènes aux noms célèbres dont on ne saurait assez rappeler la générosité. Certains ont offert des meubles qu'ils possédaient ; d'autres ont proposé ou contribué à proposer les moyens de se procurer des meubles qui sans eux n'auraient jamais pu être achetés. Tous ont donné l'exemple par leurs gestes et créé une émulation dont le rôle est essentiel.

Parallèlement un très grand nombre de dons plus modestes, mais tout aussi généreux, ont été faits à la « Société des Amis de Versailles » qui, en les regroupant, a pu elle aussi apporter des contributions importantes.

Une nouvelle forme de mécénat apparaît de nos jours qui offre de grandes possibilités : le mécénat d'entreprise. Mais pour y faire appel on doit bien en comprendre les règles.

Quand une Entreprise fait acte de mécénat, il faut qu'elle justifie qu'il s'agisse pour elle d'un investissement productif dans un acte de gestion et de communication externe et interne. Pour qu'elle puisse l'inscrire dans sa politique générale, il importe qu'elle puisse le prévoir et faire adopter en temps voulu un budget à cet effet.

Il convient donc de pouvoir proposer aux Entreprises des projets précis appropriés à leurs besoins et dont les délais leur conviennent. Il s'agira ensuite de définir quelle stratégie mener pour quelle exploitation. A cet égard, le relais que constitue une société comme les « Amis de Versailles » devrait jouer un rôle essentiel.

Mais ceci concerne surtout les travaux de restauration et de réhabilitation. Car pour ce qui est d'achat de mobilier, il arrive le plus souvent que les délais entre l'apparition d'un meuble sur le marché et sa mise en vente, soient trop courts pour qu'on puisse demander l'aide d'une Entreprise. Aussi est-ce encore un des rôles de la Société des « Amis de Versailles » que de réunir en permanence des fonds qui puissent être immédiatement disponibles.

*
* *

La nostalgie n'est pas absente de la présente exposition. Mais il faudrait surtout qu'elle nous inspire des projets d'avenir. Tel est du moins le souhait sur lequel je voulais conclure.

L'Inspiration. Huile sur toile de Claude Audran provenant de l'appartement du Dauphin au Château des Tuileries.
(Mayence, Landesmuseum ; envoi du gouvernement français en 1803).

Auteurs des notices

A. B. L. : Arnauld Brejon de Lavergnée, *conservateur en chef du Musée des Beaux-Arts de Lille*

A. T. : Alain Tapié, *conservateur du Musée des Beaux-Arts de Caen*

A. F.-C. : Anne Farray-Carlier, *conservateur au Musée Carnavalet*

B. D. : Bernard Dragesco

B. M. : Bernard Morel, *membre d'honneur de l'Association Française de Gemmologie*

C. B. : Christian Baulez, *conservateur au Musée National du Château de Versailles*

C. C. : Claire Caucheteux, *conservateur en chef de la Bibliothèque Municipale de Versailles*

C. P. : Catherine Prade, *conservateur du Musée Bricard de la Serrure*

C. P. M. : Christian Prevost-Marcilhacy

C. W. : C. Waltisperger, *chercheur à la conservation régionale de l'inventaire Ile-de-France*

D. G. : Danielle Gallet, *conservateur aux Archives Nationales*

D. L : Daniel Lévine, *chargé des collections du département d'Amérique du Musée de l'Homme*

D. M. : Denis Milhau, *conservateur en chef du Musée des Augustins*

D. N.-P. : David N. Peters

D. M. : Dominique Morel, *conservateur au Musée du Petit-Palais*

E. B. : Eugène Becker

F. C. : Françoise Chaserant, *conservateur au Musée du Mans*

F. M. : Francine Masson, *conservateur en chef de la Bibliothèque de l'École Polytechnique*

F. et M.-J. V. : Francis et Marie-José Villadier, *conservateurs du Musée d'Art et d'Histoire de la Ville de Meudon*

F. R. : Francine Roze, *conservateur du Musée Lorrain de Nancy*

G. P. : Georges Poisson, *conservateur en chef du Musée de l'Ile-de-France*

H.-J. S. : Henri-Jean Schubnel, *conservateur en chef de la Minéralogie au Museum National d'Histoire Naturelle*

H. M. : Hélène Moulins, *conservateur du Musée de Valence*

J.-D. A. : Jean-Dominique Augarde, *Centre de recherches historiques sur les maîtres ébénistes*

J. F. : Jacques Franck, *artiste peintre, spécialiste des techniques anciennes d'art*

J. J. : Jean Jenny, *conservateur en chef de la Bibliothèque de Bourges*

J.-J. G. : Jean-Jacques Gautier, *conservateur du domaine de Bagatelle*

J. L. : Jacques Lacour, *conservateur des Antiquités et Objets d'Art du département d'Eure-et-Loir*

J. N. R. : Jean Nérée Ronfort, *Centre de recherches historiques sur les maîtres ébénistes*

J.-P. R. : Jean-Pierre Reverseau, *conservateur en chef du Musée de l'Armée*

L. G. : Laurence Guilbaud, *conservateur du Musée de Vendôme*

L. M. : Laurence Madeline, *conservateur-stagiaire au Musée des Beaux-Arts de Lyon*

M. A. : Maddy Ariès, *conservateur en chef du Musée de l'Ile-de-France*

M.-A. D. : Marie-Amynthe Denis, *conservateur du Musée-Promenade de Marly-Louveciennes*

M. C. : Marco Chiarini

M. J. : Monique Jacob, *conservateur du Musée de Saumur*

N. C. : Nathalie Coural, *École Nationale Supérieure des Beaux-Arts*

P.-F. A. : Pierre-François Aleil, *chargé de mission à la Caisse Nationale des Monuments Historiques et des Sites*

P. L.-V. : Pascal de La Vaissière, *conservateur du Musée Cognacq-Jay*

P.-M. A. : Pierre-Marie Auzas, *inspecteur général des Monuments Historiques*

R. L'E. : Roland de l'Epée, *expert*

S. G. : Solange Grillot, *astronome à l'Observatoire de Paris*

S. O.-R. : Sylvie Osorio-Robin, *conservateur au Musée de l'Ile-de-France*

T. B. : Térésa Battesti, *iranologue, chargée des collections d'Asie, laboratoire d'ethnologie du Musée de l'Homme*

TH. L.-S. : TH.-H. Lunsingh-Scheurleer, *professeur émérite de l'Université de Leyde*

W. L. : W. Laureyssens, *chef des travaux aux Musées Royaux des Beaux-Arts de Belgique*

4ᵉ Partie

NOTICES SCIENTIFIQUES SUR LES ŒUVRES EXPOSÉES

Le Temps, l'Histoire et la Poésie. Huile sur toile de Claude Audran provenant de l'appartement du Dauphin au Château des Tuileries.
(Mayence, Landesmuseum ; envoi du gouvernement français en 1803).

Tableaux et sculptures

Claude
Audran <small>(1639-1684)</small>

001 | Le Temps, l'Histoire et la Poésie

Huile sur toile. H. 2,745 m ; L. 1,50 m.

Mayence, Mittelrheinisches Landesmuseum (Envoi du gouvernement français en 1803).

Provient du château des Tuileries, appartement du Grand Dauphin c. 1666-1669.

Bibliographie
voir numéro suivant.

Exposition
Voir numéro suivant.

Illustration page 211.

002 | L'inspiration

Huile sur toile. H. 2,724 m ; L. 1,16 m.

Mayence, Mittelrheinisches Landesmuseum (Envoi du gouvernement français, 1803)

Provient du château des Tuileries, appartement du Grand Dauphin c. 1666-1669.

Bibliographie
Dussieux, 1853. Guiffrey, 1881. Engerand, 1889. Französische Gemälde aus Mainzer Galeriebesitz, Mayence, 1951. Mainz in Napoleonischer Zeit, Mayence, 1982. Fare-Sainte 1988.

Exposition
« Le décor des Tuileries sous Louis XIV » (Paris, Musée du Louvre, 9 juin-19 septembre 1988).

Illustration page 213.

Sisto
Badalocchio <small>(1585-après 1620)</small>

003 | Mars et Vénus

Huile sur toile. H. 0,84 ; m. ; L. 1,195 m.

Rouen, Musée des Beaux-Arts (Envoi de l'État, 1803).

Provient des collections de Louis XIV.

Historique
Collection d'André Le Nôtre, sous le nom de Lanfranco et offert par lui à Louis XIV en septembre 1693. Placé dans le cabinet des tableaux du Grand Dauphin à Meudon (vers 1695). Dans le cabinet des tableaux du roi à Versailles (1709-1710). Dans la bibliothèque de l'Hôtel de la Surintendance (1760). Dans le salon du directeur des Bâtiments du roi (1784).

Bibliographie
Lépicié, 1752-1754. Dézallier d'Argenville, 1745. Landon, 1800-1817. Clément de Ris, 1859-1861. Engerand, 1899. Guiffrey, 1911. Vaudoyer, 1913.

Exposition
« Seicento » (Paris, Grand-Palais, 11 octobre 1988-2 janvier 1989 : Milan, Palazzo Reale, mars-avril 1989).

Œuvres en rapport
Gravé par Charles Normand, pour l'ouvrage de Landon (1824).

Alexis-Simon
Belle <small>(attr.) (1674-1734)</small>

004 | Portrait en pied de Louis XV en habit bleu

Huile sur toile. Vers 1725. H. 2,10 m.; L. 1,35 m.

Paris, collection particulière.

Provient du château de Neuville.

Historique
Peut-être don du roi à Louis de Nyert

Cette toile est présentée au public pour la première fois.

Du château de Neuville à Gambais provient ce grand portrait de Louis XV, qui pourrait avoir été offert par le roi à Louis de Nyert, marquis de Gambais, seigneur de Neuville et un de ses premiers valets de chambre ordinaires. Son inventaire, après décès en 1736, mentionne dans la « salle de marbre » de Neuville « treize tableaux de différentes grandeurs qui sont plusieurs portraits de la famille royale... »

Illustration page 201.

Xavier
Bidauld (1758-1846)
et
Carle
Vernet (1758-1836)

005 | Le débouché devant le Grand Trianon en 1810

Huile sur toile, 1810. H. 2,10 m. ; L. 0,95 m.

Paris, Musée Marmottan (Legs Paul Marmottan, 1932).

Provient du grand salon du château de Chavigny-sur-Orge

Historique
Collection du maréchal Davout. Acquis en 1896 par Paul Marmottan.

Paris, galerie des Champs-Élysées, 1895. Paris, Grand Palais, 1969.

Bibliographie
Marmottan, 1913. Lefuel, 1934.

d'après Francesco
Bordoni (1580-1654)

006 | Buste de Louis XIII

Bronze de patine brune. C. 1700-1715. H. 70 cm.

Collection Particulière.

Bibliographie
« Masterpieces from the Louvre », Queensland Art Gallery, 1988, n° 11.

Exposé pour la première fois.

Le modèle original de ce buste est conservé au musée du Louvre et se trouve décrit dans « L'État des Bronzes du Garde-Meuble de la Couronne » en 1788. Vendu durant la Révolution, il fut racheté par Louis XVIII.

Le buste présenté n'en diffère que par la substitution du monogramme « H » au monogramme « HM » sur le collier de l'Ordre du Saint-Esprit.

Le buste du Louvre a été récemment réattribué à Francesco Bordoni dans l'atelier duquel, en 1659, était toujours présent le modèle en plâtre ou en argile. L'existence de ce modèle rendait possible une seconde fonte. L'aspect extrêmement fini et lisse de la ciselure du buste présenté, ainsi que sa riche patine brune, conduisent à le dater de la fin du XVIIe siècle ou du début du XVIIIe siècle.

Nicolas-Guy
Brenet (1728-1792)

007 | Caius Furius Cressinus accusé de sortilège

Huile sur toile. 1777. H. 3,24 m. ; L. 3,26 m.

Toulouse, musée des Augustins (dépôt de l'État, 1873).

Historique
Commandé par le comte d'Angivilliers, directeur des Bâtiments du roi, pour une tapisserie à réaliser par la manufacture royale des Gobelins.

Bibliographie
Roschach, 1908. Locquin, 1912. Sandoz, 1960. Rosenblum, 1967. Perez, 1975. Sandoz, 1979.

Exposition
« Salon de 1777 », n° 19.

D. M.

Illustration page 192.

Antoine-François
Callet (1741-1823)

008 | L'offrande à Vénus

Huile sur toile. H. 1,595 m ; L. 0,79 m.

Rouen, Musée des Beaux-Arts (Achat, 1914)
Provient du Pavillon de Bagatelle.

Historique
Une de six toiles commandées par le comte d'Artois pour le boudoir de Bagatelle. Vente Delaroff, 23 avril 1914 (galerie Georges Petit. cat. n° 70). Attribution ancienne à Le Barbier rectifiée par B. Gallini, auteur d'une thèse sur Callet (1983).

Cette toile est présentée au public pour le première fois.

Œuvre en rapport
Gravée par Patas.

Philippe
de Champaigne (1602-1674)
et son atelier

009 | Portrait de Louis XIII
(1601-1643)

Huile sur toile. C. 1629. H. 2,07 m. ; L. 1,44 m.

Collection particulière.
Présenté pour la première fois au public.

Historique
Collection (1641) Jean-Louis d'Erlach (1595-1650). Lieutenant-général des armées du roi, gouverneur de la forteresse de Brisach, et des pays et places en dépendant. Conseiller du roi, au château de Kastelen (Argovie, Suisse). Collection Jérôme d'Erlach (1667-1748), chambellan et Feld-Maréchal de l'empereur Joseph, Avoyer et conseiller d'État à Berne, au château d'Hindelbank (1723). Il avait servi très jeune en France (1678) dans la Compagnie de son oncle Jean-Jacques d'Erlach (Régiment des Gardes Suisses). Capitaine, il quitta le service de la France en 1696 après plusieurs expéditions en Catalogne. Vente Drouot à Paris (1874). Collection Salomon Goldschmidt, au château de madame Du Barry Louveciennes.

Derrière la balustrade, on aperçoit un paysage : le Pas de Suze. Or, en mars 1629, le roi qui se rendait avec ses troupes en Italie pour libérer Casal assiégée par les Espagnols, força victorieusement ce passage bloqué par Charles-Emmanuel, duc de Savoie. Jean-Louis d'Erlach, le premier propriétaire de ce tableau, et de celui de la reine, ci-après, faisait partie, à la tête d'un régiment, de cette expédition.

010 | Portrait d'Anne d'Autriche
(1601-1666)

Huile sur toile. H. 2,07 m. ; L. 1,44 m. C. 1640-1641.

Collection particulière.
Présenté pour la première fois au public.

Historique
Voir numéro précédent.

Un voile noir couvre les cheveux de la reine. Deuil ? Particulièrement aux alentours de cette date, ils furent fréquents à la cour de France et à celle d'Espagne. C'est vers la fin de l'année 1641 que mourut le frère de la reine, l'infant cardinal Don Fernando. Il est fort possible que ce voile ait été rajouté après la mort du roi. A cette époque, l'usage en était courant, surtout en Suisse. La reine porte à son poignet droit un bracelet du dauphin Louis-Dieudonné. Elle est encore avenante. D'autres portraits, connus par des gravures, la représentent dans les mêmes atours austères, avec la même croix au corsage, mais tenant une lettre au lieu d'un mouchoir.

Noël
Coypel (1628-1707)

011 | L'adoration des anges

Huile sur toile. 1669-1670. H. 1,80 m. L. 1,33 m.

Nancy, musée des Beaux-Arts (Envoi de l'État, 1803.

Provient du château des Tuileries, oratoire de l'appartement de commodité du roi.

Bibliographie
Dézallier d'Argenville, 1745. Engerand, 1899. Wildenstein, 1964. Barchilon, 1964. Schnapper, 1977. Sainte Fare-Garnot, 1988.

Exposition
« Le décor des Tuileries sous le règne de Louis XIV ». Paris, musée du Louvre, 9 juin-18 septembre 1988).

012 | La Terre

Huile sur toile. Vers 1667-1668. H. 2,10 ; L. 3,20 m.

Lyon, musée des Beaux-Arts (don du cardinal Fesch, 1816).

Provient de l'antichambre du petit appartement du roi aux Tuileries sous Louis XIV.

Bibliographie
Lerouge, 1719. Dézallier d'Argenville, 1745. Dézallier d'Argenville, 1749. Blondel, 1756. Thiéry, 1787. Catalogue des peintures de la Ville de Lyon. Lyon, 1818. Catalogue des peintures du musée des Beaux-Arts de Lyon, 1847. Guiffrey, 1881. Engerand, 1899. Lavallée, 1941-1944. Schnapper, 1977.

Exposition
« Le décor des Tuileries sous le règne de Louis XIV » (Paris, musée du Louvre, 1988)

Le plafond de l'antichambre des petits appartements du roi au château des Tuileries était décoré de trois compositions de Noël Coypel : *La Terre, Zéphyr accompagné de trois enfants,* et *Borée et ses enfants qui soufflent les vents.* De cet ensemble décoratif disparu sous la révolution à une date indéterminée, il ne subsiste que *La Terre.* Le tableau, identifié alors comme une allégorie de la Ville de Lyon, fut offert à la cité lyonnaise en 1816 par l'archevêque de la ville, le cardinal Fesch. On ignore bien sûr comment cette œuvre passa du château des Tuileries, qui subit entre 1797 et 1815 d'importantes transformations au gré de ses occupants (comités révolutionnaires, gouvernement consulaire, empereur), entre les mains du cardinal Fesch. Il ne fait aucun doute que l'oncle de l'empereur, comme d'autres grands collectionneurs, sut profiter d'une situation troublée pour enrichir ses collections.   L. M.

Jean
Dumont le Romain

(attr.) (1700-1781)

013 | Portrait de Louis XIV (1638-1715)

Huile sur toile. XVIIIe siècle. H. o,87 m. ; L. O,715 m.
Angers, collection particulière

Ce tableau est présenté au public pour la première fois.

Joseph-Siffrein
Duplessis (1725-1802)

014 | Portrait de Louis XVI (1754-1793)

Huile sur toile en forme de médaillon. Réplique d'époque d'après l'original conservé à Versailles. H. 0,80 m ; L. 0,68 m.

Bordeaux, chambre de Commerce et d'Industrie (legs de M. Beaujon).

Cette toile est présentée au public pour la première fois.

Le roi est décoré de la plaque du Saint-Esprit, le cordon bleu en écharpe. Il porte à la boutonière le ruban rouge de la Toison d'Or. Un cadre d'époque Louis XVI, à décor de couronnes de lauriers et guirlandes, encadre un cartouche où est précisé : « donné par le Roi à M. Beaujon en 1780 ».

Illustration page 60.

François
Girardon (d'après) (1628-1715)

015 | Statue équestre de Louis XIV (1638-1715)

Bronze noir. 1680. H. 1,05 m ; L. 0,93 m.
Sceaux, musée de l'Ile-de-France (dépôt du Petit-Palais).

Historique
Réduction de la statue de Girardon qui ornait la place Vendôme.

Bibliographie
Marti, 1986.

Exposition
« Paris, sa vie, son histoire » (Tokyo, 1974-1975).

La statue équestre de Louis XIV, par Girardon, érigée en 1699 place Vendôme à Paris, est une des plus célèbres de l'histoire de la sculpture. Par son style d'abord, l'artiste ayant réussi à rendre parfaitement vraisemblable et élégant le mariage de la cuirasse romaine et de la perruque louis-quatorzienne ; par ses dimensions ensuite, 6,80 m de hauteur, qui en faisaient la plus grande statue équestre connue à l'époque ; enfin par la qualité de sa fonte, réalisée d'un seul jet par les frères Keller.
C'est ce chef-d'œuvre que les révolutionnaires d'août 1792 jetèrent à bas et brisèrent : il n'en reste que le pied gauche du roi, conservé au Louvre. Mais Girardon avait en même temps fait fondre des modèles réduits de son monument, et d'autres ont été réalisés par la suite ; en dehors de celui-ci, on en voit au Louvre, au Château de Vaux-le-Vicomte, et à l'Ermitage notamment. Il est très difficile de dire quels sont ceux d'entre eux qui remontent au XVIIe siècle.

G. P.

Jean-Ernest
Heinsius (1740-1812)

016 | Portrait de Richard Mique

Huile sur toile. 1782. H. 0,65 m ; L. 0,55 m.
Nancy, musée historique Lorrain (Don de M. Dugas de Beaulieu, 1860).

Bibliographie
Journal de la Société d'Archéologie Lorraine, 1860, p. 202. Mémoires de l'Académie de Stanislas, 1868, pp. 49-76.

Exposition
« Marie-Antoinette » (Versailles, 1955).

Richard Mique est né à Nancy, le 18 septembre 1728. Nommé ingénieur en chef des Ponts-et-Chaussées de Lorraine et de Barrois en 1762, il devient l'année suivante, à la mort de l'architecte Héré, directeur général des Bâtiments du roi de Pologne. A Nancy, à la demande de Stanislas Leczcynski, il construisit la caserne Sainte-Catherine et les portes Sainte-Catherine et Saint-Stanislas. Puis, sa réputation lui valut de recevoir le titre d'intendant et contrôleur général des Bâtiments et Jardins de la reine. Il s'installe alors dans la capitale, où la reine lui confia l'aménagement du grand appartement du Petit Trianon et la construction, dans les jardins, du moulin, du presbytère, de la maison du garde-chasse, de la laiterie, de la maison du bailli, de la cabane de la reine, de la salle de spectacle, du temple de l'Amour, etc. Richard Mique a été décapité à Paris en 1794.   F. R.

Jean-Baptiste
Jouvenet (1644-1717)

017 | La vengeance de Latone, ou Latone et les paysans de Lycie

Huile sur toile. 1700-1701. H. 1,08 m ; L. 0,95 m.

Meudon, musée d'Art et d'Histoire (achat, 1986, avec l'aide du FRAM Ile-de-France).

Provient de la Salle de Billard du Château-Neuf de Meudon.

Historique
Second exemplaire d'une œuvre commandée par le Grand Dauphin. Le premier se trouve aujourd'hui conservée au château de Fontainebleau.

Bibliographie
Biver, 1933-2. Schnapper, 1962.

Cette toile est présentée au public pour la première fois.

Œuvres en rapport : gravé en 1714 par C. Dubocq ; gravé par J. Daullet en 1762. Une répétition un peu plus petite au musée d'Épinal (catalogue 1929, n° 146), provenant de la collection des princes de Salm. Copie en largeur et simplifiée au musée du Mans ; une autre au musée d'Abbeville. Un dessin très poussé à la pierre noire et au lavis blanc provenant de la collection Jules Dupan, passée à l'hôtel Drouot le 30 avril 1924, salle 10, n°-87.

La salle de Billard était ornée de quatre dessus de portes commandés à Charles de Lafosse (Hercule entre le vice et la vertu), Antoine Coypel (Hercule ramène Alceste des Enfers), et Louis de Boullogne (Céphale et Procris) qui accompagnaient l'œure demandée à Jouvenet. Il a représenté ici un épisode des métamorphoses d'Ovide, livre VI « Latone n'ayant pu obtenir des paysans de Lycie de quoi désaltérer ses enfants, Diane et Apollon appellent sur eux la vengeance de Jupiter, qui les transforme en grenouilles ».   F. et M.-J. V.

Illustration page 150.

Pierre
Mignard (1612-1695)

018 | Allégorie de la Fortune

Huile sur toile. H. 1,52 m ; L. 2,04 m.

Lille, musée des Beaux-Arts (envoi de l'État, 1801).

Provient du château de Versailles.

Historique
Peint pour le petit appartement du roi à Versailles entre 1692 et 1695 (cabinet des Coquilles).

Bibliographie
Ponse, 1874. Engerand, 1899. Schnapper, 1974. Catalogues : Reynart, 1875, n° 352 : Zenglart, 1893, n° 314.

Pierre Mignard réalisa entre 1692 et 1695 deux plafonds pour la décoration du petit appartement du roi à Versailles ; l'un d'eux, destiné au cabinet des Coquilles et divisé en quatre compartiments de forme triangulaire, comprenait les figures du Temps, de la Vérité, de la Paix et de la Fortune, quatre allégories célébrant les louanges du règne de Louis XIV. Les toiles se trouvaient encore dans l'atelier de Mignard à sa mort ; elles se trouvent aujourd'hui dispersées entre les musées de Toulouse, Grenoble, Dinan, Lille et Fontainebleau. Dans le fonds de dessins de Mignard conservé au Louvre, on relève trois feuilles préparatoires de la Fortune (Guiffrey, n° 9964, 9971 et 10251). L'inspiration italienne est déterminante dans cette œuvre, du sotto in su dont bénéficie la figure, jusqu'au style influencé fortement par l'art du peintre bolognais Le Dominiquin. Doué d'un sens du coloris subtil et raffiné, développé au contact de la couleur vénitienne, il accorde avec audace les roses des carnations au bleu roi du fond et au violet des étoffes. La Fortune est présentée au musée avec des œuvres qui proviennent de demeures royales parisiennes : l'Allégorie de la France peinte par Romanelli pour les appartements d'été d'Anne d'Autriche au Louvre, le Jugement de Midas de Nicolas Mignard, Hercule combattant Achéloüs, de Noël Coypel, et la Fuite en Égypte, de Francisque Millet, peints pour le château des Tuileries et une Allégorie de la Foi, sculptée par Leconte vers 1690, modèle préparatoire pour un médaillon du dôme des Invalides à Paris.
                                                    A. B. L.

019 | Allégorie aux trois Muses, Erato, Uranie et Polymnie

Huile sur toile. Entre 1690-1695. H. 1,95 m ; L. 2,90 m.

Toulouse, musée des Augustins (envoi de l'État, 1803-1805).

Provient des collections royales.

Historique
Étude pour la décoration du salon ovale de la petite galerie de Versailles. Saisi dans l'atelier de Mignard à sa mort, pour entrer dans les collections royales.

Bibliographie
Guiffrey, 1874-1875. Engerand, 1899. Lespinasse, 1937. Schnapper, 1974.

Illustration couleur face page 113. D. M.

Jean-Marc
Nattier (1685-1766)

020 | Portrait de la Reine Marie Leczczinska (1703-1768)

Huile sur toile. H. 0,73 m ; L. 0,59 m.

Paris, musée Cognacq-Jay (legs E. Cognacq à la Ville de Paris. 1928.)

Historique
Collection Lawrie (vente Londres, 28 janvier 1905). Collection Sedelmeyer (vente Paris, 16-18 mai 1907).

Bibliographie
Engerand, 1900. Nolhac, 1900. Nolhac, 1905. Nolhac, 1909. The masterpièces of Nattier. Londres, 1920. Ricci, 1929. Burollet, 1980.

Exposition
« Costumes d'autrefois » (Paris, musée Galliéra, 1938).

Oeuvres en rapport
Portrait aux genoux (musée de Versailles) ; portrait aux genoux (ancienne collection Fézenzac) ; portrait aux genoux (musée de Dijon) ; portrait en pied, postérieur (Musée de Versailles) ; portrait en médaillon ovale dans le grand cabinet de madame Victoire (musée de Versailles).

Illustration page 197. P. L. V.

Jean-Baptiste
Oudry (1686-1755)

021 | Cerfs du Bengale

Huile sur toile, 1729, H. 0,90 m. ; L. 0,64 m.

Paris, Museum National d'Histoire Naturelle (Dépôt de l'État, 1796).

Provient du château de Versailles.

Historique
Commandé en 1729 pour Versailles, comme dessus de porte du cabinet Doré, transporté en 1756 au château de Choisy, dans la chambre de la marquise de Pompadour, déposé aux Petits Augustins sous la Révolution.

Bibliographie
Inventaire manuscrit des objets d'art du Museum, n° 514, Paris, 1941. Join, 1889. Chamchine, 1910. Engerand, 1900. « Troisième centenaire du jardin des Plantes », Paris, 1935.

Cette toile a été identifiée avec un ensemble de sept autres, qui avaient été versées au dépôt des Petits-Augustins et envoyées par Alexandre Lenoir au Muséum d'Histoire Naturelle, le 17 septembre

1796. Il s'agissait de quatre dessus de porte peints par J.-J. Bachelier pour l'un des salons du château de Choisy, et figurant les « Quatre parties du monde représentées par les oiseaux qu'elles produisent » ; de deux peintures de Desportes également exécutées pour le château de Choisy, et représentant des « Oiseaux exotiques » ; enfin d'une toile d'Oudry, représentant un « portrait de chien courant ».

022 | Le roi Louis XV assistant à l'hallali du cerf

Huile sur toile. 1730. H. 2,11 m ; L. 3,90 m.

Toulouse, musée des Augustins (dépôt de l'État, 1811).

Provient du cabinet du roi au château de Marly.

Historique
Commandé par Louis XV à Oudry en 1728. Acheté en 1730 et placé aussitôt, avec un immense cadre aujourd'hui disparu, dans le cabinet du roi à Marly. Il ne fut pas payé par la Direction des Bâtiments du roi, mais sur la cassette du souverain. Exposé exceptionnellement au salon de 1750, puis revient à Marly. Transféré à Versailles sous la révolution. Affecté au Louvre en 1809.

Expositions
« Salon de 1750 », n° 33. « Jean-Baptiste Oudry » (Paris, Grand-Palais, et Fortworth, Texas, Kimbell Art Museum. 1982-1983).

Bibliographie
Mercure de France, juin 1730. Piganiol de la Force, 1730. Baillet de Saint-Julien, 1750. Encyclopédie méthodique des Beaux-Arts. Paris, 1788-1794. Clément de Ris, 1859-1861. George, 1873. Enguerand, 1900. Gouse, 1900. Locquin, 1906. Locquin, 1908. Locquin, 1912. Bazin, 1928-1929. Vergnet-Ruiz, 1930. Lespinasse, Vaultrer, 1956. Vergnet-Ruiz et Laclotte, 1962. Oppermann, 1970. Oppermann, 1977. Lastie, 1977.

Le roi demanda au peintre de suivre les chasses royales de cette année (1728) ; les personnages représentés sur cette toile sont, de gauche à droite :

1. Bonnet, « coureur de vin », sur un âne
2. La Bretèche, debout à pied, « valet de limiers »
3. Le marquis de Dampierre, à cheval, tenant un cor
4. M. de Nertin, « commandant de l'équipage de la Grande Écurie du roi » à cheval
5. Le prince Charles de Lorrraine, « Grand Écuyer de France », à cheval
6. Louis XV, montant Le Bressan
7. Le duc de Retz, « capitaine des Gardes », à cheval
8. Le marquis de Beringhen, « Premier Ecuyer du Roi », à cheval
9. Le comte de Toulouse, à cheval
10. M. de Fourcy, « commandeur de la Vénerie », avec un cor, à cheval
11. M. de Landsmath, « gentilhomme de la Vénerie », à cheval
12. Jean, valet des chiens, à pied, tenant une garde de huit chiens
13. Jean-Baptiste Oudry lui-même, dessinant.   D. M.

Illustration couleur face page 49.

Pierre-Antoine
Patel (1648-1707)

023 | L'Automne

Huile sur toile, 1705, H. 0,82 m. ; L. 1,04 m.

Marseille, musée des Beaux-Arts, Palais Longchamp (dépôt de L'État, 1802).

Provient du château de Choisy.

Exposition
« Quatre femmes à la Cour de France, XVIe - XIXe siècles » (Japon, Grands magasins Sogo, 1982).

Illustration couleur face page 225.

024 | L'Hiver (?)

Huile sur toile. 1705 (signé et daté en bas à gauche : AT Patel 1705. AT accolés. H. 0,82 m ; L. 1,04 m.

Marseille, musée des Beaux-arts, Palais Longchamp (dépôt de l'État, 1802).

Provient du château de Choisy.

Expositions
« Le paysage français de Poussin à Corot » (Paris, Petit Palais, 1925). « Le XVIIe siècle français : chefs d'œuvre des musées de province » (Paris, Petit Palais, 1958). « The age of Louis XIV » (Londres, Royal Academy, 1958). « Quatre femmes à la cour de France » (Japon, 1982)

Bibliographie
Clément de Ris, 1861 : inventaire général des richesse d'art de la France, archives du musée des Monuments français, Paris, 1886. Auquier, 1908. Nathalie Coural. Pierre Patel (1605-1676), Tome 1, p. 196. Brejon, 1987.

La provenance de ces deux étoiles a été longtemps discutée : Clément de Ris, qui les attribue à tort à Pierre Patel le père, croit y reconnaître les deux tableaux mentionnés dans l'inventaire des collections du roi rédigé par Bailly en 1710, comme Tobie et l'Ange et la Mort d'Hypolite, qui ornèrent d'abord l'appartement du Grand Dauphin à Trianon, puis les appartements de la Reine à Versailles. Un peu plus tard, dans son guide du musée de Marseille, Auquier les identifie comme provenant d'une série de douze toiles représentant les mois de l'année, que Pierre-Antoine Patel avait peintes à partir de 1699 pour la maison professe des jésuites à Paris. Ces douze toiles sont saisies à la Révolution. Lenoir n'en recueillit que six. Aujourd'hui, huit des douze tableaux de cette suite ont pu être identifiés (quatre au Louvre, dont deux déposés au château de Maisons-Laffitte, un au California Palace of the Legion of Honor, à San Francisco, deux au Staatliches Museum de Schwerin, un dans une collection particulière en France, et un autre dans le commerce londonien). Il semble difficile de retenir l'hypothèse d'Auquier : les deux toiles du musée de Marseille présentent une composition très différente des tableaux peints pour la maison professe des jésuites ; elles ne sont pas du même format et portent la date de 1705 (les Mois datent de 1699).

Les deux paysages de Marseille, de même format, qui figurent dans un document des archives du Louvre sous le nom de « Patel le Tué » sont traditionnellement considérés comme des pendants. Il semble d'après l'état des tableaux choisis par les conservateurs du Muséum, le 17 avril 1793, que ces deux toiles puissent être identifiées avec les deux paysages de Patel (le prénom n'est pas précisé), « représentant des ruines », mentionnés dans l'inventaire du château de Choisy établi le 30 mai 1792. Tous deux signé et datés, ils furent peints par Patel à la fin de sa vie.

On peut se demander si ces deux paysages, traditionnellement considérés comme deux pendants, n'ont pas fait partie à l'origine d'une suite plus importante, représentant par exemple les quatre saisons. On ne retrouve pas ici les effets de masses contre-balancées – une ruine à droite, une ruine à gauche – typiques des pendants. Les titres données au XIXe siècle, l'*Aube* et le *Soleil Couchant* ne semblent guère convaincants. Dans la toile dite *Le Soleil Couchant*, les figures de l'extrême gauche s'affairant autour d'une haute cuve, évoquent des vendangeurs occupés à presser le vin : il pourrait s'agir de *l'Automne*. Le paysage de l'Aube est plus étrange. S'il reste difficile de préciser le moment de la journée ou de la nuit, il apparaît clairement qu'il s'agit d'une scène d'hiver : sur la gauche, petits personnages se chauffant autour d'un feu, paysage recouvert de neige et de givre. Cette recherche d'effets réalistes contraste avec l'étrangeté de la scène qui se déroule sous la ruine : deux vieillards à barbe blanche, l'un debout, l'autre agenouillé, sont réunis autour d'un brasero – s'agit-il d'un sacrifice ? – ; au-dessus d'eux, sur un socle élevé, la figure ailée du Temps, Chronos, veille. Le goût du fantastique, du mystérieux, est traduit ici par une touche picturale rapide et vigoureuse. On peut se demander si un tableau de Pierre-Antoine Patel conservé au Louvre et provenant des « anciennes collections » n'appartiendrait pas à la même série. Ce paysage, dit La Moisson, pourrait bien représenter l'Été. Il est lui aussi signé et daté de la même façon, et a des dimensions très voisines (0,81 × 1,01). N. C.

Frans II
Pourbus (1569-1622)
dit le jeune

025 | La Vierge de la famille de Vic

Huile sur toile. H. 3,63 m ; L. 2,70 m. Exécuté peu après 1617.

Paris, Église Saint-Nicolas-des-Champs.

Expositions
Le siècle de Rubens dans les collections publiques françaises, n° 101 ; *Regalia,* musée du Louvre, 1987-1988, n° 34.

Le roi « idéal » représenté, certainement *Charlemagne,* porte la sainte couronne du royaume de France, remontant au XIIe siècle et dépecée en 1794, le fermail du sacre réalisé à la fin du règne de Charles V, vendu en 1798 et disparu depuis, le sceptre du sacre réalisé pour Charles V (sommet au Louvre), l'épée *« Joyeuse »* dite de Charlemagne (musée du Louvre) et les éperons du sacre, XIIe siècle (musée du Louvre). Avant la Révolution, tous ces objets étaient conservés à l'abbaye royale de Saint-Denis. B. M.

Illustration page 95.

Guido
Reni (1575-1642)
dit Le Guide

026 | La fuite en Egypte

Huile sur toile. Inscription en bas, à droite : Gvido bolognese. H. 1,69 m. ; L. 1,20 m.

Bruxelles, musées royaux des Beaux-Arts de Belgique (Envoi du gouvernement français, 1802).

Provient de Versailles.

Historique
Inventaire de Le Brun, 1683, n° 14, à Versailles en 1695, dans l'Anticabinet des Médailles ; compris en 1698 dans la liste des tableaux à rentoiler et à remettre sur chassis ; en 1706, dans le Grand Appartement du roi. Rentoilé en 1750. Piganiol de La Force le signale à Versailles dans le salon de l'Abondance ; mentionné en 1764 par Jacques Bailly au Luxembourg ; au Louvre.

Bibliographie
Lépicié, 1754. Dezallier d'Argenville, 1745. Siret, 1853. Hymans, 1861. Engerand, 1899. Bautier, 1940-1941. Pepper, 1984. Brejon, 1987.

Exposition
Per Firenze, art italien des musées royaux de Bruxelles (Bruxelles, musée d'Art Ancien, 16 février-12 mars 1967).

Le tableau original semble perdu. De cette composition existent deux versions, qui ont été copiées à leur tour. La première variante avec un ange, exécutée par l'atelier, se trouve à la City Art Gallery de Bradford. Une copie de ce tableau est conservée à l'Alte Pinakothek de Munich. Une deuxième version, sans ange, se trouve à Naples dans l'église des Gerolamini. Il n'est pas exclu que cette variante soit de la main de Simone Cantarini. La toile du musée de Bruxelles est une réplique de ce tableau. D'autres copies se trouvent dans une collection privée de Milan et à Kedleston Hall. Une quatrième figurait dans la vente Bukowski en 1960 à Stockholm. Le tableau du musée de Bruxelles a été gravé par S. Bernard et P. Ferdinand. W. L.

GVIDO BOLOGNESE

Hubert
Robert (1733-1808)

027 | La dernière « messe » de la famille royale aux Tuileries

Huile sur toile. H. 0,37 m ; L. 0,46 m.

Paris, Collection particulière.

Historique
Collection de madame Du Barry (inventaire de 1793). Collection H. Loyer.

Bibliographie
Nolhac, 1910. Reau, 1927. Sentenac, 1931. Jallut, 1936. Sainte-Fare Garnot, 1988. Sainte-Fare Garnot et Jacquin, 1988.

Expositions
« Paris et la Révolution » (Paris, Musée Carnavalet, 1931). « Art français des xviie et xviiie siècles » (Paris, école des Beaux-Arts, 1933). « La révolution française » (Paris, Musée Carnavalet, 1939). « La Fayette » (Paris, Archives nationales, 1957). « Hubert Robert – Louis Moreau » (Paris, galerie Cailleux, 1957). « Hubert Robert et la Révolution » (Valence, Musée des Beaux-Arts, 1989).

Cette précieuse peinture est généralement intitulée *La dernière messe de la famille royale aux Tuileries*, elle passe pour illustrer la cérémonie religieuse qui s'est déroulée dans la galerie de Diane, juste avant la prise du palais le 10 août 1792, cette journée qui marqua la chute de la royauté. Comme l'observe N. Sainte Fare Garnot (1988, p. 83), la messe évoquée par Hubert Robert est antérieure au 20 juin 1791 ; en effet, après la tentative de fuite arrêtée à Varenne, l'accès de la galerie avait été condamné et interdit aux membres de la famille royale.

Dans le tableau de Robert, on identifie clairement l'aménagement de fortune dont avait été doté cet endroit depuis le retour du roi à Paris, ramené de Versailles sous les invectives du peuple. L'état des appartements aux Tuileries laissait à désirer, et en 1790, Louis XVI souhaita améliorer son nouveau cadre de vie. Le seul changement apporté fut un simple accrochage de tapisseries fournies par le garde-meuble royal ; celles qu'on distingue sur la peinture illustrent les conquêtes de Louis XIV, d'après les célèbres compositions de Van der Meulen.

Parmi les personnages décrits par Robert, on remarque de gauche à droite madame Élisabeth, le dauphin, Marie-Antoinette et le roi, absorbés dans la lecture de leur livre de messe. On sait qu'en 1791, le jour des Rameaux, une cérémonie religieuse fut célébrée dans la galerie de Diane en présence de l'aumônier de la famille royale, prêtre réfractaire. Cela fut très mal accepté et dès le lendemain, le roi et ses proches virent les portes de leur prison dorée se fermer un peu plus ; à la suite de quoi, ils s'organisèrent pour la fuite du 20 juin 1791. Il est possible que ce soit cette messe provocatrice dont Hubert Robert rend compte ici.

Quel que soit l'événement représenté, il l'est avec une grande précision, dans le décor et l'attitude des personnages. Le peintre a certainement lui-même assisté à une messe aux Tuileries. En général, on sent quand il compose un tableau en reprenant des détails à des carnets de croquis ou des compositions antérieures. Ici, il semble bien qu'il reproduise une scène « d'après nature ». Dans bien des œuvres d'Hubert Robert les figures confèrent une simple note pittoresque et anecdotique à la composition. Au contraire, dans *La dernière messe de la famille royale* il paraît plus attentif à ses personnages. La tâche lui est facilitée parce que les figures sont vues presque de dos, mais

dans les corps inclinés, il parvient à rendre l'émotion, la ferveur de cette presque dernière messe. Si le peintre a assisté à une cérémonie aux Tuileries, cela prouve bien qu'il a été assez proche de la famille royale. Garde du Museum, dessinateur des Jardins du roi, et à l'occasion auteur du projet de la comédie de la Cour pour Marie-Antoinette, Hubert Robert, simple paysagiste, a eu une carrière plus officielle et plus honorifique que bien des peintres d'histoire. A ce titre, il a pu côtoyer parfois le ménage royal qu'il a d'ailleurs représenté en des temps plus heureux, quand vers 1775 il peignait *L'abattage des arbres à Versailles* (Versailles, Musée national du château).

Outre son intérêt iconographique, *La dernière messe de la famille royale* a le mérite de montrer qu'Hubert Robert n'a point perdu la vivacité de sa touche dans ses années tardives. Contrairement à une idée trop rapidement établie, son art ne s'est pas systématiquement affadi à la fin de sa vie. Ce séduisant petit tableau en est un contre-exemple convaincant. H. M.

Illustration page 64.

Louis
Tocqué (1696-1772)

028 | Portrait du marquis de Marigny

Huile sur toile, vers 1770, H. 1,22 m. ; L. 0,98 m.

Paris, collection particulière.

Bibliographie
Doria, 1929

Cette toile est présentée au public pour la première fois.

Œuvres en rapport
Répliques à Versailles et Carnavalet. Il est probable qu'il s'agit du portrait qui figure dans l'inventaire du château de Ménars, et que l'on retrouvera en Angleterre dans les collections du comte de Roseberry. On ne sait à quelle époque il fut recoupé pour être mis aux dimensions actuelles. Il existe à Versailles un portrait identique, mais dans ses dimensions originales (1,30 m × 1,04 m.), qui est celui donné par lui à l'académie des Beaux-Arts en 1755 ou 1756. Une autre réplique a été récemment acquise par le musée Carnavalet.

Illustration page 40.

Antoon
Van Dyck (1599-1641)

029 | Portrait de Marie de Médicis (1573-1642)

Huile sur toile. H. 1,09 m. ; L. 1,24 m.

Lille, musée des Beaux-Arts (envoi de l'État, 1801).

Provient de la collection de Louis XIV.

Historique
Entre dans la collection de Louis XIV avant 1682 présenté à cette date dans le salon de Mercure à Versailles.

Bibliographie
Le Mercure Galant, décembre 1682. Nolhac, 1925. Engerand, 1899. Brejon de Lavergnée, 1987.

Le portrait de Marie de Médicis conservé au Musée de Lille fait partie d'un groupe d'œuvres dont on ne connaît pas précisément le mode et la date d'entrée dans la collection des peintures du roi

Le Christ rencontrant la femme et les fils de Zébédée. Huile sur toile de Véronèse, provenant de l'anticabinet des Médailles au château de Versailles.
(Musée des Beaux Arts de Grenoble. Envoi de l'État 1811).

L'Automne. Huile sur toile réalisée en 1705 par Pierre-Antoine Patel pour le château de Choisy.
(Musée des Beaux Arts de Marseille. Dépôt de l'État 1802).

Louis XIV. Rappelons que le roi acquit quatre cents tableaux environ entre 1661 et 1685 : ils provenaient de grandes collections (Jabach, Mazarin, Brienne, Hauterive). Remarquablement conseillé par Colbert, surintendant des Bâtiments, Louis XIV enrichit le cabinet du roi d'un ensemble prestigieux de tableaux de la Renaissance italienne (Raphaël, Léonard, Corrège), d'une soixantaine d'œuvres de l'école vénitienne (Titien, Tintoret et Véronèse), de plus de cent tableaux de l'école bolonaise, et de nombreux tableaux flamands (Bril, Rubens, Van Dyck, Breughel de Velours et Romper). Le portrait conservé à Lille est une réplique partielle du tableau conservé au Musée de Bordeaux qui provient lui aussi de la collection de Louis XIV (Inventaire Le Brun, nº 126 : Brejon, 1987, nº 126, p. 185). On aperçoit dans le fond la ville d'Anvers ; la date d'exécution peut être fixée avec précision : en 1631, à la suite de la Journée des Dupes qui avait vu triompher Richelieu, la Reine-Mère fuit alors la France pour se réfugier en Flandre, et rencontre Van Dyck à Anvers ; elle séjourne dans cette ville du 4 septembre au 16 octobre et manifeste le désir de visiter l'atelier de l'artiste. Le portrait conservé à Lille eut son format modifié au début du XVIIIᵉ siècle (avant 1709), car il fut mis en pendant d'un autre portrait de Van Dyck, Isabelle-Claire Eugénie d'Autriche (Paris, Musée du Louvre. inv. 1239) A. B. L.

Carle
Van Loo (1705-1765)

030 | La conversion de Saint-Hubert

Huile sur toile, 1758, H. 2,70 m ; L. 1,80 m.

Rambouillet, église paroissiale Saint-Lubin et Saint-Jean Baptiste (don de Louis XVI, 1789).

Provient de la chapelle du château de Saint-Hubert.

Historique
Commandé par la Direction des Bâtiments du roi, pour la chapelle du château de Saint-Hubert, au Perray-en-Yvelines. En 1789, Louis XVI en fait don à l'église paroissiale de Rambouillet. En 1872, il est transféré dans la nouvelle église. Une copie avait été exécutée par E. Lavallée-Poussin en 1760 pour la paroisse de Saint-Hubert. Elle semble avoir été détruite. Classé Monument historique, 1904.

Bibliographie
Piganiol de la Force, 1765. Le Bourdellès, 1939-1940. Rosenberg et Sahut, 1977.   C. W.

François
Verdier (V. 1651-1730)

031 | La Cène, dite : « la petite Cène »

Huile sur toile, H. 1,32 m ; L. 1,72 m.

Caen, musée des Beaux-Arts (Envoi de l'État 1802).

Provient des collections de la Couronne. Déposé au Muséum central des Arts.

Bibliographie
Magne, 1914. Debaisieux, 1970.

Cette toile est présentée au public pour la première fois.

Œuvre en rapport
D'après La Cène, ou l'Eucharistie, de Nicolas Poussin.   A. T.

(nº 031)

Véronèse (1528-1588)
(Paolo CALIARI, dit)

032 | Le Christ rencontrant la femme et les fils de Zébédée

Huile sur toile, H. 1,96 m ; L. 3,38 m.

Grenoble, musée des Beaux-Arts (Don de l'État, 1811). Collections de Louis XIV en 1684.

Historique
Identifié au tableau de Veronèse peint pour l'église Santa-Maria Maggiore de Venise. Collection du peintre Roland Lefebvre en 1665. Vendu par le marquis de Hauterive à Louis XIV en 1684. Placé dans l'anticabinet des Médailles en 1695. Placé dans le grand appartement du roi en 1709. Dans le magasin de l'Hôtel de la Surintendance en 1760.

Bibliographie
Caliari, 1888. « Musée et bibliothèque de Grenoble », Zürich, 1946. Marini, 1970. Constano, 1976. Brejon, 1987. Paul Veronèse. Catalogue de l'exposition. Vérone, 1988.

Exposition
« Les chefs d'œuvre du musée de Grenoble » (Paris, 1935). « Art italien » (Paris, 1935).

Cette grande toile a appartenu à la collection de Louis XIV, pour lequel elle avait été acquise auprès du marquis de Hauterive en 1684. Le titre donné au tableau à cette occasion était « les enfants de Zébédée ». Il fut transféré à Versailles au XVIIIᵉ siècle sous le titre « Le Christ et l'Hémoroïsse » ; comme l'ont indiqué Caliari et Cocke. La première mention de ce tableau est celle de Fréart de Chantelou dans le *Journal de voyage en France du Cavalier Bernin*, paru en 1665. Nous ne possédons aucun renseignement sur la localisation d'origine de l'œuvre, mais il est probable que l'on puisse l'identifier avec le tableau représentant « Les fils de Zébédée conduits au Christ par leur mère... », conservé avec d'autres œuvres de Véronèse dans l'église de Santa-Maria Maggiore à Venise (1648). On ne sait rien de ce qu'il advint du tableau entre cette date et le moment où il est cité par Chantelou en 1665. L'œuvre a toujours donné lieu à des discussions quant à sa qualité et à sa datation. Le premier à en critiquer la composition et l'exécution fut Le Bernin, qui la jugea « un beau tableau, mais exécuté trop rapidement, et de dessin incorrect ». Une partie des historiens d'art qui l'ont étudiée a émis des doutes sur sa complète authenticité, signalant souvent l'intervention de l'atelier. D'autres l'estiment de la main du seul Véronèse. En ce qui concerne sa datation, les avis concordent sur une date correspondant à la maturité de l'artiste. Le dernier à partager cet avis est Cocke qui, en commentant le jugement négatif de Le Bernin, affirme : « ceci est le prix payé par Paolo Véronèse pour atteindre un style expressif dont la liberté de traitement est une réponse à Tintoret ». La liberté d'exécution à laquelle fait allusion Cocke a été mise en valeur par le récent nettoyage de l'œuvre, qui a révélé une grande richesse, une matière originale et une qualité d'exécution manifeste dans les têtes des personnages, qui sont de véritables portraits. Ces élément confirmeraient bien que l'œuvre a été réalisée par Véronèse lui-même dans sa plus grande partie.

M. C.

Illustration couleur face page 223.

Antoine Vestier (1740-1824)

033 | Portrait de Marie-Antoinette à Trianon (1755-1793).

Huile sur toile, H. 0,41 m. ; L. 0,33 m.

Paris, collection particulière.

Cette toile est présentée au public pour la première fois.

La reine est représentée sous les frondaisons de Trianon. Derrière elle se dégagent la silhouette du temple de l'Amour, et un parterre de roses. Marie-Antoinette tient dans sa main droite une badine, et de l'autre une paire de gants. Elle est vêtue d'une robe en mousseline blanche, et d'une redingote en soie bleue.

École Française
du XVIᵉ siècle

034 | Portrait équestre de François Iᵉʳ
Le souverain est représenté en habit bleu à palmes d'or.

Huile sur bois.
H. 53 cm ; L. 43 cm.

Angers, Collection particulière.

(nº 036)

(nº 035)

École Française
du XVIIᵉ et XVIIIᵉ siècle

035 | Portrait d'Anne d'Autriche
(1601-1666)

Huile sur toile. c. 1640.

Paris, Collection particulière.

036 | Portrait de Louis XIV (1638-1715)

Huile sur toile. c. 1690.

Paris, Collection particulière.

037 | Profil de Louis XIV (1638-1715)

Bronze de patine noire dans un médaillon de marbre vert Campan, et de marbre blanc veiné. H. 0,56 m ; L. 0,45 m.

Paris, Collection particulière.

Illustration page 6

038 | Portrait de Marie-Thérèse d'Autriche (1638-1683)

Huile sur toile. c. 1680.

Paris, Collection particulière.

039 | Portrait de Louis XV (1705-1774)

Huile sur toile. c. 1717.

Paris, Collection particulière.

040 | Portrait de Louis XV (c. 1725)

H. 2,10 m ; L. 1,35m.

Paris, Collection particulière.

Illustration page 201.

041 | Portrait de Marie Leszczynska (1703-1768)

Huile sur toile. c. 1725. Atelier de Van Loo.

Paris, Collection particulière.
Réplique du tableau conservé au château de Versailles (M.V. 6878) réalisé en 1725, lors de son mariage avec Louis XV.

Tapis, tapisseries et textiles

Manufacture Royale des
Gobelins
Atelier d'Audran (1733-1792)

042 | Médée s'enfuit après avoir tué ses enfants. Tenture de l'histoire de Jason

Carton de Jean-François de Troy. H. 4,25 m ; L. 4,85 m. (Seconde moitié du XVIIIᵉ siècle).

Paris, Mobilier National.

Provient des collections de la Couronne.

Illustration page 229.

043 | L'évanouissement d'Armide

Carton de Charles Coypel. Soie. Haute lisse. 1735-1737. H. 2,635 m. ; L. 4,355.

Sceaux, musée de l'Ile-de-France (Dépôt de la ville de Paris).

Provient du château de Bellevue.

Bibliographie
L'Enfant. Édifices civils, tome 2. Fenaille. Juliette Niclausse. Tapisserie et tapis de la ville de Paris. Paris, pl. XVII à XIX. Catalogue du musée de l'Ile-de-France, Hauts-de-Seine. Paris, 1985

Cette histoire fait partie de la « Tenture des opéras », d'après Charles Coypel. Exécutée en 1735 par Lefebvre, elle sera terminée deux ans plus tard par Moumerqué. Elle représente Armide, défaillante, à la vue du départ de Renaud, entraîné par Charles et Ubald. En 1776, madame Adélaïde voulut en orner le salon de Bellevue : il fallut supprimer la bordure et faire tisser une allonge, sur le carton du peintre Belle. La partie ajoutée se situe à droite de la composition avec des enfants et des rocailles. Elle fut réalisée dans l'atelier de Cozette.   S. O.-R.

Illustration page 4.

Manufacture Royale de
La Savonnerie

044 | Tapis livré pour le Garde-Meuble

Tapis noué en laine. C. 1739-1742. L. 4,86 m ; L. 3,52 m. Un des cinq tapis du même modèle livrés pour la Couronne.

Collection Particulière.

Historique
Lyon, collection particulière. Monaco, vente anonyme, Christie's, 18 juin 1989, n° 195.

Bibliographie .
Guiffrey, 1892. Verlet, 1982.

Exposé pour la première fois.

Ce modèle de tapis de la Savonnerie a été tissé d'après un dessin à la craie noire et rouge par Pierre-Josse Perrot, peintre des Menus-Plaisirs. Le premier exemplaire dont le prix était de 2 860 livres fut réalisé vers 1739-1740 pour la salle à manger de

Louis XV au château de Fontainebleau. Sous le Directoire, ce tapis fut placé dans le bureau de Paul de Barras au palais du Luxembourg.

Quatre autres tapis, exécutés sur le même carton, sont mentionnés parmi les produits de la Manufacture de la Savonnerie offerts par le roi. Deux furent offerts au sultan ottoman Mahmoud 1ᵉʳ, l'un en 1740 (tissé en 1739-1740), l'autre en 1742 (tissé en 1741). Le troisième (tissé en 1741) fut donné à l'ambassadeur turc Zaïr Effendi, en 1742. Le quatrième (tissé en 1742) fut remis, en 1758, au duc de Choiseul, peu avant sa nomination de Secrétaire d'État aux Affaires Étrangères.   C. P. M.

Illustration couleur face page 144.

045 | Tapis de la chapelle de Versailles

1788-1791 (?), d'après un original de 1723-1726. 9,50 m. × 3,35 m.

Saint-Jean Cap Ferrat, Fondation Ephrussi-de Rothschild.

Exécuté pour la nef de la chapelle du château de Versailles.

Bibliographie
Verlet, 1968.

Ce tapis est présenté au public pour la première fois.

« Un autre tapis de la Savonnerie à compartiments carrés, fond blanc : celui du milieu représente les chiffres du Roy sur fond bleu pâle en échiquier, accompagné de quatre festons de fleurs au naturel, dans chaque compartiments des côtés, une grande rose moresque, fond bleu aussi en échiquier, environnée de festons de fleurs aussi au naturel, avec palmes vertes et autres ornements, et quatre palmettes dans les angles : chaque compartiment enferme d'une baguette bleue à feuillages tournants, couleur d'or : le tapis ayant à l'un des côtés de longueur une large bordure en mosaïques semée de fleurs de lys couleur d'or... ». Tel était le troisième des cinq tapis (n° 308) livrés de 1726 à 1728 pour couvrir la nef de la chapelle du Château de Versailles. L'exemplaire, complètement inédit, de la fondation Ephrussi-de Rothschild, semble être le seul resté complet. Il pourrait s'agir du retissage provisoire exécuté de 1788 à 1791, avec de légères variantes par rapport au modèle original.   C. B.

Illustration couleur face page 209.

Anonyme

046 | Fragment de tissu des Tuileries

Satin jaspé bleu à semis de fleurs de lys. Deuxième moitié du XVIIIᵉ siècle. H. 0,58 m. ; L. 0,55 m.

Paris, collection Juliette Niclausse.

Provient du château des Tuileries.

En 1904, on trouve trace d'un lot de tissu fleurdelisé vendu par le Mobilier National. Une partie de ce lot, représentant 30 mètres environ, a été employée par un antiquaire. Les 60 mètres restants se retrouvent beaucoup plus tard, utilisés par un décorateur. Dans ce lot, il y avait des panneaux de tenture et de grandes feuilles de paravent, de près de trois mètres de haut, marqués de traces d'eau, ce qui indique le sauvetage d'un incendie... Il est très probable que ce tissu a été employé aux Tuileries, soit à la fin du XVIIIᵉ siècle, quand la famille royale vint s'y installer, soit sous Louis XVIII, et qu'il fut sauvé lors de l'incendie de 1870.

Mobilier

Jean-Baptiste
Boulard (1725-1789)
et

Nicolas-François
Valois († 1788)

047 | Paire de fauteuils du Cabinet intérieur du Roi à Fontainebleau.

Bois sculpté et doré. L'un estampillé « G. Jacob ». Étiquette : « cabinet intérieur du roy à Fontainebleau ». 1786. H. 0,96 m ; L. 0,67 m ; Pr. 0,59 m.

Collection particulière.

Livrée pour le Cabinet intérieur de Louis XVI au château de Fontainebleau. Envoyée à Paris en 1796 pour l'ameublement du Directoire et des ministres.

Paris, galerie Méchiche.

Exposée pour la première fois.

Commandés par ordre du 11 août 1786, ces sièges faisaient partie d'un ensemble comportant de plus une bergère et son bout de pied, six chaises, un écran, un tabouret, un fauteuil de bureau et un fauteuil mécanique. Ils furent couverts de « gros de Tours broché fond blanc à bouquets de fleurs nouées ». Le dernier séjour de la Cour au château de Fontainebleau ayant eu lieu en 1786, il est fort probable que le roi ne vit jamais le nouveau meuble de menuiserie de son Cabinet intérieur. Réservé, par la Commission temporaire des Arts, cet ameublement fut envoyé à Paris, en janvier 1796, pour servir soit aux besoins des maisons nationales soit aux échanges.
L'estampille de Georges Jacob sur l'un des fauteuils suggère que Boulard sous-traita une partie de cette commande. En effet, le Garde-Meuble, au cours de l'année 1786, demanda un nombre très élevé de sièges à J.-B. Boulard. Il n'est donc pas étonnant que le maître, pour respecter les délais de livraisons, en ait confié la fabrication à l'un de ses confrères. Le Garde-Meuble lui-même organisa de tels partages de travaux, notamment en octobre 1786 en répartissant entre J.-B. Boulard et J.-B. Séné la commande des cinquante chaises de la salle à manger de Louis XVI à Versailles.

J. N. R., J. D. A.

Illustration couleur face page 241.

Jean-Baptiste
Boulard (1725-1789)

048 | Fauteuil et chaise du Cabinet précédant celui du Tour à Compiègne.

Bois mouluré et sculpté laqué en gris.
Estampillés : « J.-B. Boulard ». Numéro peint sur les sangles « *Du nº 4674.4.* » Étiquettes : sur la chaise : « *pr pièces des Bains du roy à Compiègne, ordre 183* » ; sur le fauteuil : « *Nº 26 CP* couronné ». 1785. Fauteuil : H. 0,89 m ; L. 0,645 m ; Pr. 0,53 m. Chaise : H. 0,88 m ; L. 0,45 m ; Pr. 0,41 m.

Paris, collection François Léage.

Livrés pour les petits appartements de Louis XVI au château de Compiègne.

Exposés pour la première fois.

Ces sièges furent commandés par ordre du 1er avril 1785 qui concernait l'ameublement de différentes pièces des appartements intérieurs de Louis XVI à Compiègne, dont celles des Bains. Le fauteuil et la chaise présentés, appartenant à un ensemble plus large, furent finalement placés dans le Cabinet précédant celui du Tour ainsi que nous le confirme le nº 26 frappé sur l'étiquette du fauteuil. Couverts de Perse fond blanc rayé à dessins de bâtons entourés de bouquets, ces sièges s'y trouvaient encore lors de l'inventaire révolutionnaire du 5 pluviose an III qui précéda leur vente.
Ce fauteuil et cette chaise évoquent ici l'aspect fonctionnel, mais aimable, de l'ameublement des pièces intimes des appartements privés de la famille royale.

J. N. R., J. D. A.

Jean-Baptiste
Boulard (1725-1789)
et
Jean-Baptiste
Sené (1743-1803)

049 | Paire de chaises de Madame Elisabeth.

Bois mouluré peint en blanc (la peinture n'est pas d'origine) Garniture moderne. 1789. H. 0,94 m.; L. 0,48 m.; P. 0,47 m.

Paris, Musée Carnavalet.

Legs de Mme Jean Robiquet, 1964.

Bibliographie
Verlet (Pierre) *Le mobilier royal français*, tome 2, Paris, Plon, 1955. Verlet (Pierre) *Les meubles français du XVIIIᵉ siècle*, PUF, 1955, 2 éd. 1982. Verlet (Pierre) *French royal furniture*, Londres, Barrie and Rockliff.

Ces deux chaises proviennent du domaine de Madame Elisabeth à Montreuil et relèvent d'un modèle abondamment répandu dans les antichambres des résidences royales. Celle qui est estampillée Boulard, possède une étiquette du peintre-doreur Chatard, malheureusement lacunaire et ne fournit comme renseignement que « Année 1789... pour Mme Elisabeth... ». Néanmoins, il pourrait s'agir des chaises faisant partie de la commande partagée entre Jean-Baptiste Boulard et Jean-Baptiste Sené, fournisseurs attitrés du Garde-Meuble de la Couronne, sous le numéro d'ordre nº 62 du 19 avril 1789. Ensemble de 58 « chaises à moulures et à marche-pied » dont Boulard en exécuta 34 et Sené 24. [1]   A. F.-C.

(1) Arch. Nat. O¹ 3649.

André-Charles
Boulle (1642-1732)
et
Pierre
Duchesne (c. 1640-ap. 1701)

050 | Pendule à secondes de Louis XIV

Marqueterie d'étain, de cuivre sur fond d'écaille. Ébène. Bâti de chêne. Bronze ciselé et doré. C. 1685. H. 2,06 m ; L. 0,43 m ; Pr. 0,17 m.

Paris, École Nationale Supérieure des Beaux Arts.

Collections de Louis XIV, nº 18.

Historique
Livrée au roi vers 1685 et conservée jusqu'à la fin de l'ancien régime dans ses collections. En possession du Garde-Meuble national, puis, de la Commission temporaire des Arts, puis mis, en 1797, à la disposition de l'école de Sculpture et de Peinture, devenue l'actuelle École Nationale Supérieure des Beaux Arts.

Bibliographie
Ronfort, 1985. Ronfort, 1986.
Voir également, J.-N. Ronfort, « Le mobilier royal à l'époque de Louis XIV et le Garde-Meuble de la Couronne », chapitre du présent ouvrage.

Exposée pour la première fois

La pièce présentée évoque ici la perfection du travail d'André-Charles Boulle, ébéniste, marqueteur et ciseleur du roi, logé au Louvre à partir de 1672. La qualité de sa marqueterie d'étain, de laiton, d'écaille brune et d'ébène est exceptionnelle. A part les deux commodes de la chambre du Roi à Trianon de 1708-1709, actuellement au château de Versailles, ce régulateur est le seul meuble fait par Boulle pour la couronne sous Louis XIV conservé de nos jours. Il est également la plus ancienne pendule royale que nous possédons.

Cet objet, outre sa qualité artistique, prend la valeur d'un symbole scientifique : c'est sous le règne de Louis XIV que fut faite par Huygens (1629-1695) l'invention de la régulation des horloges par l'emploi du balancier en 1657. Les pendules à balancier long battant la seconde ne furent inventées que vers 1672. L'indication de la subdivision des minutes en secondes qu'ils permettaient, firent nommer ces régulateurs *pendules à secondes* (nom qui leur restera durant tout le XVIIIᵉ siècle). Selon une pratique courante de l'époque dans un tel cas, c'est l'horloger qui effectuait la livraison de ce type de meuble à la Couronne après y avoir adapté un mouvement.

Ce meuble illustre le processus de réutilisation des anciennes possessions de la Couronne par les administrations créées par la Révolution française qui permit dans certains cas de sauvegarder plusieurs chefs-d'œuvre nationaux.   J. N. R., J. D. A.

Détail illustration couleur face page 33.
Illustration couleur face page 257.

Le meuble a été restauré à l'occasion de cette exposition par les soins de la mairie du Vᵉ arrondissement et de Christie's.

Philippe
Caffiéri (1634-1716) (attr.)

051 | Table à jarrets de lion

Principalement en cèdre sculpté et doré.
c. 1675. H. 0,758 m ; L. 1,081 m ; Pr. 0,662 m.

Paris, Banque de France.

Historique
Versailles, Galerie des Glaces (?), non présente dans les inventaires.
Paris, collection du baron Pichon, vente Paris, 29 mars-10 avril 1897, n° 1174.

Bibliographie
J.-N. Ronfort, « Le mobilier royal à l'époque de Louis XIV et le Garde-Meuble de
la Couronne », chapître du présent catalogue.

Exposée pour la première fois.

On sait que toute une partie du mobilier de la Couronne sous
Louis XIV échappa aux opérations des premiers inventaires généraux.
Les comptes de Colbert, les descriptions des contemporains et les
documents iconographiques permettent dans une certaine mesure de
suppléer aux lacunes des documents. La table présentée illustre ce
phénomène. La Galerie des Glaces fut commencée en 1678. Charles
Le Brun acheva la première moitié (nord) des peintures décorant le
plafond en 1684. La même année, une gravure de Sébastien Le Clerc
la représente meublée. La précision graphique incomparable de Le
Clerc fait de cette estampe un témoignage. Devant les sous-bassements
à pilastres de la Galerie des Glaces, elle montre la disposition des
tables utilisées lors du premier ameublement qui en fut fait. Sur
chacune des tables étaient posés des vases en albâtre, porphyre ou
argent, et sur le sol de part et d'autre, des pots à orangers ou des
buires en argent massif. Au premier plan on voit l'une des deux
grandes tables en argent à dauphins et enfants, puis la table présentée
ou sa répétition à l'identique, et enfin la seconde grande table d'argent
de la paire (Inventaire Général, n° 926 et 1003. La fidélité de la
gravure peut être vérifiée par comparaison avec le dessin d'une de
ces deux tables, conservé au Musée National de Stockholm, inv.
THC 1098).
Deux autres gravures viennent compléter notre information, notamment en ce qui concerne la disposition du double festons à pendentif
de la façade de la table : celle de Jean Dolivar dans le Mercure Galant
de décembre 1686, montrant les meubles groupés près du trône, au
bout de la galerie, en vue ou après la réception des ambassadeurs
de Siam ; celle de Pierre Sevin et Cornelis Vermeulen montrant la
réception elle-même, le 1er septembre 1686 (B.N., Cabinet des
Estampes). J. N. R., J. D. A.

Illustration couleur face page 273.

Martin
Carlin (c. 1730-1785) (attr.)

052 | Paire d'encoignures pour Bellevue

Marqueterie de bois précieux sur bâti de chêne. Bronze ciselé et doré. Marbre
blanc. *BV* couronné. C. 1775. H. 0,905 m. ; L. 0,62 m. ; Pr. 0,375 m.

Paris, collection particulière

Proviennent de l'ameublement de Mesdames au château de Bellevue.

Bibliographie
Biver, 1933.

Exposées pour la première fois.

L'auteur, pas plus que la date ou le destinataire, de ces deux
encoignures n'ont pu être déterminés avec certitude, car les
affirmations de Biver à leur sujet sont erronées. Elles paraissent avoir
fait partie d'un ensemble composé au moins d'un secrétaire en armoire
et d'une commode à ventaux, tous deux conservés dans des collections
privées. Le secrétaire étant estampillé de Martin Carlin (maître en
1766) et Georges Kintz (maître en 1776), on peut penser que Carlin
fut plus probablement leur auteur. Elles portent une étiquette du
recolement de 1791 dont le mauvais état empêche de lire la
localisation, et un numéro du procès-verbal qui permet de les
retrouver en 1794 dans un dépôt de meubles au premier étage de
la cour des cuisines du château de Bellevue. C. B.

Antoine-Mathieu
Criaerd (1724-1787)
dit Chevallier

053 | Encoignure de Compiègne

Marqueterie de bois de rose et de bois de violette, sur bâti de chêne, bronze
ciselé et doré, dessus de marbre brèche d'Alep. Marques : du n° 2042-2.
Vers 1755. H. 0,93 m. ; rayon 0,42 m.

Saumur, Musée du Château (Legs de la collection Lair, 1919).

Provient du cabinet de Madame la Dauphine à Compiègne.

Historique
Achetée en 1872 par le comte Charles Lair à Madame Ternissien, qui en avait hérité
de sa mère, concierge du palais de Compiègne, et congédiée lors de la Révolution.

Bibliographie
Verlet, 1945. Verlet, 1956.

Exposée pour la première fois.

Cette encoignure a été livrée le 16 juin 1756 par Gilles Joubert pour le cabinet de la Dauphine, Marie-Josèphe de Saxe, au château de Compiègne. Il est bien évident, étant donné la quantité considérable de meubles de toutes sortes fournis par Joubert pour le Garde-Meuble, que tous ne sont pas sortis de son atelier. L'ébéniste du roi a fait travailler certains confrères comme Antoine Criaerd. C'est ainsi qu'en 1755, il livre pour Madame de Pompadour au château de Choisy une table de chevet en bois de rose, estampillée de ce même Criaerd, conservée aujourd'hui au Musée des Arts Décoratifs à Paris. Ces deux meubles se caractérisent par leur élégante simplicité, tant dans leur forme sobrement galbée que dans leur décor, utilisant de grands placages de bois de rose au fil inversé, compartimentés sur l'encoignure par de gracieux encadrements sinueux de bois de violette. M. J.

Daniel
De Loose (mort en 1788)

054 | Commode de la Garde-Robe de la reine à Trianon

Placage de satiné sur bâti de chêne. Bronze ciselé et doré. Dessus de marbre brèche d'Alep. Marque *CT* couronné, au dos, *n° 2774* à l'encre ; sous le marbre : marque du Garde-Meuble privé de Marie-Antoinette – du n°... 1775. H.0,875 m. ; L. 0,795 m. ; P. 0,435 m.

Paris, collection particulière.

Livrée pour le château du Petit Trianon.

Exposée pour la première fois.

Cette commode, commandée à Riesener par le Garde-Meuble le 9 juillet 1774, fut livrée le 16. Une semaine de délai entre la commande et la livraison impliquait soit une sous-traitance, soit le choix d'un meuble déjà fabriqué et en réserve dans le stock. Le lien entre Deloose et Riesener peut être établi par le truchement de l'ébéniste Joubert dont Riesener reprit le stock. De Loose était un fournisseur attitré de Joubert. Louis XVI offrit le château du Petit Trianon à la Reine, le 20 juin 1774 et la commode présentée est le premier meuble qui fut livré pour la souveraine. Bien que le destinataire et la pièce du palais ne soient pas mentionnés dans le journal du Garde-Meuble, cette commode ne put être qu'affectée qu'au service de Marie-Antoinette et probablement pour sa Garde-Robe, la commode ayant à l'origine des portants sur les côtés. L'emploi de bois de placage pour un meuble de garde-robe ne permet aucun doute quant au destinataire puisque tous les autres logements de seigneurs étaient garnis de meubles en noyer ou en chêne.

(n° 054)

Godefroy
Dester
(c. 1745-1805)

et

François-Joseph
Bélanger (1744-1818)

et la Manufacture du duc d'Angoulême.

055 | Commode à plaques de porcelaine du comte d'Artois.

Placage de bois de satiné sur bâti de chêne. Plaques de porcelaine polychrome de Paris. Bronze ciselé et doré. Estampillée *G. Dester.* 1785. H. 0,895 m ; L. 1,04 m ; Pr. 0,52 m.

Londres, collection particulière.

Livrée pour la chambre à coucher des petits appartements du comte d'Artois, futur Charles X, au palais du Temple à Paris, en 1785.

Historique
Saisie à la Révolution avec son pendant, puis certainement vendue.
Other, 6e earl of Plymouth et 14e baron of Windsor, mort en 1833. Lady Harriet Windsor-Clive, 15e baroness of Windsor, morte en 1869. Robert, 1er earl of Plymouth et 16e baron of Windsor, mort en 1923. Ivor Miles, 2e earl of Plymouth et 17e baron of Windsor, mort en 1943, Other Robert, 3e earl of Plymouth et 18e baron of Windsor. Londres, vente Christie's, 17 juin 1987, n° 70.

Bibliographie
Augarde, 1988. Gautier, 1988.

Exposée pour la première fois.

En 1780, le comte d'Artois ordonna l'aménagement de petits appartements dans sa résidence du palais du Temple à Paris. Il en confia le projet à l'architecte François-Joseph Belanger qui y conçut un remarquable décor de style néo-classique. C'est pour la chambre de cet appartement intime que furent livrées, le 17 novembre 1785, la commode exposée, et son pendant aujourd'hui perdu. Le marchand-miroitier Claude Delaroue en avait surveillé l'exécution. Vraisemblablement réalisée sur un dessin de Belanger, cette commode est ornée de plaques de porcelaine de Paris. De ce point de vue, elle constitue un exemple unique dans l'histoire du mobilier français, la manufacture de Sèvres jouissant jusqu'alors d'un monopole de fait pour les plaques ornementales destinées aux meubles.
Cette commode magnifique, excluant tout apparat, par sa préciosité et sa destination, qui était de conserver les pièces de vermeil destinées à la toilette du prince, apparaît comme le symbole d'un art de vivre parvenu à son point extrême de raffinement. J. N. R., J. D. A.

Illustration couleur page 160 ter.

François III
Foliot (1733-c. 1803)
et Veuve Pierre-Aidme
Babel (c. 1778)

056 | Paire de bergères

Bois sculpté et doré.
1778.
Paris, collection particulière.

Proviennent du Château de Fontainebleau, cabinet de Madame Elisabeth.

Bibliographie
Pierre Verlet, *Le Mobilier Royal Français*, Paris, 1945, pp. 69-73, pl. XXXV.

Cette paire de bergères fait partie d'un mobilier exécuté en 1778 pour le cabinet de Madame Elisabeth à Fontainebleau. Il comprenait en outre quatre chaises, quatre fauteuils et un écran. En 1784, pour servir à Madame Adelaïde, il fut augmenté d'un canapé et d'une cinquième chaise. Une sixième chaise plus haute fut ajoutée l'année suivante pour servir au roi. A l'exception de la chaise de 1784, l'ensemble s'est conservé dans une grande collection privée.
Illustration couleur face page 289.

Pierre
Gole (c. 1620-1684)

057 | Table à lézards et papillons

Ecaille de tortue peinte, ivoire teinté, laque burgautée à l'imitation du Japon sur bati de sapin. Bronze ciselé et doré.
1663. H. 0,735 m ; L. 0,942 m ; Pr. 0,603 m.
Anvers, Musée Smidt van Gelder (Inv. n° SM n° 720).

A rapprocher du n° 23 de l'Inventaire Général du Mobilier de la Couronne de 1673.

Bibliographie
Lunsingh-Scheurleer, 1988. Voir également, J.-N. Ronfort, « Le mobilier royal à l'époque de Louis XIV et le Garde-Meuble de la Couronne », chapitre du présent ouvrage.

Exposée pour la première fois.

La table exposée correspond de très près au libellé du n° 23 du chapitre des meubles de l'inventaire général de 1673 : « *Une table d'escaille de torture peinte de fleurs, rinseaux et papillons à compartiments semez de nacre de perles, profilez d'yvoire, garnie autour d'un bord de cuivre doré, cizelé de fueüilles d'accante, avec son pied à quatre colonnes dont les chapiteaux, bases et astragales sont de cuivre doré : haute de 2 pieds 4 pouces, longue de 3 pieds 1 pouce, large de 2 pieds* ». On ne peut exclure que la légère différence de dimensions observée soit due à la disparition de la bordure de cuivre doré mentionnée.
Identifiée par le professeur Th. H. Lunsingh-Scheurleer, elle correspond au paiement de 620 livres, fait en 1663 par le Trésorier Général

de l'Argenterie, à Pierre Gole de trois tables dont « *une en verny façon de nacre de perle* » (BN. Mélanges Colbert, 267, f° 16). Elle était alors destinée au château de Vincennes, que Louis XIV réaménageait.
Cette table, qui nous donne une vision particulièrement juste des premières acquisitions du Garde-Meuble au début du règne de Louis XIV, est à rattacher au goût de la reine-mère Anne d'Autriche et surtout à celui du cardinal de Mazarin. Pierre Gole semble s'être spécialisé très tôt dans les ouvrages imitant les laques japonaises de l'époque, travail dont la présente table et plusieurs cabinets conservés témoignent encore. Les bordures et encadrements du bureau de Boughton House (cf. fig. 10 et 11 de l'article Ronfort du présent ouvrage) sont de même matière.
Elle illustre aussi l'influence des travaux anversois, dont elle est proche, sur les ateliers parisiens. Pierre Gole lui-même était originaire de Hollande et l'interaction entre les Pays-Bas du Sud et Paris était constante dans les années 1640-1660. Dès l'arrivée de Colbert au pouvoir, le marchand-orfèvre Lescot reçoit des commandes d'objets d'art à faire venir de Bruxelles, ce dont témoignent les comptes de l'Argenterie pour l'année 1662. Cette pratique courante de l'achat de meubles à l'étranger, illustrée la même année pour les autres pays par le paiement de tapis de turquie au marchand Lebrun, de tapisseries directement acquises à Lisbonne, se continuera les années suivantes par des achats à Francfort et dans tout l'Europe.

TH. L. S., J. N. R., J. D. A.

Illustration page 19.

058 | Cabinet d'Hercule et d'Omphale

Marqueterie de cuivre et d'étain sur fond de poirier noirci. Lapis-lazuli, jaspe rouge et marbre vert de mer. Bois sculpté et doré. Bronze ciselé et doré.
1681. H. 1,65 m ; L. 0,925 m ; Pr. 0,415 m.
Paris, musée Jacquemard-André.

Livré en 1681 pour le pavillon de la duchesse de Fontanges au château de Saint-Germain-en-Laye.

Historique
Entré le 11 décembre 1681 dans les collections de la Couronne. Vendu en février 1751 par le Garde-Meuble de la Couronne. Acquis à la fin du XIXe siècle par Edouard André et légué avec ses collections par sa veuve à l'Institut de France en 1912.

Bibliographie
Ronfort 1985. J.-N. Ronfort, « Le mobilier royal à l'époque de Louis XIV et le Garde-Meuble de la Couronne », chapitre du présent catalogue.

Ce meuble dont l'origine royale vient d'être établie, fut réglé à Pierre Gole, ébéniste ordinaire du roi depuis 1651, au cours du second semestre de 1681. Il avait été exécuté pour Marie-Radegonde de Roussille de Scoraille, duchesse de Fontanges (1661-1681), maîtresse de Louis XIV à 18 ans. Le feu éphémère et éclatant de sa beauté, joint à la précocité de sa mort, fit entrer son personnage directement dans la légende.
Il faut voir dans le choix du thème décoratif, une allusion discrète à la liaison de Louis XIV et de la duchesse de la Fontanges. Les côtés du cabinet sont décorés du buste de Diane chasseresse. Le piètement est formé de six figures de héros de la mythologie. Il illustre l'histoire d'Omphale, reine de Lydie, dont la légende célébra dans l'Antiquité les amours qu'elle avait nouées avec Hercule. Elle fut la seule à pouvoir le réduire à la douceur et aux jeux des femmes. Hercule est ici représenté tenant une quenouille tandis qu'Omphale tient la massue du demi-dieu.
Jusqu'à sa vente en février 1751, ce cabinet était enrichi de motifs en argent massif, d'un poids total 37 marcs 6 onces (9,240 kg) qui

furent retirés par les agents du Garde-Meuble et fondus. Il est probable que c'est juste après cette vente que le cabinet fut restauré et regarni de frises, moulures et ornements de bronze en couleur d'or, assez bien composés dans le goût ancien, par le marchand Lemaignan qui en avait fait l'acquisition.

La présentation de ce meuble dans l'exposition évoque l'ameublement du château de Saint-Germain-en-Laye qui extensivement agrandie par Louis XIV fut la résidence principale de la Cour jusqu'à la fixation de celle-ci à Versailles en 1682.

Le cabinet d'Hercule et d'Omphale qui est la seule œuvre de provenance royale de Pierre Gole conservée en France, illustre également le destin d'une part importante des meubles du « premier style » du règne personnel du Louis XIV qui, très démodés sous Louis XV, furent réformés et vendus. Ainsi peut-ont voir à l'œuvre un mécanisme qui, normal dans son essence, trouvera un développement désastreux au moment de la Révolution.   J. N. R., J. D. A.
Illustration page 23.

Georges
Jacob (1739-1814).

059 | Fauteuils meublants du salon des Jeux du Roi à Saint-Cloud.

Bois sculpté et doré. Estampillé *G. Jacob* sur l'un d'eux. Étiquettes : « *Garde Meuble de la Couronne d'ordre nº... du 25 janvier 1788 (ou du 31 bre 1787), fauteuils meublants pour le salon des Jeux du château de St Cloud.* » 1787/1788. H. 1,01 m. L. 0,745 m ; Pr. 0,64 m.
Londres, collection particulière.

Livrés pour Salon des jeux du roi au château de Saint-Cloud en 1788.

Historique
Probablement vendus en 1827 par le Garde-Meuble de la Couronne. Collection de Madame Lederlin, vente, Paris, 22 mars 1933, nº 69.
Monaco, vente anonyme, Mes Ader-Picard-Tajan, 17 mars 1988, nº 45.

Bibliographie
Verlet, 1955. Verlet, 1963.

Exposés pour la première fois.

En 1785, Marie-Antoinette acquit, à titre personnel, du duc d'Orléans le château de Saint-Cloud. Ce château alors destiné à son second fils le duc de Normandie, futur Louis XVII, assurait à la reine une résidence aux abords immédiats de Paris. Il fut aussi prévu qu'il servirait de résidence principale à la famille royale durant la décennie 1790-1800, période où était programmé le réaménagement complet de Versailles.

A Saint-Cloud, la souveraine commanda à son architecte, Richard Mique, d'importants travaux. Parallèlement étaient commandés des meubles nouveaux, destinés à remplacer ceux qui, dans un premier temps, avaient été amenés de diverses résidences royales et qui complètaient ceux laissés sur place par le duc d'Orléans.

Le mobilier de menuiserie du salon des Jeux du Roi fit l'objet d'un ordre daté du 31 octobre 1787, complété le 25 janvier 1788. Au total soixante-deux pièces furent livrées par Georges Jacob : deux canapés, deux bergères, seize fauteuils meublants, six fauteuils courants, vingt-quatre chaises, six voyeuses, quatre tabourets, un écran et un paravent. Ces sièges étaient couverts de « *gros de tours broché en soie nuée dessin rosier fond gris bleu* ». L'ensemble demeura sur place

durant la Révolution, et servit à meubler les appartements ouverts au public sous le Directoire.

Partiellement vendu en 1827, ce mobilier est aujourd'hui dispersé entre six musées (Château de Versailles, Musée du Louvre, Château de Chantilly, Metropolitan Museum de New York, Museum of Fine Arts de Boston, Frick Art Museum de Pittsburgh) et diverses collections privées.

Ces sièges sont caractéristiques des grands ensembles de menuiserie destinés aux pièces d'apparat des appartements de la famille royale sous Louis XVI.   J. N. R., J. D. A.

Illustration couleur face page 239.

---

060 | Table console. (attr.) (Pl. 12)

Bois sculpté, doré, argenté et peint. Époque de Louis XVI, vers 1785-1790. H. 0,955 m ; L. 1,14 m ; P. 0,565 m.

Collection particulière.

Première présentation au public

Œuvre en rapport
Console de Jacob, pour le Cabinet Turc du Comte d'Artois à Versailles, vers 1786 (musée du Louvre, OA 5234, cat. Dr. nº 135).

Couverte d'un marbre de Carrare blanc à ressauts, la ceinture en berceau présente à ses pans arrondis un double jambage en forme d'accolade née de deux consoles involutées, jambage qui se jumelle avant son raccordement à l'entretoise et se termine par une double griffe, ceci constituant un piètement antérieur composite dont une face principale se montre frontalement, l'autre latéralement. A l'arrière, délimitant chaque extrémité du meuble, deux autres pieds de même conception, mais l'un et l'autre unique, moins mouvementés, montrent leur face principale latéralement, leur côté frontalement. L'entretoise est formée d'une traverse en retrait sous la table, cintrée en berceau, raccordant les pieds antérieurs, et au milieu de laquelle s'incorpore un entablement carré (une acanthe formant pied le supporte) qui rejoint, à l'arrière, au même niveau, la traverse rectiligne unissant les pieds postérieurs. Le milieu de l'entretoise est dominé par un ensemble en ronde bosse : l'on y voit une colonne cannelée, peinte et tronquée reposant sur un contre-socle carré ; elle est coiffée d'un casque grec empanaché lauré, peint et doré ; au pied, un lion couché autrefois argenté. A la ceinture, des guirlandes détachées de feuilles de chêne retenues par des anneaux, rubans et pompons frangés, rejoignent l'involution des consoles.

Abondant décor de sculpture : emblèmes maçonniques et rameaux d'acacia dans les compartiments de la ceinture avec encadrement de rangées de feuilles d'acanthe ; les faces principales des pieds sont ornées d'une double rangée de rais de cœur séparée en son milieu par une cordelette, au diamètre décroissant, interrompue par une acanthe montante ; sur les faces latérales, une chute de branche d'olivier. Ailleurs, rosace et graine aux dés de raccordement ; chute de fleurons à la face interne des pieds ; piastres, entrelacs, tores de laurier à l'entretoise, etc.

Ce meuble est un bel exemple d'œuvre anonyme qui s'impose à la fois par une stature esthétique toute royale, une typologie singulière traduisant l'auteur probable, en laissant pressentir le destinataire possible. Au terme d'une étude comparative, des analogies stylistiques, techniques, constatées entre cette console et celle du Louvre, permettent d'avancer sans risque une paternité, celle de Georges Jacob ; enfin qu'il s'agit là, peut-être, d'une livraison non recensée encore, pour le Comte d'Artois. La présomption *matérielle* se fonde sur des détails de structure (épaisseur exactement identique des traverses de ceinture, similitude du montage, amati particulier de la reparure dans les compartiments en ceinture, traitement de leurs bas-reliefs, forme des pompons et ressemblance du travail passementé, etc.). La présomption *spirituelle* se fonde sur la conformité au goût Artois, très spécial, la présence des emblèmes maçonniques s'ajoutant à l'évocation militaire, sur l'entretoise, thème fréquent dans les décors du prince. L'on sait, en effet, que le Comte d'Artois était, durant la minorité de son fils, le duc d'Angoulême, Grand Prieur de l'Ordre du Temple, dès 1776, en même temps que le lieutenant général des Suisses, indépendamment de cela. La composition aussi originale qu'altière, proche de Bélanger, la très rare ornementation maçonnique, la sculpture d'une finesse irréelle font de ce meuble important un élément anthologique du style Louis XVI luxueux.   J. F.

Illustration page 173.

Détail illustration couleur face page 175.

Georges Jacob (1739-1814)
et
Jean-Baptiste Simon Rode (1735-1799)

061 | Paire de chaises de Bagatelle

Hêtre laqué et canné. Marques au feu *B* couronné et *G.M.*, surmonté du monogramme *AT* du comte d'Artois. 1778. H. 0,87 m. ; L. 0,48 m.; P. 0,44.

Paris, collection particulière.

Provient du pavillon de Bagatelle.

Bibliographie
Lefuel, 1923, Verlet, 1963.

Exposées pour la première fois.

Hector Lefuel a publié le mémoire de Jacob concernant la livraison du menuisier pour le pavillon nouvellement édifié de Bagatelle. On y trouve à la suite du boudoir et de la salle de bains pour le « service du rez-de-chaussée. Six chaises à la reine, de forme carrée ; faites en bois de noyer ; les pieds tournés en gaine, profilés de moulures et garnies en canne fine : à 36 livres... 216 ». Le prix fut réduit à 180 livres (A.N., R1 321). Elles furent sculptées par Jean-Baptiste Rode. « Suite des articles de bains et boudoir. Avoir fait la sculpture de six chaises de canne, ayant taillé dessus le dossier et assemblage d'une chaise, douze pieds huit pouces de feuille d'eau à coste creuse ; profil du dossier, bande, gorge, bande, baguette et doucine et bande et feuillure ; deux petits modillons à moulures qui portent le dossier ; aux bords du fond, un carderon avec son carré qui fait recouvrement sur l'assemblage ; profil de l'assemblage, bande, gorge, bande en saillie avec doucine carrée et fond carré double doucines et bande formant sur les quatre faces de la dite chaise huit coquelicots dans les cases fermées de bandes au-dessus des bas de pied. A chaque bas de pied, douze cannelures droites et au-dessus, une baguette taillée en perles l'une contre l'autre. Avoir poussé toutes

les moulures à la main. Pour prix de la sculpture d'une chaise, la somme de trente-trois livres et pour prix de la sculpture des six chaises de canne ensemble la somme de... 198 livres. » Réduites à 30 livres pièce, elles furent finalement payées 120 livres. Le mémoire du peintre n'existe plus, mais dans un état de 1781 donnant la liste des artisans qui ont travaillé à l'ameublement de Bagatelle de 1778 à 1780, figure le nom d'Aubert, peintre (A.A., R1 310). Les deux petites pièces de chaque côté du salon sont en cours de restauration. La salle de bains vient d'être achevée, le boudoir devant être entrepris prochainement. La première a perdu son décor jusqu'à ses proportions, mais la petite pièce où se voyaient des tableaux de Callet fait comprendre son peu de hauteur sous plafond (2,60 m), les dimensions et le dessin du dossier de ces chaises. Si on doit les imaginer comme c'est probable, dans la salle de bains, elles voisinaient avec des sièges en bois doré. Rares sont les sièges cannés du XVIII e siècle, riches de sculpture. La ceinture arrière est ornée elle aussi. On note particulièrement les huit coquelicots, la forme des pieds et les consoles qui soutiennent le dossier. On peut les comparer avec les tabourets des bains de Louis XVI à Compiègne.   J.-J. G.

Jean-Joseph Lemaire (c. 1740-c. 1820)

062 | Baromètre de Louis XV.

Bois sculpté et doré. Placage de bois d'ébène. 1772. H. 1,77 m ; L. 1,43 m.
Suisse, collection particulière.
Livré pour Louis XV au château de Versailles, en 1772.

Historique
Placé dans la salle à manger des Retours de Chasse à Versailles jusqu'en 1792. Conservé dans les collections publiques jusqu'à sa vente par le Garde-Meuble en 1827. Paris, collection Georges Hoentschel, vente, 31 mars 1919, n° 100. Paris, vente anonyme, 29 mai 1922, n° 64.

Bibliographie
Kuraszewski, 1976. Baulez, 1978. Ronfort, 1989.

Exposé pour la première fois. Paris. Collection Kraemer & Cie.

La qualité exceptionnelle de ce baromètre, particulièrement mise en valeur par son plateau marqueté d'ébène, en fait avec son pendant exécuté pour le dauphin, futur Louis XVI (mais non livré), conservé au château de Versailles, le chef d'œuvre de la sculpture décorative sur bois du XVIIIe siècle français.
Le très long mémoire de Lemaire (en cours de publication) relatif à ce baromètre montre que son exécution fit l'objet de soins extrêmement attentifs en rapport avec sa magnificence. Il fut placé par Louis XV dans sa salle à manger, dite « des Retours de Chasse » qui prenait le jour sur la cour des Cerfs au premier étage du château. Louis XVI le maintiendra à cet endroit où il cotoyera le célèbre secrétaire à armoire et musique fait par David Roentgen.
Son dessin avait été tracé sous la direction de Michel-Ange Challes (1718-1778) par les artistes des Menus Plaisirs. Lemaire fit faire en terre cuite les modèles des deux génies avec leurs attributs et la tête d'Apollon du bouclier arrière. Le sculpteur demanda au total 4 250 livres qui furent modérées à 3 235 livres.
Le baromètre reposait, semble-t-il jusqu'à sa vente en 1827, sur un pied de table également sculpté par Lemaire, dont la ceinture était supportée par douze faisceaux d'armes avec groupes de drapeaux et festons de fleurs.   J. N. R., J. D. A.
Illustration jaquette.

Jean-Henri
Riesener (1734-1806)

063 | Table en console de Marie-Antoinette

Placage de satiné et de bois de rose sur bâti de chêne. Bronze ciselé et doré. Marbre griotte d'Italie. Estampillée *J.H. Riesener ;* Numéro peint *N° 3099.* 1781. H. 0,86 m. ; L. 1,11 m. ; Pr. 0,24 m.

Londres, collection particulière.

Livrée pour le cabinet Intérieur de Marie-Antoinette à Versailles en 1781.

Historique
Transportée au château de Saint-Cloud en 1785. Collection du comte de Jersey. Paris, collection de la baronne René de Becker. New York, Rosenberg & Stiebel. Bel Air, collection de monsieur et madame Deane Johnson (New York, vente Sotheby's Parke Bernet, 9 décembre 1972, n° 98). Londres, British Railway Fund, vente Sotheby's, 24 novembre 1988, n° 29.

Bibliographie
Buckland, 1980.

Expositions
Art Treasures Exhibition, Parke Bernet Galleries, New York, juin 1955, n° 282. Exposée jusqu'en 1988 (en dépôt) au Victoria & Albert Museum à Londres.

Cette pièce est présentée grâce au soutien de la Société Château Laffitte-Rothschild.

Par la délicatesse de ses lignes et la perfection de ses bronzes, ce meuble, exposé pour la première fois en France, est considéré comme un des chefs-d'œuvre de J. H. Riesener.

Il fut livré, le 24 septembre 1781, pour le cabinet intérieur de la reine ou Cabinet Doré, à Versailles, qui était alors tendu de « *satin blanc broché de médaillon* ». La souveraine fit transformer cette pièce, en 1783, par son architecte personnel, Richard Mique, qui y conçut un décor « pompéien ». Les frères Rousseau sculptèrent les boiseries que dora Dutemps. Forestier cisela les cariatides et les bronzes de la cheminée en marbre griotte d'Italie assortie au plateau de la console. Cette dernière faisait partie du mobilier d'hiver, remisée en été elle était alors remplacée par une console en bois sculpté et doré.

En 1785, le meuble fut envoyé à Saint-Cloud pour servir dans les petits appartements de Marie-Antoinette. Il ne figure pas dans l'inventaire révolutionnaire de ce château dressé à partir du 21 nivose an II (10 janvier 1794). Peut-être intégrée au garde-meuble personnel de la reine dont les archives ont diparu, cette console avait certainement reçu une autre affectation digne de sa beauté.   J. N. R., J. D. A.

Illustration face page 159.

064 | Commode du service des Enfants de France

Placage de satiné et d'amarante. Bronze ciselé et doré. Dessus de marbre brèche d'Alep. Numéro peint *2975.* 1779. H. 0,92 m. ; L. 1,35 m. ; P. 0,59 m.

Paris, galerie Perrin

Livrée pour le service des Enfants de France en 1779.

Historique
Vendue à la Révolution. Vente Sichel (22-28 juin 1899) sous le numéro 520, achetée par un marchand Mulbacher pour la somme de 7 000 francs.

Exposition
« Louis XVII », Paris, Mairie du Ve arrt, sept.-oct. 1987). « Louis XVII » (Versailles, hôtel de Ville, 17 mai-16 juillet 1989).

Destinée à l'ameublement de la sous-gouvernante des Enfants de France, cette commode est un exemple intéressant du type de meuble d'une très relative simplicité, mais de grand goût, utilisé dans les appartements de fonction des membres de la haute noblesse appelé à exercer des charges importantes à la cour.

065 | Bureau cylindre

Marqueterie d'amarante, bois de rose et satiné sur bâti de chêne. Bronze ciselé et doré. Estampillé *J. H. Riesener.* Porte les marques au fer du palais des Tuileries sous le 1er Empire, la Restauration, un numéro peint *12300* et des étiquettes d'inventaires de 1849 et 1870. C. 1775. H. 0,77 m. ; L. 1,97 m. ; Pr. 1,02 m.

Paris, Archives Nationales

Historique
Présent au palais des Tuileries dès le début du XIXe siècle. Entré aux Archives, en 1848.

Exposition
Une dynastie d'artistes, les trois Riesener, Paris, 1954, n° 11.

Les circonstances qui conduisirent à l'entrée de ce meuble dans les collections nationales n'ont pas été encore établies.

L'absence de marque du Garde-Meuble de la Couronne et la présence de ce secrétaire aux Tuileries sous le Premier Empire font supposer qu'il s'agit d'une saisie révolutionnaire, sans qu'on puisse certifier qu'il provienne du mobilier royal. Très caractéristique des œuvres de l'ébéniste favori de Marie-Antoinette, ce bureau dérive par sa forme du prototype que constitue celui exécuté par Oeben et Riesener pour Louis XV.

Il peut être rapproché de deux bureaux à volets à lamelles fournis au Garde-Meuble de la Couronne. Le premier, dont il ne se distingue que par quelques détails, fut livré en 1774 pour Monsieur Randon de la Tour (Wooburn Abbey, coll. du duc de Bedford). Le second réalisé en acajou fut commandé pour son usage personnel, en 1784, par Marc-Antoine Thierry de Ville d'Avray, puis placé, deux ans plus tard, dans le cabinet du comte de Provence au château de Fontainebleau (Paris, Musée du Louvre).

Un meuble strictement similaire à celui présenté est conservé à la National Gallery de Washington (Don Widener, inv. C. 262).
                                                                J. N. R., J. D. A.

066 | Table à écrire

Acajou sur bâti de chêne. Bronze ciselé et doré. Estampillée *J. H. Risener*; marque ronde au feu du Garde-Meuble particulier de la reine ; marque au feu du *CT* couronné. c. 1784. H. 0,737 m. ; L. 0,899 m. ; Pr. 0,483 m.

Paris, collection particulière

Provient du mobilier de Marie-Antoinette au château du Petit Trianon.

Exposition
« Marie-Antoinette », Versailles, 1955, nº 766.

Cette table est un exemple caractéristique des meubles raffinés qui ornèrent les petites pièces des appartements à la fin de l'ancien régime. Marie-Antoinette en posséda un grand nombre, et la table de Trianon se rapproche particulièrement d'une autre livrée par Riesener en 1784 pour le cabinet intérieur de la souveraine au château des Tuileries (Washington, National Gallery of Art). Elle ne s'en distingue que par la frise centrale de la ceinture et par la présence ici, d'une tablette d'entrejambe.

Un courrier adressé, le 21 juillet 1809, par l'administrateur du Mobilier Impérial à l'intendant général de la Maison de l'Empereur résume assez bien les qualités que l'ameublement de Trianon revêtait : *Monsieur Bulard, ancien valet de chambre de la reine, et quelques employés du G. M. m'ont seulement dit que les meubles du Petit Trianon étaient élégants, mais d'une extrême simplicité.*   J. N. R., J. D. A.

067 | Semainier

Acajou et bronze doré, marbre blanc veiné. Marque au feu du Garde-Meuble particulier de Marie-Antoinette. C. 1780/1785. H. 1,62 m. ; L. 0,88 m. ; P. 0,44 m.

Paris, Collection Particulière.

Provient du mobilier de Marie-Antoinette au château du Petit Trianon.

Ce semainier d'une parfaite sobriété répond exactement aux critères qui présidèrent, selon Boulard à l'ameublement du Petit Trianon.

Jean-Henri Riesener (1734-1806)

et

Jacques Gondoin (1737-1818)

067 bis | Commode des appartements du Garde-Général des Meubles de la Couronne (1774)

Marqueterie de satiné et divers bois précieux sur bâti de chêne. Bronze ciselé et doré. Marbre rouge du Languedoc.

Estampillée « J.-H. Riesener ». Numéro peint à l'encre « Nº 2803 ». H. 0,96 m ; L. 1,67 m ; Pr. 0,645 m.

Collection privée.

Livrée en 1774 pour la chambre de la marquise Randon de Pommery, épouse du Garde-Général des Meubles de la Couronne, à l'Hôtel du Garde-Meuble à Paris (actuel ministère de la Marine, place de la Concorde).

Historique
Reste à son emplacement d'origine après le départ de Randon de Pommery, auquel succède Alexandre Lemoine de Crécy. Paris, 1795, vente des effets de l'hôtel du Garde-Meuble, lot nº 3540. Paris, Mes. Binoche et Godeau, vente anonyme, 22 décembre 1987, nº 49. Collection privée étrangère.

Bibliographie
J. N. Ronfort, « Commode en bois des Indes de Madame Randon de Pommery », in : *Catalogue,* Paris, Maurice Ségoura, 1989.

Cette commode est le plus ancien exemple conservé de l'emploi par Riesener d'un avant-corps médian avec cartouche en trapèze et tableau en marqueterie de bois des Indes. Elle doit être comparée avec celle livrée, le 31 août précédent, à titre provisoire, pour la chambre du roi à Versailles (actuellement dans les collections de S.M. la reine d'Angleterre au château de Windsor). Par rapport à celle-ci, une évolution très nette est sensible. Le style personnel de Riesener s'affirme et se dégage des influences d'Œben. Le meuble définitif livré pour le roi le 25 novembre 1775 (actuellement au château de Chantilly) retiendra plusieurs des solutions ici adoptées.

Il importe de remarquer que si l'Hôtel du Garde-Meuble fut construit sur les plans d'Ange-Jacques Gabriel (1698-1782), sa décoration intérieure initiale fut confiée à Jacques Gondoin (1737-1718), architecte et *Dessinateur des Meubles de la Couronne* depuis 1769. On peut penser que le dessin des ornements de la pièce ici exposée fut également donné par lui : l'harmonie du meuble avec le décor en bronze doré des cheminées, les lambris et les tissus de l'appartement pour lequel il fut créé (qui subsiste toujours en partie et dont les inventaires et descriptions de l'époque conservent le détail précis), devait être complète. Beaucoup des plus importants meubles de Riesener pour les résidences royales y feront à leur tour écho : la commode de l'épouse du Garde-Général des Meubles de la Couronne apparaît donc finalement comme la source d'un type de meuble que Riesener va livrer, avec des variantes de décor pour les appartements princiers, entre 1775 et 1780. Deux répliques de provenance royale, actuellement dans la collection James A. de Rothschild à Waddesdon Manor, en sont connues : l'une livrée le 30 mars 1776 pour la chambre de la comtesse de Provence, belle-sœur du roi, à Versailles ; l'autre livrée le 29 septembre 1778 pour l'appartement de Madame Elisabeth, sœur cadette du roi, aussi pour Versailles.

Les grandes branches de feuilles de laurier de bronze doré dont la description ne figure ni sur le mémoire de Riesener, ni sur le Journal du Garde-Meuble, ont sans aucun doute été ajoutées par l'ébéniste peu de temps après la livraison : l'inventaire particulier de l'Hôtel du Garde-Meuble, établi au 1er janvier 1788, nous apporte pour la première fois la preuve certaine de leur présence dès cette date.   J. N. R., J. D. A.

(n° 069)

Jean-Baptiste Claude
Séné (1748/1803)

068 | Canapé en ottomane pour Marie-Antoinette aux Tuileries

Noyé doré. Étiquette manuscrite : *pour le S...vice de...e au Thuilleries n° 94.* 1791. H. 1.02 m. ; L. 1.91 m. ; P. 0.84 m.

Paris, collection particulière.

Provient de la chambre de Marie-Antoinette aux Tuileries.

Livré le 10 octobre 1791 par le Garde-Meuble, ce canapé reçut un décor particulièrement riche dû au sculpteur Laurent. La dimension originale était de cinq pieds, mais après l'avoir essayé, la reine le trouvant sans doute inconfortable, il fut modifié le 29 décembre de la même année. Située au premier étage des Tuileries, la chambre à coucher de la reine recevait la lumière par une croisée donnant sur le jardin ; elle comportait également une alcove où figurait un lit à colonne à deux chevets. Placé dans ses appartements privés, ce canapé en ottomane est la dernière livraison de ce type de sièges par le Garde-Meuble royal à la souveraine. Il illustre parfaitement la grandeur du mobilier d'apparat lié aux préoccupations de confort qui touchaient à cette époque toutes les classes de la société.   R. L'E.
Illustration couleur face page 65.

069 | Chaise en voyeuse à genoux des Tuileries

Acajou tourné et mouluré. Étiquette *pour le service de madame Elisabeth, Cabinet(...) l'entresol aux Tuileries, n° 108.* 1791. H. 0.90 m. ; L. 0.53 m. ; P. 0.70 m.

Collection particulière.

Livrée pour les cabinets intérieurs de Madame Elisabeth aux Tuileries.

Bibliographie
Verlet, 1955, p. 129.

Exposée pour la première fois.

En novembre-décembre 1791, le Garde-Meuble de la Couronne complétait l'ameublement de Madame Elisabeth aux Tuileries. L'ordre n° 108 comportait notamment la confection d'*une chaise en forme de prie-Dieu sans accoudoir, fond et garni* pour son cabinet, à la suite de la bibliothèque des nouveaux cabinets à l'entresol. Le même ordre précisait que cette chaise devait être en bois d'acajou. La couverture d'origine était un *pekin bleu uni avec bordure de lampas en soie de diverses couleurs sur fond bleu choisi par Madame.* Ce meuble venait compléter un ensemble un peu plus ancien qui avait servi dans le cabinet intérieur de Marie-Antoinette aux Tuileries jusqu'en 1789.   C. B.

070 | Chaise-voyeuse à genoux portant les marques du Palais de Saint-Cloud

H. 0,92 m ; L. 0,40 x 0,50.
Saint-Cloud, collection particulière.

(n° 070)

Jean-Baptiste
Séné (1743-1803)
et
Nicolas-François
Vallois († 1788)
sous la direction de Jean Hauré.

071 | Ployant de la chambre du Roi à Saint-Cloud.

Noyer sculpté, laqué et doré. 1788. L. 63,5 cm.

Paris, collection particulière

Livré pour la chambre de Louis XVI au château de Saint-Cloud.

Bibliographie
Verlet, 1945. Verlet 1963.

Exposé pour la première fois.

La chambre de Louis XVI au château de Saint-Cloud, achevée au début de l'année 1788, fut décorée dans un style romain et grandiose. Ce style comportait déjà tous les éléments qui devinrent la mode de la décennie suivante.
Le lit était composé de quatre montants en faisceaux d'armes avec têtes de lion, les cintres de ses dossiers sculptés de trophées de guerre avec rondaches à tête d'Apollon et têtes de coq, couronne de chêne, bélier, carquois, etc... Ces symboles apparaissaient également sur les sièges. Le tout était couvert de gros de Naples fond blanc broché dans le goût arabesque. Les mêmes attributs étaient repris en bronze doré pour orner deux commodes en laque noire livrées par Beneman.

Fauteuil meublant du salon des Jeux du Roi à Saint-Cloud, livré en 1788 par Georges Jacob. (Londres, collection particulière).

Paire de fauteuils du Cabinet Intérieur du Roi à Fontainebleau. (Collection particulière).

Des têtes de lion étaient présentes sur les bras de lumières, tandis que les chenets étaient composés de lions couchés.

Le ployant exposé, à l'origine entièrement doré, appartient à une suite de douze, livré l'année même de l'achèvement de la chambre du Roi. Il en reprend dans sa sculpture les thèmes principaux du décor : tête de lion sur la face principale, rondache sur les traverses, et patins en griffe de lion.

Le lit et les sièges, à l'exception de six ployants, furent utilisés par Napoléon 1er dans la chambre de son grand appartement au palais des Tuileries. Les commodes furent vendues ; le moment où le ployant étudié quitta les collections nationales n'est pas connu.

J. N. R., J. D. A.

Jean-Baptiste
Tilliard (attr.) (1686/1766)

072 | Cinq chaises de Versailles

Hêtre sculpté et peint. Marques au fer sous la ceinture *W*, et numéros sur les sangles : *W no 1730 1035. W no 17 30 1039. W no 17 30 1042. W no 17 30 1043. W no 17 30 1046,* et sur la traverse arrière marque au feu *ASS. NAT.* C. 1740. H. 0.90 m. ; L. 0.50 m. ; P. 0.47 m.

Vendôme, Musée municipal.

Proviennent du château de Versailles.

Exposition Vendôme, janvier-avril 1988.

Le numéro 17-30 sur les sangles, indique qu'il s'agit à l'origine de 30 chaises faisant partie d'un ensemble inscrit sous le numéro 17, numéro que l'on retrouve dans l'un des inventaires spéciaux dressés par ordre de Thierry de Ville d'Avray. La marque au fer « *Ass. Nat.* » sur la face postérieure de la ceinture des chaises laisse supposer qu'elles servirent aux États Généraux, puis à l'Assemblée Nationale qui fit établir un inventaire particulier. En 1797, vingt-quatre de ces chaises furent transportées à Vendôme pour servir au procès de Gracchus Babœuf, tenu par la Haute Cour qui siégea dans le bâtiment de l'abbaye de la Trinité. Elles séjournèrent quelques années dans les combles de l'église de la Trinité jusqu'en 1950, année où elles furent identifiées par Pierre Verlet. Elles ont été restaurées en 1988.

L. G.

Présentées grâce au soutien de la Société Walon-Déménagements.

Jean-Baptiste (I)
Tilliard
(attr.) (1686/1766)

ou

Jean-Baptiste (II)
Tilliard (1723/1798)

073 | Écran ayant appartenu à Marie-Antoinette

Bois sculpté et doré. Marque ronde au feu du Garde-Meuble particulier de la Reine ; marque au feu *W*, numéro peint *Du No 191.* C. 1765/1770. H. 1.05 m. ; L. 0.70 m. ; Pr. 0.43 m.

New York, Dalva Brothers.

Provient du château de Versailles.

Historique
Ayant servi dans les petits appartements de la reine.

Exposé pour la première fois.

Cet écran provient manifestement d'un ensemble livré pour le service de la Couronne à Versailles sous le règne de Louis XV.

La présence sur cet objet des marques du Garde-Meuble particulier de Marie-Antoinette atteste le passage d'un certain nombre de pièces du Garde-Meuble de la Couronne à celui de la reine dans la seconde partie du règne.

L. P. M.

Bernard (II)
Van Risamburgh (c. 1700-1766)

074 | Secrétaire-Bibliothèque

Placage de bois rose marqueté de bois de violette. Bronze doré. H. 2,29 m ; L. 1,12 m ; Pr. 0,53 m. 1755.

Le Mans, musée de Tessé.

Acheté par Louis XV pour le Grand Trianon.

Historique
Placé dans le Cabinet du Roi au Grand Trianon en 1755, il y était encore présent en 1789. Probablement vendu à la Révolution. Légué par Claude de la Myre-Mory, évêque du Mans à la mense épiscopale du Mans. Ville du Mans, 1905. Musée de Tessé, 1906.

Bibliographie
Verlet, 1955. Alcouffe, in : Louis XV. Un moment de perfection de l'art français, 1974. Guide des collections du musée de Tessé.

Expositions
« Sélections de l'Art Rétrospectif », Le Mans, 1880, n° 578. « Sélections de l'Art Rétrospectif », Le Mans, Musée de Tessé, 1923, n° 578. « Louis XV, Un moment de perfection de l'art français », Paris, « Hôtel de La Monnaie », 1974, n° 427.

Acheté 2 500 livres, le 20 mars 1755, au marchand Lazare Duvaux, par Louis XV pour son cabinet du Grand Trianon, ce meuble fut légué par Claude de la Myre-Mory, évêque du Mans à la mense épiscopale. Après la sécularisation des biens du clergé, le secrétaire entra en 1906 dans les collections du musée des Beaux Arts du Mans, l'actuel Musée de Tessé. Toujours présent au Grand Trianon à la veille de la Révolution, ce secrétaire fut probablement vendu au cours de cette dernière, mais son origine royale ne fut jamais oubliée, car une tradition veut que le meuble ait été offert par Marie-Antoinette à madame de la Myre-Mory, mère du prélat.

Ce secrétaire à abattant comporte trois parties : la partie inférieure est traitée « en bas d'armoire, le dessus en marbre griote d'Italie... se tire et forme table » : ce marbre a été malheureusement remplacé lors d'une restauration au siècle dernier par un marbre blanc. La partie médiane « s'abat... le dedans a trois cases et trois tiroirs ». La partie haute « avec ses deux battants à panneaux de glace » forme bibliothèque. Il était surmonté de trois vases en porcelaine de Chine, l'un à fond bleu, les autres en céladon, montés en bronze doré également acquis par Louis XV auprès de Lazare Duvaux.

De forme très originale, ce meuble est caractéristique par sa forme, son décor floral marqueté et ses bronzes des œuvres de Bernard (II) Van Risamburgh. Il rappelle ici les productions d'un des plus grands ébénistes de son temps dont les nombreux meubles qu'il exécuta pour la Couronne furent exclusivement fournis et livrés par des marchands-merciers comme Duvaux ou Hébert.
                                                                    F. C.
Illustration couleur page 144 quatuor.

075 | Commode de Bellevue

Placage de bois et de satiné marqueté, amarante et bois de rose, bronzes ciselés et dorés, dessus de marbre fleur de pêcher. Marque au feu. *BV* couronné. H. 0.86 m. ; L. 1.47 m. ; P. 0.66 m.
Paris, Galerie Perrin.
Exposée pour la première fois.

Bernard (III)
Van Risamburgh (1731/1800)

076 | Table Bureau

Marqueterie de bois précieux sur bâti de chêne. Bronze ciselé et doré. Estampillée : *BVRB*, marque ronde au fer du Garde-Meuble particulier de la reine ; marque au feu, *CRW*, couronné ; marque peinte *W* couronné ; numéro peint *Du N° 191.* C. 1765-1770. H. 0.76 m. ; L. 0.75 m. ; Pr. 0.42 m.
Paris, collection particulière.

Provient du mobilier de Marie-Antoinette à Versailles.
Exposition
« Marie-Antoinette », Versailles, 1955, n° 766.

Par sa datation, son style et les dates d'activité de son auteur (1765-c.1775), cette table appartient certainement aux premiers éléments du mobilier personnel de Marie-Antoinette dont elle porte les marques successives de son garde-meuble. Il est intéressant de noter qu'elle possède le même numéro d'inventaire que l'écran (n° 073) et qu'ainsi ils furent certainement à un moment donné, placés dans la même pièce.
                                                                    L. P. M.

Anonyme

077 | Table des Quatre Saisons.

Bois sculpté et doré. Marque au feu *T* couronné. Paris, 1685. H. 0,74 m. ; L. 0,89 m. ; Pr. 0,67 m.
Paris, collection particulière.

Provient de l'ancien mobilier du comte d'Artois au palais du Temple.
Historique
ancienne collection Lopez-Wilshaw.
Bibliographie
Augarde 1988.
Exposée pour la première fois.

Ce meuble encore en cours d'étude fut certainement acquis par le comte d'Artois lorsqu'il prit au nom de son fils, le duc d'Angoulême, possession du palais du Temple en 1776. Le comte d'Artois racheta alors une partie du mobilier qui s'y trouvait, aux héritiers du prince de Conti, Grand Prieur précédent de l'Ordre malte.

La présence de cette table dans l'exposition illustre le phénomène d'un meuble qui, probablement conçu à l'origine pour un prince du sang, passa ensuite sous forme de réemploi, dans le mobilier d'un prince de l'immédiate famille royale et fut finalement dispersé après la saisie des biens de celui-ci lors des ventes révolutionnaires.   J. N. R., J. D. A.

(n° 077)

078 | Canapé

Bois sculpté et doré, c. 1695. H. 1,18 m ; L. 3,16 m ; Pr. 0,88 m.

Paris, collection privée.

Provient du mobilier de la Couronne ou des princes du sang.

Bibliographie :
J.N. Ronfort, « Le mobilier royal à l'époque de Louis XIV et le Garde-Meuble de la Couronne », chapitre du présent ouvrage.

Les canapés constituent, en France, un type entièrement nouveau de siège apparu à la fin du XVIIe siècle. Le journal du mobilier de la Couronne atteste l'usage du mot « lit de repos en canapé » en 1684, moment à partir duquel ce meuble devient extrêmement à la mode.

Les premiers canapés furent des petits sièges à deux places. On les agrandit bientôt jusqu'à six pieds de long et plus. Leur usage protocolaire fut dans un premier temps restreint aux galeries les plus fastueuses, comme en témoigne la livraison de six grands canapés à crémaillères pour Trianon en 1687.

Un recueil d'une trentaine de dessins conservé à la bibliothèque du château de Versailles (Ms 71) fournit l'image très vivante de la variété des modèles de lits de repos et canapés en vogue dans les années 1690. La plupart de ceux qui y sont représentés figurait dans les collections royales ou dans l'ameublement du duc d'Orléans qui, comme le Grand Dauphin, était à la pointe du goût.

Aucun canapé royal antérieur au règne de Louis XV n'était connu jusqu'aux recherches entreprises pour la présente exposition. Par ses proportions exceptionnellement larges, le meuble exposé constitue de ce fait un témoignage unique. La richesse de son ornementation en bois sculpté et doré, principalement présente sur la frise fleurdelysée qui le somme et sur ses soubassement, piétement et entrejambe, marque une étape dans l'art du siège d'apparat.   J. N. R., J. D. A.

Illustrations pages 29, 30 et face page 31.

079 | Chaise à la reine pour Madame de Pompadour à Bellevue

Bois sculpté et doré à chassis mobiles. Numéros d'inventaire sur les sangles du coussin du siège ; inscriptions sur les châssis *Meuble à la turc de la chambre n° 3.* C. 1750. H. 0.95 m. ; L. 0.62 m. ; P. 0.515 m.

Sceaux, musée de l'Ile-de-France (achat, 1986).

Provient de la chambre turque de Madame de Pompadour à Bellevue.

Historique
Entrée dans les collections de la Couronne en 1757 ; mobilier de Mesdames au château de Bellevue, appartement de l'abbé de Rualem au pavillon de Brimborion, à la veille de la Révolution ; vendue à la Révolution ; ancienne collection du comte Biver.

Bibliographie
Biver, 1933.

Dans son château de Bellevue, élevé par Lassurance, Madame de Pompadour fit preuve d'un goût certain pour l'exotisme : la Chine et le Levant seront présents en meubles, en objets d'art, en tableaux, en tissu, en papier mural. Au rez-de-chaussée du pavillon, elle fit installer pour son usage personnel, une grande chambre « à la turque », ainsi dénommée car les dessus de porte et le trumeau de la glace étaient garnis de peintures de Carle Van Loo représentant une sultane prenant une tasse de café, ou travaillant à une tapisserie, ou encore jouant de la guitare. Le lit en bois doré présentait une couchette « façon de la turque ». Il était recouvert, comme les deux fauteuils et les six chaises, de satin blanc « peint en chine ». Les murs tendus de pékin et gaze de Chine mettaient en valeur les meubles de laque et objets d'Orient livrés par Lazare Duvaux, ou les deux vases en Sèvres à fond lilas et à médaillons représentant des figures dites « sujets turcs ». La chaise présentée ici est la quatrième d'une suite de six. L'inscription manuscrite pourrait correspondre à une nouvelle disposition du mobilier à la suite de l'achat de Bellevue par Louis XV en 1757.   M. A.

Illustration couleur page 4 de garde.

080 | Encoignure de Bellevue

Placage de bois de rose et d'amarante. Bronze ciselé et doré. Dessus de marbre de brèche moulurée. Marques au fer *BV* couronné, à l'encre noire sous le marbre «du n° 115(?)... a ses ». C. 1750. H. 0.90 m. ; L. 0.54 m ; P. 0.53 m.

Classé monument historique.

Puy de Dôme, château d'Aulteribe, CNMHS (Fondation Onslow de Pierre).

Provient du château de Bellevue.

Exposée pour la première fois.

(n° 081)

D'une grande sobriété, et particulièrement soignée la marqueterie de ce meuble ne comporte aucun élément figuratif. Tout le décor se limite au jeu de bois rigoureusement associé aux bronzes fixés sur des fonds plus sombres aménagés en réserve. Ce meuble ne porte aucune estampille visible, mais peut être rapproché des productions de Jacques Dubois (1693-1763), chez lequel on trouve des pièces strictement similaires notamment par l'emploi d'un pied médian mais surtout présentant le même décor de bronze. Par sa date, il est probable que cette encoignure provienne du premier ameublement du château de Bellevue commandé par madame de Pompadour.   P. F. A.

081 | Quatre chaises provenant de Compiègne.

Bois moulé et laqué.
Etiquettes : « N° 311 CP couronné »

Paris, collection particulière.

Proviennent du château de Compiègne.

082 | Tabouret de pieds

Hêtre laqué ; marque au feu de Meudon. Époque de Louis XVI, vers 1780 ; H. 0,20 m ; L. 0,35 m ; P. 0,35 m.

Collection particulière.

Exposé pour la première fois.

Objets d'Art Sacré

083 | Grand camée de France

Sardonyx à cinq couches. Rome, second quart du premier siècle après J.-C.
H. 0.31 m ; L. 0.265 m.
Paris, Bibliothèque Nationale

Provient du Trésor de la Sainte-Chapelle.

Bibliographie
Babelon, 1897. Charbonneaux, 1949. Jucker, 1976. Megow, 1987.

Expositions
« La librairie de Charles V » (Paris. Bibliothèque nationale. 1968).
« Le Patrimoine Libéré » (Paris, Bibliothèque Nationale 1989).

Le décor gravé en camée sur cette pierre fine se divise en deux parties. Au registre inférieur, des captifs, Parthes et Germains, sont entassés pêle-mêle et littéralement écrasés par la scène qui se déroule au-dessus d'eux. La réalité de leur soumission est accentuée par l'espace réduit qui leur est accordé. On reconnaît, au second registre, l'empereur Auguste (27 av. J.-C. – 14 apr. J.-C.), la tête voilée et ceinte de la couronne radiée, qui occupe le centre de la zone supérieure consacrée aux princes immortalisés. Il est entouré de Germanicus, monté sur un cheval ailé, et du fils de Tibère Drusus le Jeune. La figure flottante vêtue à l'orientale, portant un globe dans ses mains, pourrait être Enée, désigné dans la légende comme l'ancêtre d'Auguste. Les attitudes et les gestes des notables qui participent à la scène centrale établissent un lien avec le groupe céleste.
Le centre de la gemme est réservé à Tibère (14-34 apr. J.-C.) trônant avec sa mère Livie sur un piédestal ; il préside une cérémonie solennelle que l'on suppose être la désignation de Néron (debout en armes devant lui) comme prince de la Jeunesse en 23 après J.-C. L'explication du tableau reste aujourd'hui encore sujette à controverses, cependant l'interprétation et la date que nous proposons ici, sont les plus généralement admises.
La complexité de la scène représentée, la taille exceptionnelle de l'agate, font du Grand Camée de France une pièce unique, dont on suit l'histoire mouvementée depuis le Moyen Age, sans savoir cependant comment elle parvint en France. Il semble vraisemblable qu'elle ait été vendue par l'empereur de Constantinople, Baudouin II, à Saint Louis en 1247, en même temps que divers joyaux et reliques. Néanmoins, il n'est pas nommément désigné. La première mention apparaît avant 1279 dans l'inventaire du trésor de la Sainte-Chapelle. Mais en 1343, Philippe de Valois, qui se trouve dans une situation financière difficile, met en gage le camée auprès du pape Clément VI. En 1379, une opération analogue, demandée alors par Clément VII, ramena le monument dans le trésor. C'est à cette occasion que Charles V le fit orner d'une riche monture sur laquelle il fit graver l'inscription suivante : «Ce camaïeu bailla à la Sainte-Chapelle du palais, Charles, cinquième de ce nom, roi de France, qui fut fils du roi Jean, l'an 1379 ».
Les inventaires postérieurs signalent tous le précieux camée. Celui de 1573 nous donne, grâce à une longue et précise description, une idée de ce que pouvait être la somptueuse monture d'or émaillé et de pierres précieuses, qui fut volée en 1804.

Le 26 février 1791, Louis XVI exprima le souhait que les pièces du trésor de la Sainte-Chapelle venant de « dons particuliers de ses pères », soient soustraites à la vente. On trouve la note suivante dans les archives du cabinet des Médailles :
« L'intention de Sa Majesté est de faire placer, à titre de dépôt seulement et jusqu'à ce qu'il ait été statué ultérieurement à cet égard, les reliques avec leurs reliquaires dans l'église de Saint-Germain l'Auxerrois paroisse de son château des Tuileries : les pierres précieuses seront transportées au cabinet des Médailles et les manuscrits à la Bibliothèque du Roi ». Le 1er mai 1791 le Grand Camée est déposé au cabinet des Médailles, en même temps que le Bâton cantoral et qu'un sceau en argent. Le reçu est signé par Barthélémy qui précise dans une note :
« Si l'on juge à propos de transporter ailleurs ce trésor, il serait convenable d'en retirer ce précieux monument, pour le placer au cabinet des Médailles puisqu'il ne peut être expliqué que par leur secours et qu'il n'est point d'endroit où les savants et les étrangers soient plus à portée de le consulter ». Précisons que Peiresc avait, en 1620, donné une interprétation païenne de la scène en proposant d'y voir l'Apothéose d'Auguste, et non plus comme on le pensait jusqu'alors, le Triomphe de Joseph à la cour du roi Pharaon.

I. A.

Illustration couleur face page 80.

084 | Tunique de Saint Louis

Toile de lin. XIIIe siècle. H. 1,30 m ; L. 0,50 m.

Paris, Trésor de la cathédrale Notre-Dame.

Provient du Trésor de la Sainte Chapelle.

La tunique, ou « camisia » se trouve dans les inventaires de la Sainte Chapelle depuis 1480. Elle a été transférée en 1791 à Saint Denis, est revenue à Paris en 1793, déposée à la Bibliothèque Nationale, et a été versée en 1804 au Trésor de Notre-Dame. Une inscription sur parchemin du XVe siècle est cousue sur la chemise : « c'est la chemise de mons. saint Loys jadis Roy de Fran. et nya que une manche ». La manche gauche a en effet été prise pour en faire des reliques, de même qu'un pan de face du côté droit. On a pu déterminer que la pièce, qui est en toile de lin, a 31 fils de chaîne environ au centimètre carré, et 27 fils de trame.

P.-M. A.

Illustration couleur face page 81
et détail page 80.

085 | Discipline de Saint Louis

Chaînette de fer et étui d'ivoire. XIIIᵉ siècle. H. 0,20 m.

Paris, Trésor de la cathédrale Notre-Dame.

Provient du Trésor de la Sainte Chapelle.

La discipline ou « escougette » est composée d'un étui d'ivoire et de chaînettes de fer. L'étui porte une inscription latine qui précise que le roi se flagellait avec ces chaînettes et c'est exactement cette discipline que l'on voit dans un des tableaux du début du XIVᵉ siècle dans la chapelle basse de la Sainte-Chapelle que l'érudit Fabre de Peiresc a reproduit au XVIIᵉ siècle (bibliothèque Inguimbertine de Carpentras). Au surplus Geoffroy de Beaulieu, confesseur du roi, la décrit ainsi : « ensuite, après la confession, il recevait toujours la discipline par les mains de son confesseur, avec cinq petites chaînes de fer jointes ensemble, dont l'extrémité était convenablement fixée au fond d'une petit boîte d'ivoire en forme de baguette. Et après la discipline elles étaient repliées et replacées dans la boîte ; et le roi la portait secrètement dans une bourse pendue à sa ceinture ».

P.-M. A.

Illustration couleur face page 81.

086 | Calice

Cuivre doré et émaux translucides. Début du XVIᵉ siècle. H. 0,21 m.

Chartres, Trésor de la Cathédrale.

Donné par Henri III à la Cathédrale en 1582.

Bibliographie
Merlet Mély, 1886-1887.

Expositions
Paris, 1900, nᵒ 1785. « Trésors des églises de France ». (Paris, musée des Arts Décoratifs, 1965). « Coligny », (Paris, archives Nationales, 1972-1973).

La tige, la fausse coupe et le pied sont semés de fleurs de lys en relief. Des rayons flammés montent sur la fausse coupe et descendent sur le pied. Le nœud est orné d'émaux translucides. Cet objet a subi une importante restauration à la fin du XIXᵉ siècle. La coupe a été remplacée. La cupule, autrefois soudée à la coupe, a été raccourcie en haut en supprimant grossièrement une bande. Sous la coupe, la tige décorée de fleurs de lys a été raccourcie lors du remplacement de la coupe et fixée avec une tige filetée. Trois émaux du nœud, deux fleurs de lys (une sur la coupe, une sur le pied) ont été refaits. La crucifixion en émail translucide a été placée sous le pied. Enfin, toute la pièce a été redorée à la pile et les éléments bloqués ensemble. Le « catalogue des reliques de l'église de Chartres en 1682 », par le chanoine Claude Estienne, indique : «... il y a deux grands calices de vermeil do(ré) avec leur pateine, servant aux jours solennels : le premier est semé des fleurs de lys et a esté donné en 1582 par le roy Henry 3, et l'autre par Louis Malet, seigneur de Graville et de Marcoussis, et admiral de France sous Charles VIII en 1487 ; il porte ses armes, qui sont trois fermaux, et est semé d'ancres de navire ».

En marge (non relevé par l'édition de Mély) : « l'un et l'autre d'un pied de (haut) ». Il semble que les éditeurs de cet inventaire, Merlet et Mély, soient les premiers à avoir rapproché l'objet existant et le don d'Henri III. Cependant, il est permis d'exprimer quelques doutes. Entre sa dimension réelle et celle indiquée sur l'inventaire, il y a près de 10 cm de différence (le raccourcissement du XIXᵉ siècle n'a dû être que faible). Par ailleurs, sa forme et sa décoration le placent plutôt au début du XVIᵉ siècle. Il serait bien extraordinaire qu'un souverain ait employé comme cadeaux un vieil objet. Les inventaires révolutionnaires sont trop peu précis, et l'on est renseigné sur les objets au début du XIXᵉ siècle par de vagues traditions. Il est probable toutefois que ce calice soit un don royal, étant donné les fleurs de lys.   J. L.

Pendules et Objets d'Art

Louis-Gabriel
Feloix (1730-ap. 1793)

087 | Paire de bras à têtes d'aigle

Bronze ciselé et doré. c. 1788-1790. H. 63 cm ;
L. 29 cm ; Pr. 28 cm. **Paris,** Michel Meyer.

Les bras présentés constituent une variante des appliques livrées pour la chambre à coucher de Marie-Antoinette au château de Saint-Cloud (Londres, Wallace Collection). Ces dernières se distinguent des pièces exposées par la substitution des branches de lierre entrelassées d'instruments de musique, terminées par deux petits glands à la gaine à cannelures torses visible ici. J. D. A. J. N. R.

Étienne (II)
Lenoir (c. 1700-1778)
pour le mouvement

088 | Cartel à la Renommée.

Bronze ciselé et doré. Poinçon au C Couronné et numéro : *« 386 LUX... ».*
1745/1749. H. 0,95 m. ; L. 0,45 m.

Paris, Sénat, palais du Luxembourg.

Collection de la Couronne en 1789.

Historique
Château de Saint-Cloud, ancien ameublement des ducs d'Orléans. 1785, acquis par Marie-Antoinette avec cette demeure et placé dans le cabinet de l'appartement du comte

d'Artois. 1795, envoyé au palais du Luxembourg pour l'ameublement des directeurs, et resté depuis dans ces lieux.

Bibliographie
Dumonthier, pl. 7, n° 3.

Exposé pour la première fois.

Ce cartel possédait encore, lorsque Dumonthier le publia, son cadran et son mouvement d'origine par Étienne (II) Le Noir, ce qui nous a permis d'en retrouver la trace dans les inventaires de 1789 et 1790 du château de Saint-Cloud. Le fait qu'il ne soit pas mentionné dans les inventaires particuliers des pendules du roi et du Garde-Meuble, son caractère ancien et son lieu de situation en 1789 rendent particulièrement vraisemblable le fait qu'il provienne des anciennes collections des ducs d'Orléans. Le château de Saint-Cloud fut acheté meublé par Marie-Antoinette, à l'exception de quelques pièces globalement décrites au contrat de vente.
Ce cartel était originellement en bronze argenté. Il fut envoyé, le 24 décembvre 1787, au Garde-Meuble de Paris pour être doré. Il revint à Saint-Cloud, le 29 avril 1788 et fut alors placé dans l'appartement du comte d'Artois.
Ce cartel est caractéristique des objets en bronze de haute qualité dont furent peuplées au milieu du XVIIIe siècle, les différentes résidences royales et princières. J. N. R., J. D. A.

Aubert
Parent (1753-1835)

089 | Allégorie de l'amour de Louis XVI pour ses sujets

247

Bas relief en bois sculpté. 1777. H. 0,56 m ; L. 0,79 m.

Valenciennes, musée des Beaux-Arts (dépôt du mobilier National).

Provient de la salle à manger intérieure de Louis XVI à Versailles, dite des retours de chasse.

Historique
offert par Aubert Parent à Louis XVI en 1777.

Aubert Parent s'était fait une spécialité de ces chefs-d'œuvre d'habileté sculptés de fleurs et d'animaux. Il exécuta celui-ci en hommage à Louis XVI qui, appréciant lui aussi les ouvrages de virtuosité, le fit placer dans la salle à manger intérieure à Versailles. L'auteur reçut en 1778 une gratification de 1 200 livres. Le bas-relief fut exclu des ventes révolutionnaires et restauré en 1821 pour être placé dans l'appartement de la duchesse d'Angoulême au Grand Trianon. Sous Louis-Philippe, il était au Petit Trianon et sous Napoléon III au Musée des Souverains. Attribué au Mobilier national après la dispersion de ce musée, il fut par lui déposé au musée Carnavalet en 1922, puis au musée des Beaux-Arts de Valenciennes en 1953.   C. B.

090 | Maquette de la pompe de la Samaritaine.

Bois sculpté peint en gris, bronze ciselé et doré. H. 0,58. l. 0,60 ; L. 0,45.

Paris, Musée Carnavalet.

Bibliographie
Boucher (François) *Le Pont-Neuf,* Paris, Goupy, 1925, 2 vol. Catalogue *Pont-Neuf 1578-1978,* Paris, musée Carnavalet et DAAC juin-août 1978.

Expositions
Exposition Universelle de 1900, pavillon de la Ville de Paris, n° 462. Exposition Pont-Neuf 1578-1978, musée Carnavalet, n° 35.

Œuvres en rapport
Musée Carnavalet, maquette fantaisiste « la pompe de la samaritaine » Inv PM 36.

Cette maquette qui aurait appartenu à Marie-Antoinette reproduit à l'échelle réduite le bâtiment construit sur le Pont-Neuf par l'architecte Robert de Cotte vers 1712-19.
L'édifice fut restauré en 1771 par Ange-Jacques Gabriel et Soufflot, et c'est à cette occasion que Pasquier réalisa ce modèle réduit qui servait à la fois de baromètre et d'horloge. Le toit amovible permet d'atteindre le mécanisme de la pendule, logé à l'intérieur de la maquette. Le cadran en émail est signé Robin à Paris.   A. F. C.

Robert
Robin (1742-1799)
pour le mouvement

091 | Pendule du comte de Provence

Bronze ciselé et doré. Marbre bleu turquin. Numéros poinçonnés, *TH. 8776 »*, *« TU. 5547 ».* C. 1785. H. 0,37 m.; L. 0,33 m. ; Pr. 0,13 m.

Paris, Bernard Baruch Steinitz.

Provient de Monsieur, comte de Provence, futur Louis XVIII, au palais du Petit Luxembourg.

Historique
Saisie en 1792, destinée à la commission du Commerce, puis mise à la disposition du Directoire Exécutif de la République française. Paris, palais des Tuileries, appartement du Grand Maréchal en 1806. Paris, palais des Tuileries, différents appartements de fonction de 1815 à 1870. Londres, collection sir Edward Baron. Paris, collection Stravos Niarchos. New York, vente anonyme, Christie's, 18 novembre 1978, n° 136. New York, collection de monsieur et madame Franklin N. Groves, vente Christie's, 15 octobre 1988, n° 28.

Expositions
« The Royal Cabinet Makers of France », Londres, juillet 1951, n° 21. « Franch Clocks in North American Collections », The Frick Collection, New York, 1982, n° 80.

Cette pendule, dont l'origine vient d'être établie à l'occasion de la présente exposition, formait le n° 12 de l'« État des Meubles du cy-devant Monsieur... soustrait de la vente et réservés conformément aux vües du Comité de Salut Public, 28 thermidor An II (16 août 1794) ».
L'exceptionnellle qualité de ciselure des bronzes montre qu'elle est l'œuvre d'un des grands bronziers parisiens à la fin du XVIIIe siècle. Le modèle en lui-même fut peu répété. Il est la réduction d'un autre de plus amples proportions, provenant du même atelier, qui se distingue du premier par la substitution d'une cassolette à têtes et pieds de bélier au trophée des colombes de Vénus. Ce dernier modèle fut très en faveur à la cour de France, puisque le roi, la reine, le comte de Provence et leurs tantes Mesdames Adélaïde et Victoire en possédèrent chacun des exemplaires.
Ingénieur remarquable, horloger à l'esprit créatif, Robert Robin fit preuve d'une ambition certaine qui le conduisit à accumuler charges et titres prestigieux. A vingt et un ans, il acquit, en 1763, un brevet de marchand horloger privilégié du roi suivant la Cour. En 1767, il devint maître de la corporation des horlogers de Paris. En 1778, il était horloger des Menus-Plaisirs du Roi, en 1782, valet de chambre horloger du roi en survivance et en 1786, valet de chambre horloger de la Reine. A ces diverses charges il ajouta les titres d'horloger de Monsieur et d'horloger du duc de Chartres, et en 1785, il avait obtenu un logement aux galeries du Louvre. Il livra de nombreuses pendules pour la Couronne, ainsi en 1793, l'inventaire des 45 pendules personnelles de Marie-Antoinette montre que 26 d'entre elles avaient été fournies par Robin. Son attitude sous la Révolution traduisit une rare ingratitude à l'égard de ses protecteurs, mais elle lui permit d'obtenir en récompense la place et le titre d'horloger du Directoire.
                                                            J. N. R., J. D. A.

Jean-Baptiste
de Saint-Jean (1732-ap. 1790)

092 | Tableau animé

Cadre en bois doré, mécanismes d'horlogerie pour mettre en mouvement les personnages. Deux jeunes gens jouent au jeu de grâce.
Aux armes de Marie-Antoinette, Dauphine.
Sur la platine est gravé : « exécuté par moy, de Saint-Jean, horloger, Paris, 1771 », et une autre inscription incomplète : « composé pour... 1771 ».
H. 0,59 m ; L. 0,58 m ; P. 0,06 m.

Paris, musée National des techniques du CNAM.

C'est au XVIIIe siècle que la mode des tableaux animés s'est affirmée. Le mécanisme des tableaux est souvent très simple. Un long cylindre de bois, animé par un barillet à ressort, porte de nombreuses rangées de picots et de cames faites de clous ou de minces fils de fer ou de laiton convenablement recourbés ; des leviers et des manivelles sont reliés par de longues biellettes aux sujets à animer. Souvent des roues dentées coniques sont placées à l'extrémité de longs arbres et transmettent le mouvement loin du moteur avec plus ou moins d'efficacité. Le montage est minutieux et délicat ; les artisans qui l'ont exécuté ont fait davantage usage d'ingéniosité et de patience, que de connaissance en mécanique horlogère. La décoration révèle un goût sur, et de la fantaisie. Les cadres de bois doré sont somptueux ; les petits personnages de tôle découpée et les paysages peints également sur tôle, s'inspirent avec bonheur des maîtres de l'école française de cette époque.

Jean-François
Lépine et
(1720-1814)
Pierre-Philippe
Thomire
(1751-1846)
et la manufacture Royale de Sèvres

093 | Pendules aux Vestales

Bronze ciselé, patiné et doré. Porcelaine de la manufacture de Sèvres. Marbre blanc statuaire. Mouvement signé Lépine et numéroté 4 185. C. 1788-1789.
H. 53,5 cm.

New York, Dalva Brothers inc.

Bibliographie
Verlet, 1953. A. Gonzalès-Palocios, 1976. Thomire, 1984, nº 2 et 3. Chapiro, 1988, p. 269.

Exposition
« Franche Clocks in North American Collections », The Frick Collection, New York, 1982, nº 83.

Pierre Verlet a montré que Pierre-Philippe Thomire est l'auteur de ce modèle de pendule aux « Vestales portant l'autel du feu sacré », dont il réalisa les premiers exemplaires dès 1788, d'après les registres de la manufacture de Sèvres.
Marie-Antoinette posséda deux pendules de ce modèle, conservées l'une à la Corcoran Gallery de Washington selon W. Edey (op. cit), l'autre au Musée des Arts Décoratifs de Paris. La pendule présentée est très proche de celle ornant la chambre de la reine au château de Saint-Cloud, à la différence du mouvement, ici de Lépine, notamment par l'emploi des plaques de Sèvres et les léopards placés en support. Deux autres exemplaires avec plaques de Sèvres sont connus, l'un est conservé au musée des Arts Décoratifs de Madrid, l'autre ayant appartenu à la duchesse de Saxe-Teschen, sœur de Marie-Antoinette, ornait, avant la Première Guerre mondiale, le palais Erzherzog Friedrich à Vienne.
Au moins, seize exemplaires de ce modèle de pendule sont répertoriés, la plupart dans des musées. Thomire en multiplia les variantes substituant parfois aux léopards des lions carapoçonnés et aux plaques de Sèvres des frises de bronze doré. Le plus tardif, influencé par le style empire, date des premières années du XIXe siècle et est conservé à l'ambassade d'Angleterre à Paris.   J. N. R., J. D. A.

Jean-Louis
Prieur   *Sculpteur et ciseleur*

094 | Pendule allégorique à la Paix et l'Abondance

Bronze doré à partir d'un dessin de François Boucher et Antoine (?) Pelletier, maître horloger. 1770. L. 1,02 m ; E. 0,176 m ; P. 250 kg.

Moscou, Musée Pouchkine.

Provient du Château de Versailles.

Historique
Commandée par le Dauphin, futur Louis XVI, à l'occasion de son mariage avec l'archiduchesse Marie-Antoinette.

Jamais présenté.

249

À l'occasion du mariage, en 1770, du dauphin futur Louis XVI, le duc de La Vauguyon, son gouverneur, ordonna à Charles-Athanase Pinon, valet de chambre horloger du roi et des princes, de faire confectionner plusieurs pièces d'horlogerie, dont, pour le Grand Cabinet du Dauphin, cette superbe pendule composée de cinq enfants illustrant la Paix et l'Abondance « d'après un dessin du Sr Boucher ». Pinon demanda 7 600 livres pour l'exécution du modèle en terre et en cire, 8 000 livres pour la fonte et la ciselure, 6 000 livres pour la dorure ; l'ensemble, qui montait en demande à 22 860 livres, fut réglé 16 660. Sept ans plus tard, le sculpteur-ciseleur Jean-Louis Prieur rappelait qu'il était l'auteur des bronzes. Devenu roi, Louis XVI fit placer cette pendule dans sa « grande salle à manger aux salles neuves ». Exclue des ventes révolutionnaires et réservée pour les échanges, elle fut attribuée pour 3 000 livres, le 12 avril 1796 à Abraham Alcan, entrepreneur général des Vivres de l'Armée du Rhin et Moselle et, à ce titre, créancier de la République.   C. B.

Anonyme

095 | Bras à têtes de bouc

Bronze ciselé et doré. C. 1785-1790. H. 64 cm.

Paris, Maurice Ségoura.

Ce modèle de bras de lumières fut très apprécié de la famille royale. Une paire similaire fut saisie chez le comte de Provence au palais du Luxembourg, tandis que deux autres ornaient le grand cabinet de Madame Adélaïde au château de Bellevue.

L'une d'entre elles fut employée pour l'ameublement des directeurs au palais du Luxembourg. C'est certainement celle-ci qui figure ensuite chez l'archichancelier de l'Empire, Jean-Régis de Cambacérès, en 1808, au moment où Napoléon 1er lui fit don de la totalité du contenu de sa résidence. Une autre paire fut envoyée, en 1806, au palais de Fontainebleau où elle se trouve toujours exposée. Des paires identiques sont conservées dans les collections royales de Suède, au Rijksmuseum d'Amsterdam et au Cleveland Museum of Art.

J. N. R., J. D. A.

096 | Paire de vases couverts (Pl. 16)

Marbre vert antique monté. Époque de Louis XVI, vers 1780-1790. H. 0,295 m ; L. 0,160 m.

Collection particulière

Provenance : ancienne collection Rossignol (Paris)

Première présentation au public

Œuvre en rapport
Vases montés du musée Nissim de Camondo, cf. Christian Baulez, « Notes sur quelques meubles et objets d'art des appartements intérieurs de Louis XVI et Marie-Antoinette », La Revue du Louvre et des Musées de France, 5/6-1978, p. 367.

Le corps des vases (évidé), les couvercle et piédouche sont en marbre *verde antico*. La monture, de bronze ciselé doré au mat, est composée d'anses en forme de serpents entrelacés, d'un bouton en forme de pomme de pin, au couvercle, placé sur une rosace octofoliée ; d'un col, amati et guilloché au resserrement, sommé d'une ligne de perles et reposant sur une moulure en cordelette ; d'un culot dodécafolié en corolle de feuilles d'eau, avec bague de plus grosses perles à l'intersection du piédouche, que supporte un socle carré. Ces vases inédits ont une étroite relation « morphologique » avec ceux du Musée Nissim de Camondo (cat. n° 153) ayant appartenu à Marie-Antoinette, dont ils semblent être une variante épurée. Parmi les productions assimilales de l'époque, les vases Camondo émergent au plus haut niveau par une qualité de ciselure, de dorure et de raffinement général pratiquement sans exemple. Ceci permet donc d'apprécier la performance esthétique et technique des présentes pièces, plus poussées encore... La minutie des montures, extrême, relève plutôt du domaine de l'orfèvrerie que du traitement habituel du bronze doré. Quant à la composition, d'un néo-classicisme rigoureux, elle n'est pas sans évoquer l'esprit des cuves en porphyre vert et bronze doré des appartements de Marie-Antoinette à Saint-Cloud. La concordance précise avec le goût de la Reine, d'une exigence « joaillière » quasiment exclusive, alors, à cette souveraine, en matière d'objets montés, et ici mieux que satisfaite, laisse supposer que ces pièces ont dû lui appartenir, être une version dérivée de celle, désormais à Camondo, qui orna son Grand Cabinet intérieur, à Versailles, jusqu'en octobre 1789.   J. F.

Illustration couleur face page 175.

Bijoux, objets de curiosité

097 | Bague de la Dauphine Marie-Josèphe de Saxe

Rubis d'Orient, brillants et or.

Paris, Musée de la Vie romantique Renan-Scheffer (don de madame Lauth-Sand, 1954).

Provient de la collection particulière des joyaux de la Dauphine.

Historique
Offerte par la Dauphine à Marie-Aurore de Saxe, fille naturelle du Maréchal de Saxe.

Bibliographie
Moreli, 1988.

098 | Collier de Claude de France (reconstitution réduite)

Or, diamants et perles.

Paris, collection Alexandre Réza.

Ce tour de cou a été réalisé par le joaillier Alexandre Réza, d'après une gravure restituant le collier de Claude de France, fille de Louis XII et d'Anne de Bretagne, et première épouse de François 1er. Cette gravure a été publiée par Germain Bapst en 1887 dans son Histoire des Joyaux de la Couronne de France, et fut exécutée d'après la description très précise du collier donnée dans le premier inventaire de 1530 des joyaux de la Couronne, en numéro un, pour une estimation de 108 240 écus d'or... Le collier reproduit avec exactitude et talent la gravure, mais il est en fait une réduction du joyau d'origine qui était beaucoup plus grand et était un très long collier-chaîne s'étalant largement sur les épaules et tombant au milieu de la poitrine. Le joyau présenté ici donne donc une image précise, mais réduite, du plus important des bijoux de la Couronne de France, lors de la fondation de la collection par François 1er. Après Claude de France, le collier fut porté par Éléonore d'Autriche, seconde épouse de François 1er, Catherine de Médicis, épouse de Henri II, Marie Stuart, épouse de François II, Élisabeth d'Autriche, épouse de Charles IX, et Louise de Vaudémont-Lorraine, épouse de Henri III. Ce dernier roi fut contraint, à cause de ses énormes difficultés financières dues aux guerres de religion, de le mettre en gage, ainsi d'ailleurs que l'ensemble des joyaux de la Couronne. Il ne fut jamais récupéré du fait de l'assassinat du roi et du non-remboursement de la créance, et disparut de l'Histoire, probablement démonté afin d'en remonter les pierres. B. M.

Illustration couleur face page 255.

099 | Émeraude du lys frontal de la couronne

51,60 carats. 30 × 23 mm.

Paris, Muséum National d'Histoire naturelle (dépôt de l'État, 1794).
« Prime d'émeraude », du lys frontal de la Sainte Couronne de France.

Identifiée récemment par H.-J. Schubnel, conservateur de la galerie de Minéralogie du muséum d'Histoire naturelle, la forme triangulaire et la taille de cette émeraude correspondent exactement à ce que l'on peut en voir sur les représentations de la Sainte Couronne, déposée au Muséum sous la révolution. Ses dimensions sont également compatibles, et elle ne saurait être confondue avec une des quatre « primes d'émeraudes » de la crête de la base de « Écran de Charlemagne », car elles étaient taillées en dos d'âne et non en table. Il s'agit en fait d'une véritable émeraude, fort glaceuse et originaire de l'Oural, peut-être taillée à l'époque romaine. Mais l'origine « Oural » fait rêver : cette pierre ne serait-elle pas venue en France avec Anne de Kiev, épouse d'Henri 1er, roi de France (1031-1060), la taille étant dès lors un travail plutôt byzantin ? H. J. S.

Illustration couleur face page 97.

Montfaucon

100 | La Couronne des Sacres des Reines

Lavis.

Paris, Bibliothèque Nationale.

Bibliographie
Gaborit-Chopin, 1987. Morel, 1988.

La couronne des rois de France disparut lors des troubles de la Ligue en 1590. Les moines de Saint-Denis, responsables du Trésor qu'ils avaient abrité à Sainte-Croix-de-la-Bretonnerie à Paris, n'osèrent pas avouer cette perte d'importance et remplacèrent cette couronne par celle des reines de France. Ainsi, à partir de Henri IV, c'est cette dernière qui servit au sacre des rois. Elle fut fondue en 1793 à la Monnaie, avec d'autres pièces des trésors de la Sainte-Chapelle et de Saint-Denis.

101 | Rang de quarante-sept boules-émeraude

117 carats métriques.

Paris, école Nationale supérieure des Mines.

Provient des bijoux de la Couronne au XIXᵉ siècle.

Historique
dit « collier de Marie-Antoinette », ce rang se révèle être en fait une saisie révolutionnaire. Il figure en revanche dans l'inventaire des bijoux de la Couronne établi en 1811. Il fit partie du lot de pierres versées à l'école des Mines avant la vente de 1887.

Bibliographie
Morel, 1988.

Lorsque fut décidée la vente des bijoux de la Couronne, par la loi du 10 décembre 1886, publiée au Journal Officiel du 11 janvier 1887, certaines pièces furent distribuées entre le musée du Louvre, le muséum d'Histoire naturelle et l'école des Mines :
État descriptif et estimatif des objets attribués à l'école des Mines par l'État, et provenant des joyaux de la Couronne, dont l'aliénation a été décidée en vertu de la loi au 10 décembre 1886.

1 brillant carré	4 500,00
1 brillant ovale	5 000,00
	(volés en 1909)
173 perles	9 474,00
100 perles	1 220,00
642 perles	500,00
46 émeraudes boules percées	1 748,25
16 émeraudes	1.679 68
34 émeraudes	150,00
177 améthystes de Sibérie	610,00
59 topazes roses du Brésil	295,00
Total	25.176,93 frs.

L'évaluation ci-dessus a été faite par les soussignés membres du bureau de la Chambre Syndicale, Paris, le 8 février 1887 (suivent les signatures).
                                                                                      B. M.

102 | Opale de Louis XVIII

Opale de Tchécoslovaquie taillée en ovale. 77 carats ; H. 34,6 mm ; L. 25 mm ; P. 13 mm.

Paris, Muséum d'Histoire Naturelle.

Exposition : « Dix siècles de joaillerie française », Louvre 1962.

En 1818, Louis XVIII acheta deux grandes opales afin de les ajouter aux joyaux de la Couronne. Elles furent ainsi décrites : « *Deux opales majeures et extraordinaires de 76 carats chacune. Ces opales sont d'une grande beauté, et les seules connues pour être d'un aussi gros volume* ». Le roi les paya 65 000 francs or, mais elles furent réévaluées 75 000 francs or dans les inventaires (37 500 francs or chacune). Par la suite, l'une forma le centre d'une décoration de la Toison d'or, l'autre orna l'agrafe du manteau royal de Charles X. Sous le Second Empire, la Toison d'or resta intacte, mais l'agrafe du manteau royal fut démontée et sa grande opale fut sertie en broche, entourée d'une simple ligne de petits brillants, pour l'impératrice Eugénie.
Lors de la vente de 1887, la Toison d'or fut démontée et ses pierres vendues séparément. Son opale, numéro 18 du catalogue, fut vendue 23 000 francs or au baron de Horne et on ne sait ce qu'elle est devenue. L'autre opale, de 77 carats métriques, admirable opale noble de Tchécoslovaquie, taillée en ovale plat de 34,6 mm de longueur sur 25 mm de largeur et 13 mm d'épaisseur, et toujours avec sa monture réalisée pour l'impératrice Eugénie, fut déposée par l'état au Muséum d'Histoire Naturelle. En 1962, elle figura à l'exposition « Dix siècles de joaillerie française » au Louvre, et baptisée dans le catalogue « Opale de Louis XVIII ».
                                                                                      B. M.

Les boîtes en or ornées de portraits furent, au XVIIᵉ et XVIIIᵉ siècles, les cadeaux par excellence des souverains et des princes. En France, le ministère des Affaires Étrangères conserve la consignation de tels dons. Ainsi, une boîte en or, plus ou moins enrichie en fonction de la qualité de son destinataire, fut offerte à chaque membre de la suite des princesses étrangères venant épouser un Bourbon. Un tel don pouvait se faire d'une manière plus familière. En 1744, Madame Adélaïde à qui l'abbé Nollet venait d'expliquer le fonctionnement des microscopes en présence de la reine Marie Leczynska, rappela le savant qui se retirait en lui disant : « Je crois que vous oubliez votre tabatière, Monsieur l'Abbé. »

Joseph-Etienne
Blerzy (actif 1768-1806)

103 | Boîte avec portrait de Louis XVI

Or et émail. La miniature est signée de Louis-Marie Siccardy (1746-1825). Poinçon de maîtrise. Poinçons de charge et de décharge de Jean-Baptiste Fouache.
Paris, 1776. Collection particulière.

Anc. coll. du baron Henri de Rothschild.

Exposition
« Marie-Antoinette », 1955, nᵒ 547.

104 | Boîte avec portrait de Marie-Antoinette

Or et émail. Poinçon de maîtrise. Poinçons de charge et d'exportation de Jean-Baptiste Fouache.

Paris, 1776, collection particulière.

Ancienne collection Rothschild.

105 | Boîte avec portrait de Louis XVI et Marie-Antoinette

Or, émail, ivoire et diamants. Poinçon de maîtrise.

Paris, 1779. Collection particulière.

Alexis
Proffit (actif. 1775-1793)

106 | Boîte au chiffre de Marie-Antoinette

Or, émail et diamants. Poinçon de maîtrise. Poinçons de charge et décharge d'Henri Clavel. Gravé sur le bord : « Denangis, Joaillier Bijoutier ».

Paris, 1780. Collection particulière.

(n° 107)

Anonyme

107 | Boîte avec portrait de Marie Leczynska

Or et émail. Poinçon de maîtrise illisible. Poinçon de charge et décharge de Julien Alaterre.

Paris, 1768-1775. Collection particulière.

108 | Coupe ronde, dite coupe Mazarin

Jaspe vert marbré de rouge (Moyen Âge) : monture en argent doré (XVIᵉ siècle). H. 0,098 m ; Diam. 0,106 m.

Paris, Muséum National d'Histoire Naturelle.

Provient des collections de Louis XIV.

Vraisemblablement fabriqué en Italie du Nord pendant le Moyen Âge, ce beau jaspe translucide en forme de bol, a reçu au XVIᵉ siècle une monture en argent doré. Cette coupe fit partie de la collection de Mazarin avant 1661 ; l'inventaire général du mobilier de la Couronne sous Louis XIV la décrit de la manière suivante sous le numéro 33 : « Une tasse ronde de jaspe vert marbré de rouge, blanc et autres couleurs, entourée par le haut d'un cercle d'argent vermeil doré tout uny, portée sur un pied aussy d'argent vermeil doré tout uny, sur lequel est un cordon tortillé, haulte de 3 pouces 1/2, large de 4 pouces ».

H. J. S.

109 | Carafon

Travail chinois. Jade vert foncé translucide. XVIᵉ siècle-XVIIᵉ siècle. H. 0,135 m ; Diam. 0,141 m.

Paris, Muséum National d'Histoire Naturelle.

Provient des collections de Louis XIV.

Acquis par Galland, le traducteur des *Mille et Une Nuits*, il fut inventorié entre 1681 et 1684 sous le numéro 195 de l'inventaire général des meubles de la Couronne : « Un vaze de jade vert brun, en forme de buire ronde, avec son anse en forme de dragon, tout d'une pièce, enrichy de moulures au pied et autour de la gorge, ledit vaze de 4 pouces 1/2 de haut, et de diamètre au corps 5 pouces ou environ ». Catalogué au Muséum comme provenant de l'Académie des sciences, il fut classé parmi les pièces du XVIIIᵉ siècle. Il fut authentifié en 1974 par Daniel Alcouffe, conservateur en chef du département des objets d'art du Louvre.

H. J. S.

Les pièces numérotées de 110 à 113 sont des cadeaux offerts à Louis XIV par l'ambassade du roi du Siam, Phra Naraï. Au début du XVIII ᵉ siècle, certains de ces objets quittaient Versailles pour le « Cabinet d'Histoire naturelle du jardin du roi », aujourd'hui Muséum national d'Histoire naturelle, créé par décret de la Convention nationale en 1793. En 1796, une autre collection de pierres dures chinoises de Versailles est donnée au Muséum. Une autre ensemble de pierres dures et de gemmes gravés chinois quittait Versailles dans les mêmes années, et, du musée de l'Armée, après avoir migré en divers lieux, aboutit au musée de l'Homme, par l'intermédiaire du musée de la Marine. Le premier regroupement de ces pièces eut lieu à la faveur de l'exposition « Pierres précieuses, gemmes et objets d'art », qui eut lieu à la galerie de minéralogie du Muséum en 1977. Dix ans plus tard, l'exposition « La pierre et l'Homme », inaugurant la nouvelle salle du Trésor du Muséum, fut l'occasion de préciser l'origine des pièces chinoises du musée de l'Homme. Cette fois-ci, le choix porte sur quelques objets prestigieux en jade, agate ou lapis-lazuli, trois matériaux dans lesquels les chinois ont produit des pièces remarquables. Le jade est la pierre dure par excellence en Chine. Depuis plus de cinq mille ans, on vénère et on porte le jade. On pense qu'à l'origine, le caractère désignant « le roi » représentait une enfilade de trois perles de jade. La notion de « précieux » est rendue par le caractère formé du jade et du cauri sous un toit de maison. Les poètes l'appellent « essence concentrée de l'amour ». Rien d'étonnant à ce qu'un grand nombre des cadeaux du roi du Siam aient été choisis dans ce matériau. Tout en étant prépondérant dans les rites festifs et funéraires, le jade a toujours été intimement associé au pouvoir temporel du Fils du Ciel et la notion de royauté. Confucius a loué le jade. Le Li-Ki du 1ᵉʳ siècle après J.-C. dit : « les sages comparent la vertu au jade. Il est l'image de la bonté parce qu'il est doux au toucher et onctueux ; il est l'image de la prudence parce que ses veines sont fines, compactes, et qu'il est solide ; il est l'image de la justice parce qu'il a des angles mais ne blesse pas ; il est l'image de la sincérité parce que son éclat n'est pas voilé par ses défauts, et que ses défauts ne sont pas voilés par son éclat. Il est l'image de la bonne foi parce que ses belles qualités intérieures se voient de l'extérieur, de quelque côté qu'on le considère : il est l'image de la vraie vertu parce que chacun l'estime... ». Des objets de jade étaient aussi sacrifiés aux monts et au fleuves dans les rites de passage. A partir de l'époque Han, un linceul de plaques de jade enfermait le corps des princes et des princesses de sang impérial. Ce linceul de jade était destiné à empêcher que le corps se décompose. En effet, la légende voulait qu'au bout de mille ans, le sang se transforme en pierres précieuses. C'est à partir du XVIIᵉ siècle que les ateliers de graveurs de jade se mirent à travailler pour l'exportation, et c'est à partir de cette époque que les négociants et voyageurs européens signalent que l'on peut acheter au Siam des produits de la Chine, dont le jade. Ce pays étant fermé au commerce avec l'Europe, il était essentiel d'ouvrir des comptoirs dans les pays où l'on pouvait se procurer les marchandises venant d'Extrême-Orient.

Les motifs religieux et les raisons commerciales valurent à la France et au Siam d'avoir, dans la seconde moitié du XVIIᵉ siècle, des relations privilégiées, telles que n'en connut aucune autre nation européenne. Ce fut, en premier lieu, grâce aux missionnaires français, et grâce aussi, à la Compagnie des Indes Orientales. Le roi Phra Naraï fit preuve de

beaucoup de sagesse en faisant traité d'amitié avec la France, ce qui lui permit de rester libre et de résister aux assauts tant des hollandais que des anglais. Les difficultés internes de son royaume ont poussé très tôt Phra Naraï à chercher l'alliance des communautés étrangères vivant à Ayutthaya. Avant les français, le roi de Siam est appuyé sur les persans. Les portugais, lorsqu'il touchent les ports de la péninsule malaise et du Siam, trouvent de nombreuses communautés musulmanes originaires de l'Inde et de la Perse. Tous les voyageurs occidentaux attestent de l'importance des persans dans l'ensemble des activités du royaume du Siam. Comme les siamois ne pratiquent pas la navigation, le commerce avec l'ouest est entre leurs mains. Ce négoce porte sur la soie, le musc, le bois de santal, la gomme laque, les éléphants. Les siamois, de leur côté, apprécient infiniment les étoffes persanes. Turpin, dans son Histoire civile et naturelle du royaume de Siam (éd. de 1771) nous assure que les persans avaient à partie égale les faveurs de Phra Naraï avec les jésuites et que celui-ci avait reoncé au bouddhisme, « s'il s'était déterminé à faire le choix d'une religion étrangère, il aurait donné sa préférence à l'Alcoran. Un prince environné de concubines se décide aisément pour la religion qui autorise la licence de ses penchants... ». En dehors de la forte communauté de persans installée au Siam, les échanges d'ambassades étaient très fréquents entre les deux royaumes. Ces missions étaient essentiellement commerciales. L'un des artisans de l'éclipse de la fortune des persans fut certainement l'un des personnages les plus extraordinaires du Siam d'alors, Constance Phaulcon, aventurier et négociant grec, transfuge de la Compagnie des Indes, dut sa fortune au fait de recueillir sur la côte Malabar, l'ambassadeur du Siam naufragé, rentrant de la cour de Perse. C'est vers 1679 que Phaulcon occupe la scène siamoise. Il dirige la répression contre les persans, à la suite d'un soulèvement des « Macassars » musulmans d'origine malaise, établis en grand nombre à Ayutthaya. Ainsi, le tout-puissant favori du roi Naraï, fut, de connivence avec le père jésuite Tachard, chacun jouant sur les rêves et les ambitions de l'autre, l'un des artisans de l'idylle franco-siamoise des années 1684-1688. Après avoir été, fait par Louis XIV, chevalier de l'Ordre de Saint-Michel, Phaulcon paya de sa vie la fin tragique de cet épisode des relations entre les deux pays... L'éclipse diplomatique ne saurait nous faire oublier que l'un des apports de l'ambassade du Siam fut un développement scientifique et culturel autour des cadeaux de Phra Naraï. Ainsi, grâce à un fragment cassé d'un des objets de pierre tendre, la stéatite, la première analyse chimique de cette pierre jusqu'alors inconnue, fut faite au Muséum. La présence de lapis-lazuli, comme on peut le voir avec l'élément d'autel, prouve que de longue date, cette pierre exportée de Badakhshan (Afghanistan) vers la Chine, y était sculptée et gravée. Elle repartait vers l'étranger sous le nom de pierre dure chinoise, de même que la jadéite de Birmanie, dont cette même ambassade nous a laissé des boucles de ceinture, conservées à la galerie de Minéralogie et au musée de l'Homme. De plus, l'ambassade siamoise de 1686 suscita un vif intérêt chez les français qui savaient que de considérables ballots de cadeaux l'accompagnaient. Le vaisseau l'Oiseau, et la frégate la Maligne, apportaient les présents ainsi que les membres de l'ambassade, qui furent conduits par mer jusqu'à Rouen, où des bateaux vinrent les prendre pour les emporter vers Paris. Ensuite, on fit attendre les plénipotentiaires au château de Berny, car – c'est dire l'importance que l'on attachait aux cadeaux venus du Siam –, les envoyés devaient attendre dans cette résidence, située sur la Bièvre, que les ballots arrivassent à Versailles, avant de présenter la lettre de leur roi à Louis XIV. Cette lettre, placée dans une édicule, était portée par douze Suisses et surmontée de quatre parasols. Les présents avaient été sortis, mis en ordre dans l'appartement du roi ; ils avaient été escortés depuis leur départ de Brest par deux mandarins désignés par les trois ambassadeurs. Les présents envoyés de France par le roi et les princes et princesses, tant pour le roi, que la famille de Siam, M. Constance, le Premier ministre, rivalisaient de splendeur : étoffes, armes, horloges, montres, cristaux et glaces, instruments d'astronomie, sans parler de quantité d'objets de prix de la plus grande variété. Persans et français qui s'étaient disputés la prééminence auprès du roi Phra Naraï se retrouvent réconciliés par l'art. Ne les voit-on pas se faisant face sur les vantaux découpés à la persane de la bibliothèque Wat Saket de Bangkok ? Ils y apparaissent en pied, entourés de végétation envahissante et semblent se saluer dans la position inclinée qu'ils ont prise pour l'éternité. La persistance, dans la mémoire collective française de l'ambassade siamoise de 1686, nous est attestée, entre autres, par la toile de Jacques Vigouroux Duplessis, peinte en 1730, et conservée au Musée, et magnifiant l'événement. Le goût des français pour l'art chinois, que ce soient les pierres dures ou les porcelaines, doit beaucoup aux objets offerts par Phra Naraï à Louis XIV, qu'il qualifie dans sa lettre de « cher et bon ami ». Cette lettre était gravée sur feuille d'or comme s'était l'usage au Siam. Les archives du ministère des Affaires étrangères conservent la dernière qui fut écrite à l'intention d'un souverain français. Elle émanait du roi du Siam Rama IV pour Napoléon III. Elle lui fut remise lors d'une audience officielle à Fontainebleau en 1861. Elle avait été précédée, au XVIIe siècle, de quatre autres lettres du même genre, adressées à Louis XIV (1680, 1685, 1687, 1699). La première ne parvint jamais à son destinataire, par suite du naufrage de l'expédition, mais elle est décrite dans une lettre écrite du Siam par les missionnaires français : « elle est gravée sur une lame d'or d'un pied et demi de long et huit pouces de large, si bien battue qu'elle se roule facilement (...). Elles sont renfermées dans des étuis, celle du roi dans un étui d'or et celle du pape dans un étui d'or et celle du pape dans un étui de bois de santal qui est aussi précieux que l'or. On les mit ensuite toutes fermées dans de petits coffres couverts de brocart d'or de la Chine, celui qui s'adressait au pape de couleur violette, et celui qui était pour le roi de couleur rouge pour honorer ses victoires ». Nous sommes redevables aux Siamois des vases et figurines de Chine où la glyptique a produit de pures merveilles ; la mission de 1686 eut un grand retentissement littéraire et un impact iconographique certain. Des almanachs et figuries en verre coloré reproduisant les siamois avec leur chapeau conique frappèrent les esprits. Une mode d'étoffes à la siamoise désigna les soies à rayures et fleurettes ; cette mode fut balayée par la Révolution, mais on parlait encore de « l'ambassade du Siam au XVIIe siècle, vers 1860, dans des récits et des journaux. Quant aux persans que nous avons trouvés sur la route des jésuites et des négociants qui préparèrent l'ambassade, ils ont enrichi la langue siamoise d'une cinquantaine de termes, mais surtout les thaï leur sont redevables des plus beaux présents de l'Iran ; la rose et le raisin.

Bibliographie
Iran, les sept climats. Paris, 1972. Schubnel, 1977. Schubnel, 1985, 1986. Phra-Naraï, roi de Siam, et Louis XIV, catalogue et études. Musée Guimet, Paris, 1986. Battesti/Schubnel, 1987.

T. B.

110 | Brule-Parfums Tripode

Jade blanc, dit « gras de mouton ». XVIIe siècle. L. 0,077 m.

Paris, musée de l'Homme.

Provient des collections royales, cadeau de Phra Nazaï.

111 | Coupe

Agate herborisée. H. 0,073 m.

Paris, musée de l'Homme.

Provient des collections royales, cadeau de Phra Nazaï.

112 | Coupe à anses

Jade blanc. H. 0,04 m.

Paris, musée de l'Homme, cadeau de Phra Naraï.

Provient des collections royales.

113 | Élément de culte sino-tibétain

Bois laqué, lapis-lazuli.

Paris, musée de l'Homme, cadeau de Phra Nazaï.

Provient des Cabinets de Curiosité royaux.

114 | Le panthéon hindou : Krishna, Shiva, Saraswathy (deux exemplaires), Vishnu, Balarama, Surabhi, Ganesh

Marbre blanc peint. Inde, milieu du XVIIIᵉ siècle. H. 0,505 m ; 0,23 m ; 0,31 m ; 0,33 m ; 0,23 m ; 0,223 m ; 0,135 m ; 0,20 m.

Paris, musée de l'Homme (dépôt du musée des Antiquités Nationalistes de Saint-Germain-en-Laye).

Éducation des Enfants de France à Versailles

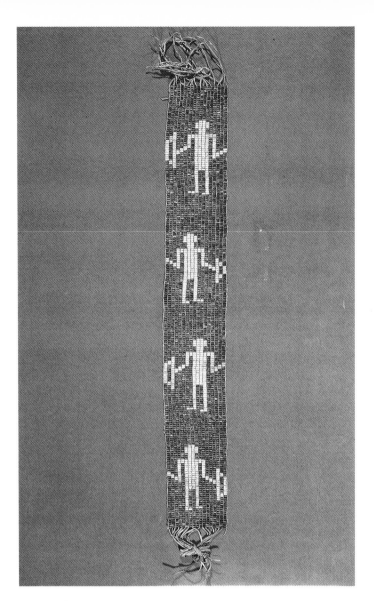

115 | Wampum

Fibres végétales et perles de nacre. Indiens hurons, Canada. XVIIᵉ siècle.

Paris, musée de l'Homme.

Provient du cabinet de Curiosités de Louis XIV.

Le wampum est un mot iroquois désignant une ceinture en perles cylindriques taillées dans la nacre d'un coquillage marin, et enfilées sur une trame de plusieurs cordelettes en fibres végétales. Les wampum les plus anciens et les plus connus sont bichromes. Le motif est en perles de couleur violette sur un fond de perles blanches. Plus il y a de perles violettes, plus il est précieux, car seule une petite partie du coquillage est de couleur violette. Chez les Hurons comme chez les Iroquois auxquels ils sont affiliés linguistiquement et culturellement, les wanpum possédaient un caractère symbolique très important. En plus de leur valeur monétaire, ces « ceintures » étaient offertes pour conclure des traités ou sceller des alliances tenant alors lieu de véritables documents officiels. Cette « ceinture » des indiens hurons, appelée « wampum des quatre nations » appartenait au cabinet de curiosités du roi de France. Deux Wampum avaient été déposés dans la crypte du sanctuaire de Notre-Dame de Chartres. Ils avaient été offerts à des jésuites installés sur le Saint-Laurent par des Indiens christianisés. L'un provenait des Hurons en 1678, et l'autre des Indiens abénaquis en 1695. D. L.

Collier de Claude de France. (Reconstitution réduite). Or, diamants et perles. (Collection Alexandre Réza).

Pendule à secondes de Louis XIV.
(Paris, École Nationale Supérieure des Beaux Arts).
Restaurée grâce au concours de la Mairie du Vᵉ arrondissement et de Christie's.

Instruments Scientifiques

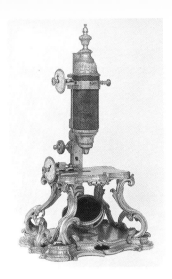

Michel-Ferdinand, 5e duc de

Chaulnes (1714-1769)

avec la collaboration d'André Maingaut, Claude-Siméon Passemant, Jacques et Philippe Caffiéri.

116 | Microscope identique à celui du Pavillon d'optique de Louis XV au château de La Muette

Microscope : Laiton, verre, bronze doré et galuchat. Coffret : Maroquin. C. 1750 ; H. 49 cm.

Collection particulière.

Offert à la marquise de Pompadour (1721-1764) (?)

Historique
Paris, Guérin. Vente, Paris, coll. de Lafaulotte, 5 avril 1886, n° 912. Paris, coll. vicomtesse de Courval. Paris, coll. princesse de Poix. Paris, coll. vicomte de Noailles. Vente, Monaco, Sotheby's, 23 juin 1976, n° 23.

Bibliographie
Ronfort, 1987. Ronfort, 1989.

Exposition
« *Exposition des Instruments et Outils d'autrefois* », Paris, Musée des Arts décoratifs, 1936, n° 390 bis.

A l'initiative du duc de Chaulnes, Louis XV arrêta en 1756, les plans du Pavillon d'optique qu'il fit édifier dans les jardins du château de la Muette, préfiguration du cabinet scientifique qui allait être établi, en 1760, dans des bâtiments voisins de ce château mais situés sur la commune de Passy (dit Cabinet de Passy). Dom Nöel, de la Congrégation de Saint-Maur, savant distingué, en fut le garde officiel de 1759 à 1775.
Dans ces locaux fut réunie une remarquable collection d'instruments scientifiques dont une partie fut gravée aux alentours de 1760 à l'initiative de Dom Nöel. Les planches n° 14 à 17 de cette suite d'estampes représentent un microscope presque identique à la pièce exposée.
Les recherches les plus récentes montrent que la conception de ce microscope est due à l'initiative du duc de Chaulnes qui en fut le véritable maître d'œuvre avec la collaboration probable d'André Maigaut pour les micromètres et de Claude-Siméon Passemant pour les lentilles. La monture de bronze doré est traditionnellement, mais avec vraisemblance, attribuée aux Caffiéri. Le coffret comporte deux tiroirs emboîtés contenant différents occulaires et quelques préparations.
J. N. R., J. D. A.

B. Samuel

Gautier

117 | Machine à arrondir les dents des roues.

Principalement acier. Gravé : « *N° 3 au roi* ». Caen, 1766.
H. 0,31 m ; L. 0,24 m ; Pr. 0,42 m.

Paris, Musée National des Techniques (CNAM) (Inv. n° 1351).

Historique
Provient de l'atelier de Ferdinand Berthoud (1727-1807). Acquis sous réserve d'usufruit par Louis XVI en 1782. Entré au C.N.A.M. en 1807.

Bibliographie
Conservatoire, 1949. Cardinal, 1984.

La mention « *n°... au roi* » figurant sur de nombreux instruments d'horlogerie conservés au Musée national des Techniques a longtemps fait penser que ces objets provenaient des collections de la Couronne et avaient servi au délassement d'un de nos rois. Madame Cardinal a récemment montré (op. cit.) qu'en fait ces outils étaient ceux de Ferdinand Berthoud, horloger du Roi et de la Marine. En complément de différents brevets et pensions, Louis XVI décida, en février 1782, d'accorder au génial inventeur d'horloges marines une grâce financière supplémentaire, en acquérant la totalité des outils de son atelier moyennant la somme de 30 000 livres, tout en lui en laissant l'usufruit. Le roi suivait l'exemple de Catherine II pour la bibliothèque de Diderot. A cette occasion Berthoud fit marquer sur ses instruments la mention « *au roi* » précédée d'un numéro correspondant à l'inventaire qui en fut dressé le 19 février 1782. Ce n'est seulement qu'en 1807, à la mort de l'horloger, que l'état prit possession de ces outils et qu'il en confia la garde au C.N.A.M.
Propriété théorique de la Couronne au moment de la Révolution ces outils sont un exemple significatif de l'intérêt que Louis XVI, comme ses prédécesseurs immédiats, portèrent au développement des sciences et des arts mécaniques en France.
J. N. R., J. D. A.

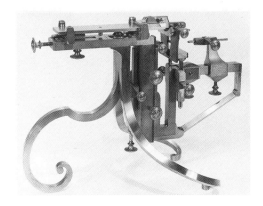

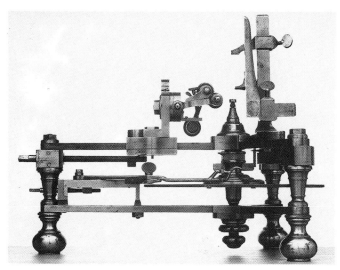

Hulot

118 | Machines à fendre les roues d'horlogerie

Laiton, fer et bois. Gravé : « *N° 1 au roi* » 1760. H. 0,40 m ; L. 0,35 m ; Pr. 0,51 m.

Paris, Musée National des Techniques (CNAM) (Inv. n° 101-E. av. 1814).

Cf. numéro 117

Le Lièvre et Hulot

119 | Outil à tailler les fusées

Métal. Gravé : « *N° 13 au roi* ». 1760. H. 12,5 cm ; L. 40 cm ; Pr. 51,5 cm.

Paris, Musée National des Techniques (CNAM) (Inv. n° 1373).

Cf. numéro 117.

Pierre (II)
Lemaire (actif c. 1730-1760)

120 | Boussole marine

Boussole : laiton, verre, papier imprimé. Coffret : bois peint et doré. 1744. Boussole : H. 0,17 m ; L. 0,27 m. Signé : *LE MAIRE LE FILS, quay de l'HORLOGE A PARIS, 1744*.

Palaiseau, Bibliothèque de l'École Polytechnique.

Provient du Cabinet de Physique des Enfants de France à l'Hôtel des Menus-Plaisirs de Versailles.

Historique
Déposée par l'État 1794 à l'École polytechnique.

En 1758, l'abbé Nollet, maître de physique et d'histoire naturelle des Enfants de France, fut chargé par Louis XV d'installer un cabinet de physique à l'Hôtel des Menus-Plaisirs à Versailles. Le Dauphin qui avait fort apprécié, dans sa jeunesse, les leçons données par l'abbé, soutint vivement ce projet et fut le premier visiteur officiel du cabinet le 12 février 1759. L'abbé dispensa dans ces lieux un enseignement qui ne prit fin qu'avec son décès en 1770. Brisson lui succéda et augmenta notablement les instruments déjà réunis.

A la Révolution, les instruments furent rapportés à l'Hôtel des Menus-Plaisirs à Paris. Ils furent inventoriés à la demande de la Commission temporaire des Arts, et comme nombre d'autres saisis dans des établissements de la Couronne ou chez des particuliers, furent affectés aux institutions scientifiques subsistantes ou à celles que la Constituante créait.

C'est par ce moyen que l'École Polytechnique, fondée en 1794, disposa, dès l'origine, des collections d'objets et de livres nécessaires à l'enseignement des sciences. Étienne Barruel fit choix, parmi les objets confisqués, de la boussole marine exposée, qui figure sur le premier inventaire des objets de la collection de physique de l'école, daté du 22 nivôse an II (11 janvier 1795).

Le plateau de la boussole correspond à la description donnée dans l'Encyclopédie à l'article « boussole », avec bien entendu le dessin des huit rumbs et la division en 360 degrés. La boussole n'a pas d'aiguille apparente : le barreau aimanté est fixé sous le plateau qui est mobile. Le nord est indiqué, selon la coutume par une fleur de lys. La vitre de protection est divisée en quadrants, pour en faciliter l'utilisation.   F. M., J. N. R., J. D. A.

Jean-Antoine
Nollet (1700-1770)

121 | Plan incliné

Versailles, Musée Lambinet. Dépôt du Lycée Hoche.

Provient du Cabinet de Physique des Enfants de France à l'Hôtel des Menus-Plaisirs à Versailles.

Historique
Saisi à la Révolution. Déposé au Lycée Hoche.

Exposition
Louis XVII. Hôtel de Ville, Versailles 1989.

122 | Pluviomètre

Versailles, Musée Lambinet. Dépôt du Lycée Hoche.

Cf. n° 121.

123 | Mortier

Versailles, Musée Lambinet. Dépôt du Lycée Hoche.

Cf. n° 121.

Claude-Siméon

Passemant (1702-1769)
avec la collaboration de Guillaume de La Haye, Gobin et Philippe Caffiéri pour la monture.

124 | Paire de globes mouvants du cabinet du roi au château de La Muette

Plâtre et carton recouverts de papier. Monture de bronze ciselé et doré. Sur les méridiens gravés : *Inventé par Passemant ingénieur du roi au Louvre.* Cartouches placés sur l'hémisphère inférieur des globes : Globe céleste : 1er cartouche : *Globe céleste/Rendu Mouvant/et Inventé/ par Passemant/Ingénieur du roy/G. de La Haye Scripsit. Gobin Sculpsit.* 2e cartouche : *Ches l'auteur/au Louvre.* Globe terrestre : 1er cartouche : *Globe terrestre/Rendu Mouvant/et Inventé/par Passemant/Ingénieur du Roy/dessiné.../La Géographie et la Lettre gravées par Guill. de La Haye.* 2e cartouche : *Ches l'auteur.* 1759. H. 0,72 m ; L. 0,60 m.

Paris, Musée de l'Observatoire.

Commandés par Abel Poisson, Marquis de Marigny, Directeur général des Bâtiments du Roi (1727-1781).

Historique
Présentés par le marquis de Marigny à Louis XV et envoyés au cabinet de physique du château de La Muette établi à Passy. Envoyée en 1792, sur ordre de l'Assemblée Nationale, à l'Observatoire de Paris.

Bibliographie
Passemant, 1763. Sue le Jeune, 1778. Daumas, 1953.

Exposition
Exposition des Instruments et Outils d'autrefois, Paris, Musée des Arts Décoratifs, 1936, n° 30.

Claude Siméon Passemant fut le plus brillant fabricant d'instruments scientifiques français du XVIIIe siècle. A ce titre, il eut pour clients tous les membres de la famille royale, la ville et la cour. Passionné très jeune pour l'astronomie, il fut un génial fabricant d'instruments avec entraînements mécaniques. Les instruments de ce type sortis de sa main sont rarissimes. En 1749, il réalisa pour Louis XV, la fameuse pendule astronomique, aujourd'hui visible à Versailles, dans une caisse en bronze doré due aux Caffiéri et terminée en 1753. Le monarque lui attribua alors pension, titre d'Ingénieur du Roi et logement au Louvre. En 1757, il fournit pour le cabinet de La Muette une machine parallactique et en 1759, les globes présentés ici dont il donne lui-même la description dans son ouvrage de 1763 : « *En 1759, Passemant finit pour M. le Marquis de Marigny, Directeur Général des Bâtiments du Roy, deux globes d'un pied et demi de diamètre... ; ces deux globes sont rendus mouvants par une mécanique singulière de l'invention de l'Auteur... Le Globe céleste tourne sur lui-même en 23 heures 56 minutes 4 secondes, temps de la révolution des fixes... Le Globe céleste tourne sur lui-même en 24 heures... Le pôle nord de ce Globe s'élève de 23 degrés et demi en Été, et s'abaisse de 23 degrés et demi en Hyver, suivant la déclinaison*

du soleil... ils n'ont besoin d'être montés que toutes les semaines. Monsieur de Marigny les a présentés au Roi, et ils sont au château de La Meute. »

L'origine du dépôt de ces globes à l'Observatoire de Paris, est précisée dans une lettre de Cassini IV, du 29 avril 1793, aux administrateurs du département de Paris : « *... L'Assemblée législative... a désigné l'Observatoire pour être le dépôt général des instruments d'astronomie et d'optique... En conséquence, vers les derniers jours du mois d'août 1792, elle a envoyé à l'Observatoire... tout ce qui s'est trouvé... dans le Cabinet de La Muette.* »

La monture de ces globes est traditionnellement attribuée à Philippe Caffiéri.   S. G., J. N. R., J. D. A.

Madame Sophie de France (1734-1782)

125 | Télescope de type grégorien

Télescope : laiton, cuir et verre. Trépied en bois et laiton. Inscriptions frappées sur le cuir : *Fait par Madame Sophie de France. Doré par Boimare, rue S. Jacques vis avis les Mathurins.*
C 1755. Lunette : L. 1,10 m ; Diam. 0,15 m ; Trépied : H. 1,20 m ; L. base 0,88 m.

Paris, Musée de la Marine, (Inv. 15 NA 17).

Provient de Madame Sophie de France (1734-1782), fille de Louis XV.

Historique
Saisi au château de Bellevue en 1792 (?). Service Hydrographique de la Marine. Déposé au Musée de la Marine, depuis 1945.

Exposition
Exposition des Instruments et Outils d'autrefois, Paris, Musée des Arts Décoratifs, 1936, n° 318.

On ne peut exclure que le gainier, ayant signé la décoration extérieure de cet instrument, ait frappé *par* au lieu de *pour* sans qu'il ait été jugé nécessaire qu'il refisse son travail. Néanmoins, même dans l'hypothèse inverse, il est peu probable que la cinquième fille de Louis XV soit l'auteur unique de ce télescope, travail qui notamment pour la confection des surfaces optiques nécessitait un atelier ; rien n'indique que Madame Cinquième en ait jamais eu un.

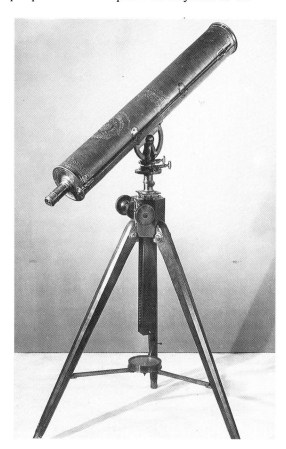

De type grégorien, c'est-à-dire avec miroirs primaire et secondaire concaves et occulaire axial, il est par ailleurs pratiquement identique aux pièces fabriquées à la même époque par Claude-Siméon Passemant et Claude Paris. Madame Sophie reçut nécessairement l'aide d'un ingénieur-opticien qui pourrait être l'un de ces derniers, ou encore François Navarre qui travaillait sous la direction de Dom Noël, responsable du cabinet du roi à La Muette.
L'inventaire révolutionnaire du château de Bellevue décrit plusieurs télescopes, placés dans la salle de Billard, dont trois de Passemant et un *thelescope couvert en maroquin rouge* qui pourrait être celui exposé ici. J. N. R., J. D. A.

Anonyme

126 | Paire de miroirs ardents

Bois et laiton. Début XVIIIe siècle. H. 0,46 m ; L. 0,34 m.

Palaiseau, École Polytechnique.

Proviennent du Garde-Meuble de la Couronne

Ces objets sont présentés au public pour la première fois.

Bibliographie
Encyclopédie ou dictionnaire raisonné des Sciences, des Arts et des Métiers. Article « miroir ».

Les miroirs concaves sont connus également sous le nom de miroirs ardents, car on peut les utiliser pour concentrer en un point donné, le foyer, les rayons reçus sur toute la superficie du miroir. C'est en utilisant cette propriété qu'Archimède aurait incendié la flotte romaine... Avec deux miroirs concaves, on a procédé selon Jean Zahn (1641-1707) à l'expérience suivante : on a placé un charbon ardent au foyer du premier miroir, et une mèche inflammable au foyer du second miroir. Les rayons émis par le charbon ardent, réfléchis du premier miroir vers le second, ont enflammé la mèche. F. M.

Porcelaines et Céramiques

Paul-Nicolas
Menière
avec la collaboration de
la Manufacture Royale de
Sèvres

127 | Tabatière à pans coupés

Or et porcelaine. 1776. H. 0,041 m ; L. 0,081 m ; P. 0,062 m. Signée
« Ménière rue MonConseille à Paris » : poinçoin de la Maison Commune.

Paris, musée Cognacq-Jay (legs E. Cognacq à la ville de Paris, 1928).

Collections de Louis XVI.

Bibliographie
Beaucamp-Markowsky, Savill, 1988.

Expositions
« Trésors des musées de la ville de Paris » Paris, Hôtel de Ville, 1980. « Louis XVII »,
Paris, mairie du Vᵉ arrt. 1987.

Cette tabatière à pans coupés est ornée de portraits de la famille
royale. Louis XVI et Marie-Antoinette au-dessus, Louis XV et Marie
Leczczsinska encadrant sur le devant le comte et la comtesse d'Artois ;
les père et mère de Louis XVI encadrant sur l'arrière ses sœurs
Madame Clotilde et Madame Élisabeth, Mesdames Victoire, Sophie,
Adélaïde et Louise, ses tantes sur les petits côtés ; le comte et la
comtesse de Provence au-dessous. Par le poinçon, on connaissait les
dates limites d'exécution de cette tabatière : 1775-1776. Tamara
Préaud l'a solidement identifiée à une boîte livrée au roi fin 1775 par
la manufacture de Sèvres. Les mystères ne sont pas tous levés, il s'en
faut. Tabatière, elle n'en avait, bien entendu, que le nom. On sait
que Louis XV choisissait lui-même à Sèvres les cadeaux qu'il faisait
aux siens, que Marie-Josèphe sa belle-fille, appréciait les pièces de
porcelaine. Le petit-fils suivait leur exemple. Autour des médaillons
de Louis XVI et de Marie-Antoinette, le raccourci curieusement
ordonné de générations que représentent les quatorze autres portraits
est le mémorial d'une famille royale telle Louis pouvait la ressentir
ou la désirer, unie moins par le prestige des mâles que par les vertus
d'une aïeule, d'une mère et de deux sœurs. Nous savons que l'Ancien
Régime était fait d'irrationnel. Parents et grand-parents étaient morts ;
Clotilde devait se marier en août... Ne laisse pas de surprendre
cependant la préséance du panneau antérieur dévolue au comte
d'Artois et à son épouse Marie-Thérèse de Savoie. Il serait savoureux
que la précieuse boîte ait été un cadeau de Louis XVI à son petit
frère Artois. Un second mystère n'en est pas un tout à fait.
Anachronique, la minceur juvénile du nouveau souverain n'autorise
pas à présumer une commande très antérieure à son avènement :
Sèvres ne devait disposer d'autre iconographie accessible que les
portraits peints par Louis Michel Van Loo et par Hall, remontant

à plus de cinq ans. Ce rajeunissement comporte une signification plus
large, qu'illustre le nœud de l'hymen et les lys en place centrale,
comme aussi le frais langage des roses répandues partout : l'espoir
d'un âge béni, né du mariage de 1770, s'épanouissait désormais. A
la grâce de l'inspiration concourent des techniques d'art arrivées
chacune à l'excellence, et entre elles à parfaite conjonction. C'est
vraiment la délicatesse qu'exalte la pâte tendre de Sèvres, tandis qu'il
s'agit de rivaliser de précision avec la pâte dure. La porcelaine est
sertie « en cage » dans une monture d'or, l'or s'allégeant par un
dégradé de trois tons ; les pans coupés procèdent d'un même idéal
de raffinement. L'identification de l'orfèvre conduit à une nouvelle
question : par quel hasard un jeune artiste a-t-il été distingué à la
cour ? Ménière accéda en effet à la maîtrise l'année de la création
de cette boîte. La réponse provisoire est une fois encore dans
l'empirisme, étonnamment fécond, de l'ancien régime. Les renseignements d'archives sont du reste très incomplets. Les 2 800 livres versées
à la livraison, à Sèvres, apparaissent hors de proportions avec le seul
paiement de travaux dont on ait gardé trace : 144 livres pour les
guirlandes de fleurs de 7 panneaux au peintre Parpette. Les fleurs
des autres panneaux, les figures, que madame Préaud attribuerait à
un des frères Phitou, et la monture, auraient constitué la différence.
Le caractère exceptionnel de l'œuvre par rapport à des boîtes
comparables (celles de Ducrollay, 1748-49, dans la collection
Wrightsman, et de Tiron, 1765-66, à Waddeston Manor), tient
assurément dans la rareté technique des portraits, qui ne sont plus
que de simples émaux.
P. L. V.

Manufacture Royale de
Sèvres

128 | Deux assiettes du service bleu céleste de Louis XV

Pâte tendre. Marquées 1753 et 1754. Marque du peintre Fontaine sur l'une.
Marque de peintre non identifié sur l'autre.

Londres, collection particulière.

Livrées pour le service de Louis XV à Versailles.

Bibliographie
Grégory, 1982. Grégory, 1988.

La taille et la composition du service fournissent peu d'indices sur
sa destination et son utilisation à Versailles.
Probablement trop petit pour servir aux grands repas de cérémonie,
où d'ailleurs les métaux précieux prédominaient, on est tenté de penser
qu'il a pu être le témoin des fameux repas intimes de Louis XV, où
seulement quelques amis étaient invités à partager son souper avec
la marquise de Pompadour. Le sort d'une partie du service suggère
qu'il n'a que peu ou pas servi. En effet, le 5 juillet 1757, Louis XV,

par l'intermédiaire de Duvaux, en vendit une partie importante au même prix pour chaque pièce que le prix d'achat d'origine. Le client était le protégé de la marquise de Pompadour, Étienne-François de Choiseul, comte de Stainville, plus tard duc de Choiseul. Par cette transaction, Stainville s'est porté acquéreur de 72 des 112 assiettes, 12 des 30 compotiers, quelques corbeilles et autres pièces, mais pas de seaux ou de plats. La majeure partie des achats de Stainville est maintenant conservée dans la collection du duc de Buccleugh à Boughton, en Angleterre. Ils furent probablement achetés vers 1830 au marchand Edward Holmes Baldock, après avoir peut-être passé par la collection de Brummell. Notons que les quelques faux qui existent de pièces de ce service sont peut-être dues à Baldock, dont la réputation en la matière n'est plus à faire. D'autres éléments du service subsistent au musée National de la Céramique à Sèvres, au musée des Arts Décoratifs, et au Metropolitain museum à New-York (collection Wrightsman). Louis XV n' abandonné à Stainville qu'une minorité du service, et il est donc normal que l'on trouve dans les registres de vente des références à des suppléments, qu'elles soient précises et indiquent la décoration, ou seulement des prix compatibles. Par exemple, parmi les achats royaux de décembre 1763, se trouvent des compotiers à 72 livres, et des tasses à glaces à 24 livres, sans autre précision. Un achat du 27 juin 1767, par le marquis de Champcenetz pour le roi, comprenait des tasses à glace bleu céleste, elle aussi à 24 livres, et des soucoupes à pied à 72 livres. L'achat de 1767 était pour le château de Bellevue, qui à l'époque appartenait à Louis XV, et indique peut-être que le service y fut utilisé. Les 26 mai et 2 octobre 1779, Louis XVI acheta des corbeilles bleu céleste à groupes de fleurs, y compris une rare corbeille octogone, certainement un plateau à huit pans à bord, simulant la vannerie ; il y avait non moins de 14 de ces plateaux dans la livraison de 1755, mais on en n'a presque pas fabriqué depuis. Ces achats successifs ne constituent pas en eux-mêmes une preuve définitive que l'on suppléait au service de Vincennes, mais l'on peut supposer raisonnablement que le service, avec son grand nombre de plats et plateaux dut continuer à être utile à Versailes, ou par exemple au proche château de Bellevue.

D.-N. P.

Illustration couleur face page 145.

---

129 | douze assiettes, trois plateaux pour tasses à glace, quatre compotiers ronds, cinq assiettes à dessert du service de Louis XVI

Porcelaine en pâte tendre. 1783-1789.

Londres, collection Johnathan Harris.

Livrés pour le service de Louis XVI à Versailles.

Un service « guirlandes de barbeaux » fut commandé par Versailles en 1783, et reçu des suppléments jusqu'en 1790. L'éventail des dates des 24 pièces présentées ici est de 1783 à 1789 :
– les assiettes : 1783, 84, 88, 89
– les plateaux : 1783
– les compotiers : 1784, 87, 89
– les assiettes à dessert : 1788, 89.

Les marques des peintres concordent avec les références dans les registres de peinture au sujet de ce service. Les assiettes à dessert étaient rarement fabriquées à Sèvres, et il est probable que les seules avec ce décor furent celles de ce service. Dans les registres de vente, de peinture et d'enfournement, ce service est décrit comme « guirlande de barbeaux », mais aussi comme « service du roi, guirlandes de barbeaux ». La première livraison, au roi, est inscrite au registre de vente le 11 mai 1783 :

144 assiettes unies ordinaires	15 livres chaque
24 assiettes de dessert	12
24 salières doubles	24
6 moutardiers	24
6 beurriers	36
48 pots à jus	9
8 saladiers	54
4 porte-huiliers	54
12 compotiers ronds	15
12 compotiers ovales	30
24 compotiers ordinaires	24
12 sucriers	48
96 tasses à glace	9
12 plateaux pour tasses à glace	30
16 seaux à bouteille	96
8 seaux à demi-bouteille	78
4 seaux crénelés	120
48 seaux à verre	30
1 seau à glace	120
12 coquetiers	5
2 maronnières	192

Trois de ses assiettes présentées ici font partie de cette première livraison, ainsi que les trois plateaux Bouret (pour les tasses à glace). La taille du service (plus de 500 pièces), son prix (raisonnable), l'usure des pièces qui ont survécu, et le fait qu'il fut augmenté de façon continuelle, suggère une utilisation journalière par un nombre important de personnes, par exemple des membres de la cour, officiers de la Maison du Roi, et aussi divers invités. Un sucrier et un seau crénelé de ce service sont conservés à Monticello, aux États-Unis, dans la maison de Thomas Jefferson. Jefferson était ambassadeur des États-Unis en France à cette époque, et a certainement mangé à Versailles. On ne sait pas comment il est devenu le propriétaire de ces deux objets (ils sont en très mauvais état). D'autres pièces de ce service sont au Bowes museum, dans le nord de l'Angleterre. L'ultime supplément confirme son rapport avec la Cour. En effet la livraison du 14 mai 1790 fut probablement faite aux Tuileries, indiquant que le service a fait partie des objets déménagés vers les Tuileries avec Louis XVI et sa maison. La plupart des artistes de la Manufacture qui ont travaillé à la peinture de ce service étaient des femmes. Elles étaient les épouses ou les filles de peintres de la Manufacture, et souvent se servaient de la même marque que leur mari ou père, ce qui pendant longtemps a créé des confusions pour les chercheurs. Une étude attentive de ce service vient de dissiper le brouillard qui cachait l'identité de bon nombre de ces personnes, par exemple mesdames Taillandier, Bouillat et Noualhier, mesdemoiselles Fontaine et Buteux. Les femmes étaient en général responsables des décorations florales.

D. N. P.

Illustration couleur face page 145.

130 | Assiette à palme d'un service utilisé à Versailles

Porcelaine tendre. C. 1763-1770. Diam : 0,24 m. Marques : deux L entrelacés en bleu.

Paris, collection particulière.

Livrée pour le service de Louis XV à Versailles

Bibliographie
Archives de la Manufacture nationale de Sèvres, David Peters, communications écrites.

Dans un article non publié sur les services de Louis XV, Monsieur David Peters a suggéré en 1986 qu'un service de ce décor avait existé au château de Versailles. La livraison d'origine, probablement en décembre 1763, n'est pas identifiable avec certitude car le registre des ventes de Sèvres n'indique pas la décoration des pièces (cas très fréquent à partir de 1761). C'est par une étude détaillée des prix, et grâce à des descriptions plus précises de compléments et de remplacements, que la destination de ce service a pu être découverte. Ainsi, Monsieur Peters a retrouvé que le roi achète six assiettes *à groseilles*, au prix unitaire de 24 livres, le 28 avril 1769 (M.N.S., Vy 4, f. 191), puis des pièces à *attributs et groseilles* les 18 mai et 13 juin 1772 (M.N.S., Vy 5, f. 41 vo), et à *attributs guirlandes* le 16 novembre 1773, spécifiquement *Pour Versailles* (M.N.S., Vy 5, f. 133).

L'aspect inhabituel du décor, et la grande rareté des pièces survivantes, incitent à penser qu'il n'y a eu qu'un seul service de ce type, celui de Versailles. Nous ne connaissons actuellement que très peu de pièces de ce même décor :
– une *soucoupe à pied* dans une collection privée parisienne.
– une *marronnière* ovale *Museum of Fine Arts* de Boston.
– un *compotier à côtes* et quelques *tasses à glace*, signalés dans des collections privées britanniques.
– de rares assiettes passées en vente publique.
Sur l'assiette exposée il faut remarquer qu'une bannière aux armes de France figure dans l'un des trophées.
Ce service a probablement fait partie des ventes révolutionnaires de 1794.
                                                                    B. D.

Illustration couleur page 160 quatuor.

---

131 | Assiette du service de madame Du Barry

Porcelaine tendre de Sèvres. Marque LL peint en bleu : marque en creux x : au chiffre de madame Du Barry. 1770-1774. Diam : 0,245

Paris, collection Eugène Becker.

Provient d'un service de madame Du Barry.

Bibliographie
Christie's collection R.B. Londres, 5 mai 1855. Coll. M.L. Double. Paris, 30-31 mai, 1er juin 1881, no 64. Christie's, coll. M. Goode, Londres, 1895. Christie's 4 novembre 1981, no 453. Sotheby's, New-York, 4 mai 1984, no 419.

Si le service « aux petits vases et guirlandes » de madame Du Barry est très connu – il nous est parvenu un assez grand nombre de ses 322 pièces – celui-ci « à bord bleu, enfants et corbeilles » l'est moins, car les pièces qui nous en restent sont rares : aucune dans les musées français, une assiette au Victoria and Albert museum ;

dans les collections privées, une belle suite de 19 assiettes chez la baronne Elie de Rothschild, environ 9 assiettes passées en vente publique depuis 1855, un déjeuner exposé à Saint-Petersbourg en 1904, et deux seaux à venes. Le prix de l'assiette était élevé : 60 livres (pour 42 livres une assiette du service aux petits vases). Une seule série de 12 assiettes apparaît dans le registre des livraisons de Sèvres, à la date du 1er septembre 1770 ; mais la suite était sans doute commandée, en fabrication les années suivantes. Nous trouvons une assiette datée de 1772 (Sotheby's, 1984), une autre de 1773 (collection Goode) parmi celles qui sont datées. Une ou d'autres livraisons ont-elles eu lieu sans être notées dans les registres ? Ou bien la commande n'a-t-elle pas été achevée, livrée avant 1774, année de la mort de Louis XV et de l'exil de madame Du Barry ? Ou bien encore madame Du Barry a-t-elle sacrifié la suite de son service, presque terminé à Sèvres, pour qu'il devienne le cadeau royal de Louis XV à sa nièce et à sa filleule, Charlotte-Louise de Naples ? En tous cas, quelle qu'en fût sa longueur, le service « à bord bleu, enfants et corbeilles » de madame Du Barry a été dispersé au cours d'une vente révolutionnaire.
                                                                    E. B.

Illustration couleur page 160 quatuor.

---

132 | Assiette unie d'un service de Marie-Antoinette

Porcelaine tendre. 1784. Diam : 0,24 m. Marques : deux L entrelacés incluant les lettres-date gg, et une fleur de lys (marque du peintre Taillandier), en bleu.
Paris, Collection particulière.

Livrée pour le service de Marie-Antoinette.

Bibliographie
Archives de la Manufacture Nationale de Sèvres ; Eriksen et Bellaigue, 1987.

Dans une lettre datée du 12 février 1784, Antoine Régnier, directeur de la manufacture, écrivait au comte d'Angiviller : « *La Reyne m'ayant fait dire quelle verroit une Assiette d'Echantillon pendant son diner, elle a choisi une assiette de 36 livres et ma ordonné un service Entier avec les plats. Sa Majesté en est pressée, il y a 22 ouvriers qui y travaillent...* » La fabrication fut certainement rapide puisque dès le 26 août on livrait à la Reine un *Service décoration riche en Couleurs et Riche en or* de 239 pièces (dont 72 assiettes), pour un total de 16 530 livres (M.N.S., Vy 9, f. 141vo).
L'identification du service repose sur une mention heureusement très précise, dans le registre des enfournements : celui du 27 avril 1784 comprend *17 assiettes unies / Service pour la Reine, Perles roses et Barbeaux* (M.N.S., Vl'2, f. 95). Par ailleurs, les archives de la manufacture possèdent aussi un recueil de modèles d'assiettes (M.N.S., R 6). En première page on y trouve l'aquarelle d'une assiette (du modèle appelé *B*) en tous points semblable à l'assiette exposée, et dont le prix indiqué est de 36 livres.
Le peintre Vincent Taillandier fut largement mis à contribution. De février à juillet 1784, il reçut 18 assiettes à décorer pour le service de la Reine (M.N.S., Vj'3, f. 243-243vo).
Un nombre important de pièces de ce décor, datées de 1784, a survécu et se trouve disséminé en Europe et aux États-Unis. Ce service dut plaire à la comtesse d'Artois, belle-sœur de la Reine, puisqu'elle se fit livrer, le 27 juin 1789, un *Service No B, Pour Versailles* de 263 pièces, de décoration identique (M.N.S., Vy 10, cf. 335vo-336).   B. D.

Illustration couleur page 160 quatuor.

133 | Assiette à palmes du service du château de Fontainebleau

Porcelaine tendre. 1787. Diam : 0,24 m. Marques : deux L entrelacés incluant les lettres-date kk, et P.B., en carmin.

Paris, collection particulière.

Livrée pour le service de Louis XVI à Fontainebleau.

Bibliographie
Archives de la Manufacture nationale de Sèvres ; David Peters, communications écrites ; Catalogue de la vente de Christie's Monaco, le 7 décembre 1987, lot 253, pages 151-153 ; Peters, 1985.

Un petit nombre de pièces de ce service était connu depuis des années, mais seuls les L entrelacés (répétés quatre fois, en dorure, au centre des assiettes), semblaient indiquer une provenance royale. En 1986, Monsieur David Peters, dans un article non publié, a identifié ce service de façon concluante. Cette identification a été confirmée par les marques que porte l'important groupe de 116 pièces préemptées par le Musée national du château de Fontainebleau à la vente de Christie's Monaco, le 7 décembre 1987.
Les pièces les plus anciennes sont datées de 1756, et Monsieur Peters a relevé la vente par le marchand-mercier Lazare Duvaux, le 5 septembre 1757, à *S.M. le Roy : Pour Fontainebleau* d'un service dont le décor n'est pas détaillé, mais dont les assiettes coûtaient 36 livres. Par la suite, et particulièrement sous le règne de Louis XVI, le registre des ventes de la manufacture nous révèle des livraisons pour Fontainebleau de *Porcelaines de Remplacement* ou *d'Augmentation* dont la décoration est parfois précisée : *guirlandes camayeu carmin* (le 8 mai 1783, M.N.S., Vy 9, f. 18).
Selon le registre des travaux des peintures, Philippe Boucot fils se voit confier le 19 janvier 1787, deux *assiettes à palmes* à décorer en *Guirlande Carmin* (M.N.S., Vj'4, f. 34ᵛᵒ). Elles font probablement partie des 25 assiettes livrées le 30 avril 1787, au prix de 24 livres pièce (M.N.S., Vy 5, f. 152ᵛᵒ-153ᵛᵒ). D'après monsieur Peters, les différences de prix s'expliquent par plusieurs baisses successives de tarif, pour les pièces de service, entre 1757 et 1787.
Nous ne savons pas de quelle façon et à quelle date le service a été vendu ou échangé par le gouvernement révolutionnaire.   B.D.

Illustration couleur page 160 quatuor.

134 | Assiette unie du grand service de Louis XVI à Versailles

Porcelaine tendre. 1787. Diam. 0,24 m. Marques : deux L entrelacés et LG en or. Monogramme WJG gravés sur l'émail.

Paris, collection particulière.

Livrée pour le service de Louis XVI à Versailles.

Bibliographie
Bellaigue, 1986.

Le plus célèbre des services produits par la manufacture de Sèvres au XVIIIᵉ siècle fut aussi de loin le plus coûteux. Chacune de ces assiettes en fond *beau bleu* à décor de *miniatures* valait 480 livres, soit plus de dix fois le prix d'une assiette d'un service classique en fond de couleur. C'est probablement Louis XVI qui avait décidé du sujet des réserves (des scènes de la mythologie et de l'histoire grecque

et romaine). Il suivit de très près la production du service, et rédigea de sa propre main un état détaillé et un calendrier des livraisons prévues (qui devaient s'échelonner de 1783 à 1803). Sur les 421 pièces commandées, seules 234 seront exécutées (dont 36 assiettes *à frize*, sans réserves peintes).
La majeure partie fut vendue aux enchères à Versailles en 1794, puis rachetée par le roi George IV d'Angleterre, en 1810 et 1811. Aujourd'hui, le service figure toujours dans la Collection royale britannique. Un petit nombre de pièces se trouvent disséminées, principalement en Grande-Bretagne, mais aussi aux États-Unis, au Danemark et en France (un *plateau de moutardier* au Musée du Louvre, et *un seau à verre* au château de Versailles).
L'assiette exposée a été décorée par Pierre-André Le Guay et dorée par son homonyme Étienne-Henri Le Guay. Sir Geoffrey de Bellaigue a identifié les scènes représentées : au centre, *Coronis poursuivie par Neptune et métamorphosée en corneille par Minerve,* et sur l'aile, *L'abolition des dettes, La punition de Cassius, Le rétablissement des tribuns,* et *Cincinnatus rappelé de la charrue.*
Livrée à Versailles pour l'exposition annuelle de décembre 1787, cette assiette réapparaît à la fin du XIXᵉ siècle dans la collection de William James Goode, qui grave ses initiales au revers ! A sa vente, chez Christie's à Londres, le 17 juillet 1895, elle est achetée par le marchand Wertheimer pour 101 guinées. Ayant été sur le marché de l'art parisien avant la dernière guerre, elle y refait brièvement surface en juin 1985.   B.D.

Illustration couleur face page 63.

Manufacture Royale de
Sèvres
avec la collaboration de Pithou Jeune, Noualhier fils et du monogramiste LG.

135 | Tasse litron et sa soucoupe commémorant l'ambassade de Tipoo-Saib

Porcelaine tendre. Deux *L* affrontés en or, et initiales *L.G.* c. 1788. Tasse : H. 0,072 m ; diam. 0,072 m. Soucoupe : Diam. 0,14 m.

Paris, Musée Carnavalet (Don Edouard Dutey-Harispe, 1961).

Bibliographie
La Vaissière, 1961. Brunet, 1961.

Exposition
Cinquante Ans de Mécénat, Don de la Société des Amis de Carnavalet et de ses membres 3, Musée Carnavalet, 2 juin-27 septembre 1981, n° 160.

La tasse représente les portraits des trois ambassadeurs extraordinaires envoyés par Tipoo-Saib, Sultan de Mysore à Louis XVI. Arrivés à Paris le 16 juillet 1788, ils obtinrent un grand succès de curiosité.
Les registres de la manufacture de Sèvres pour les années 1788/1789 indiquent que quatre tasses avec soucoupes furent exécutées. L'une d'entre elles ornait l'appartement de la comtesse d'Artois au château de Versailles. En effet, « l'inventaire des meubles et objets précieux appartenant à la femme de Charles Philippe Capet, propres aux échanges », dressé le 21 nivôse an III (10 janvier 1795) mentionne

sous le nº 38 « *Une tasse et sa soucoupe de porcelaine de Sèvres à Médaillons repr. les Portraits des Ambassadeurs de Typo Sultan, sur la soucoupe sont également peints les meubles à l'usage des Étrangers* » qui est estimée 360 livres.

A la suite figure cette remarque : « *Ce dernier article est réclamé par les Commissaires Artistes comme monument historique et nécessaire à la Vérification des dates par la légende qui l'entoure* ».   J. N. R. J. D. A.

136 | Paire de vases Médicis (Pl. 14)

Porcelaine de Paris (pâte dure). Époque de Louis XVI, vers 1795-1790. H. 0,355 m ; L. 0,203 m.

Collection particulière.

Première présentation au public.

Œuvre en rapport
Un vase au décor plus tardif, avec pendule incorporée, de forme proche, in « La pendule française », 2e partie, « du Louis XVI à nos jours », Tardy (Paris 1949), p. 383, pl. 1.

Ces vases reposent sur un piédouche à gorge unie et collet sous la panse, ensemble en dorure brunie à l'effet, dont la base est cerclée, sur une légère terrasse, d'une course de plante grimpante, délicatement brunie sur fond mat. La partie inférieure de la panse est ornée bilatéralement par des bustes en ronde bosse de sphynges aux ailes détachées en entier, figures contrastées blanc et or. Aux culot de la panse, un abondant feuillage lancéolé rayonnant, sommé d'une ligne de grosses perles, contraste or sur fond blanc, Le fût, de forme tulipe, repose sur une moulure à l'or bruni surmonté d'un cercle à l'or mat lui-même orné d'une petite course de plante grimpante avec vrilles. Au-dessus, jusqu'à l'encolure, fond bleu pervenche, décor arabesque

d'émaux blancs dans un genre Wedgewood à l'aplomb des sphynges et en encadrement de laurier, au milieu de chaque face, autour des réserves. Celles-ci sont d'or mat bruni à l'effet, présentant un paysage avec fabriques. Deux bandeaux d'or bruni, l'un large, l'autre étroit, les encadrent encore. Sous l'encolure, successivement : ligne de petites perles d'émail blanc, bandeau bruni à l'effet sur or mat au motif (supposé) de plume de paon, bandeau d'or bruni.

L'exemplaire du Tardy est peut-être un blanc réutilisé et décoré sous l'Empire. D'après les spécialistes, forme et décor sont entièrement inédits sous Louis XVI. La mise au point dut être longue et coûteuse. En raison de la datation (après 1785) l'on peut dès lors considérer qu'il s'agit des prototypes mêmes du modèle à sphynges ailées qui sera fréquemment varié, au moins jusqu'à la fin du premier quart du XIXe siècle (cf. R. de Plinval de Guillebon, in « La Porcelaine de Paris » ; Office du Livre, éditions Vilo, Paris 1972 ; Nast, pl. 77. p. 98, par ex.). La splendeur de la réalisation, l'originalité de chaque détail, font de ces vases des pièces uniques, vraisemblablement produites par la manufacture du duc d'Angoulème (Dihl & Guérhard). Un examen attentif a permis de constater que les vues des réserves interprètent de manières fantaisiste les fabriques de Trianon. Sont d'un extrême intérêt, les caractéristiques du Temple de l'Amour (coupole surbaissée, tambour avec frise de rinceaux, colonnes cannelées, etc.), du Moulin (cheminées prolongeant le mur pignon, type de faîtage, éléments d'inspiration normande, mixité tuiles/chaume, bossage et refend autour des fenêtres...), de la Tour de Malborough (orientation géographique, au bord d'un étang, identique à la réalité, avec à l'arrière plan une construction proche de la maison de la Reine), que l'on retrouve toutes au Hameau. Encore une fois la concordance étrange avec le goût de Marie-Antoinette, très reconnaissable, généralement incite à croire que ces pièces rarissimes ont fait partie de ses collections.   J. F.

Illustration couleur face page 176.

Manufacture de
Saint-Cloud

137 | Assiette du service de la Bouche du Roi à Versailles

Assiette à bords ronds. Faïence, à décor de grand feu XVIIIe siècle. Diam. 0,24 m.

Sceaux, musée de l'Ile-de-France (attribution du musée Carnavelet, 1971).
Service de la Bouche du Roi au château de Versailles.

Cette pièce est présentée au public pour la première fois.

138 | Assiette du service des communs de Trianon

Assiette à bords ronds. Faïence, à décor de grand feu XVIIIe siècle. Diam. 0,237 m.

Sceaux, musée de l'Ile-de-France (attribution du musée Carnavelet, 1971).
Provient du service des communs du château de Trianon.

Cette pièce est présentée au public pour la première fois.

139 | Plat du service des communs de Choisy

Plat oblong à bords découpés. Faïence, à décor de grand feu XVIIIe siècle. H. 0,248 m ; L. 0,34 m.

Sceaux, musée de l'Ile-de-France (attribution du musée Carnavelet, 1971).

Provient du château de Choisy.

Cette pièce est présentée au public pour la première fois.

---

140 | Plat du service des communs de Saint Hubert

Plat oblong à bords découpés. Faïence, à décor de grand feu XVIIIe siècle. H. 0,28 m. L. 0,36 m.

Sceaux, musée de l'Ile-de-France (don de madame Sevalle, 1987).

Provient du château de Saint-Hubert.

Bibliographie
Garnier, 1986.

Cette pièce est présentée au public pour la première fois

Avant de réaliser des pièces en porcelaine tendre et parallèlement à cette dernière production, la manufacture de Saint-Cloud fit de la faïence, spécialement des vases d'apothicairerie, ou des carreaux de revêtement (le Trianon de porcelaine en était recouvert, et plus tard les bassins de Marly en seront tapissés), puis elle exécute des services pour les différents communs des châteaux royaux, Versailles (assiettes ou plats décorés de trois couronnes ou des armes royales), Trianon, Choisy, Saint-Hubert. Les pièces présentent un ruban bleu et noir en bordure de l'aile, les armoiries, de même couleur, sont disposées dans le fond. A l'emplacement du château de Saint-Hubert, on a trouvé de nombreux fragments de pièces marquées S. H.   M. A.

(n° 137)

(n° 138)

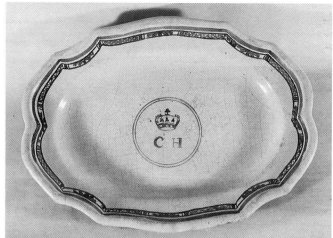

(n° 139)

(n° 140)

266

Livres

141 | Ville et Fauxbourgs de Paris.

État des baptêmes, mariages, mortuaires, enfants trouvés et professions religieuses de la Ville et Fauxbourgs de Paris. Année 1785, Paris, impr. Ph. D. Pierres, 1785, in-folio.

Maroquin olive, plats encastrés d'un triple filet d'or, dos long orné du monogramme royal, double filet d'or sur les coupes, dentelles intérieures et tranches dorées. Aux armes de Louis XVI.

Versailles, Bibliothèque municipale.

Les ouvrages présentés ici, confiés par la bibliothèque de Versailles proviennent du dépôt littéraire formé à partir des confiscations révolutionnaires au château de Versailles pour servir de bibliothèque à l'École centrale du département de Seine-et-Oise. Après la suppression de celle-ci en 1802, ils furent transportés dans les locaux de l'ancien ministère des Affaires Étrangères et de la Marine. Ils font donc partie du noyau originel de la bibliothèque de Versailles. Les indications essentielles se trouvent dans l'ouvrage d'Olivier, Hermal et Roton, 1924-1938.   C. C.

Charles-Dominique-Joseph
Eisen (1722-1778)

142 | Frontispice du catalogue de la bibliothèque de la Dauphine

Dessin à la mine de plomb sur peau de vélin. 1770, et signe. H. 0,15 m ; L. 0,095 m.

Collection particulière.

Exposition
« Marie-Antoinette » (Versailles, 16 mai-2 novembre 1955).

Cet état, avec les figures « découvertes » des trois Grâces, fut refusé. La gravure définitive représente les trois Grâces habillées.

143 | Le fabricant de Londres.

Drame en 5 actes, par Charles-Georges Fenouillet de Falbaire de Quincey, Paris, Delalain, 1771, in-8°.

Veau écaille, plats encadrés d'un triple filet d'or, dos long orné de motifs dorés, filet d'or sur les coupes, dentelles dorées à l'intérieur. Marque CT (Trianon) en queue. Aux armes de Marie-Antoinette.

Versailles, Bibliothèque municipale.

Bibliographie
Olivier, Hermal et Roton, 1924-1938, pl. 2508, fer 6 de format réduit, 50 × 40 mm.

Cet ouvrage vient de la bibliothèque du château de Trianon, demeurée sur place pendant la période révolutionnaire. Cette bibliothèque était surtout composée d'ouvrages de détente (romans et pièces de théâtre), contrairement à celle, beaucoup plus élaborée, que la reine avait au château, et qu'elle avait fait suivre aux Tuileries après les événements d'octobre 1789.   C. C.

144 | Traité complet d'arithmétique

A l'usage de l'École militaire de la compagnie des chevau-légers de la Garde ordinaire du roi... par Didier Grégoire Trincano, Paris, L. Cellot et Muzier : Versailles, Blaisot, 1781, in-8°.

Maroquin rouge, décor de dentelles, gardes en tabis bleu, tranches dorées, aux armes de Marie-Antoinette.

Don de monsieur Guillot, juillet 1895.

Bourges, Bibliothèque municipale.

Provient de la bibliothèque de Marie-Antoinette à Versailles.

Bibliographie
Boyer, 1851. Bereux, 1920. Gandilhon, 1932. Jenny, 1974.

Exposition
Bourges, 1923.

La bibliothèque de Bourges s'enrichit, sous le Directoire, d'une façon inattendue. Les collections prises aux établissements religieux se composaient en partie d'ouvrages anciens, surtout de théologie, peu utiles aux élèves de l'École centrale qui avaient besoin de livres de sciences, de géographie, de littérature. La Commission d'Instruction Publique du Cher songea aux volumes amoncelés à Paris et à Versailles, par suite de la confiscation des biens des princes et seigneurs émigrés, ou de la famille royale. Le citoyen Butet se rendit dans la capitale et écrivit au ministre de l'Intérieur, Letourneux, pour obtenir la permission d'aller fouiller dans les dépôts, puis d'échanger les doubles et les triples (novembre 1797). L'autorisation fut accordée (B.N., mss., n.a.f. 21039, f° 19-52). Les administrateurs du Cher envoyèrent alors un catalogue des doubles de Bourges, rédigé par le bibliothécaire Champion, en demandant d'enlever les livres sur lesquels Butet avait jeté son dévolu (à Versailles, surtout, à Bellevue et à Brunoy). Mais un contre-ordre survint ; au ministère, on trouvait que les Berruyers exagéraient : en échange de livres à gravures, d'éditions rares, de belles reliures en maroquin (notre homme avait su bien choisir !), ils offraient toutes les vieilleries dont ils tenaient à se débarrasser. On exigeait donc des propositions plus intéressantes. Butet sut atermoyer, faire intervenir le député Heurtault-Lamerville, profiter d'un changement de ministre. L'autorisation d'emporter les livres choisis fut enfin accordée par François de Neufchâteau (novembre 1798). Telle est l'origine de la présence à Bourges de ces magnifiques reliures aux armes royales, de Madame Victoire, de madame Du Barry, etc..., que les conservateurs du château de Versailles n'ont pas oublié ; mais ce sont des dos factices qui, dans les petits appartements, tiennent maintenant la place des livres qui font l'orgueil de la bibliothèque de Bourges. En 1801, les Berruyers tentèrent de renouveler cette fructueuse opération, aux dépens des dépôts de Paris. Mais le gouvernement du Consulat fit la sourde oreille.   J. J.

145 | Le théâtre de M. Baron

Augmenté de deux pièces qui n'avaient pas encore été imprimées... tome premier. A Paris, aux dépens des associés, 1759, in-16°.

Veau brun, aux armes de Marie-Antoinette. Marques, au bas du dos : CT.

Bourges, Bibliothèque municipale.

A l'intérieur est collée une fiche d'inventaire de la période révolutionnaire, portant la mention « Fe capet, trianon, 3 vol., A. n° 1040 ».

Provient de la bibliothèque de Marie-Antoinette au château de Trianon.

Bibliographie et historique : voir n° 144.

146 | Journal des fêtes données à Marseille

A l'occasion de l'arrivée de Monsieur, frère du roi... Marseille, Antoine Favet, 1777, in-4°.

Maroquin rouge, dentelles d'encadrement sur les plats, dos long orné de motifs dorés, dentelles d'or à l'intérieur et sur les coupes, tranches dorées. Aux armes du comte de Provence, Grand Maître de Saint-Lazare.

Versailles, Bibliothèque municipale.

Louis-Stanislas-Xavier, comte de Provence, quatrième fils de Louis, Dauphin (Versailles, 1755-Paris, 1824), fut reçu chevalier de l'Ordre du Saint-Esprit et chevalier de la Toison d'Or en 1767 : il succéda à son frère comme maître des Ordres de Saint-Lazare et du Mont-Carmel, et fut reçu en cette qualité en 1773. Le fer frappé sur cette reliure porte tous ces ordres. Il porta le titre de « Monsieur, frère du roi » à l'avènement de Louis XVI (10 mai 1774) et succéda à son neveu Louis XVII (8 juin 1795).   C. C.

147 | Ballet héroïque

Composé du prologue et du premier acte des Fêtes de l'Himen (paroles de Louis de Cahusac), avec l'acte d'Eglé (paroles d'Alexandre de Laujon)... Livret, Paris, Lormel, 1772, in-4°.

Maroquin olive, roulette d'encadrement fleurdelisée sur les plats, fleurs de lys aux angles, dos à nerfs orné de fleurs de lys dorées, filets d'or sur les coupes, tranches dorées, doublures et gardes de tabis bleu. Aux armes du comte d'Artois. Fer proche de celui décrit par Olivier, Hermal et Roton, pl. 2540, n° 4.

Versailles, Bibliothèque municipale.

Charles-Philippe, comte d'Artois, cinquième fils de Louis, Dauphin (Versailles, 1757-Goritz, 1836), futur roi de France sous le nom de Charles X, marié le 16 novembre 1773 à Marie-Thérèse de Savoie, eut d'abord des armes écartelées au 1 et au 4 de France, au 2 et au 3 d'azur, semé de fleurs de lys d'or au lambel à trois pendants de gueules (Artois). Il porta ensuite de France à la bordure crénelée de gueules. Les fers du premier type semblent assez rares.   C. C.

une tour médiévale, un ermitage, une chapelle... dans lequel elles communient avec la nature dans une insouciance sereine. Mais, dès 1789, mesdames Adélaïde et Victoire (Sophie est morte en 1782) sont inquiètes. En février 1791, on leur annonce que Théroigne de Méricourt marche sur Bellevue avec des sans-culottes pour les faire prisonnières. Immédiatement, elles quittent le château et prennent la route de l'exil. Elles mourront, toutes deux, à Trieste. En 1792, les scellés sont apposés sur le château et un décret de 1794 précise que « le château de Bellevue sera conservé aux frais de la République pour servir aux jouissances du peuple et former des établissements utiles à l'agriculture et aux arts. »   F. et M.-J. V.

149 | Histoire de la guerre des Juifs contre les Romains
par Arnauld d'Andilly, Paris, 1719, in-12.

Maroquin citron. Aux armes de Madame Sophie. Marqué « Bellevue ».

Sceaux, Musée de l'Île-de-France.

Provient du château de Bellevue.

150 | Panégyrique de Sainte-Thérèse, réformatrice du Carmel
Dédié à madame Louise de France, par l'abbé Joseph-Bernard du Serre-Figon, Paris, Lesclapart et Berton, 1785, in-8º.

Maroquin rouge, triple filet d'or d'encadrement sur les plats, fleurons d'angle, dos long orné de croisillons dorés, filet d'or sur les coupes, dentelles intérieures et tranches dorées. Aux armes de Mesdames.

Versailles, Bibliothèque municipale.

Bibliographie
Olivier, Hermal et Roton, 1924-1938, pl. 2514, fer proche du nº 3, mais en plus petit module (41 × 48 mm.).

                                                        C. L.

148 | Missale Romanum
ex decreto Sacro-Sancti Concilii Tridentini restitutum... Parisiis, apud Petrum Aegidium Lemercier, Urbis Typographum, in via S. Jacobi, sub signo libri aurei, 1755, Petit in-folio

Maroquin rouge, aux armes de Mesdames de France.

Meudon, Musée d'Art et d'Histoire.

Exposition
« Bellevue, deux siècles d'histoire » (Meudon, musée d'Art et d'Histoire, 1983).

Ce missel, acheté sous le règne de Louis XV, fut utilisé par l'abbé Richard, chapelain du château de Bellevue, jusqu'au départ de Mesdames de France en 1791. En 1775, Mesdames de France, filles de Louis XV, Adélaïde, Victoire et Sophie, achètent à Louis XVI le ravissant petit château construit en 1750 pour la marquise de Pompadour. Pendant seize ans, elles y mènent une vie calme et tranquille en compagnie de quelques amies intimes. Au parc à la française de madame de Pompadour, elles ajoutèrent un parc à l'anglaise, dans le goût du temps, agrémenté de fabriques, une ferme,

151 | Dictionnaire raisonné de physique
par Mathurin-Jacques Brisson, Paris, Hôtel de Thou, 1781, in-4º.

Maroquin rouge, plats encastrés d'un triple filet d'or, dos à nerfs orné de fleurs de lys dorées, double filet d'or sur les coupes, dentelles intérieures et tranches dorées. Aux armes de Madame Adelaïde, quatrième fille de Louis XV. Étiquette des confiscations révolutionnaires, portant comme mention de provenance : « femme L.S.X. (Louis-Stanislas-Xavier), Capet ».

Versailles, Bibliothèque municipale.

Marie-Joséphine-Louise-Bénédicte de Savoie, seconde fille de Victor-Amédée III, duc de Savoie et roi de Sardaigne, et de Marie-Antoinette-Ferdinande, infante d'Espagne, née à Turin le 2 septembre 1753, épousa le 14 mai 1771 le comte de Provence, futur Louis XVIII, et mourut en émigration à Hartwell, le 13 novembre 1810.   C.C.

152 | Sermons pour le Caresme

par le Révérend Père Charles de La Rue, Paris, Rigaud, 1719, in-8°, tome 1.

Maroquin olive, filet d'or d'encadrement sur les plats, fleurons d'angle, dos à nerfs orné de motifs dorés, filet d'or sur les coupes, dentelles intérieures et tranches dorées. Aux armes de Madame Victoire.

Ex-libris gravé de Madame Victoire à l'intérieur. Étiquette des confiscations révolutionnaires portant comme mention de provenance : « V. Capet ».

Versailles, Bibliothèque municipale.

Bibliographie
Olivier, Hermal et Roton, 1924-1938, pl. 2514, fer 5, module 50 ×41mm.

Marie-Louise-Thérèse-Victoire de France, septième enfant de Louis XV, née à Versailles le 11 mai 1733, résida au château jusqu'à la mort de son père qu'elle soigna dans sa dernière maladie, puis se retira au château de Bellevue, avec Madame Adélaïde, et émigra avec cette dernière en février 1791. Elle mourut à Trieste, le 7 juin 1799. Plusieurs auteurs rapportent que les volumes ayant appartenu à Mesdames se distinguent par la couleur du maroquin sur lequel sont frappées leurs armes : Madame Adélaïde aurait fait recouvrir les siens de rouge, Madame Victoire de vert, et Madame Sophie de citron. Certains maroquins rouges semblent infirmer cette thèse, qui n'est plus universellement soutenue.

C. C.

153 | Fables choisies, mises en vers par J. de La Fontaine

« Nouvelle édition gravée en taille-douce, les figures par le Sr Fessard, le texte par le Sr Montulay, dédiées aux Enfant de France. Tome premier. A Paris, chez l'auteur, graveur ordinaire du cabinet du Roy... rue Sainte-Anne, butte Saint-Roch, et à la bibliothèque du Roy, rue de Richelieu, 1765, in-8°. »

Maroquin vert, trois filets d'or, dentelle intérieure, gardes en tabis rose, tranches dorées, aux armes de Madame Victoire.

A l'intérieur, vignette d'ex-libris aux armes (grattées) de « Madame Victoire de France ». Les planches d'Étienne Fessard sont gravées sur cuivre d'après les dessins de Jean Houel, Charles Monnet, Philippe-Jacques Loutherbourg, etc.

Bourges, Bibliothèque municipale.

Provient de la bibliothèque de Madame Victoire à Versailles.

Bibliographie et historique : voir n° 144.

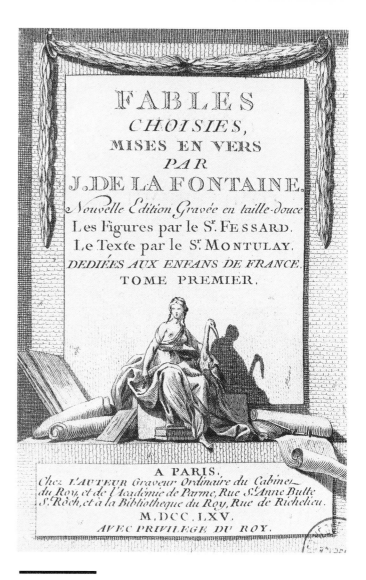

Ministère des Finances
Direction générale de l'Enregistrement, des Domaines et du Timbre.
Direction des Domaines de la Seine.

154 | Diamants, perles et pierreries

provenant de la collection dite des Joyaux de la Couronne.

Paris, Imprimerie Nationale – 1887.

Paris, collection particulière.

La loi du 10 décembre 1986, signée par Jules Grévy, président de la République, et par Sadi-Carnot, ministre des Finances, promulguée au Journal Officiel, décide la vente aux enchères publiques des diamants, pierres et joyaux de la Couronne.

---

154 bis | L'Illustration

N° 2295 du 19 février 1887.

Paris, Archives de L'Illustration.

Le numéro consacre un grand article aux ventes des bijoux de la Couronne.

Éléments de décor

Domenico Cucci (1635-1705)

155| Bouton de tirage des appartements du roi à Versailles

Bouton de porte sur platine ronde. Décor d'une feuille de laurier autour d'une tête de soleil rayonnant. Vers 1670. H. 0,06 m ; L. 0,09 m.

Paris, collection Bricard, musée de la Serrure (Achat. 1897).

Provient du château de Versailles, appartement du Roi.

Bibliographie
Guiffrey, 1891. Verlet, 1987.

Cette pièce est présentée au public pour la première fois.

Œuvre en rapport : bouton semblable encore en place sur les portes du salon de Vénus, au château de Versailles.
Les comptes des Bâtiments du roi révèlent le nom d'un artiste que Mazarin avait appelé en France, et qui sut magnifiquement flatter le goût du jeune roi Louis XIV pour le bronze. Domenico Cucci épousa à Paris, en 1678, en secondes noces, Catherine Anguier, sœur des sculpteurs, et marraine de Jacques Caffieri, autre artiste italien à qui l'on doit également une part encore présente de la beauté de Versailles. Louis XIV installa une fonderie aux Gobelins, où Cucci fut actif de 1684 à sa mort en 1705. Son nom paraît comme officier gagé pour 60 livres par an, somme modeste en comparaison des milliers de livres que son art lui fit gagner toutes ces années au service du roi. Ébéniste mais surtout fondeur, Cucci livra en bronze doré ce qu'on continua d'appeler tout le siècle les « ferrures » des portes et des fenêtres. Palâtres de serrures, poignées et boutons de tirage de portes, tiges et poignées d'espagnolettes de fenêtres, pannetons de volets, verrous et autres targettes que les maîtres serruriers parisiens avaient fabriqués et posés avec tant de talent pour les châteaux royaux du Val-de-Loire ou de l'Ile-de-France, entrèrent avec Domenico Cucci dans les attributions des fondeurs et bronziers. Pierre Verlet a pu affirmer que grâce à Cucci, la petite serrurerie avait permis le pas décisif vers un art d'opulence naissant dans le dernier quart du XVIIe siècle, et si glorieux pendant tout le XVIIIe siècle. A la date de 1666-1667, Cucci recevait un « à compte de 1 200 livres pour les targettes, verrous et autres ouvrages de bronze qu'il fond pour les portes et les fenêtres des Thuilleries ». En 1674-1675, nouvel acompte « pour les garnitures de bronze pour les portes et les fenêtres des appartements de Versailles ». En 1681, il reçoit 1 600 livres d'acompte pour les « 17 croisées de la Gallerie ». En 1696, il reçoit ses 60 livres d'officier gagé, lui « qui a fait toutes les garnitures de bronze doré des portes et des croisées des Maisons Royalles ».

C. P.

Étienne-Jean Forestier (attr.) maître-fondeur en 1764

156| Vase d'amortissement, pour rampe d'escalier ou chenet.

Bronze, 1780. H. 0,35 m ; L. 0,17 m.

Paris, collection Bricard, musée de la Serrure.

Provient du château de Saint-Cloud.

Trouvé dans les décombres de l'incendie qui ravagea le château en mai 1871, ce vase est surmonté d'une pomme de pin sur un cercle de godrons. Une guirlande de feuilles de lierre relie deux corps de femmes ailées placées en anses du vase. Sa dorure initiale a disparu lors de l'incendie.
Les Forestier représentent une dynastie importante de ciseleurs et de fondeurs, et figurent dans les comptes des Bâtiments du roi de 1755 jusqu'à la Révolution. Leur activité se poursuivra jusqu'au XIXe siècle. La veuve Forestier travailla pour Versailles de 1774 à 1780 pour la somme de 100 200 livres. La clientèle de cet atelier était composée de grands personnages comme le prince de Condé ; il travailla pour le Garde-Meuble, mais c'est surtout Marie-Antoinette qui fut fidèle à Forestier. Outre ce vase, des modèles à fondre de boutons de tirage pour Bagatelle, des boutons de serrures, des plâtres, des petits bronzes d'applique sont conservés aujourd'hui au musée de la Serrure.

C. P.

Atelier des Gobelins (Domenico Cucci ou Desjardins)

157| Serrure à bouton de tirage de la chapelle de Marly

Palâtre de serrure en bronze doré d'or moulu, tête d'ange ailé surmontant le trou de la serrure encadré de feuillage et de rinceaux. Entre 1690 et 1715.

Paris, collection Bricard, musée de la Serrure (Achat, avant 1895).

Provient de la chapelle du château de Marly.

Domenico Cucci disparut en 1705. L'année précédente, c'est le nom du fondeur Julien Lochon, dit Percheron, qui parut sur la liste des officiers gagés, avec la même formule : « A Julien Lochon, qui a fait toutes les garnitures de bronze doré des portes et des croisées des maisons royales ». Son nom se répéta jusqu'en 1713. Les comptes révèlent aussi que les « ferrures » de bronze doré des portes de la chapelle de Versailles furent effectuées en 1709-1710 par Ducoudray pour les « modèles en cire », et Desjardins pour la fonte. En 1715, le même Desjardins recevait plusieurs centaines de livres pour les « ouvrages en bronze doré moulu qu'il a faits et fournis pour les appartements du château (de Marly) pendant les six derniers mois de 1714 ». Il nous est très difficile, dans l'état actuel de nos recherches, d'attribuer la fabrication de cette serrure à l'un ou l'autre de ces trois artistes, Cucci, Lochon ou Desjardins. Il est de toutes façons équitable de rendre ici hommage à leur talent et à leur savoir-faire.   C. P.

Jacques
Verberckt (1704-1771) (attr.)

158 | Deux éléments de boiserie pour Bellevue

Bois sculpté et doré sur fond blanc. Milieu du XVIIIe siècle. H. 0,91 m-0,905 m ; L. 0,71 m-0,69 m.

Sceaux, Musée de l'Ile-de-France (don de M. Raymond Grellou, 1950).

Proviennent du château de Bellevue.

Bibliographie
Biver, 1933.

Lorsque Louis XV achète à Madame de Pompadour le château de Bellevue, il fait décorer certaines pièces de boiseries par Verbeckt dont on voit ici un haut et un bas de parclose.   M. A.

Anonyme

159 | Paire de robinets de Versailles

Bronze. Deux cols de canards pivotent sur une plaque décorée de coquilles et rais de cœur. Deuxième moitié du XVIIIe siècle. H. 0,22 m ; L. 0,28 m ; P. 0,18 m.

Paris, Collection Bricard, musée de la Serrure (Achat, 1897).

Proviennent du château de Versailles.

160 | Serrure à bouton du Petit Trianon

Bronze doré au mercure. Le coffre rectangulaire est décoré de feuilles d'acanthe et de fleurons. Le verrou de nuit est actionné par un bouton moluré. Vers 1768. H. 0,19 m ; L. 0,47 m ; P. 0,06 m.

Paris, Collection Bricard, musée de la Serrure (Achat, avant 1892).

Provient du boudoir de Marie-Antoinette au Petit Trianon (pièce du Café du roi entre 1768 et 1784).

Les noms des fondeurs et doreurs Leblanc et Gobert ont été cités pour la fabrication des bronzes de la serrurerie des portes et des croisées, lors des travaux effectués dans l'appartement du dauphin en 1747. Mais il est difficile de mettre des œuvres en regard du nom des artistes.   C. P.

161 | Taque Foyère

Fonte. Fin XVIIe-début XVIIIe siècle. Aux armes du Grand Dauphin. H. 0,97 m ; L. 0,86 m.

Meudon, Musée d'Art et d'Histoire.

Le Grand Dauphin Louis, fils aîné de Louis XIV, né à Fontainebleau en 1661, s'installe, selon le désir de son père, au château de Meudon en 1695. Il y meurt en 1711. Entre-temps, il avait fait construire, à quelques distances du Château Vieux, un Château-Neuf, dont il confia l'exécution à Jules Hardouin Mansart. Ce sera la dernière œuvre de l'architecte. A cette époque, le domaine de Meudon est à son apogée : un parc splendide, composé par André Le Nôtre, environne les deux majestueux châteaux. De la décoration intérieure, le musée de Meudon conserve, outre la toile de Jouvenet, quelques taques foyères aux armes du Grand Dauphin : surmontant le cordon de l'Ordre du Saint-Esprit, l'écusson porte les fleurs de lys de la famille royale, et les dauphins de la province du Dauphiné, apanage obligatoire du fils aîné du roi de France, depuis la cession, sous cette condition, de cette province au roi Philippe VI de Valois, en 1349.   F. et M.-J. V.

Voiture à chèvres du Dauphin Louis-Charles (Louis XVII) à Saint-Cloud. (Saint-Cloud, collection particulière).
Cette pièce est présentée grâce au soutien apporté par la Banque Parisienne de Crédit.

Table à jarrets de lion attribuée à Philippe Caffiéri, provenant de la Galerie des Glaces du château de Versailles.
(Paris, Banque de France).

Objets divers

Jean Cailouel

162 | Arquebuse à transformation

Fer, bois de merisier (?). France, vers 1620. L. 0,66 m ; longueur du canon. 0,38 m ; longueur du pistolet, 0,51 m.

Paris, musée de l'Armée (anc. collection Jeanne et Robert-Jean Charles ; acquisition, 1981).

Provient des collections de la Couronne.

Bibliographie
Reverseau, 1986. Guiffrey, 1885. Lenk, 1939. Reverseau, 1982. Reverseau, 1989.

Lₐ collection d'armes du garde-meuble : c'est en 1885 que la publication par Guiffrey de « l'inventaire général du mobilier de la Couronne sous Louis XIV » révélait des informations précises sur les anciennes collections d'armes des souverains. Le premier état connu du mobilier à la date de 1673 était distribué en chapitres groupés en trois registres ; les armes étaient réunies à la suite des bustes et figures de bronze en deux sections, « armes et armures de diverses sortes, picques, hallebardes et autres ». Le 26 février 1673, elles se regroupaient en 337 numéros ; la dernière copie d'inventaire que nous possédions est datée de 1775 ; elle compte 489 numéros. A la fin du XVIᵉ siècle, le cabinet des Armes se trouvait installé au Louvre dans le pavillon du roi, à l'emplacement de l'actuelle salle des Sept-Cheminées ; sous le règne de Louis XIV, les armes paraissent avoir suivi les autres meubles et objets d'art de la Couronne lors de leur déplacement entre l'hôtel du Petit-Bourbon, l'hôtel de Conti (1758), l'hôtel d'Evreux (1768). Enfin, en 1774, les collections du Garde-Meuble furent disposées dans le cadre somptueux d'un des palais que Gabriel venait d'élever sur la place Louis XV. La « pièce aux armures », éclairée par des ouvertures sur la colonnade, accueillait alors les armes offensives et défensives, certaines placées dans des vitrines réalisées par Benneman, les armures se trouvaient dans des niches ménagées sur les parois ; l'ensemble des armes à feu était rangé sur des rateliers à l'entrée de cette salle, une majorité de ces armes fut enlevée au matin du 13 juillet 1789. De nos jours, l'ensemble des armes défensives de cette collection, les armures provenant des collections du garde-meuble que les vicissitudes de l'histoire ont épargnées, se trouve exposé aux Invalides ; les armes portatives connurent une autre destinée : les pièces qui subsistaient en 1815, après leur transfert au dépôt d'artillerie installé dans le cloître de Saint-Thomas d'Aquin, furent l'objet d'importants prélèvements organisés par les troupes alliées ; il en a résulté la dispersion de très nombreuses pièces, certaines appartenant aujourd'hui aux grandes collections publiques étrangères (Londres, Berlin, Léningrad notamment) ; actuellement subsistent au Musée de l'Armée une centaine de pièces. L'usage courant a retenu abusivement l'appellation de « cabinet de Louis XIII » pour désigner cette collection ; on doit certes à ce souverain amateur, passionné des mécanismes et des systèmes, la réunion du plus grand nombre des armes à feu ; on ne saurait cependant estomper les pièces du XVIᵉ siècle, et les adjonctions postérieures qui permirent la constitution de cet ensemble dont les inventaires relatent tout l'intérêt technique et artistique.

L'arme présentée ici figure dans l'inventaire de la Couronne sous le numéro 92 :
« Une petite arquebuse de 2 pieds 4 pouces, le canon à huit pans, doré par le bout et sur la culasse, ciselé de petits fleurons, sur lequel est écrit Jean Callouel : le rouet, partie doré et partie blanc sur un bois de cormier, orné près de la culasse de deux petites plaques de cuivre doré ciselé ; le bout qui s'allonge ne se trouve point » (1673). Le canon est percé d'une âme lisse, de section octogonale, évasé vers la bouche qui porte sur le plat supérieur la signature Jean Caillouel : il est insculpé au tonnerre, à droite d'un poinçon représentant la lettre B placée sous une tour couronnée, à l'opposé d'une marque non attribuée : un cercle placé au-dessus d'un rectangle denté. Le décor mentionné sur l'inventaire royal « doré par le bout de la culasse... » a disparu. La platine sur laquelle ont subsisté des traces de la dorure ancienne est également insculpée du poinçon à la lettre B. Le rouet maintenu par un guide est gravé en son centre d'une fleur épanouie. La hampe du chien est retenue au ressort externe par une bride de bronze doré répétant des motifs floraux ; au-dessus, les mâchoires enserrant la pyrite simulent la gueule d'un monstre. La monture particulièrement soignée, travaillée dans le bois de cormier selon l'inventaire, mais plus vraisemblablement réalisée dans du merisier blond, est soulignée de minces filets parallèles qui y déterminent des plans géométriques convergeant vers la crosse surmontée d'un bréchet arrondi. Au revers le porte-vis est découpé aux contours d'une tête de volatile ; le pontet de sous-garde entourant la détente désaxée rencontre la lame de métal cernant l'arrondi du fût et se prolonge en arrière ; la plaque de couche, fixée par quatre vis, est en métal uni. En raison de sa construction permettant une double utilisation comme carabine de vénerie, ou pistolet après en avoir dévissé la crosse, cette pièce précieuse se place dans la suite des « armes à transformation », classées sur l'inventaire royal entre les numéros 92 et 102 ; plusieurs exemplaires des armes décrites sur ce document s'allongeant soit par le canon ou la monture sont parvenues jusqu'à nous. Le numéro 93 de l'inventaire, une remarquable arquebuse à rouet, au poinçon de Pierre le Bourgeois de Lisieux, à canon mobile, est décrite dans le catalogue de la collection Bedford : le numéro 99, « un pistolet en fusil qui s'allonge par le canon... », correspond à une arme française, vers 1610-1620, conservée au Metropolitain museum (inv. 14 14 1381) ; le numéro 100, un pistolet vraisemblablement néerlandais, muni d'un canon mobile « manière de bâton de canne uny, long de trois pieds neuf pouces... », appartenant au musée de l'Ermitage, vient d'être identifié par Leonid Tarassuk (inv. Z.O. nᵒ 7063, 77610). De telles armes complexes relèvent d'une technique propre à l'arquebuserie française dont témoigne dès les années 1570-1580, une arquebuse à rouet complétée d'un adjonctif mobile conservée dans les collections du château de Skoskloster (inv. BB 64) ; cette construction à transformation s'est poursuivie en France à l'époque classique. Jean Caillouel est mentionné par Stockel « comme arquebusier de Louis XIV », indication reprise sur le répertoire de Jarlier et dans le Heer der Neue Stockel : une autre pièce de l'arquebusier est décrite au numéro 362 de l'inventaire (... un mousquet) (1729).

J.-P. R.

Jacques
Chambert

163 | Cafetière

Argent : manche en ébène. Aux armes d'Eugène de Lorraine. H. 0,145 m.

Versailles, 1784.

Paris, collection Biancarelli.

Provient du service d'Eugène de Lorraine, prince de Lambesc, duc d'Elbeuf. Grand Écuyer de France (1751-1825).

Jamais présentée.

Eugène de Lorraine a dix ans à la mort de son père, en 1761. Sa mère, Louise de Rohan, exerce la charge jusqu'en 1771. A cette date, il devient commandant effectif de la Grande Écurie. Il émigre le 30 juillet 1789.

Jean-Henri
Naderman Père

164 | Harpe de Marie-Antoinette

Date du 10 novembre 1774, portée à l'intérieur de la console. H. 1,545 m ; L. 0,76 m.

Vendôme, Musée municipal (don de mademoiselle de Trémault).

Historique
Cette harpe appartenait à Marie-Antoinette. Elle fut donnée par Madame Élisabeth à l'une des ses filleules. Mademoiselle de Cambis, qui l'offrit à sa nièce, Mademoiselle de Trémault, qui elle-même en fit don au musée en 1904.

Exposition
« Marie-Antoinette » (Versailles, 16 mai-2 novembre 1955). Vendôme, janvier-avril 1989.

Œuvre du luthier Jean-Henri Naderman, maître-juré en 1774 et 1775, cet instrument possède sept pédales correspondant aux sept notes de la gamme, et trente quatre cordes. Le décor peint recouvrant la table d'harmonie est constitué de haut en bas de guirlandes de fruits, de couronnes de fleurs, de bouquets retenus par le bec de deux colombes, d'attributs de la chasse et des figures allégoriques de la Paix et des Arts. Le socle orné de pilastres sert de base à une série de feuilles d'acanthe d'où surgit la colonne sculptée de fleurs et de feuilles, terminée par un putto soutenant deux écussons ovales accolés, où étaient apposées des armoiries très endommagées. Au-dessus, une couronne martelée laisse supposer la destruction des symboles de la royauté.   L. G.

Cette pièce a été présentée grâce au soutien apporté par Walon-Déménagements.
Illustration couleur face page 161.

Anonyme

165 | Bain de pieds
provenant du Petit Trianon

Tôle peinte, de forme ovale. Poignées de bronze. H. 0,35 m ; L. 0,49 m ; P. 0,41 m.

Paris, collection particulière (ancienne collection Nemours-Tuffier).

Exposition
« Marie-Antoinette » (Versailles 1955, nº 542).

Sur fond blanc, guirlandes de fleurs et draperies d'or. Sur une face, un médaillon représente la fable du Renard et du Corbeau, sur l'autre celle des Deux Chèvres. Ce bain de pied fut acheté aux ventes révolutionnaires comme étant celui de Marie-Antoinette au Petit-Trianon. Un manuscrit laissé par Bonnefoy Du Plan, indique qu'en 1787, il fit faire un bain de pied pour la reine qui souffrait d'une jambe.

Provient du château du Petit-Trianon.

166 | Pertuisane

Acier poli et ciselé, avec rehauts d'or, selon un motif de Bérain. 1679, H. 0,37 m ; L. 0,152 m.

Marly-le-Roi, Musée-Promenade.

Provient de l'église Saint-Vigor de Marly, transférée en 1969 au Musée de Marly.

Classée monument historique en 1905.

Bibliographie
Piton, 1904. Guide-catologue du Musée-Promenade de Marly-le-roi. 1982 « Canton de la Celle-Saint-Cloud Marly-le-roi ». Images du patrimoine. 1986.

Exposition
« Trois hauts-lieux de l'Ile-de-France pour l'année du patrimoine » (Sceaux, musée de l'Ile-de-France. 23 avril-30 juin 1980).

Œuvres en rapport
Pertuisane du Musée de l'Armée ; pertuisane provenant de l'église Notre-Dame de Versailles, actuellement au Musée Lambinet ; pertuisanes des collections des musées de New-York et Cracovie.

Pour le mariage à Fontainebleau (célébré par procuration le 31 août 1679) de sa nièce mademoiselle d'Orléans avec le roi Charles II d'Espagne, Louis XIV dota ses deux Gardes de la Manche, de hoquetons et de pertuisanes neuves que dessina Jean Bérain. Le Mercure Galant d'octobre 1679 en donne une description précise qui témoigne du remarquable talent de son auteur, dessinateur de la chambre et du cabinet du roi depuis quatre ans. Ces armes d'apparat en acier finement ciselé, rehaussées d'or, présentent un décor profane, tout à la gloire du roi : on y voit le soleil avec la devise « nec pluribus impar », ainsi qu'une Renommée couronnant Mars, sur un char traîné par quatre chevaux de front. L'une de ces pertuisanes est au Musée de l'Armée, l'autre au Musée de Marly. Il est difficile de connaître le cheminement exact de ces armes depuis leur création. Une hypothèse sérieuse suggère que notre pertuisane vint à Marly pour une cérémonie royale à Saint-Vigor entre 1707 et 1715, et qu'elle y demeura (donc entre une des premières visites de Louis XIV à l'église qu'il avait fait construire à Marly en 1689, et sa mort). Elle appartenait très vraisemblablement au mobilier de l'église avant la révolution. Et les fleurs de lys qui ornent son orbe (que l'on voit toujours sur la pertuisane du Musée de l'Armée) ont été effacées, selon Camille Piton, par un nettoyage au grès. Cette pertuisane, en tout cas, citée dans « l'inventaire du mobilier de l'église de Marly-la-Machine dressé conformément au décret impérial concernant les fabriques, le 1er décembre 1810 ». Il n'est pas certain de pouvoir rattacher directement cette arme d'apparat au domaine royal de Marly, splendeur du XVIIIe siècle effacée dans les premières années du siècle dernier. Mais sa qualité est, certes, à la mesure du Marly royal.   M.-A. D.

167 | Taille-plume

Or, écaille, acier et bronze doré. Aux armes de Louis XV. France, vers 1745. H. 0,075 m.

Paris, collection Kugel.

168 | Chaise à porteur de Mademoiselle de Chartres

Bois doré, sculpté et peint. Fin XVIIe/Début XVIIIe. H. 1,75 m ; L. 0,71 m ; P. 0,82 m ; Longueur des brancards : 3,10 × 2,00 m.

Paris, musée du Petit-Palais (don de M. et Mme Edward Tuck. 1930).

Exécutée pour Élisabeth-Charlotte d'Orléans, dite Mademoiselle de Chartres, fille de Philippe d'Orléans, frère de Louis XIV (1676-1744).

Les chaises à porteurs, dont les premières mentions ne remontent pas au-delà du XIVe siècle, étaient à l'origine de simples fauteuils auxquels furent ajoutés deux brancards. Par la suite, elles furent fermées et couvertes d'un toit, et gardèrent cette forme jusqu'à la veille de la révolution. Les chaises peintes, mises à la mode à la fin du XVIIe siècle par le maréchal de La Meilleraye, firent l'objet au XVIIIe siècle d'un véritable engouement, et furent traitées avec le plus grand luxe. La chaise à porteur de la collection Tuck a reçu un riche décor en vernis martin. Elle est ornée sur ses quatre côtés de figures mythologiques ou rinceaux. Sur le panneau arrière et sur la porte, sont figurées des armoiries attribuées au célèbre graveur Sébastien Le Clerc (1637-1714). Sur la porte, une Renommée tient un écu blasonné aux armes de Lorraine accolées aux armes de France. L'écu est surmonté d'une couronne ducale soutenue par un Amour, qui tient une trompette. Au pied de la Renommée sont peints, à gauche, l'aigle d'argent de Lorraine, et à droite, un Amour qui porte un écu à la croix de Lorraine. A l'arrière la décoration peinte est répartie en quatre panneaux. On retrouve dans le panneau cintré une composition à peu près identique à celle de la face antérieure. Le panneau rectangulaire du haut est décoré d'un cartouche dans lequel Clio (?) tournant le dos au Temps écrit l'Histoire. Sur les faces latérales, les allégories de la Renommée, de la Victoire, et Mars, représenté en guerrier, s'inscrivent dans un décor de festons et d'arabesques. Mademoiselle de Chartres avait épousé en 1698 Léopold-Joseph, duc de Lorraine. Ne peut-on voir dans la symbolique des armes de l'écu et dans le vocabulaire ornemental (croix de Lorraine, Amours,...) un rappel de ces événements ? L'auteur des peintures reste inconnu. Mais l'aisance et la souplesse avec lequel sont peints les enroulements de feuillages et de fleurs, la symétrie qui gouverne la répartition des différentes scènes font penser à l'art de Jean I Bérain (1640-1711), qui était originaire de Lorraine, et qui a marqué de son invention et de sa fantaisie tout l'art du Grand Siècle.   D. M.

169 | Voiture à chèvres du Dauphin à Saint-Cloud

H. 0,82 m ; L. 1,40 m ; P. 0,76 m.

Saint-Cloud, collection particulière.

Appartenait au Dauphin Louis-Charles, futur Louis XVII.

Une inscription sur plaque de cuivre à l'intérieur indique : « Petit carrosse du dauphin Louis XVII découvert en 1854 dans un commun du château de Saint-Cloud. Offert en 1862 par S.M. l'Impératrice Eugénie à madame la princesse Pauline de Metternich, ambassadrice d'Autriche ».

Expositions
« Demeures royales disparues » (château de Sceaux), « Marie-Antoinette » (Versailles, 1955).

Présentée grâce au soutien de la Banque Parisienne de Crédit.

170 | Coffre ayant appartenu à la Duchesse de Berry

Maroquin rouge. Armes et chiffres de la duchesse de Berry frappés au fer et dorés. 1711. H. 27 cm ; L. 61 cm ; Pr. 36 cm.

Livré pour Marie-Louise-Élisabeth d'Orléans, duchesse de Berry (1695-1719).

La pièce présentée, ayant appartenu à la duchesse de Berry, fille du Régent, et deux fois petite fille de Louis XIV, par sa mère et par son mari, est très représentative des coffres utilisés par la famille royale et la haute noblesse pour transporter ou conserver leurs effets précieux.

171 | Portefeuille

Aux armes de Louis XV. Maroquin rouge. Ce portefeuille est bordé d'une large dentelle dorée, avec une grande fleur de lys aux angles, le rabat en accolade, doublé d'un semis de lys de France. L'intérieur est en tabis bleu. Il est marqué : « chiffres de la cassette », et présente un beau fermoir en vermeil à décor de rocaille et fleurs entourant les grandes armes de France, avec sa clef.

Paris, collection particulière.

Cette pièce est présentée au public pour la première fois.

172 | Bourse de jeu

Aux armes de Louis XV. Broderie de fil d'argent et de fil d'or, sur fond de velours bleu.

Paris, collection particulière.

Cette pièce, et les deux suivantes, sont présentées au public pour la première fois.

173 | Bourse de jeu

Aux armes de Marie Leszcynska. Broderie au fil d'or et d'argent sur fond de velours jaune. I. Écu de France. II. Écu écartelé de Pologne et de Lithuanie.

Paris, collection particulière.

174 | Bourse de jeu

Aux armes de la Ville de Paris. Broderie sur velours rouge, aux fleurons d'or et d'argent sur les côtés, et portant un grand écu contourné en accolade posé sur un faisceau de six drapeaux.

Paris, collection particulière.

Dessins,
Estampes – Photographies

Jules-Hardouin
Mansart (1646-1708)

175 | Coupe sur le cabinet des coquilles et le salon ovale, du côté des fenêtres

Annoté : « Profil de la pièce ovalle du costé de la croisée » : daté et signé : « faict ce 3º may 1692. Mansart ». Au verso : « Nº 59. Élévation du Salon et de la Petite Gallerie ».

Dessin à l'encre de Chine, plume et lavis. 3 mai 1692. H. 0,36 m ; L. 0,69 m.

Paris, Archives Nationales.

Bibliographie
Gallet, 1983.

D. G.

Jules-Hugues, dit l'Aîné
Rousseau (1743-1806)

176 | Panneau du cabinet intérieur de la reine à Versailles.

Dessin. Plume, encre brune et aquarelle. H. 0,485 m ; L. 0,361 m.

École Nationale supérieure des Beaux-Arts (Inv. E.B.A. nº 2005).

École française du
XVIIIᵉ siècle

177 | Élévation de la bibliothèque de Madame Sophie

au rez-de-chaussée sur la Cour de Marbre, au centre du Château

Annoté : « face des croisées décorée en stuc »

Dessin à l'encre de Chine et aquarelle. 1769. H. 0,36 m ; L. 0,49 m.

Paris, Archives Nationales.

Bibliographie
Gallet, 1983.

Le décor est de stuc coloré, peint par Chevalier ; faux marbre, y compris la menuiserie des fenêtres. D. G.

178 | Plan du cabinet intérieur de la reine, de l'appartement des bains, de la garde-robe et chaise voisines

Annoté : « chez la Reine ».

Dessin à l'encre brune. Octobre 1779. H. 0,34 m ; L. 0,22 m.

Paris, Archives Nationales.

Bibliographie
Gallet, 1983.

D. G.

179 | Élévation de la porte d'entrée de la bibliothèque de la reine

et projection du plan au sol avec côtés

Annoté : «... il faut observer que la porte avec son dessus doit resservir. A Versailles, 20 avril 1779 ».

Dessin à l'encre de Chine. 1779. H. 0,49 m ; L. 0,36 m.

Paris, Archives Nationales.

Bibliographie
Gallet, 1983.

D. G.

180 | Plan légende du corps central

(du Château de Versailles) au premier étage. Tribunes mobiles des musiciens dans le grand Couvert de la Reine. Retombes.

Dessin à l'encre de Chine. Surcharges à la mine de plomb.

Annoté et daté : « rendu conforme dans le courant d'octobre 1781 ». H. 0,87 m ; L. 0,69 m.

Paris, Archives Nationales.

Bibliographie
Gallet, 1983.

Plan tenu à jour : en surcharge, rétablissement de la Méridienne, supprimée en 1770, indication des appartements du duc de Penthièvre, du duc et de la duchesse de Polignac, du maréchal de Duras. D. G.

181 | Escalier du Garde-Meuble

Dessin. Plume, lavis et aquarelle. 1786. H. 0.80 m. ; L. 0.52 m.

Paris, Archives Nationales.

Bibliographie
De la place Louis XV à la place de la Concorde. Paris, 1982.

Exposition
De la place Louis XV à la place de la Concorde. Carnavalet 1982.

Construit par Gabriel, le grand escalier du Garde-Meuble menait aux appartements où étaient conservés les trésors de la Couronne. Fontanieu, et après lui Thierry de Ville d'Avray étaient logés dans une partie très luxueusement aménagée de ces appartements. Lorsque Louis XVI et la famille royale s'installent aux Tuileries, Thierry dépouille alors le Garde-Meuble d'une grande partie de son mobilier pour subvenir à leur première installation.

182 | Armoires à panneaux sculptés dans lesquelles étaient conservés les objets précieux de la Couronne

Dessin. Plume, lavis et aquarelle. H. 0.54 m. ; L. 0.80 m.

Paris, Archives Nationales.

Bibliographie
De la place Louis XV à la place de la Concorde. Paris, 1982. Morel, 1988.

Exposition
Voir n° 181.

Les sept armoires qui se trouvaient encastrées dans les parois de la galerie des Grands Meubles ont été déposées dans le Pavillon du roi, au château de Vincennes.

183 | Armoire-vitrine ou étaient exposés les bijoux

Dessin. Plume, lavis et aquarelle. H. 0.53 m. ; L. 0.38 m.

Paris, Archives Nationales.

Bibliographie
De la place Louis XV à la place de la Concorde. Paris, 1982. Morel, 1988.

Exposition
Voir n° 181.

Les bijoux de la Couronne étaient exposés dans l'actuel salon diplomatique de l'Hôtel de la Marine, jusqu'au vol de 1792.

184 | Vue du château de Madrid à la fin du XVIIIe siècle

Aquarelle rehaussée de gouache sur papier. H. 0,325 m; L. 0,475 m.

Sceaux, musée de l'Île-de-France (Achat, 1938).

Historique
Collection du baron de Bethmann, N° 99. Vente Bethmann, 1923.

Bibliographie
Duchesne et Grandsaigne, 1912. Catalogue du musée de l'Île-de-France. Hauts de Seine, Paris, 1985.

Le château de Madrid fut commencé pour François 1er en 1528 ou 1529. Il devait se nommer château de Boulogne, mais la captivité du roi inspira malicieusement ce nouveau nom : on prétendait que le souverain y était aussi invisible que lorsqu'il se trouvait prisonnier de Charles Quint. Les travaux entrepris par le dernier des Della Robbia, Girolamo, qui décora également les façades et les cheminées de médaillons de céramique, furent continués par Philibert Delorme, et achevés en 1570 par le Primatice. Henri III y organisa des combats de bêtes sauvages et la reine Margot y tint une petite cour en 1605.

En 1667, Colbert y installa une manufacture de soie qui y fonctionna pendant trente ans. Vers 1705, l'ancien Garde des Sceaux, Fleuriau d'Armenonville, qui venait de céder au roi le château de Rambouillet, fut nommé, en compensation, capitaine des Chasses de Madrid. Plus tard, les communs furent aménagés, occupés par Mademoiselle de Charolais, et devinrent le Petit Madrid. Le château lui même, mal entretenu, faillit être rasé sous Louis XV. Il sera à la Révolution vendu comme bien national à un entrepreneur de démolition, qui commença par broyer les céramiques pour en faire du ciment. La démolition se poursuivit fort lentement, et ne fut achevée que sous le Second Empire. Le château était situé à l'ouest de l'actuel, entre les rues de Bagatelle et de Lattre-de-Tassigny. G. P.

Antoine Aveline (1691-1743)

185 | « Vue et perspective du palais d'Orléans ou du Luxembourg à Paris »

Gravure. H. 0,325 m ; L. 0,505 m.
Paris, Bibliothèque Nationale.

Jean-Baptiste Chapuy (1760-1808)

186 | « Vue du palais impérial de Versailles, du côté de l'avenue de Paris »

Gravure, 1808, H. 0,22 m ; L. 0,26 m.
d'après un dessin de Toussaint.
Paris, Bibliothèque Nationale.

Charles-Nicolas Cochin (1715-1790)

187 | Gravure du mariage du Dauphin avec Marie-Thérèse d'Espagne

Gravure. H. 0,92 m ; L. 0,60 m.
Arc-et-Senans, collection particulière.

« Cérémonie du mariage de Louis, Dauphin de France, avec Marie-Thérèse, infante d'Espagne, dans la chapelle du château de Versailles, le 23 février 1745. Les préparatifs pour cette cérémonie ont été ordonnés par Monsieur le duc de Richelieu, pair de France, en exercice de Premier Gentilhomme de la Chambre du Roy et conduit par Monsieur de Bonneval, Intendant et Contrôleur général de l'Argenterie et Menus Plaisirs et Affaires de la Chambre de Sa Majesté. »

Sébastien
Le Clerc (1637-1714)

188 | « Versailles. Galerie des Glaces »

Gravure, 1684, H. 0,13 m ; L. 0,09 m.
Paris, Bibliothèque Nationale.

Martin
Engelbrecht

189 | Vue du château de Saint-Cloud du côté de l'Orangerie

Eau-forte, rehauts en couleur. Vers 1730. H. 0,213 m ; L. 0,424 m.
Sceaux, Musée de l'Ile-de-France.

Œuvre en rapport
gravure semblable à celle de Rigaud.

Louis
de FRANCE, Grand Dauphin, fils de Louis XIV (1661-1711)

190 | « Château Vieux de Saint-Germain »

Dessin, 1677, H. 0,13 m ; L. 0,255 m.
Paris, Bibliothèque Nationale.

Marot (c. 1630, av. 1697)

191 | « Le grand dessein de Mansart. Cour de marbre »

Gravure, 1679, H. 0,18 m ; L. 0,13 m.
Paris, Bibliothèque Nationale.

192 | « Vue de l'Hostel de La Vrillière du dessin de Mansart »

Gravure, H. 0,135 m ; L. 0,25 m.
Paris, Bibliothèque Nationale.

Molés (1741-1797)

193 | Abbé Nollet
professeur de physique des enfants de France.

Gravure, datée de 1771, d'après une peinture de Quentin de La Tour.
H. 0,27 m ; L. 0,19 m.

Collection Association Louis XVI.

La gravure reproduit le pastel conservé de nos jours à la Pinacothèque de Munich (A.P. HoW5).

Pacot

194 | « Ambassadeurs de Siam »

Gravure. H. 0,145 m ; L. 0,185 m.
Paris, Bibliothèque Nationale.

Papillon de la Ferté
(1727-1794)

195 | Vue du petit château de Choisy-le-Roi, du côté du jardin

Eau-forte. H. 0,51 m ; L. 0,65 m.
Sceaux, Musée de l'Ile-de-France.

Perelle

196 | Le palais des Thuilleries
Gravure, H. 0,19 m ; L. 0,275 m. (D'après un dessin de Mariette.)
Paris, Bibliothèque nationale.

« Le palais des Thuilleries ainsi nommé parce que l'emplacement sur lequel la Reyne de Médicis *(sic)* le fit construire sur la fin du seizième siècle, était auparavant occupé par les bailleries. Ce superbe palais eut pour architecte Philibert Delorme. Henri IV fit dans la suite des augmentations considérables et enfin Louis XIV l'ayant choisi pour son habitation le mit dans l'état de magnificence où on le voit aujourd'hui. Le jardin qui l'accompagne est l'un des plus beaux que l'on connaisse. Il s'étend le long de la rivière jusqu'à une grande esplanade terminée par le cours. »

197 | L'entré du château de Versailles
Gravure d'après un dessin de Mariette.
Paris, Bibliothèque Nationale.

198 | « Veüe et perspective du chasteau Royal de Saint-Germain-en-Laye »

Gravure, H. 0,19 m ; L. 0,29 m.
Paris, Bibliothèque Nationale.

Pierre-Nicolas
Ransonnette (1745-1810)

199 | Vue du nouveau château royal de Saint-Cloud

Eau-forte, fin XVIIIe siècle, H. 0,13 m ; L. 0,24 m.

Sceaux, Musée de l'Ile-de-France.

Bibliographie
Catalogue du Musée de l'Ile-de-France, Hauts-de-Seine, Paris, 1985.

Jacques
Rigaud (1681-1754)

200 | Diverses vues du château royal de Marly près de Versailles

Eau-forte, 1733. H. 0,225 m ; L. 0,48 m.

Sceaux, Musée de l'Ile-de-France.

201 | Veüe du château de Meudon,
dessinée de la première grille du côté de la grande avenue.

Gravure à l'eau-forte, 1733. H. 0,21 m ; L. 0,4 m.

Meudon, Musée d'Art et d'Histoire.

Historique
fait partie d'une série intitulée : « Diverses vues du château de Meudon appartenant à Monseigneur le Dauphin dessinées sur le naturel en 1733 ».

Bibliographie
« Histoire du château de Meudon » (Meudon, Musée d'Art et d'Histoire, 1985). « 1789, les Meudonnais vivent la Révolution » (Meudon, Musée d'Art et d'Histoire, 1989).

Durant l'année 1733, le Dauphin, fils de Louis XV, visite fréquemment le domaine de Meudon. On voit ici, au premier plan, l'arrivée du carrosse royal qui pénètre sur la grande terrasse formant l'avant-cour du Château-Vieux de Meudon. Cette terrasse, qui domine Paris, fut édifiée par Abel Servien au début du XVIIe siècle et subsiste encore aujourd'hui.   F. et M.-J. V.

202 | « Autre vue du palais du Temple du côté du jardin »

Gravure, H. 0,335 m ; L. 0,52 m.

Paris, Bibliothèque Nationale.

Jean-Baptiste
Rigaud

203 | « Autre vue du château de Bellevue
prise du bord de la rivière proche de pont de Sèves (sic). »

Gravure à la pointe sèche, 1750. H. 0,25 m ; L. 0,47 m.

Meudon, Musée d'Art et d'Histoire.

Exposition
« Bellevue, deux siècles d'histoire » (Meudon, Musée d'Art et d'Histoire, 1983).

Au premier plan, le petit pavillon de Brimborion que la marquise de Pompadour et le roi Louis XV occupèrent pendant quelques semaines en attendant la fin des travaux du château de Bellevue. Ce petit édifice situé sur une terrasse dominant la Seine appartint, de 1745 à 1758, au banquier Alexandre Despueches. La marquise de Pompadour en fit l'acquisition en 1750 pour ménager un accès sur la Seine au parc du château.   F. et M.-J. V.

204 | Autre vue du château de Bellevue
prise de la Grande terrasse aux orangers, regardant Saint-Cloud.

Gravure à la pointe sèche, 1750. H. 0,31 m ; L. 0,47 m.
Meudon, Musée d'Art et d'Histoire.

Bibliographie
Quatre siècles d'images meudonnaises. Meudon, 1975.

Exposition
« Bellevue, deux siècles d'Histoire » (Meudon, Musée d'Art et d'Histoire, 1983).

Le château de Bellevue est situé sur une terrasse agrémentée de deux parterres de broderie. La chambre de la marquise de Pompadour ouvre sur la terrasse par les deux fenêtres faisant suite à l'avant-corps central au rez-de-chaussée. La chambre du roi occupe le même emplacement à l'étage supérieur. Le parc, dessiné par l'architecte Garnier d'Isle descend en pente douce vers la Seine.
                                        F. et M.-J. V.

205 | Vue du château de Bellevue
prise du côté de la cour

Eau-forte. Vers 1755. H. 0,25 m ; L. 0,47 m.

Meudon, Musée d'Art et d'Histoire.

Exposition
« Bellevue, deux siècles d'histoire » (Meudon, Musée d'art et d'Histoire, 1983).

Bibliographie
Catalogue du Musée de l'Ile-de-France. Hauts-de-Seine, Paris, 1985.

Au centre, le Château de Bellevue construit par l'architecte Lassurance, et achevé en 1750 ; à gauche, l'aile des Bains que prolonge, après la porte cochère, l'aile de la Conciergerie ; à droite, un pavillon de la Basse-Cour. Un carrosse apparaissant au débouché de la porte cochère de la Basse-Cour, rappelle qu'une route publique, reliant Issy à Sèvres, traverse la cour du Château. Deux grilles dormantes s'étendent du Château aux ailes. Elles figurent des piques avec fers de lances et pompons de bronze doré ; de place en place se trouvent des pilastres en ferronnerie décorés d'une coquille en haut et en bas.   F. et M.-J. V.

Roger

206 | « Vue du Garde-Meuble de la Couronne »

Estampe rehaussée de couleur. H. 0,16 m ; L. 0,135 m.
Paris, Bibliothèque Nationale.

Senefelder

207 | « Façade du Petit Trianon »

Lithographie de Senefelder. H. 0,105 m ; L. 0,16 m.
D'après un dessin de Roux aîné.
Paris, Bibliothèque Nationale.

Israël
Silvestre (1621-1691)

208 | « Gravure de Versailles. Vue de la Grande Place »

Gravure, 1684, H. 0,39 m ; L. 0,53 m.
Paris, Bibliothèque Nationale.

209 | « Vue et perspective du chasteau de Versailles de dedans l'anticourt »

Gravure, 1664, H. 0,375 m ; L. 0,49 m.
Paris, Bibliothèque Nationale.

210 | « Au devant des offices de Marly »

Gravure. H. 0,21 m ; L. 0,33 m.
Paris, Bibliothèque Nationale.

211 | « Le château de Marly »

Gravure. H. 0,195 m ; L. 0,31 m.
Paris, Bibliothèque Nationale.

Anonyme

212 | « Vue perspective du salon de l'Académie royale de Peinture et de Sculpture au Louvre à Paris »

Gravure. H. 0,255 m ; L. 0,405 m.
Paris, Bibliothèque Nationale.

213 | Vue du château de Meudon du côté de l'entrée

Vue d'optique en couleur. XVIIIe siècle. H. 0,32 m ; L. 0,51 m.
Sceaux, Musée de l'Ile-de-France.

Bibliographie
Catalogue du Musée de l'Ile-de-France, Paris, 1985.

214 | « Versailles. Le Versailles de Louis XIII

(agrandissement de la vue de Gomboust) ».

Gravure, H. 0,135 m ; L. 0,17 m.
Paris, Bibliothèque Nationale

215 | « Le château de Versailles et ses deux ailes. Vues du côté des jardins »

Gravure, 1704, H. 0,25 m ; L. 0,34 m.
Paris, Bibliothèque Nationale.

216 | « La Garde nationale parisienne à Versailles »

Le roi au balcon du château promettant de venir à Paris avec sa famille. Salve d'artillerie sur la place d'armes et dans les coins du château. L'évènement de ces journées forme à lui seul une révolution tout entière.

Gravure, 1789, H. 0,11 m ; L. 0,075 m.
Paris, Bibliothèque Nationale.

Braun et Cie (Dornach, Alsace)

217 | Portrait du président Jules Grévy
(1807-1891) président de la République de 1879 à 1887

H. 0,45 m ; L. 0,32 m.
Collection : mairie de Mont-sous-Vaudrey (Jura)

Natif de cette commune de Jura, Jules Grévy, farouche opposant à l'Empire, succède en 1879 au maréchal de Mac-Mahon. Sous sa présidence, se déroule la désastreuse vente des joyaux de la Couronne, en mai 1887.

Liebert

218 | Le château de Meudon incendié

Photographie, virée sépia, 1871. H. 0,19 m ; L. 0,25 m.
Meudon, Musée d'Art et d'Histoire.

Bibliographie
«Le domaine national de Meudon ». Meudon, 1985.

Exposition
« Histoire du château de Meudon, des origines à nos jours ».
(**Meudon,** Musée d'Art et d'Histoire, 1985).

En octobre 1870, les prussiens occupent toutes les collines dominant Paris. Une batterie d'artillerie est installée sur la terrasse du Château-Neuf de Meudon, transformé en camp retranché. Trois jours après la signature de l'armistice, le 1er février 1871, les troupes prussiennes quittent Meudon, et le château est incendié. Après trois jours d'incendie, les toitures et l'intérieur sont dévastés, mais les murs sont encore debout. L'architecte Constant Moyaux modifie alors profondément le bâtiment. Le corps central est coiffé d'une énorme coupole abritant la lunette d'observation, et les étages latéraux sont supprimés. La dernière œuvre de Jules-Hardouin Mansart est irrémédiablement défigurée. F. et M. J. V.

Pièces d'archives

219 | Registre du Garde-Meuble
Inventaire des meubles à Versailles
(Tome 2)

Reliure demi-veau, in f°, 454 pages, 1786-1787.

Paris, Archives Nationales.

L'inventaire s'ouvre sur l'appartement de Madame Victoire.

220 | Estimation des meubles
des appartements de la famille royale
au château de Versailles (tome 1)

Reliure en cartonnage, in f°, 421 pages, 1787.

Paris, Archives Nationales.

L'inventaire s'ouvre sur la grande galerie, la chapelle et les appartements du roi. Suit une table des articles.

221 | Rapports de M. Thierry au roi

extrait du compte-rendu en 1791 par les commissaires de l'Assemblée constituante sur l'état du département du Garde-Meuble de la Couronne.

Trois rapports imprimés, en triple pagination, reliés en plein maroquin vert, tranche dorée, filets sur les plats, dos à nerfs orné ; in-f°.
Marques G. M. du Garde-Meuble de la Couronne, 1788-1790 et 1791.

Paris, Archives Nationales.

222 | État des objets d'art provenant
de l'émigré d'Artois.

trouvés dans la Maison du Temple et réservés par la Commission temporaire des Arts, en présence des citoyens Virginius Leduc, commissaire de la municipalité et Lesourd, commissaire du département. Le 19 prairial et jours suivants, l'an II de la République une et indivisible.

Paris, Archives Nationales.

223 | Inventaire des objets trouvés
au Temple provenant de l'émigré d'Artois

lesquels objets mis en réserve par le citoyen Naigeon le 19 prairial, ont été estimés par moi, J. B. P. Le Brun, appelé en vertu d'une délibération des créanciers remise au citoyen Lesourduplessis, commissaire aux ventes, le 12 fructidor l'an deuxième de la République française une et indivisible.

Paris, Archives Nationales.

224 | Journal Officiel du 11 janvier 1887

Loi relative à l'aliénation d'une partie des joyaux dits de la Couronne, signée le 10 décembre 1886 par Jules Grévy, adoptée le 7 décembre 1886 (Débats parlementaires pp. 2127, 2128).

Bibliothèque administrative de la ville de Paris (Hôtel de Ville).

225 | Loi relative à la surveillance

et à la conservation de tous les objets existant dans le château des Tuileries et dans toutes les maisons nationales sises à Paris. Dijon, imprimerie de Capel. Signé Monge, contresigné Danton.

15 septembre 1792.

Paris, Association Louis XVI (inv. J.C. 339).

226 | Loi relative au triage
et à la conservation des statues,

vases et autres monuments des Arts qui se trouvent dans les maisons ci-devant royales, et autres édifices nationaux. Signé Roland : contresigné Garat. A Chartres, chez Labarte, librairie-imprimeur de l'évêché et du département d'Eure-et-Loir.

Affiche. 16 septembre 1792, an IV de la Liberté. H. 0,61 m ; L. 0,48 m.

Paris, Collection particulière.

227 | Convention nationale
Décret relatif à la vente des meubles
provenant de la liste civile.

des émigrés et autres meubles nationaux. Auxerre, imprimerie de L. Fournier. Signé Bonneville.

Auxerre, 15 janvier 1793.

Paris, Association Louis XVI (inv. J.C. 472).

228 | État des meubles

qui peuvent être fournis et envoyés du Garde-Meuble national de Trianon au Garde-Meuble à Paris... signé Bayard, 25 mai 1792.

Versailles, Archives départementales des Yvelines.
(II Q 15).

229 | Procès-verbal des scellés

apposés sur les principaux appartements du château de Versailles. Août 1792.

Versailles, Archives départementales des Yvelines. (II Q 1).

230| Déclaration de prise de possession

des pièces d'argenterie par le sieur Simonet, 16-17 septembre 1792.

Versailles, Archives départementales des Yvelines. (II Q 1).

231 | Pétition du citoyen Legaud

pour faire ouvrir un dépôt des livres appartenant à madame Victoire. 13 mars 1793.

Versailles, Archives départementales des Yvelines. (II Q 1).

232 | Vente de meubles dépendant de la liste civile.

Semaine du citoyen Emard. 2-9 septembre 1793.

Versailles, Archives départementales des Yvelines. (II Q 70).

233 | Vente de meubles et effets précieux du château de Versailles

... le lundi 30 septembre 1793

Affiche. **Versailles,** Archives départementales des Yvelines. (II Q 66).

234 | Vente du mobilier au ci-devant château de Versailles

le lundi 28 octobre 1793

Affiche. **Versailles,** Archives départementales des Yvelines. (II Q 66).

235 | Extrait du registre des délibérations

de l'administration du district de Versailles. Séance publique du 9 floréal an II (28 avril 1794) ordonnant la nomination de commissaires-artistes.

Versailles, Archives départementales des Yvelines. (II Q 66).

236 | Catalogue des meubles et effets précieux

...de la vente du 1er messidor an II (19 juin 1794), accompagné d'une lettre aux citoyens du district de Versailles, 27 prairial an II (15 juin 1794).

Versailles, Archives départementales des Yvelines. (II Q 66).

237 | Copie du procès-verbal de la vente

du 21 au 24 thermidor an II (11 août 1794), par le citoyen Francière, huissier.

Versailles, Archives départementales des Yvelines. (II Q 71).

238 | Rapport sur les destructions opérées par le vandalisme

et sur les moyens de le réprimer, par l'abbé Grégoire. 14 fructidor an II (31 août 1794).

Versailles, Archives départementales des Yvelines. (II Q 68).

239 | Procès-verbal d'inventaire des meubles rentrés au Garde-Meuble national

et qui n'ont pu être vendus à la vente du mobilier de la ci-devant liste civile à Versailles... 22 fructifor an II (8 septembre 1794).

Versailles, Archives départementales des Yvelines. (II Q 66).

240 | Vente et adjudication

définitive de débris de caisses et panneaux... 22 frimaire an III (12 décembre 1794).

Affiche. **Versailles,** Archives départementales des Yvelines. (II Q 66).

241 | Liste des objets.... jugés propres aux échanges...

23 frimaire an III (13 décembre 1794).

Versailles, Archives départementales des Yvelines. (II Q 67).

242 | Inventaire et vente du mobilier du château de Bellevue...

9 pluviôse an III (28 janvier 1795)... accompagné du compte-rendu des opérations par le commissaire du district de Versailles...

Versailles, Archives départementales des Yvelines. (II Q 74).

243 | Vente au comptant de six mille fagots

et 2 000 bourrées d'épines provenant de l'élagage des arbres du Grand Trianon. 1er floréal an V (20 avril 1797).

Affiche. **Versailles,** Archives départementales des Yvelines. (II Q 15).

Bibliographie

ALCOUFFE (D.), in *Louis XV. Un moment de perfection de l'art français*. Paris, Hôtel de la Monnaie, 1974.

AUGARDE (J.-D.), « 1785, une exceptionnelle commode à plaques de porcelaine de Paris », in *L'Estampille*, n° 215, juin 1988, pp. 22-31.

AUQUIER (P.), *Catalogue du musée des Beaux-Arts de Marseille*. Marseille, 1908.

BABELON (E.), *Catalogue des camées antiques et modernes de la Bibliothèque Nationale*. Paris, 1897.

BAILLET de SAINT-JULIEN, *Lettres sur la peinture d'un amateur*. Genève, 1750.

BARCHILON (J.), « Charles Perrault », in *Revue du XVIIᵉ siècle*. 1964.

BATTESTI (T.), SCHUBNEL (H.-J.), « La Pierre et l'Homme », in *Revue de Gemmologie*, n° 90 et 91 (1987).

BAULEZ (C.), « Notes sur quelques meubles et objets d'art des appartements intérieurs de Louis XVI et Marie-Antoinette », in *Revue du Louvre*. 576, 1978.

BAUTIER (P.), *Les tableaux italiens du musée de Bruxelles*. Bruxelles, 1940-1941.

BAZIN (G.), « J.-B. Oudry, animalier, décorateur et paysagiste », in *L'Art et les artistes*, nouvelle série, XVII, 1928-1929.

BEAUCAMP-MARKOWSKY (B.), *Boîtes en porcelaine des manufactures européennes au XVIIIᵉ siècle*. Fribourg, 1985.

BELLAIGUE (G. de), *The Louis XVI service*. Cambridge, 1986, n° 71, pp. 50, 155, 267-268.

BÉREUX (J.), *La bibliothèque de la ville de Bourges*. Bourges, 1920.

BIVER (P.), *Histoire du Château de Meudon*. Paris, 1933. *Histoire du Château de Bellevue*. Paris, 1933

BLONDEL (J.-F.), *L'architecture française ou recueil des plans, élévations, coupes et profils des églises, maisons royales, palais, hôtels et édifices les plus considérables de Paris, ainsi que des châteaux et maisons de plaisance situées aux environs de cette ville*. Paris, 1752-1756.

BOYER (H.), *Histoire des imprimeurs et libraires de Bourges*. Bourges, 1851.

BREJON de LAVERGNÉE (A.), *L'inventaire de Le Brun de 1683. La collection des tableaux de Louis XVI*. Paris, 1987.

BRUNET (M.), « Incidence de l'ambassade de Tipoo Saïb sur la porcelaine de Sèvres », in *Les Cahiers de la Céramique*, 1961, n° 24, pp. 275-284.

BUCKLAND (F.), « Die Karriere eines Kunstschreiners Johann-Heinrich Riesener, Ebenist am Hofe Ludwig XVI » in *Kunst und Antiquitäten*, n° VI/80, nov/déc. 1980, pp. 22-40, rep. n° 20.

BUROLLET (T.), *Musée Cognacq-Jay, peintures et dessins*. Paris, 1980.

CALARIA 1888 : P. Caliari, *Paolo Veronese*, Rome, 1888.

CARDINAL (C.), « Outils, machines, instruments de mesure », in *Ferdinand Berthoud (1727-1807), horloger mécanicien du roi et de la Marine*. Paris, et La Chaux-de-Fonds, 1984.

CHAMCHINE (B.), *Le château de Choisy*, Paris, 1910.

CHAPIRO (A.), *Jean-François Lépine, horloger (1720-1814)*. Paris, 1988, p. 269.

CARBONNEAUX (J.), *Mélanges d'archéologie et d'histoire, offerts à Charles Picard*. Paris, 1949.

CHARLES (J.), *Louis XVII*. Paris, 1987. *Du serment du Sacre à l'Édit de Tolérance*. Paris, 1988. *Trésors d'Art sacré à l'ombre du Val de Grâce*. Paris, 1988. *Marie-Antoinette à la Conciergerie*. Paris, 1989.

CLÉMENT de RIS (L.), *Les musées de province*. Paris, 1859-1861.

CONSERVATOIRE, 1949, *Conservatoire National des Arts et Métiers, catalogue du Musée, section JB, Horlogerie*. Paris, 1949.

CONSTANO (C.), « Les tableaux du grand appartement du roi », in *La revue du Louvre*, 3, 1976.

COURAL (N.), *Pierre Patel (1605-1676)*.

DAUMAS (M.), *Les instruments scientifiques aux XVIIᵉ et XVIIIᵉ siècles*. Paris, 1953.

DEBAISIEUX, « Les origines du Musée de Caen », in *Mémoires de l'Académie Nationale des Sciences, Arts et Belles Lettres de Caen*. Caen, 1970, tome XVII.

DÉZAILLER d'ARGENVILLE (A.-J.), *Abrégé de la vie des plus fameux peintres, avec leurs portraits et les indications de leurs principaux ouvrages*. Paris, 1745.

DÉZAILLER d'ARGENVILLE (A.-N.), *Le voyage pittoresque de Paris, ou indication de tout ce qu'il y a de plus beau dans cette grande ville en peinture, sculpture et architecture*. Paris, 1749.

DORIA (A.), *Louis Tocqué*. Paris, 1929.

DUCHESNE/GRANDSAIGNE, *Le Château de Madrid*. Paris, 1912.

DUMONTHIER (E.), *Les bronzes du Mobilier National, pendules et cartels*. Paris.

DUSSIEUX (L.), *Mémoires inédits sur la vie et les ouvrages des membres de l'Académie Royale de Peinture et de Sculpture*. Paris, 1854.

ENGERAND (F.), *Inventaire des tableaux commandés et achetés par la Direction des Bâtiments du roi (1709-1792)*. Paris, 1900.

ENGERAND (F.), *Inventaire des tableaux du Roy, rédigé en 1709 et 1710 par Nicolas Bailly*. Paris, 1899.

ERIKSEN (S.) et BELLAIGUE (G. de), *Sèvres porcelain*. Londres, 1987, pp. 348-349.

FENAILLE (M.), *État général des tapisseries de la manufacture des Gobelins, depuis les origines jusqu'à nos jours (1600-1900)*. Paris, 1904-1907.

FONSE (L.), « Musée de Lille, le musée de peinture, école française », in *Gazette des Beaux-Arts*, 1874, I, p. 144.

GABORIT-CHOPIN (D.), *Regalia, les instruments du sacre des rois de France*. Paris, 1987.

GALLET (D.). *Versailles. Dessins d'architecture de la Direction Générale des Bâtiments du Roi. Tome 1 : le Château, les jardins, le parc et Trianon*. Paris, 1983.

GANDILHON (A.), « Notice sur Bourges », in *Les Richesses des bibliothèques provinciales*. Paris, 1932.

GARNIER (J.), *Faïences patriotiques, les décors traditionnels de la monarchie française au XVIIIᵉ siècle*. Paris, 1986.

GAUTIER (J.-J.), « Une commode du comte d'Artois identifiée », in l'*Objet d'Art*, n° 8, juin 1988, pp. 58-61.

GEORGE, *Rapport sur l'état actuel du musée de Toulouse*. Toulouse, 1873.

GONZALÈS-PALACIOS (A.), « Pour une de ses plus fameuses pendules, Thomire s'est inspiré du peintre Hubert Robert », in *Connaissance des Arts*, septembre 1976, pp. 11-12.

GOUSE (L.), *Chefs-d'œuvre des musées de France*. Paris, 1900.

GRÉGORY (P.), « Le service bleu céleste de Louis XV à Versailles, quelques pièces retrouvées » in *Revue du Louvre*, 1982, I, pp. 40-46. – « Témoins du plus grand service royal », in *Connaissance des Arts*, mai 1988, pp. 56-65.

GUIFFREY (J.), « Documents sur Pierre Mignard et sa famille », in *Nouvelles Archives de l'Art Français*. Paris, 1974-1975. – *Inventaire général du Mobilier de la Couronne sous Louis XIV*. Paris, 1885-1886. – *Les comptes des Bâtiments Royaux*. Paris, 1891. – « Testament et inventaire après décès de André Le Nôtre, et autres documents le concernant », in *B.S.H.A.F.*, 1911, pp. 217-224. – « Les tapisseries de la Couronne autrefois et aujourd'hui, complément de l'Inventaire du Mobilier de la Couronne sous le règne de Louis XIV », in *Nouvelles Archives de l'Art Français*, 1893, t. XIV, p. 40.

HYMANS (H.), « Notes et recherches sur quelques tableaux du musée royal de Belgique », in *Messager des Sciences Historiques*. Gand, 1861.

JALLUT (M.), *Marie-Antoinette et ses peintres*. Paris, 1936.

JENNY (J.), « La bibliothèque municipale de Bourges, son histoire », in *Cahiers d'archéologie et d'histoire du Berry*. Bourges, décembre 1974.

JOIN (H.), « Le jardin des plantes », in *Inventaire Général des Richesses d'Art de la France*. Paris, 1889.

JUCKER (H.) « Der grosse pasirer kames ». in *Jahrbuck des Deutschen Archeölogischen Instituts*. CXI, 1976.

KURASZEWSKI (G.), « Objets retrouvés, pendules et baromètres royaux », in *La Revue du Louvre*, 3-1976, pp. 213-219.

LANDON (C.-P.), *Annales du musée et de l'École moderne des Beaux-Arts*. Paris, 1800-1817.

283

LASTIE (G. de), « Desportes et Oudry, peintres des chasses royales », in *The Connoisseur*, CCXCVI, décembre 1977.

LA VAISSIÈRE (A.-M. de) et MONTGOLFIER (B. de), « Une tasse de Sèvres commémorant l'ambassade de Tipoo Saïb », in *R.M.C.*, juin 1961, n° 1, pp. 9-11.

LAVALLÉE (P.), « Notes sur Noël Coypel », in *B.S.H.A.F.*, Paris, 1941-1944.

LE BOURDELLÈS, « L'ancienne église de Rambouillet », in *Mémoires de la Société Archéologique de Rambouillet*, 1939-1940, tome 29.

LEFUEL (H.), *Georges Jacob*. Paris, 1923.

LENFANT, *Inventaire général des œuvres d'art appartenant à la Ville de Paris.*

LENK (T.), *Flintlasset*. Stockholm, 1939.

LÉPICIÉ (F.-B.), *Catalogue raisonné des tableaux du Roy, avec un abrégé de la vie des peintres*. Paris, 1752-1754.

LESPINASSE (P.), « Quelques tableaux du musée de Toulouse », in *Mémoires de l'Académie des Sciences, Inscriptions et Belles Lettres de Toulouse*, 12e série, XV, 1937.

LOCQUIN (J.), « J.-B. Oudry, peintre et directeur de la manufacture royale des tapisseries de Beauvais », in *Bulletin de la Société des Études Historiques et Scientifiques de l'Oise*, 1906. – « Le paysage en France au début du XVIIIe siècle, et l'œuvre de Oudry », in *Gazette des Beaux Arts*, 1908. – *Catalogue raisonné de l'œuvre de J.-B. Oudry, peintre du roi (1686-1755)*. Paris, 1912. – *La peinture d'histoire en France de 1747 à 1785*. Paris, 1912.

LUNSINGH-SCHEURLEER (Th.-H.), « New aspects of Pierre Gole's activities », *communication au symposion « Aspect of French Decorative Arts during the reign of Louis XIV »*. New York, 1988 (inédite).

MAGNE (E.), *Nicolas Poussin, premier peintre du roi*. Paris, 1914.

MARINI,1970 : R. Marini et S. Beghin. *Tout l'œuvre peint de Veronèse*. Paris, 1970.

MARTIN (M.),*Les Monuments Equestres de Louis XIV, une grande entreprise de propagande monarchique*. Paris, 1986.

MEGOW (W.-R.), *Kameen von Augustus bis Alexander Severus*. Berlin, 1987.

MERLET (L.), MÉLY (F. de), *Catalogue des reliques de l'église de Chartres en 1682, par le chanoine Claude Estienne*. Chartres, 1886-1887.

MOREL (B.), *Les joyaux de la Couronne*. Paris, 1988.

NICLAUSSE (J.), *Tapisseries et tapis de la Ville de Paris*. Paris, 1948.

NOLHAC (P. de), *Louis XV et Marie Leczsinska*. Paris, 1900. – *Hubert Robert (1733-1808)*. Paris, 1910. – *Versailles, résidence de Louis XIV*. Paris, 1925, pp. 256-265. – *Jean-Marc Nattier, peintre de la Cour de Louis XV*. Paris, 1905. – « Un nouveau portrait de Marie Leczsinska au Musée de Versailles », in *Bulletin des Musées de France*, 1909.

OLIVIER (O.), HERMAL (G.), ROTON (R. de), *Manuel de l'amateur de reliures armoriées françaises*. Paris, 1924-1938.

OPPERMANN (H.), « The genesis of the "chasses royales", in *Burlington Magazine*, CXII, 1970. – *Jean-Baptiste Oudry*. New York et Londres, 1977.

PASSEMANT (C.-S.), *Description et usage des télescopes, microscopes ; ouvrages et inventions de Passemant ingénieur du roi au Louvre à Paris*. Paris, 1763.

PEPPER (S.), *Guido Reni*. Oxford, 1986.

PEREZ (M.-P.), « L'exposition du "Salon des Arts" de Lyon en 1786 », in *Gazette des Beaux Arts*, 1975.

PETERS (D.-N.), *Identification of plates and services in the Sèvres sales registers*. Londres, 1985.

PIGANIOL DE LA FORCE, *Nouvelle description des château et parc de Marly*. Paris, 1730. – *Description historique de la Ville de Paris et ses environs*. Paris, 1765.

PITON (C.), *Marly-le-Roi*. Paris, 1904.

RÉAU (L.), « Hubert Robert, peintre de Paris », in *B.S.H.A.F.*, 1927, pp. 207-227.

REVERSEAU (J.-P.), *Les armures des rois de France au Musée de l'Armée*. Saint-Julien du Sault, 1982. – « Collection U. et R.J. Charles, cabinet des armes de Louis XIII », in *Revue de la S.A.M.A.*, 1986, n° 92, 1, pp. 18-20. – « La collection d'armes du Garde-Meuble, le 13 juillet 1789 : apports nouveaux sur son organisation et ses vicissitudes », in *Catalogue de l'Exposition marine*. Paris, 1989.

RICCI, *Catalogue du Musée Cognacq-Jay*. Paris, 1929.

RONFORT (J.-N.), « Le mobilier royal à l'époque de Louis XIV. Rapprochements et documents nouveaux, 1651, 1681 et 1715 », in *Notes et Documents du C.R.H.M.E., L'Estampille*, avril 1985, n° 180. – « André-Charles Boulle : die Bronzearbeiten und seine Werkstatt im Louvre », in *Vergoldete Bronzen, die Bronzearbeiten des Spätbarok und Klassizismus*. Münich, 1986. – « Magny et Passemant : les microscopes de Louis XV au Cabinet de La Muette », in *Communication au VIIe Symposium de la Commission des Instruments scientifiques de l'Union internationale d'Histoire et de Philosophie des Sciences*. Paris, 1987 (inédite). – « Le mobilier royal à l'époque de Louis XV. 1744, Choisy et la commode du roi », in *L'Estampille*, octobre 1988, n° 218, pp. 14-29. – « Science and aristocratic society in XVIIIth century France », in *The J.-Paul Getty Museum Journal*, volume 17, 1989 (1). – « Le mobilier à l'époque de Louis XV. 1773, le baromètre du roi », in *L'Estampille*, dernier trimestre 1989 (2).

ROSCHACH (E.), « Le musée de Toulouse », in *Inventaire des Richesses d'Art de la France*. Paris, 1908.

ROSENBERG (P.), SAHUT (M.-C.), *Carle Van Loo, premier peintre du roi*. Clermont-Ferrand et Nancy, 1977.

ROSENBLUM (R.), *Transformations in the late eighteenth century art*. Princeton University. 1967.

SAINTE-FARE GARNOT (N.), *Le décor des Tuileries sous Louis XIV*. Paris, 1988.

SAINTE-FARE GARNOT (N.) et JACQUIN (E.), *Le Château des Tuileries*. Paris, 1988.

SANDOZ (M.), « Nicolas-Guy Brenet, peintre d'histoire (1728-1792) », in *B.S.H.A.F.*, 1960. – *Nicolas-Guy Brenet (1728-1792)*. Paris, 1979.

SAVILL (R.), *Wallace collection catalogue of "Sèvres porcelaines"*. Londres, 1988.

SCHNAPPER (A.), « De Nicolas Loir à Jean Jouvenet », in *La revue du Louvre*, 1962, n° 3, p. 120. – « Two unknown ceiling paintings by Mignard for Louis XIV », in *The Art Bulletin*, 1974, n° 1. – « Noël Coypel et le grand décor », in *Antologia di Belle Arte*, mars 1977, pp. 12-13.

SCHUBNEL (H.-J.), « Pierres précieuses, gemmes et objets d'art de la galerie de Minéralogie du Muséum », in *Gemmologie*, hors série, juin 1977. – « Les jades chinois », in *Revue de Gemmologie*, n° 84-85 (1985), n° 86 (1986).

SENTENAC (P.), « Paris et la révolution au Musée Carnavalet », in *La Renaissance de l'Art français*, 1931.

SIRET (A.), *Notes d'un amateur sur quelques tableaux du musée de peinture de Bruxelles, pour servir à la rédaction d'un livret*. Gand, 1853.

SUE LE JEUNE, *Précis historique sur la vie et les ouvrages de M. Passemant, ingénieur du roi*. Amsterdam, 1778.

THIÉRY (L.-V.), *Le guide des amateurs et des étrangers voyageant à Paris ou description raisonnée de cette ville, de sa banlieue*. Paris, 1787.

THOMIRE, *Bronzes décoratifs de Pierre-Philippe Thomire, Musée de l'Ermitage*, Léningrad, 1984, n°s 2 et 3, pp. 16-18.

VAUDOYER (J.-L.), « Les collections de Le Nôtre », in *La revue de l'Art ancien et moderne*. Paris, 1913, tome XXIV, pp. 351-364.

VAULTRER (R.), « Les peintres de la chasse », in *Le jardin des Arts*, novembre 1956.

VERGNET-RUIZ (J.), « Oudry », in *Les peintres français du XVIIIe siècle*. Paris et Bruxelles, 1930.

VERGNET-RUIZ (J.), LACLOTTE (M.), *Petits et grands musées de France*. Paris, 1962.

VERLET (P.), *Le mobilier royal français*, tome 1. Paris, 1945. – *Le mobilier royal français*, tome 2. Paris, 1955. – *French royal fourniture*. Londres, 1963. – « Les tapis de la Chapelle de Versailles au XVIIIe siècle », in *Revue de l'Art*, 1968, n°s 1-2, pp. 65-71. – *The James A. de Rothschild Collection at Waddeston Manor, Savonnerie*. Fribourg, 1982. – *Les bronzes dorés français du XVIIIe siècle*. Paris, 1987.

VERLET (P.), BRUNET (M.) et GRANDJEAN (S.). *Sèvres*, Paris, 1953.

WILDENSTEIN (G.), « L'œuvre gravé des Coypel », in *Gazette des Beaux-Arts*, mai 1964.

REMERCIEMENTS

Son Éminence le Cardinal, Jean-Marie LUSTIGER, *Archevêque de Paris*

S.A.R. le Prince Sixte-Henri de BOURBON-PARME

Monsieur Alain POHER, *Président du Sénat*

Sénat :
Messieurs les Questeurs.

Madame la duchesse de BRISSAC, Madame la duchesse de GRAMONT, Monsieur le duc de BAUFFREMONT, Madame la marquise de BRISSAC, Madame la baronne E. de ROTHSCHILD, Monsieur le comte P. de GANAY, Monsieur le vicomte de CHEVIGNY, Monsieur le baron GOURGAUD

Sir Geoffrey de BELLAIGUE, *conservateur des collections de Sa Très Gracieuse Majesté La Reine d'Angleterre*, M. DALVA, M. MANOUKIAN, M. S. OFFER, M. J. VAN DAMME, M. J. WHITEHEAD, M. Ch.-O. ZIESENISS

M. F. AGOGUÉ, Mme B. de ANDIA, M. A. BANCEL, M. Ch. BAULEZ, M. E. BECKER, Mme et M. F. et D. BIANCARELLI, Mme de BONALD, M. CHAMPENOIS, Mme J. CHARLES, Docteur DEBAT, M. B. DRAGESCO, Dr. G. DREYFUS, M. J. FRANCK, M. B. GENTIL, Mme L. GRAF, MM. P. et O. KRAEMER, MM. KUGEL, M. F. LEAGE, M. A. de LABRIFFE, M. O. LEFUEL, M. P. LEMOINE, M. E. LEVY, Mme R.-M.-Q. MARANI, M. M. MEYER, Mme A. MURVIL, Melle J. NICLAUSSE, Mme J. PERRIN, M.A. REZA, Général RICHTER, Melle C. de ROTHSCHILD, M. SCHILLER, M. M. SEGOURA, M. B.-B. STEINITZ, Mme M.-B. TEDESCHI, Mme P. VERLET

M. A. de ROTHSCHILD, *Président de la Société Château-Lafite-Rothschild*
M. J.-L. SCHIROUZE, *Président de la Société Walon-Déménagements*
M. G. CHARTIER, *Président de la Banque Parisienne de Crédit*
M. LEFORT, *Président d'Inoxyform, Bayonne*

Musées étrangers :
ALLEMAGNE FÉDÉRALE :
– Mittelrheinisches Landesmuseum de Mayence :
M. B. ROLAND, *directeur*
BELGIQUE :
– Musées royaux des Beaux-Arts de Bruxelles :
M. H. PAUWELS, *directeur*;
Mme E. de WILDE, *conservateur en chef*

INSTITUT DE FRANCE :
M. M. LANDOWSKI, *secrétaire perpétuel de l'Académie des Beaux-Arts*
Me Marc SALTET, *membre de l'Institut, conservateur du Musée Île-de-France ; Fondation Ephrussi-de Rothschild*
Musée Jacquemart-André :
M. R. HUYGHE de l'Académie Française
Mme R. HUYGHE

Musée Marmottan :
M. A. d'HAUTERIVE, *conservateur en chef*
Mme M. DELAFOND, *chargée des Expositions*
Banque de France :
M. J. de LAROSIÈRE, *Gouverneur*
M. Y. GALLOY, *chef du service intérieur*
Musée de l'Armée – Hôtel National des Invalides :
Général R. BOISSAU, *directeur*
M. J.-P. REVERSEAU, *conservateur en chef*
École polytechnique :
Général P. PARRAUD
Mme F. MASSON, *conservateur en chef de la Bibliothèque*
Musée de la Marine :
Capitaine de Vaisseau BELLEC, *directeur*
Mme M. MOUROT, *conservateur du Musée*

Bibliothèque Nationale :
M. E. LE ROY LADURIE, *professeur au Collège de France, administrateur général*
M. J.-P. GUENO, *directeur de la Valorisation et de la Communication*
Mme C. MORRISSON, *directeur du département des Monnaies, Médailles et Antiques*
Mme F. CALLU, *directeur du département des Manuscrits*
Mme L. MAILLET, *directeur du département des Estampes*
Archives Nationales :
M. J. FAVIER, *membre de l'Institut, directeur général des Archives de France*
M. J.-D. PARISET, *conservateur en chef du Musée de l'Histoire de France*
M.M. LE MOEL, *conservateur en chef du Minutier central des Notaires*
Mme D. GALLET *conservateur en chef*
Direction des Musées de France
M. Olivier CHEVRILLON, *directeur*
Direction du Patrimoine
M. J.-P. BADY, *directeur*
Mme M. VILLEGER, *responsable du Bureau des Objets mobiliers*
Mme M.-H. CAVALLEE, *conservateur*
M. L. PREVOST-MARCILHACY, *inspecteur général des Monuments historiques*
Caisse Nationale des Monuments historiques :
M. M. COLARDELLE, *directeur*
M. J. FOSSOYEUX, *directeur adjoint*
M. B. BAUDRY, *chef du service des Domaines et du service intérieur*
M. P. BIGOT, *architecte en Chef, conservateur du domaine de Versailles et des Trianons.*
Mobilier National :
M. J. COURAL, *administrateur général*
Mme Ch. GASTINEL-COURAL, *conseiller technique*

Conservatoire National des Arts et Métiers
Mme D. FERRIOT, *directeur*
Mme M. BACHELET, *conservateur*
Mme E. PICARD, *conservateur*

École Nationale des Beaux-Arts :
M. F. WEHRLIN, *directeur*
M. Frédéric CHAZET, *conservateur*
Mme E. BRUGEROLE, *conservateur*

Muséum National d'Histoire Naturelle :
M. P. TAQUET, *directeur*
M. G. SAURAT, *secrétaire général du Muséum*
M. le Professeur J. GUIART, *directeur du Laboratoire d'Ethnologie*
M. H.-J. SCHUBNEL, *conservateur*
Mme T. BATTESTI, *conservateur chargé des collections d'Asie du Musée de l'Homme*
M. D. LEVINE, *conservateur chargé des collections d'Amérique du Musée de l'Homme*

Observatoire de Paris :
M. P. CHARVIN, *président*
Mme S. GRILLOT, *astronome de l'Observatoire*
Mme A. MOTAIS de NARBONNE, *conservateur en chef de la Bibliothèque*

Lycée Hoche de Versailles :
M. R. MOSSER, *proviseur*

École Nationale Supérieure des Mines :
M. J. LEVY, *directeur,*
M. C. GUILLEMIN, *conservateur en chef du Musée*
M. J.-M. MATHALAN et J.-F. POULLEN, *conservateurs*

Ville de Bourges :
M. J. RIMBAULT, *député-maire*
M. J. JENNY, *conservateur en chef de la Bibliothèque municipale*

Ville de Caen :
Me J.-M. GIRAULT, *sénateur-maire*
M. TAPIE, *conservateur du Musée des Beaux-Arts*

Ville de Grenoble :
M. A. CARIGNON, *président du Conseil Général de l'Isère, maire de Grenoble*
M. S. LEMOINE, *conservateur en chef du Musée des Beaux-Arts*
Mme C. CHEVILLOT, *conservateur-adjoint du Musée des Beaux-Arts*

Ville de Lille :
M. P. MAUROY, *ancien Premier Ministre, député du Nord, maire*
M. A. BREJON DE LAVERGNÉE, *conservateur en chef du Musée des Beaux-Arts*

Ville de Lyon :
M. M. NOIR, *député-maire*
M. P. DUREY, *conservateur du Musée des Beaux-Arts*

Ville du Mans :
M. R. JARRY, *député-maire*
M. S. NIKITINE, *conservateur du Musée de Tessé*

Villes de Louveciennes et de Marly-le-Roi :
M. P. LEQUILLER, *député-maire de Louveciennes*
M. Y. GUIBERT, *maire de Marly-le-Roi*
Mme M. A. DENIS, *conservateur du Musée-Promenade de Marly-Louveciennes*

Ville de Marseille :
M. R. VIGOUROUX, *maire*
Mme B. PRADIÉ, *conservateur du Musée des Beaux-Arts*
Mme E. MOGNETTI, *conservateur*

Ville de Meudon :
M. H. WOLF, *maire*
Mme M.-J. et M-E. VILLADIER, *conservateurs du Musée d'Art et d'Histoire*

Ville de Mont-sous-Vaudrey :
M. M. GRIFFET, *maire*

Ville de Nancy :
M. A. ROSSINOT, *député-maire*
M. C. PETRY, *conservateur du Musée des Beaux-Arts de Nancy*
Mme F. ROZE, *conservateur du Musée Lorrain*

Ville de Rambouillet :
M. G. LARCHER, *sénateur-maire*
Abbé LAGACHE, *curé de Saint-Lubin*
Mme S. CHAMPRENAULT, *Présidente de la Société La Favre.*

Ville de Rouen :
M. Jean LECANUET, *sénateur-maire, président du Conseil Général de Seine-Maritime*
M. F. BERGOT, *inspecteur général des Musées de France, conservateur en chef des Musées de Rouen*

Ville de Saumur :
M. J.-P. HUGOT, *maire*
Melle JACOB, *conservateur du Musée du Château*

Ville de Sceaux :
M. P. RINGENBACH, *maire de Sceaux*
M. G. POISSON, *inspecteur général des Musées de France, conservateur du Musée d'Île-de-France*
Mme M. ARIES, *conservateur en chef du Musée*
Mme S. OSORIO-ROBIN, *conservateur*

Ville de Toulouse :
M. D. BAUDIS, *député maire de Toulouse*
M. D. MILHAU, *conservateur en chef des Musées des Augustins*

Ville de Valenciennes :
M. J.-L. BORLO, *maire*
M. J. KÜHNMÜNCH, *conservateur du Musée*

Ville de Vendôme :
M. D. CHANET, *maire*
Melle L. GUILBAUD, *conservateur*

Ville de Versailles :
Me A. DAMIEN, *conseiller d'État, conseiller général, maire*
Mme C. CAUCHETEUX, *directeur de la Bibliothèque municipale*
Melle C. GENDRE, *conservateur du Musée Lambinet*
Mme F. JENN, *directeur des Services des Archives du département des Yvelines*

Trésor de la cathédrale Notre-Dame de Paris :
MM. les Chanoines du Chapitre cathédral
M. F. GIRARD

Trésor de la cathédrale Notre-Dame de Chartres :
Mgr. M. KUEHN, *évêque de Chartres*
MM. les Chanoines du Chapitre cathédral
M. J. LACOUR, *conservateur des A.O.A. d'Eure-et-Loir*
Chanoine HERCOUET, *conservateur délégué des A.O.A. d'Eure-et-Loir, curé de la Cathédrale*

Ateliers des moulages du Louvre :
M. G. de CHARRON, *directeur*

Musée Bricard :
Mme C. PRADE, *conservateur*

Centre de Recherches historiques sur les Maîtres ébénistes :
M. J. N. RONFORT
M. J.-D. AUGARDE

L'illustration :
M. E. BASCHET

Chambre de Commerce de Bordeaux :
M. J. NÈGRE, *président*
M. M. SAMMARCELLI, *vice-président*
M. J. PRUD'HOMME, *directeur administratif*
M. de GENOUILLAC

Le Souvenir Napoléonien et la Fondation Napoléon

Nous tenons également à remercier : M. BÉCHARD ;
Mme G. CHEUTIN ; Mme E. CHEVALIER, Bibliothèque des
Musées Nationaux ; Mme CHIARRINELLI-ROY ;
M. G. DAZIANO, conseiller culturel de l'Ambassade des États-
Unis d'Amérique ; M. R. de l'ESPÉE ;
M. et Mme P. GIRAULT de COURSAC ; M. GISMONDI ;
M. O. LECONTE, documentaliste au service de restauration des
Musées classés et contrôlés ; M. G. LE GOFF,
conservateur des A.O.A. du Maine et Loir ; Melle M. LORIN ;
M. J.-L. MECHICHE ; M. P. MIVILLE-DESCHENES ;
Dr. MONMAYOU ; Mme J. MONSIGNY ; Mme H. MOULIN,
conservateur du Musée de Valence ; Mme V. NOTIN,
conservateur du Musée de Limoges ;
M. M. REVILLON d'APREVAL ; Mme DAVID ;
M. STEWART ; M. E. SECRETAN ; M. D. VAN
DEMEULEBROECKE ; M. C. VAN EISZNER ;
Mme G. VINCENT

Mme SETA de la Maison Alexandre REZA

Mme de PLAINVAL de la Maison CHAUMET

Christie's :
M. F. CURIEL, *directeur de* Christie's Europe
Mme C. PETIT, *directrice du Bureau de Paris*
M. L. PREVOST MARCILHACY, *spécialiste du mobilier et
objets d'art du XVIIIᵉ siècle*

Mme N. BATTAIS de l'Étude de Mᵉˢ ADER, PICARD et
TAJAN

Ville de Paris :
Mᵉ F. de PANAFIEU, *adjoint au Maire chargé de la Culture*
Mme J. NEBOUT, *adjoint au Maire chargé des Parcs, Jardins et
Espaces Verts*
M. X. de la FOURNIÈRE, *adjoint au Maire chargé de
l'Administration Générale*
M. B. ROCHER, *adjoint au Maire chargé de l'Architecture*

Commission du Vieux Paris :
M. M. FLEURY, *vice-président*

Direction des Affaires Culturelles :
M. B. RACINE, *directeur*
M. B. SCHOTTER, *sous-directeur du Patrimoine Culturel*
M. P. MORAS, *sous-directeur de l'Animation et de la Diffusion
Culturelle*

Musée Carnavelet :
M. B. de MONTGOLFIER, *inspecteur des Musées de la Ville de
Paris*
M. F. MACÉ de L'ÉPINAY, *conservateur en chef*
M. J.-M. BRUSON, *conservateur*
Mme M.-A. de l'ESTANG, *conservateur*

Musée Cognacq Jay :
M. P. de LA VAISSIÈRE, *conservateur en chef*

Musée du Petit-Palais :
Melle T. BUROLLET, *conservateur en chef*
M. D. MOREL, *conservateur*

Musée Renan Scheffer :
Mme A.-M. de BREM, *conservateur*

Bibliothèque historique de la Ville de Paris :
M. J. DÉRENS, *conservateur en chef*
M. Y. CHAGNIOT
M. J.-M. LEYRIS

Bibliothèque Forney :
Mme A.-C. LELIEUR, *conservateur en chef*

Bibliothèque Administrative :
Melle B. de BUFFEVENT
Melle F. GENSOLLEN

Délégation à l'action artistique :
M. T. HALAY, *administrateur*
Mme. F. CLAVAL, *attaché de presse*

Phototèque des Musées de la Ville de Paris :
Mme TESSIER

Service audiovisuel de la direction des Affaires Culturelles :
M. A. BRUN

Musée en herbe :
Mme S. GIRARDET, *conservatrice*
Mme C. MERLEAU-PONTY, *conservatrice*
Mme A. TARDY, *conservatrice*
Melle S. CHEVALIER, *animatrice*

Direction des Parcs, Jardins et Espaces Verts :
M. G. SURANT, *directeur*
M. BEAUFILS

Direction de l'Administration Générale :
M. B. MONGINET, *directeur*
M. H. de MONTS de SAVASSE, *sous-directeur des Services
Généraux et du Matériel*
M. P.-A. MICHELOT, *chef du Service Intérieur*
Mme A. PUCCI
M. MESTRALET
M. G. GAY ET DEL SANTO
M. OUSTRY

Direction de l'Architecture :
M. J. GODFROID, *directeur*
M. J.-P. BOURRET, *ingénieur en Chef du Génie Civil*
Melle M.-J. PIGET
M. BERTHELET

Nous tenons enfin à remercier la Maison TROUSSELIER
et son gérant M. F. OLIVIER pour leur participation à la
décoration florale de l'exposition ainsi que les Passementeries
HOULÈS à Paris.

Liste des souscripteurs

Madame la baronne Elie de Rothschild
Madame la duchesse de Gramont

Monsieur Pierre Achard
Monsieur Louis d'Adhémar de Cransac de Panat
Monsieur Jean Alaurent
Monsieur Guy Alayse
Monsieur Jean Allain
Monsieur Charles-Jean d'Allard
Docteur Jean-Philippe Amboise
Monsieur Amédée d'Andigné
Monsieur Lucien Armand
Monsieur Jacques Bastien
Madame Françoise Bazin
Madame Sylvie Behr
Monsieur Denis Bertrand
Monsieur Gérard Blanc-Césan
Monsieur Jean-Paul Bolufer
Monsieur Jean-Albert Boulain
Monsieur Claude Bourdarias
Monsieur François Bourdet
Princesse François de Broglie
Monsieur Lucien Caron
Madame Danièle Cavanagh
Monsieur Jean Chalon
Monsieur Robert de Chalup
Madame Bernadette Chamalet
Madame Simone Champrenault
Madame Jacqueline Charles
Madame Geneviève Cheutin
Madame Adrienne Conan
Madame la baronne de Courcel
Monsieur Robert Cottin
Madame Cécile Coutin
Madame Christiane du Crest
Comtesse de Crouy-Chanel
Monsieur Jacques Delacroix
Madame Jeanne-Marie Dondain
Monsieur François Dorsner
Docteur Jean Ducœur
Madame Raymonde Dumas
Madame Marie-Louise Duroudier
Monsieur Louis Duvernoy
Monsieur Jacques Enfer
Madame Michèle Epron
Mademoiselle Marie-Claude d'Espagne
Madame Jeanne Euvrard

Monsieur Henry Famechon
Monsieur Pierre de Fayet
Madame Annick de Fombelle
Comte de Franqueville d'Abancourt
Mademoiselle Marie-Madeleine Gaffiot
Monsieur Michel Garaud
Monsieur Francis Garnier Arnoul
Monsieur Yves Gaspard
Monsieur Philippe Gautier
Madame Brigitte Gisell
Monsieur Daniel Gimeno Agénie
Madame Simone Guichard
Monsieur Jacques Guillaumin
Monsieur Patrick Hourcade
Madame Isabelle Houtard
Monsieur Dominique Huet
Docteur Jeannine Jacquemin
Monsieur Alain Kadrinoff
Monsieur Pierre Knoblauch d'Artigny
Madame Simone B.J. de la Garenne
Mademoiselle Monique Larive
Madame Marie-Fernande de la Rochefordière
Monsieur Jean-Pierre Latreille
Madame Pierrette Latreille
Mademoiselle Michèle Hélène Leconte
Madame Thérèse Leclerc
Monsieur Jacques Le Quentrec
Monsieur Marc Leroy
Monsieur Serge Le Tellier
Madame Françoise Lucas
Monsieur Paul Lucas
Monsieur Jean Malmezat
Madame Marie-Thérèse May
Monsieur André de Marcilly
Vicomte et vicomtesse Jean de Mareuil
Révérend Père Dom Marie-Xavier
Monsieur l'abbé Jacques Martin
Madame la marquise de Masclary
Comte Bernard de Masin
Monsieur et madame Raymond Masurel
Monsieur Edward Meeks
Madame Josette Mercier
Monsieur Daniel Mesnier
Madame Patricia Michelot

Madame Jacqueline Monsigny
Madame Marguerite de Montalivet
Madame Marie-Thérèse Morel
Monsieur Philippe Moret
Madame Charles Neyrand
Madame Jacqueline Nicolas
Monsieur Hubert Nicolet.
Monsieur Frédéric Nioré
Monsieur Philippe d'Ollone
Monsieur Gérard Ousset
Docteur Parini
Monsieur Jean-François Pasquier
Madame Jacquette Perrin
Monsieur Pierre Petit
Madame Jocelyne Pierrard
Monsieur Dominique Pierre
Monsieur Francis Marie Pietri
Madame Elisabeth Pillot
Madame Odette Pol-Roger
Monsieur Jacques Puig
Monsieur Xavier Renard
Monsieur Max Richard
Monsieur Georges Richter
Monsieur Guy-Roger Rico
Princesse de Robech
Monsieur Gaël de Rohan-Chabot
Monsieur Gaston Roth
Madame Catherine Salviat
Monsieur Marc-Antoine de Sèze
Monsieur Yves de Sèze
Monsieur André Soret
Monsieur Patrick Souillat
Madame Laurence Stelniceanu
Monsieur Antoine Tarantino
Madame Suzanne Thieullent
Monsieur Jacques Torcheux
Monsieur Jean-André Tournerie
Madame Simone-Paule Valen de Saint-Jean
Madame Françoise des Varennes
Monsieur Franck Villard
Madame H. Wojewodzki
Prince Victor F. de Wurtemberg
Honorable J.L.A.B. Wykeham-Hurford
Monsieur Paul Zimmer

Assistance graphique et technique : Carpentier & Bachelet - Paris
Achevé d'imprimer le 25 août 1989 sur les presses des Imprimeries Maury à 12100 Millau

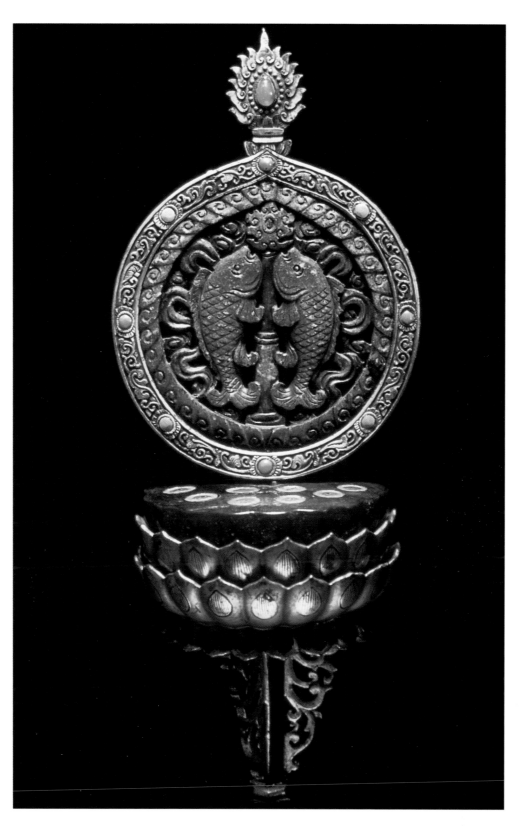

Élément de culte sino-tibétain. (Bois laqué et lapis lazuli). Cadeau de Phra Naraï à Louis XIV.
(Paris, Musée de l'Homme).

Bergère en bois sculpté et doré provenant du château de Fontainebleau, livrée en 1778 pour Madame Elisabeth.
(Paris, collection particulière).

Commode des appartements du Garde-Meuble de la Couronne, livrée par Jean-Henri Riesener et Jacques Gondoin en 1774.
(Paris, collection particulière).